Phänomen Freikirchen

Analysen eines wettbewerbsstarken Milieus

CULTuREL

Religionswissenschaftliche Forschungen
Recherches en sciences des religions

Im Auftrag der Schweizerischen Gesellschaft für Religionswissenschaft

herausgegeben von

Philippe Bornet, Oliver Krüger, Francesca Prescendi,
Jens Schlieter und Christoph Uehlinger

Band 5 – 2014

Jörg Stolz, Olivier Favre,
Caroline Gachet, Emmanuelle Buchard

Phänomen Freikirchen

Analysen eines wettbewerbsstarken Milieus

PVERVALAERNGLAGO

Publiziert mit freundlicher Unterstützung der
Schweizerischen Akademie für Geisteswissenschaften

Bibliografische Informationen der Deutschen Nationalbibliothek
Die Deutsche Nationalbibliothek verzeichnet diese Publikation in der Deutschen Nationalbibliografie; detaillierte bibliografische Daten sind im Internet über http://dnb.d-nb.de abrufbar.

Französischer Originaltitel: Le phénomène évangélique. Analyses d'un milieu compétitif, Editions Labor et Fides, Genf 2013.

Umschlaggestaltung
Simone Ackermann, Zürich
unter Verwendung einer Fotografie von Ursula Markus

Satz
Claudia Wild, Konstanz

Druck
ROSCH-BUCH, Scheßlitz

ISBN 978-3-290-22025-9

www.pano.ch

Inhalt

Vorwort zur deutschen Ausgabe

Sie halten die deutsche Ausgabe des 2013 bei Labor et Fides in Genf erschienenen Titels «Le phénomène évangélique. Analyses d'un milieu compétitif» in Händen. Gegenüber der französischen Ausgabe haben wir folgende Änderungen vorgenommen:

1. Die Einleitung haben wir leicht umgeschrieben, um das Buch einem deutschsprachigen Publikum näherzubringen. Der Methodische Anhang wurde ebenfalls leicht gekürzt und umgeschrieben.
2. Die Auswahl der Fotografien wurde erweitert. In der französischen Ausgabe waren diese ausschliesslich in der französischen Schweiz aufgenommen worden. In der aktuellen Ausgabe finden sich Fotos von evangelischen Freikirchen aus der ganzen Schweiz.
3. Eine Reihe von Fehlern und Unklarheiten, die sich trotz aller Bemühungen in die französische Ausgabe eingeschlichen hatten, konnten ausgemerzt werden. An manchen Stellen wurde der Text im Vergleich zum Französischen etwas überarbeitet und gestrafft.

Wir haben uns dazu entschieden, «Evangéliques» mit «Evangelisch-Freikirchliche» zu übersetzen und die Bezeichnung Evangelikale zu vermeiden. Die Gruppe von Menschen, die wir meinen, entspricht den Evangéliques im französischen und den Evangelicals im englischen Sprachraum. Im deutschen Sprachraum jedoch haben die Bezeichnungen Evangelikale und Evangelikalismus einen negativen Beigeschmack, den wir vermeiden wollen. Problematisch an der von uns gewählten Bezeichnung ist allerdings, dass die von uns gemeinten Personen auch in den Grosskirchen vorkommen (Kapitel 10). In diesem Zusammenhang sprechen wir von «Personen mit evangelisch-freikirchlichem Frömmigkeitstypus in reformierten Kirchen» oder auch von «Reformierten evangelisch-freikirchlicher Tendenz».

Wie schon in der französischen Ausgabe verwenden wir die Bezeichnungen Freikirchen, freikirchliche Gemeinschaften und freikirchliche Gemeinden im gleichen Sinn – manchmal kürzen wir auch einfach zu Gemeinschaften und Gemeinden ab, wenn dies im Zusammenhang verständlich bleibt.

Seit Erscheinen des Buches haben wir viele – zum grössten Teil positive – Rückmeldungen bekommen. Am meisten gefreut hat uns die Aussage sowohl gegenwärtiger als auch ehemaliger Mitglieder des Milieus, dass wir die Lebensweise der Evangelisch-Freikirchlichen im Wesentlichen getroffen haben.

Zürich, im April 2014

Jörg Stolz
Olivier Favre
Caroline Gachet
Emmanuelle Buchard

Dank

Ohne die Mitarbeit, die Ratschläge und die kritischen Anmerkungen einer Vielzahl von Personen würde diese Publikation heute nicht vorliegen. Folgenden Personen möchten wir daher ganz herzlich für Ihre je ganz unterschiedlichen Beiträge zum Projekt danken: Andrea Niederhauser, Jeanne Rey-Pellissier, Tobias Sälzer und Markus Naef-Egli haben aktiv und professionell am Projekt mitgearbeitet. Alain Polo hat uns seine einzigartige Datensammlung über die evangelischen Freikirchen in der Schweiz zur Verfügung gestellt und an zahlreichen Projektdiskussionen teilgenommen. Véronique Mottier, Jean-François Mayer, Thomas Römer, Pierre-Yves Brandt, Jean-Paul Willaime, Philippe Portier, Jean-Pierre Bastian sowie Sébastien Fath, Roland J. Campiche und Marc Lüthi haben das Projekt mit Interesse verfolgt und uns immer wieder wichtige Ratschläge gegeben. Unsere Studie konnte auf eine Fülle unterschiedlichster Daten aus verschiedenen Projekten des Institut des sciences sociales des religions contemporaines in Lausanne zurückgreifen. In diesem Zusammenhang geht unser Dank insbesondere an Laurent Amiotte-Suchet und Christophe Monnot sowie an alle Professorinnen, Professoren und Mitarbeitende des Instituts. Verschiedene evangelische Freikirchen haben uns Fotos zur Verfügung gestellt, wofür wir ihnen herzlich danken.

Mehrere Institutionen haben mit ihrer finanziellen Unterstützung die Publikation dieser Studie erst ermöglicht; es sind dies:

- der Schweizerische Nationalfonds zur Förderung der wissenschaftlichen Forschung (SNF); er hat unser Forschungsprojekt Evangelical Identity Project (EIP) I und II grosszügig unterstützt, aber auch die Forschungsprojekte National Congregations Study in Switzerland (NCSS) und Religiosität in der modernen Welt, die uns wichtige Daten geliefert haben.[1] Danken möchten wir dem SNF weiter für die Finanzierung des

1 Beim SNF lief das Projekt Evangelical Identity Project (EIP) unter dem Titel «Konstruktion, Diffusion und Transmission evangelisch-freikirchlicher Identitäten» (Beitragsnr. 100011-112227/1 und 100011-120483/1). Die NCSS trug den Titel «Lokale religiöse Gruppierungen in der Schweiz und in den USA. Eine quantitative und vergleichende Studie» (Beitragsnr. 4058-115719) und war Teil des NFP 58 «Religionsgemeinschaften, Staat und Gesellschaft». Das For-

letzten Doktoratsjahrs von Caroline Gachet (Stipendium «für Angehende Forschende»); diese Arbeit fliesst direkt in unser Projekt ein;

- die Faculté de théologie et de science des religions der Universität Lausanne; ein besonderer Dank geht an deren damaligen Dekan Pierre Gisel;
- die Fondation Chuard-Schmid;
- das Département interfacultaire d'histoire et de sciences des religions der Universität Lausanne;
- die Société Académique Vaudoise;
- der Fonds des publications der Universität Lausanne.

Ein besonderer Dank geht an Frau Mainberger-Ruh, die den Text professionell ins Deutsche übersetzt hat. Das Team vom TVZ, die zu früh verstorbene Marianne Stauffacher und Markus Zimmer, hat uns fachkundig editorisch betreut.

Schliesslich möchten wir allen Befragten danken. Bereitwillig, freundlich und interessiert haben sie unsere Fragen beantwortet. Ohne sie wäre diese Studie nicht zustande gekommen.

schungsprojekt Religiosität in der modernen Welt wiederum trug den Titel «Religiosität in der modernen Welt. Bedingungen, Konstruktionen und sozialer Wandel» (Beitragsnr. 405840-115709) und war ebenfalls Teil des NFP 58.

Einleitung

Die evangelischen Freikirchen: ein «Phänomen»?

Jörg Stolz, Olivier Favre, Emmanuelle Buchard

Das evangelisch-freikirchliche Milieu in der Schweiz ist Teil der Religionsgeschichte des Landes – seine Wurzeln sind im Kontext der radikalen Reformation des beginnenden 16. Jahrhunderts zu suchen. Gleichwohl ist es nach wie vor eine weitgehend unbekannte Realität. Angst und Furcht vor diesem Phänomen erzeugen in der Öffentlichkeit und in den Medien ein zutiefst von Vorurteilen und falschen Annahmen geprägtes Bild. Die Pluralität des evangelisch-freikirchlichen Milieus und seiner Ausdrucksformen wird weitgehend ignoriert und seine befremdlichen, ja aufsehenerregenden Aspekte hervorgehoben: Wunderglaube, hochemotionale Praktiken, wörtliche Lesart der Bibel, missionarischer Eifer ... Doch was den Aussenstehenden am evangelisch-freikirchlichen Frömmigkeitsstil befremdet, irritiert oder gar beunruhigt, das ist vor allem dessen Dynamik und Resistenz gegenüber dem Säkularisierungsprozess, der die traditionellen Religionszugehörigkeiten im Land bereits stark geschwächt hat. Während die Landeskirchen – die katholischen wie die reformierten – immer mehr Gläubige verlieren, scheinen die Freikirchlichen dieser Grundtendenz zu widerstehen. Sie gründen neue Gemeinden, legen einen verblüffenden religiösen Eifer an den Tag und bekunden zugleich ihre Verbundenheit mit einer Reihe von – auf den ersten Blick – wenig modernen Werten, Normen und Glaubensinhalten. So vermag sich die evangelisch-freikirchliche Glaubensrichtung in unserer Gesellschaft zu verbreiten, obwohl letztere jeder Form von starker und expressiver Religion eher skeptisch gegenübersteht.

Unsere Studie stützt sich auf die Analyse von qualitativen und quantitativen Daten, die unter Evangelisch-Freikirchlichen in der Schweiz erhoben worden sind. Sie beruht auf einem neuen Ansatz und versucht hiermit, einen eigenständigen Beitrag zum Verständnis und zur Erklärung des *Phänomens Freikirchen* zu leisten. Selbstverständlich haben sich schon viele sozialwissenschaftliche Studien mit der Thematik an sich befasst. Nach

Auffassung einiger Forscher kann das evangelisch-freikirchliche Milieu in einem modernen pluralistischen Kontext überleben, weil es sich von der übrigen Gesellschaft stark absetzt – mit Hilfe von geografischen, sozialen und normativen *Grenzen* (*Nischentheorie, strictness theory*). Für andere Soziologen wiederum lässt sich die Ausbreitung des evangelisch-freikirchlichen Milieus nicht mit der Abschottung von der Gesellschaft erklären, sondern mit seiner Fähigkeit, sich in die Moderne zu integrieren und sich ihr anzupassen; die Moderne wird so geradezu zur Voraussetzung für seinen Erfolg. Laut der *Markttheorie* können die evangelischen Freikirchen auf dem Markt des Religiösen eine dynamische und wettbewerbsstarke Position halten, weil sie ein religiöses Produkt anbieten, das in Form und Inhalt den heutigen Bedürfnissen der Individuen entspricht. Für die Verfechter der *Theorie der subkulturellen Identität* schliesslich lässt sich gerade dank der modernen pluralistischen Gesellschaft eine solide evangelisch-freikirchliche Identität aufbauen. Die Evangelisch-Freikirchlichen lassen sich auf die als Feindesland wahrgenommene Welt ein, um sie zu verändern. So können sie ihrem Milieu ein scharfes Profil und ein klares Ziel geben.

Alle diese Theorien tragen zum Verständnis der Schlüsselelemente bei. Gleichwohl sind wir der Auffassung, man könne sich nicht mit einer einzigen begnügen, um die Ausbreitung der Evangelisch-Freikirchlichen in unserer modernen Gesellschaft zu erklären. Wir legen einen neuen Erklärungsmechanismus vor, der die Begriffe Milieu und Wettbewerbsstärke beinhaltet. Unsere moderne Gesellschaft ist unter anderem durch die Individualisierung der Wahl und der Modi religiöser Zugehörigkeiten geprägt. In einer solchen Gesellschaft stehen die religiösen Güter inzwischen im Wettbewerb mit säkularen Gütern: Wettbewerb hinsichtlich der *Zeit* (das Individuum ist Herr der Verwaltung und der Auswahl seiner Aktivitäten; religiösen Aktivitäten wird nicht mehr automatisch eine präzise Zeitspanne zugewiesen), Wettbewerb hinsichtlich der *Funktion* (in gesundheitlich und psychisch schwierigen Lagen kann das Individuum religiösen Beistand oder säkulare Hilfe beanspruchen), Wettbewerb hinsichtlich der *Plausibilität* (religiöse, aber auch weltliche Wertvorstellungen und Wissensbestände können eine Sicht der Welt und die Art und Weise, sich in ihr zu verhalten, definieren). In diesem dreifachen Wettbewerb erweisen sich die Evangelisch-Freikirchlichen als äusserst wettbewerbsstark, können doch die Mitglieder sämtliche Bedürfnisse (Spiritualität,

Beziehungen, Seelenhaushalt, Freizeit, Sinngebung) innerhalb des gleichen Milieus befriedigen. Der interne Konsum wird durch ein Normengeflecht legitimiert und reguliert; die Normen strukturieren das Milieu, stärken die Zugehörigkeit des Individuums zur Gruppe und mindern so die Versuchung, auf säkulare Angebote zurückzugreifen. Die Evangelisch-Freikirchlichen bilden mithin ein *wettbewerbsstarkes soziales Milieu.* Diesem zweifachen Merkmal verdanken sie ihren Erfolg in der Schweiz, aber auch im übrigen Europa.

Definition des Forschungsgegenstands

Jean-Paul Willaime definiert die Bewegung der Evangelisch-Freikirchlichen als «Konversionschristentum»[1], das für ein sichtbares individuelles wie kommunitäres Engagement kämpft. Für Analytiker der evangelisch-freikirchlichen Bewegungen (Soziologen wie Historiker) sind im Allgemeinen die folgenden fünf Merkmale[2] wichtig:

(1) der Glaube an die göttliche Inspiration der heiligen Schriften zur Legitimierung der mehr oder weniger «direkten»[3] Auslegung des Bibeltextes;
(2) der aus der individuellen Bekehrung hervorgehende persönliche Glaube;
(3) die zentrale Stellung von Jesus Christus im Leben der Gläubigen;
(4) die starke Betonung von Evangelisierung oder Mission;
(5) die interdenominationelle Dimension[4].

1 Willaime, 2001a, S. 73; Favre, 2006, S. 25.

2 Vgl. Willaime, 2001a; Ellingsen, 1988; Bebbington, 1989; Hunter, 1983, 1987; Fath, 2005a. Zur Kritik dieser Merkmale vgl. Gonzalez, 2009.

3 Die Haltung gegenüber der Bibel impliziert die kategorische Ablehnung jeglicher Entmythologisierung der Texte (vgl. Bultmann, 1985). Die Wundererzählungen werden problemlos als historische Fakten anerkannt. Zentrale Begriffe für die Evangelisch-Freikirchlichen sind der Sündenstand des Menschen und dessen Suche nach individuellem Heil.

4 Für die Evangelisch-Freikirchlichen steht das «Christsein» – also Bekehrtsein – vor der Kirchenzugehörigkeit. Daraus resultiert eine gewisse Leichtigkeit beim Kirchenwechsel innerhalb des Milieus. In dieser Perspektive wird sich der Begriff «Markt des Religiösen» als pertinent erweisen.

Diese zentralen Überzeugungen beeinträchtigen indes die Vielgestaltigkeit der Evangelisch-Freikirchlichen nicht. Signifikante Unterschiede bestehen sowohl in als auch zwischen den einzelnen Denominationen. Dies gilt insbesondere für die Interpretation von Bibeltexten (mehr oder weniger wörtliche Lesarten), die Beziehungen zur Gesellschaft (mehr oder weniger exkludierende Haltungen) und die Beziehung zu den «Gaben des heiligen Geistes» (mehr oder weniger «charismatisch»). Aufgrund dieser Positionierungen geht die Forschung in der Regel davon aus, dass das Milieu der Evangelisch-Freikirchlichen in drei grosse Strömungen unterteilt ist: charismatisch, klassisch/moderat und konservativ/fundamentalistisch.[5] Unsere Methodik und unsere Analysen halten sich an diese dreiteilige Typologie, die sich beim ersten Teil unserer quantitativen Untersuchung als sachdienlich erwiesen hat. Da sind einmal die konservativen Evangelisch-Freikirchlichen, die zur Abschottung von der Gesellschaft neigen und sich durch eine apokalyptische Weltsicht und einen starken Glauben an die Unfehlbarkeit der Bibel auszeichnen. Die charismatischen Evangelisch-Freikirchlichen wiederum legen den Akzent auf die emotionale Erfahrung der Gegenwart des heiligen Geistes. Die klassischen Evangelisch-Freikirchlichen schliesslich unterscheiden sich von den beiden anderen Submilieus durch ihre grössere Offenheit für die Welt und für andere Arten der Bibellektüre. Diese Typologie stellt selbstverständlich ein theoretisches Werkzeug und keine starre Realität dar. Die Innen- wie auch die Aussengrenzen sind zuweilen durchlässig: Die verschiedenen Tendenzen beeinflussen einander gegenseitig, und das gesamte Milieu entwickelt und verändert sich je nach der Gesellschaft, in die es eingebunden ist. Evangelisch-freikirchliche Diversität findet ihren Niederschlag auch im Organisationsmodus. In der Schweiz besteht das Milieu aus Hunderten von Lokalgruppen; diese sind in rund vierzig Föderationen organisiert oder zuweilen völlig unabhängig. Hinzu kommen Strömungen mit evangelisch-freikirchlichem Frömmigkeitsstil innerhalb der offiziellen reformierten Kirchen.

5 Vgl. Jung, 1992; Smith, 1998; Föller, 1994; Favre, 2006.

Auf der Grundlage dieser theologischen, verhaltensbezogenen und organisatorischen Merkmale lässt sich, für unsere Analyse, definieren, wer unter unsere Kategorie «evangelisch-freikirchlich» fällt oder nicht. In unsere Stichprobe haben wir daher neben Mitgliedern evangelischer Freikirchen auch Mitglieder reformierter Kirchen mit evangelisch-freikirchlichem Frömmigkeitstypus integriert.[6] In unsere Definition nicht eingeschlossen sind hingegen die Mitglieder der am Rande des Protestantismus angesiedelten Gemeinschaften, also «exklusivistische Christen» wie etwa Zeugen Jehovas oder Mitglieder der Neuapostolischen Kirche, und zwar weil sie im Organisationsmodus eine gewisse Exklusivität aufweisen und von dem den evangelischen Freikirchen eigenen interdenominationellen Charakter abweichen. Gleiches gilt für Gruppierungen, die sich auf andere heilige Schriften als die Bibel berufen und folglich unser erstes Kriterium nicht erfüllen. Dazu gehören namentlich die Kirche Jesu Christi der Heiligen der letzten Tage – deren Mitglieder werden üblicherweise als Mormonen bezeichnet – oder die Gemeinschaft der Siebenten-Tags-Adventisten. Nicht in unsere Stichprobe aufgenommen haben wir schliesslich Mitglieder der aus der Immigration hervorgegangenen, sogenannten ethnischen Kirchen. Zwar sind wir uns bewusst, dass das Phänomen Einwanderung die Präsenz und die Stärkung des evangelisch-freikirchlichen Milieus in der Schweiz teilweise erklärt, doch folgen die Lebensläufe dieser Mitglieder und deren Eingliederung in das Milieu Sonderlogiken, die mit ihrer Situation als Einwandernde zu tun haben. Aufgrund dieser Konstellation wäre ihnen eigens eine umfassende Analyse zu widmen.

6 Zu den Details unserer Methodik und des Designs unserer Stichprobe siehe Methodischer Anhang. Und kurz zur Geschiche des evangelisch-freikirchlichen Milieus in der Schweiz: Sein Ursprung liegt in der protestantischen Reformation und, spezifischer, in deren Radikalversion, dem Täufertum (Anfang 16. Jahrhundert). Im Allgemeinen werden dem heutigen evangelisch-freikirchlichen Milieu drei andere Hauptquellen zugeschrieben: Pietismus (Anfang 18. Jahrhundert), Erweckungsbewegung (19. Jahrhundert) und Pfingstbewegung sowie die aus ihr hervorgegangene charismatische Bewegung (Anfang 20. Jahrhundert). Zur Vertiefung der historischen Dimension des evangelisch-freikirchlichen Milieus in der Schweiz vgl. Favre, 2006, S. 63–87.

Das Rätsel der Wettbewerbsstärke des evangelisch-freikirchlichen Milieus

Während die offiziellen Kirchen Mühe bekunden, ihre Gotteshäuser zu füllen, und die Berufungen zum Priester- oder Pastorenamt stark rückläufig sind, befindet sich das evangelisch-freikirchliche Milieu im Aufwind. Neue Freikirchen siedeln sich an, Gottesdienste ziehen oft mehr als zweihundert Personen an, und es gibt Veranstaltungen mit landesweiter Ausstrahlung. Dass sich das evangelisch-freikirchliche Milieu in diesem Kontext wegbrechender konfessioneller Zugehörigkeiten halten und entfalten kann, besagt unserer Meinung nach, dass es ein *wettbewerbsstarkes soziales Milieu* ist.

Grundsätzlich lässt sich die Reproduktion des evangelisch-freikirchlichen Milieus mit zwei Faktoren erklären; einer endogenen Reproduktion (Verbleib der Kinder von Mitgliedern im Milieu) und durch den Zulauf von Mitgliedern ohne evangelisch-freikirchliche «Herkunft».[7] Mithin gilt es zwei Trends zu verstehen: zum einen, weshalb und wie die Kinder bleiben, zum anderen, wie und aus welchen Gründen Individuen den Schritt der Bekehrung machen und sich dauerhaft ins Milieu integrieren.

Wirkungsvoll sind die Evangelisch-Freikirchlichen in ihrer endogenen *und* exogenen Reproduktion, weil sie ein *soziales Milieu* bilden – ein Milieu mit seinen Grenzen, seinen internen Kommunikationsmodi, seinen Normen und seinem Werteverhalten. So entwickeln die Mitglieder eine besonders starke Zugehörigkeit und kommunitäre Identität. Die Reproduktion des Milieus ist auch darauf zurückzuführen, dass es nicht bloss relativ solide Grenzen besitzt, die es vor der Aussenwelt und ihrem Einfluss schützen, sondern dass es Mitgliedern und künftigen Mitgliedern ein attraktives und *wettbewerbsstarkes* Produkt anbieten kann, das sich mit der Fülle der von der säkularisierten Gesellschaft bereitgestellten Güter durchaus messen kann. Die Evangelisch-Freikirchlichen spielen mithin ganz besonders geschickt auf der Klaviatur des Öffnens und Schliessens der Milieugrenzen. So postulieren wir denn, dass Wettbewerbsstärke und Milieu einander

7 Proportional ist das Wachstum des evangelisch-freikirchlichen Milieus in der Schweiz stärker auf endogene Reproduktion zurückzuführen (vgl. Stolz/Favre, 2005; Favre/Stolz, 2009a).

nicht ausschliessen, sich vielmehr miteinander verbinden, um den Fortbestand des evangelisch-freikirchlichen Milieus in der Schweiz zu sichern.

Unsere Studie beruht auf einer repräsentativen quantitativen Erhebung und auf qualitativen Interviews mit Evangelisch-Freikirchlichen. Ihr Ziel: ein annähernd umfassendes Bild evangelisch-freikirchlicher Glaubensinhalte, Praktiken, Werte und Normen zu zeichnen, das Wesen dieser evangelisch-freikirchlichen Identität zu erfassen und zugleich deren Fortbestand und Tradierung im schweizerischen Kontext zu erklären. Darüber hinaus lassen sich mit dem Einbezug weiterer Daten aus verschiedenen soziologischen Untersuchungen der Schweizer Bevölkerung komparative, chronologische und evolutive Dimensionen integrieren. Ein zweites Ziel wird es sein, das in Bewegung befindliche evangelisch-freikirchliche Milieu zu präsentieren sowie seine wichtigsten Entwicklungslinien herauszuarbeiten und zahlenmässig zu erfassen.

In unserer Studie werden wir die nachstehend formulierte Frage samt den entsprechenden Unterfragen zu beantworten versuchen:

> Wie lässt sich die Resistenz des evangelisch-freikirchlichen Milieus im pluralistisch-säkularisierten Kontext der Schweiz erklären?
>
> (1) Welche Werte, Normen, Glaubensüberzeugungen und Praktiken strukturieren das Milieu?
> (2) Wie sind diese Werte, Glaubensüberzeugungen und Praktiken an der Reproduktion des Milieus beteiligt?
> (3) Welche Rolle spielt die Wettbewerbsfähigkeit bei der Reproduktion des Milieus?

Hinweis zur Methodik

Mixed Methods

Unsere Studie verwendet die sogenannten *Mixed Methods* – ein Ansatz, bei dem quantitative und qualitative Daten kombiniert werden, um ein und dasselbe Phänomen zu erklären.[8] Der quantitative Teil wurde in einer

8 Vgl. Bergman, 2008; Bryman, 1988; Kelle, 2001, 2007; Tashakkori/Teddlie, 1998; Hammersley, 2008.

ersten Phase von Olivier Favre im Rahmen seiner Dissertation 2003 unabhängig durchgeführt.[9] Die von über 1000 in der Schweiz lebenden evangelisch-freikirchlichen Gläubigen ausgefüllten Fragebögen lieferten zahlreiche soziodemografische Informationen über das Milieu und erhellten zugleich dessen Praktiken und Glaubensüberzeugungen sowie dessen Verhältnis zur Gesellschaft. Aus dieser Erhebung ergaben sich Hypothesen zur Erklärung der Entwicklung und des Fortbestands des evangelisch-freikirchlichen Milieus im Kontext der Schweiz. Diese Hypothesen dienten als Ausgangspunkt für eine 2006 in Angriff genommene qualitative Studie. Die Stärke der Mixed Methods besteht nun darin, dass die ersten, quantitativen Resultate in das Feld individueller Bedeutungen eingebettet und die Erklärungsmechanismen verfeinert werden können.[10]

Diese beiden Quellen bilden den Kern unserer Analyse. Ergänzt werden sie mit Ergebnissen aus verschiedenen soziologischen Studien zu den Evangelisch-Freikirchlichen in der Schweiz oder zur Gesamtbevölkerung. Dank Vergleichen mit anderen Religionsgemeinschaften im Land oder mit der Gesamtbevölkerung können wir das Milieu in seiner Entwicklung, seiner Kontinuität und seinem Wandel präsentieren und so die Genauigkeit der Analyse steigern. Insgesamt stammen die in dieser Studie vorgelegten Resultate aus folgendem Datenmaterial:

(1) 1100 quantitative Fragebögen, beantwortet von evangelisch-freikirchlichen Mitgliedern und beschafft von Olivier Favre im Rahmen seiner Dissertation über die evangelischen Freikirchen in der Schweiz;
(2) 95 qualitative Interviews von Mitgliedern, Pastoren, Evangelisationsspezialisten, Ausgetretenen und Personen mit evangelisch-freikirchlichem Frömmigkeitsstil in einer reformierten Kirche;[11]

9 Vgl. Favre, 2006. Dass diese Daten bereits vor einigen Jahren erhoben worden sind, ist uns bewusst. Doch konnten wir neuere qualitative Daten beisteuern und, was besonders wichtig ist, aus neuen Resultaten aus verschiedenen soziologischen Studien über die Religiosität in der Schweiz und damit teilweise auch über die Evangelisch-Freikirchlichen schöpfen. Dank dieses Datenkorpus, auch der 2003 erfassten Daten, konnten wir uns mit der Entwicklung und dem Wandel im evangelisch-freikirchlichen Milieu der Schweiz befassen und das Milieu in die religiöse Gesamtlandschaft der Schweiz einbetten.

10 Jick, 1979, S. 602; Tashakkori/Teddlie, 1998, S. 41.

11 Zu (1) und (2) siehe Methodischer Anhang.

(3) die vom Bundesamt für Statistik (BFS) im Rahmen der letzten Volkszählung 2000 der Schweizer Bevölkerung erhobenen Daten;[12]
(4) die Daten für die Schweiz aus dem *International Social Survey Program* (1999) sowie die quantitativen Ergebnisse der 1999 durchgeführten Erhebung *Religion et Lien social* (RLS) über die religiösen Überzeugungen der Schweizerinnen und Schweizer (N= 1562);[13]
(5) die Daten aus der 2010 durchgeführten quantitativen Studie *National Congregations Study in Switzerland (NCSS)*. Analysiert werden Organisation, religiöse, soziale, kulturelle und politische Aktivitäten von 1040 lokalen religiösen Gemeinschaften in der Schweiz, darunter auch evangelisch-freikirchliche Gemeinschaften;[14]
(6) die Daten aus der Studie *Religiosität in der modernen Welt*, die auf quantitativen Fragebögen (N= 1229) und qualitativen Interviews (N= 73) beruht. Diese Studie – im Anschluss an die RLS-Forschung – untersucht Religiosität und Nichtreligiosität der Menschen im zeitgenössischen Kontext der Schweiz. Es finden sich verschiedene Typen von Religiosität, darunter einer, der dem evangelisch-freikirchlichen Milieu entspricht;[15]
(7) die quantitativen Daten aus der 2010 verfassten Masterarbeit von Alain Polo. In dieser Arbeit wird die Zahl der Mitglieder in den 27

12 Mit der Volkszählung werden alle zehn Jahre verschiedene Daten über die Struktur der Schweizer Bevölkerung erhoben. Die Analyse der religiösen Variablen und ihrer Entwicklung führte Claude Bovay (2004) durch. Im Juni 2012 veröffentlichte das BFS die Ergebnisse der Strukturerhebung 2010 mit neuen Daten zur Sprach- und Religionslandschaft der Schweiz. Diese Daten konnten leider nicht berücksichtigt werden, da unsere Studie breits abgeschlossen war. Doch die in dieser Erhebung herausgearbeiteten Trends decken sich, insbesondere bezüglich der Religionszugehörigkeit, mit den aus der Studie *Religiosität in der modernen Welt* von 2011 hervorgegangenen Trends. Auf diese Studie stützen wir uns in unseren Analysen.

13 Die Ergebnisse der gleichzeitigen Analyse dieser beiden Datensätze sind publiziert in Campiche (2004). Die hier präsentierten Daten zur Schweizer Bevölkerung stammen grossmehrheitlich aus der RLS-Studie. Bei Daten aus anderen Erhebungen wird die Quelle angegeben.

14 Vgl. Stolz/Chaves/Monnot/Amiotte-Suchet, 2011.

15 Vgl. Stolz/Könemann/Schneuwly Purdie/Krüggeler/Englberger, 2011.

wichtigsten evangelischen Freikirchen der Schweiz von 1970 bis 2000 analysiert.[16]

Das Forschungsteam und seine Prinzipien

Das soziologische Verfahren erfordert von den Forschenden Neutralität beim Zugang zu ihrem Studienobjekt und bei dessen Analyse. Das richtige Verständnis der gesellschaftlichen Phänomene und der Mechanismen, die diese Phänomene hervorbringen, bedingt seitens der Forschenden kritische Strenge gegenüber den eigenen Vorurteilen und Denkstrukturen. Falls diese nicht völlig auszublenden sind, müssen sie wenigstens einer objektiven Analyse unterzogen und bewusst gemacht werden. Nur so lassen sich ihre Auswirkungen und damit die in die verschiedenen Forschungsetappen einfliessenden potenziellen Verzerrungen minimieren. Auf unsere Studie bezogen heisst das: wissenschaftliche Strenge und kritische Distanz gegenüber dem religiösen Objekt. Die Position des «methodologischen Agnostizismus»[17] verbietet, über Wohlbegründetheit oder Wahrhaftigkeit der Überzeugungen und des Handelns der untersuchten Individuen zu urteilen. Es gilt nicht festzustellen, ob diese oder jene Überzeugung sich als richtig oder falsch, gut oder schlecht erweist, sondern zu verstehen, welche Mechanismen hinter diesen Überzeugungen stehen und was mit ihnen auf dem Spiel steht. Dieser Prozess verlangt von den Forschenden beim Sammeln wie Analysieren der Daten eine gewisse Unvoreingenommenheit sowie die Absage an jedes gesellschaftliche, konfessionelle und politische Apriori.

Dem «methodologischen Agnostizismus» haben wir auch in dem Sinne versucht Rechnung zu tragen, als unser Team aus milieuinternen und -externen Forschenden besteht. Der promovierte Sozialwissenschaftler Olivier Favre ist auch Pastor einer evangelischen Freikirche, Jörg Stolz, Caroline Gachet und Emmanuelle Buchard hingegen gehören diesem Milieu nicht an. Aus Erfahrung wissen wir, dass diese Diversität ein Vorteil ist. Intime Kenntnis des Milieus und kritische Distanz ergänzen sich in sinnvoller Weise, da jeder für den anderen die Rolle der «kritischen Grenze» spielen konnte. Diese Konstellation befruchtete Auseinanderset-

16 Vgl. Polo, 2010.

17 Vgl. Hamilton, 2001.

zungen und Diskussionen, stimulierte die Reflexion und verfeinerte letztlich die Analyse.

Und zum Schluss: Unsere Studie stützt sich auf ein postpositivistisches und pragmatisches Paradigma,[18] das sich von einer rein konstruktivistischen und postmodernen Position absetzt.[19] Das will heissen, dass wir die Existenz einer dem interviewten Subjekt äusseren Wirklichkeit anerkennen, auch wenn es eine vom Subjekt konstruierte Wirklichkeit ist. Aus diesem Blickwinkel lassen sich jene gesellschaftlichen Kausalitäten wahrnehmen, die hinter individuellen Aussagen, Verhaltensweisen und Bedeutsamkeiten stehen.[20]

Aufriss der Studie

Unsere Publikation will die Resistenz der Evangelisch-Freikirchlichen im säkularisierten Kontext der Schweiz erklären, und zwar unter Berufung auf die beiden Schlüsselbegriffe Milieu und Wettbewerbsstärke. Mit seinem Angebot an attraktiven Gütern, gepaart mit dem Beharren auf einer spezifischen Weltsicht und der Verteidigung eines Ensembles von Sonderüberzeugungen, hat das evangelisch-freikirchliche Milieu in der religiösen Szene der Schweiz eine privilegierte Position inne. Kapitel 1 dieser Studie zeigt, inwiefern man bei den Evangelisch-Freikirchlichen von einem Milieu sprechen kann, belegt dessen Entwicklung mit Zahlen und evaluiert so dessen Resistenz in einem schon stark säkularisierten helvetischen Kontext. Anschliessend begeben wir uns in dieses Milieu. Wir analysieren die Normen, Praktiken, Werte und Glaubensüberzeugungen, die das Milieu strukturieren und an der Erarbeitung von klaren und soliden Grenzen beteiligt sind: das Phänomen Bekehrung (Kapitel 2); das Geflecht von religiösen Überzeugungen, Praktiken und Wertvorstellungen (Kapitel 3); die gemeinschaftliche Dimension (Kapitel 4); der Respekt vor Autoritätsfiguren und die Art und Weise ihrer Autoritätsausübung (Kapitel 5); die Wahl des Ehepartners, der Ehepartnerin (Kapitel 6). Dann geht es um

18 Vgl. Creswell, 1998; Tashakkori/Teddlie, 1998; Strauss/Corbin, 1988.

19 Vgl. Lincoln/Guba, 1985.

20 Vgl. Maxwell, 2005; Sayer, 2000; Miles/Huberman, 1994.

das Verständnis der Entwicklung des Milieus; zu diesem Zweck befassen wir uns mit der Tradierung des evangelisch-freikirchlichen Überzeugungsguts im Rahmen von Sozialisierung (Kapitel 7) und Evangelisierung (Kapitel 8). Die letzten Kapitel thematisieren – in ganz eigenständiger Weise – die Entwicklung der Evangelisch-Freikirchlichen: Kapitel 9 untersucht, wie Mitglieder evangelischer Freikirchen ihre Gemeinde wechseln können. Kapitel 10 geht detailliert auf das Leben von Personen mit evangelisch-freikirchlichem Frömmigkeitsstil in reformierten Kirchgemeinden ein. In Kapitel 11 zeigen wir, weshalb und wie bestimmte Mitglieder das Milieu verlassen. Schliesslich ziehen wir die Bilanz zwischen Wandel und Kontinuität (Kapitel 12); dabei analysieren wir die Entwicklung dieses Milieus, das zwar nach aussen hin klare Grenzen bewahrt, es aber versteht, sich an die Gesellschaft anzupassen, in der es sich bewegt.

Leseregeln

Immer wieder werden die Befragten mit ihren Aussagen zitiert. Um sie zu situieren und ihnen ein gewisses gesellschaftliches Profil zu verleihen, werden Alter, evangelisch-freikirchliche Richtung (Ch = charismatisch, Kl = klassisch, K = konservativ) sowie Beruf erwähnt. Für aus dem Milieu ausgetretene Befragte geben wir die Tendenz der zuletzt frequentierten Freikirche an. Mit der Verwendung von Pseudonymen soll die Anonymität unserer Befragten gewährleistet werden.

Die Interviews wurden wörtlich transkribiert, mit dem Zögern, den Pausen und in den von den Befragten selbst benutzten Termini. Um die Lektüre zu erleichtern und die Aussagen möglichst verständlich zu machen, haben wir die grammatikalische Struktur punktuell leicht angepasst, wobei wir den Inhalt, die gesprochene Sprache und somit das Gesprächsklima beibehalten wollten.

Längere Zitate werden grafisch hervorgehoben. Werden im Text nur kurz Termini und Redewendungen der Evangelisch-Freikirchlichen zitiert, werden sie *kursiv* und in Anführungszeichen gesetzt.

Kapitel 1

Die Wettbewerbsstärke des evangelisch-freikirchlichen Milieus in der Schweiz

Jörg Stolz, Olivier Favre, Emmanuelle Buchard

1.1 Die Evangelisch-Freikirchlichen als «soziales Milieu»

Der Begriff soziales Milieu bezeichnet eine Grossgruppe von Individuen mit gleicher Weltanschauung und einer Reihe von spezifischen Wertvorstellungen und Regeln. Weiter zeichnet er sich aus durch Abgrenzung gegen aussen sowie, im Innern, durch die Ausfaltung einer auf einer Normsprache beruhenden eigenen Kommunikation.[1]

Für die Analyse der Evangelisch-Freikirchlichen erweist sich der Begriff als sehr geeignet: Evangelisch-Freikirchliche verinnerlichen und zeigen gegen aussen eine Anzahl identischer soziokultureller und symbolischer Züge, teilen ein System von präzisen und distinkten Regeln, Normen und Werten; daraus entsteht eine spezifische Art, sich in und gegenüber der Gesellschaft, in der sie sich bewegen, zu situieren und zu verhalten. Jedes soziale Milieu kann intern höchst vielfältig sein und sich in mehrere Submilieus aufteilen. Das evangelisch-freikirchliche Milieu entgeht dieser Tendenz nicht und integriert unterschiedliche Sensibilitäten in Bezug auf Inhalt und Ausdruck seiner Überzeugungen wie auf seine Organisationsform. Gleichwohl lässt unsere Analyse eindeutig die Existenz einer gemeinsamen «evangelisch-freikirchlichen Identität» erkennen. Diese Identität definiert und scheidet symbolisch, kulturell wie auch strukturell Individuen, die dem Milieu angehören, und diejenigen, die ihm nicht angehören.[2]

1 Vgl. Schulze, 1990, 1995.

2 Der Begriff soziales Milieu, angewandt auf die Analyse der Evangelisch-Freikirchlichen (vgl. Stolz, 1999a, 2000, 2002; Stolz/Favre, 2005), steht dem Begriff der subkulturellen Identität sehr nahe (vgl. Smith, 1998). Gleichwohl erweist sich der Begriff soziales Milieu als dem europäischen und namentlich dem schweizerischen Kontext angemessener, haben doch die Evangelisch-Freikirchlichen hier eine spezifische Geschichte und Entwicklung und sind die

Das evangelisch-freikirchliche Milieu erweist sich in zweierlei Hinsicht als besonders wettbewerbsstark. Den Mitgliedern steht eine Palette «traditioneller» religiöser Angebote (Gottesdienst, Sonntagsschule, Gebetsgruppe ...) zur Verfügung, aber auch eine Vielzahl von «Nebenaktivitäten» (Lager, Ausgang, Wochenende, künstlerische und sportliche Aktivitäten, Hilfebeziehung und psychologische Unterstützung ...), die sie – falls gewünscht – die ganze Woche beschäftigen und ihre ganz unterschiedlichen Bedürfnisse befriedigen werden. So bietet das evangelisch-freikirchliche Milieu seinen Mitgliedern eine Vielzahl von religiösen und spirituellen, aber auch weltlichen Gütern an; diese tragen zum Aufbau einer globalisierenden und totalisierenden evangelisch-freikirchlichen Identität bei: Freizeitaktivitäten, innerhalb des Milieus gepflegte Freundschafts- und Liebesbeziehungen. Das Milieu positioniert sich effizient im Wettbewerb mit anderen säkularen Gütern, da die Akteure des Systems dort nicht nur alle ihre spirituellen, sondern auch alle ihre materiellen, sozialen und psychologischen Bedürfnisse stillen können. So erweist sich das evangelisch-freikirchliche Milieu sowohl für die darin aufgewachsenen Mitglieder als auch für die ihm «fremden» Individuen als attraktiv. Aber auch im Innern stellt das Milieu seine bemerkenswerte Wettbewerbsstärke unter Beweis: Die grosse Mehrheit der Freikirchen setzt auf die Entwicklung ganz unterschiedlicher neuer Angebote und trägt so zur Vitalität, zur Entfaltung und zur steten Erneuerung des evangelisch-freikirchlichen Milieus bei.

Das evangelisch-freikirchliche Milieu entwickelt sich im säkularisierten Kontext der Schweiz, weil es zugleich höchst normiert und äusserst wettbewerbsstark ist. Es kann der äusseren Konkurrenz Paroli bieten, indem es seine Mitglieder – über Normen und Regeln – dazu einlädt, eine Vielzahl von Bedürfnissen innerhalb der eigenen Grossgruppe zu befrie-

Beziehungen zwischen den Mitgliedern und der Gesellschaft insgesamt – genauer der Politik – von anderer Natur und weisen andere Herausforderungen auf, als dies in den USA der Fall ist. Am Schluss dieses Kapitels werden wir vertieft auf diese verschiedenen Theorien und ihre Eigenheiten zurückkommen.

digen, und indem es zugleich attraktiv bleibt für die ausserhalb seiner Grenzen lebenden Individuen.[3]

Die Evangelisch-Freikirchlichen als Milieu

Die Evangelisch-Freikirchlichen bilden kein Konglomerat verstreuter Individuen, die sich am Sonntag zum Gottesdienst zusammenfinden, um anschliessend wieder je eigene Wege zu gehen. Die Gläubigen fühlen sich eindeutig als Angehörige einer Gemeinschaft; ihnen gemeinsam ist ein bestimmter Lebensstil und eine Reihe von Überzeugungen, durch die sie sich vom Rest der Gesellschaft unterscheiden. Sie bewegen sich mithin bewusst in einem Milieu, das ihnen auf Dauer den Aufbau einer soliden Identität erlaubt, deren religiöse Natur sämtliche Verhaltensweisen prägt und bestimmt. Wir werden nun die verschiedenen Merkmale analysieren, die für das evangelisch-freikirchliche Milieu konstitutiv sind und die es seinen Anhängern gestatten, sich in einer weitgehend säkularisierten Gesellschaft zu bewegen und zu behaupten.

(1) Soziodemografische Struktur

Vom Rest der Schweizer Bevölkerung im Allgemeinen und vom katholischen und vom reformierten Milieu im Besonderen unterscheiden sich die Evangelisch-Freikirchlichen klar durch ihre Familienzusammensetzung. Erstens weisen sie eine signifikant höhere Heiratsrate auf – 72,5 % gegenüber 47,1 % der Gesamtbevölkerung der Schweiz, 52,2 % der Reformierten und 56,1 % der Katholiken –, aber auch eine geringere Schei-

3 Wir analysieren die Beziehungen zwischen dem Milieu und seinen Akteuren in der Perspektive des hauptsächlich von Boudon (1977, 1983) vertretenen *methodologischen Individualismus*. Individuen handeln aus dieser Sicht auf der Basis subjektiver «guter Gründe». Um diese Gründe zu verstehen, gilt es jene Handlungs- und Strukturzwänge zu berücksichtigen, die sie erst aufkommen lassen. So ist denn die Logik des individuellen Handelns der Evangelisch-Freikirchlichen in Interaktion mit dem normierten und regulierten Milieu zu erforschen, wobei Milieu und Akteur sich gegenseitig beeinflussen.

dungsrate (Tabelle 1.1).[4] Die Anzahl Kinder pro Haushalt liegt in der Schweiz bei 1,39 Kindern, bei 1,6 für Katholiken und Reformierte, steigt bei den Evangelisch-Freikirchlichen auf 1,81 und sogar auf 2,5 Kinder bei der Gemeinde für Christus. Ebenfalls höher als bei ihren Landsleuten liegt in evangelisch-freikirchlichen Familien der Anteil der Hausfrauen.

Bei Merkmalen wie Beruf, Nationalität, Geschlecht und geografischer Verteilung ergeben die Analysen gewisse Besonderheiten, ohne indes einen klaren Unterschied zwischen Evangelisch-Freikirchlichen und restlicher Bevölkerung auszumachen. Der Altersdurchschnitt ist bei Evangelisch-Freikirchlichen niedriger als bei ihren Landsleuten; teilweise zu erklären ist dies mit der hohen Anzahl Kinder in den Familien sowie der Attraktivität der klassischen und der charismatischen Freikirchen; der Ausländeranteil entspricht keineswegs dem Schweizer Durchschnitt, hinsichtlich Geschlecht und Bildung hingegen liegen die Evangelisch-Freikirchlichen im landesweiten Durchschnitt.[5] Was ihre geografische Verteilung betrifft, erscheint das evangelisch-freikirchliche Milieu als eher «modern», befindet sich doch die Mehrheit der Freikirchen im urbanen Milieu.[6]

4 Charismatische Evangelisch-Freikirchliche weisen eine höhere Scheidungsrate auf (3,2 %) als konservative (2,6 %) und klassische (2,2 %). Grund für die Differenz ist der höhere Anteil an exogenen Rekrutierungen in diesem Submilieu. Erwähnt sei auch, dass die – konservative – Gemeinde für Christus (ehemals Evangelischer Brüderverein) mit 0,8 % die niedrigste Scheidungsrate aller religiösen und nichtreligiösen Gruppierungen der Schweiz aufweist. In der Folge werden wir sehen, dass es sich um eine Denomination handelt, die die traditionellen Familienwerte besonders hochhält.

5 Vgl. Favre/Stolz, 2009a. Allerdings ist der Ausländeranteil innerhalb der evangelischen Freikirchen in den letzten Jahren stark gestiegen und liegt inzwischen bei rund 10 %. Heute gibt es in der Schweiz z. B. rund 150 frankofone afrikanische Freikirchen. Immigration ist mithin ein bedeutender Erklärungsgrund für die höhere Anzahl Freikirchen, namentlich der charismatischen, und für die «Resistenz» des Milieus generell im schweizerischen Kontext. Gleichwohl haben wir uns entschieden, diese Dimension nicht eigens zu untersuchen, da religiöse Verhaltensweisen im Kontext von Migrationslaufbahnen, wie bereits oben erläutert, unserer Auffassung nach mit spezifischen und persönlichen Erklärungsgründen zusammenhängen.

6 Genauer, in den Städten sind 32 % aller religiösen Gemeinschaften evangelisch-freikirchlich, in der Agglomeration sind es 23 % und auf dem Land nur

Stärker als die Gesamtbevölkerung und die Mehrheitskonfessionen des Landes setzt das evangelisch-freikirchliche Milieu auf die traditionelle Familienstruktur. Dank hoher Heiratsrate und niedriger Scheidungsrate, beträchtlichem Hausfrauenanteil und hoher Kinderzahl können die Evangelisch-Freikirchlichen die nachhaltige Reproduktion des Milieus sichern. Das traditionelle Familienverständnis ist Teil einer «gemeinsamen evangelisch-freikirchlichen Kultur»; gesteuert wird diese von biblisch legitimierten Werten und Normen, die die Individuen zum Heiraten animieren, die aussereheliche Sexualität verurteilen, die Scheidung stigmatisieren und dem Paar als oberste Aufgabe auferlegen, Kinder zu zeugen und die eigenen Überzeugungen an sie weiterzugeben. Wenden wir uns nun dieser gemeinsamen Kultur zu.

(2) Gemeinsame Kultur

Zur Herausbildung des evangelisch-freikirchlichen Milieus als Milieu trägt auch die Verteidigung einer gewissen Anzahl Werte und Normen bei, die in der Regel im Gegensatz zu denjenigen stehen, die von der Mehrheit der Schweizer Bevölkerung vertreten werden. Ein ganzes Bündel von spezifischen Verhaltensregeln ergibt sich aus den evangelisch-freikirchlichen Glaubensüberzeugungen und hauptsächlich aus dem starken Glauben an eine als Wort Gottes verstandene Bibel. Solche Einstellungen bilden denn auch einen weiten Analysebereich, auf den wir in den verschiedenen Kapiteln dieser Studie immer wieder zurückkommen werden. Deshalb beschränken wir uns an dieser Stelle auf zwei signifikante Beispiele, die mit dem Vorhandensein einer spezifischen evangelisch-freikirchlichen Kultur zu tun haben (Tabelle 1.1).

17 %. Bemerkenswert ist die umgekehrte Verteilung des evangelisch-reformierten Milieus (10 % aller in der Stadt sich befindenden religiösen Gemeinschaften, 20 % in der Agglomeration und 29 % auf dem Land) und des katholischen Milieus (16 % in der Stadt, 33 % in der Agglomeration und 45 % auf dem Land) (Stolz/Chaves/Monnot/Amiotte-Suchet, 2011, S. 15). Die «nicht etablierten» Gemeinschaften unterscheiden sich somit von den etablierten Kirchen durch ihre geografische Ansiedlung in einem urban geprägten Milieu, was ihnen einen privilegierten Standort im Wettbewerb mit anderen, säkularen Gütern verleiht.

Tabelle 1.1: Merkmale des «evangelisch-freikirchlichen Milieus»: gemeinsame Struktur und Kultur

	Evangelische Freikirchen			Landeskirchen			
	Charis-matisch	Klassisch	Kon-servativ	Refor-miert	Röm.-kath.	Keine Zu-gehörigk.	Schweiz Total
Gemeinsame Struktur							
Verheiratet (1)	72,3 %	72,6 %	72,4 %	52,2 %	56,1 %	34,8 %	47,1 %
Anzahl Kinder (1)	1,6	1,9	2,1	1,6	1,6	1,1	1,4
Drei Kinder und mehr (1)	24,2 %	36,9 %	44,3 %	23 %	23,1 %	11,0 %	9,5 %
Hausfrau	18,9 %	20,7 %	25,8 %	13,4 %	20,3 %	8,5 %	16,8 %
Gemeinsame Kultur							
Es gibt einen Gott, der sich in Jesus Christus zu erkennen gegeben hat (völlig einverstanden)	98,6 %	96,6 %	98,3 %	31,9 %	44,6 %	18,4 %	38,0 %
Die Bibel muss streng wörtlich genommen werden (2)	57,1 %	39,5 %	66,9 %	9,0 %	9,6 %	5,4 %	9,5 %
Vorehelicher Geschlechtsverkehr ist in jedem Fall ein Fehler (2)	75,2 %	56,0 %	88,2 %	6,3 %	4,2 %	0,9 %	5,8 %
Ein Schwangerschaftsabbruch ist in jedem Fall ein Fehler (2)	53,2 %	42,3 %	63,0 %	12,6 %	11,7 %	6,4 %	12,2 %
Es ist besser, wenn der Mann voll im Berufsleben steht und die Frau sich daheim um die Kinder kümmert (völlig + eher einverstanden)	59,3 %	47,7 %	78,1 %	37,6 %	34,9 %	15,4 %	34,5 %
Total (3)	361	378	361	564	776	136	1560

(1) Die Daten für die reformierte und für die römisch-katholische Kirche, für Keine Zugehörigkeit und die Gesamtbevölkerung stammen vom BFS 2000 (Claude BOVAY, 2004). (2) Die Daten für die reformierte und für die römisch-katholische Kirche, für Keine Zugehörigkeit und die Gesamtbevölkerung stammen aus dem ISSP. (3) Total der Reformierten, Katholiken, Keine Zugehörigkeit und CH-Bevölkerung entspricht der Anzahl Befragten in den Gruppen der RLS-Daten (Campiche, 2004).

Für 65,7 % der Evangelisch-Freikirchlichen ist vorehelicher Sexualverkehr «in jedem Fall ein Fehler». Dieser Anteil fällt auf 5,8 % für die Schweizer Bevölkerung, auf 6,3 % für die Reformierten und 4,2 % für die Katholiken. Diese Diskrepanz ist auch bei der Position gegenüber dem Schwangerschaftsabbruch zu beobachten. Während die Evangelisch-Freikirchlichen diesen grossmehrheitlich ablehnen, ist er inzwischen in der übrigen Gesellschaft weitgehend akzeptiert.

Bei Katholiken und Reformierten hat es anscheinend eine Öffnung gegenüber Verhaltensweisen gegeben, die in ihrem religiösen System noch vor wenigen Jahrzehnten als problematisch angesehen wurden. Ihre Haltung gegenüber Schwangerschaftsabbruch und vorehelichem Sexualverkehr steht für eine gewisse Säkularisierung der Überzeugungen, der das evangelisch-freikirchliche Milieu zu widerstehen scheint. Zwar wird Sexualität keineswegs verurteilt, sie soll ihren Ort aber ausschliesslich in der Ehe des heterosexuellen Paares finden.

(3) Gemeinsame Grenzen

Selbstverständlich zieht die Verteidigung dieser traditionellen Werte Grenzen zwischen den Evangelisch-Freikirchlichen und der übrigen Gesellschaft; diese Grenzen sind an der Herausbildung des evangelisch-freikirchlichen Milieus als Milieu beteiligt. Noch klarer treten diese Trennlinien hervor, wenn wir uns dem Hauptpfeiler evangelisch-freikirchlicher Überzeugungen zuwenden, nämlich der Bekehrung, also der individuellen und bewussten Option, in die Nachfolge Christi zu treten und ein seiner Lehre entsprechendes Leben zu führen. Dieser eindeutig Identität stiftende Akt definiert prioritär – und stärker als die formelle oder administrative Zugehörigkeit zu einer Kirche –, wer einen evangelisch-freikirchlichen Frömmigkeitsstil pflegt und wer nicht. Für 85,3 % der Evangelisch-Freikirchlichen ist es ohne Bekehrung nicht möglich, «ein echter Christ zu sein», und für fast 60 % von ihnen gibt es «Wahrheit nur in einer Religion» (Tabelle 1.2). Während Reformierte und Katholiken sowohl in ihrer Identität als auch in ihrer Botschaft anscheinend einen wichtigen Schritt in Richtung Ökumene getan haben, halten Evangelisch-Freikirchliche an der Meinung fest, dass ihre Glaubensüberzeugungen die

Verteidigung und Aneignung von kaum verhandelbaren genauen Prinzipien impliziert.[7]

Diese Grenzen existieren und werden von den Evangelisch-Freikirchlichen selbst auch geltend gemacht – nur schon durch die Notwendigkeit des Bekehrungsakts, um den Status des *echten Christen* beanspruchen zu können –, gleichwohl wäre die Annahme falsch, sie würden sich in einem von jeglichem äusseren Einfluss abgeschotteten Kokon bewegen. Die Evangelisch-Freikirchlichen sind vor dem Einfluss der Gesellschaft nicht gefeit, und umgekehrt versuchen sie ihrerseits mit der Verbreitung ihrer Botschaft auf ihr Umfeld einzuwirken.[8] Zudem sind die Evangelisch-Freikirchlichen, als Individuen, beruflich in die Gesellschaft integriert und treten folglich persönlich und konkret mit der sie umgebenden Welt in Kontakt. Das Milieu ist also durch Grenzen geprägt, aber diese Grenzen sind nicht völlig undurchlässig. Sie öffnen und schliessen sich auf verschiedenen Ebenen und ermöglichen so, die Plausibilität des Milieus zu erhalten und dessen Mitglieder in die Gesellschaft einzubinden. Diese doppelte Positionierung trägt, wie wir sehen werden, viel zur Verbreitung des evangelisch-freikirchlichen Milieus bei.

7 Wir werden detailliert auf diese die evangelisch-freikirchliche Identität stiftenden Prinzipien und Werte zurückkommen. Dazu gehören Bekehrung, Wichtigkeit von Heirat, Familie, religiöser Überlieferung oder auch eine gewisse Missbilligung von Homosexualität, Konkubinat und Scheidung. Das Festhalten an einem harten Kern von Überzeugungen verhindert indes nicht die Zusammenarbeit gewisser evangelischer Freikirchen mit der römisch-katholischen und mit der reformierten Kirche in bestimmten Bereichen sozialen oder religiösen Handelns.

8 Die Evangelisch-Freikirchlichen engagieren sich in zahlreichen sozialen Aktivitäten (Hilfe für Benachteiligte, Quartieranimation, Putzaktionen im Wald, Konzerte ...): Die NCS Studie zeigte, dass 90 % der evangelisch-freikirchlichen Gemeinden im Jahr vor der Befragung mindestens eine derartige Aktion organisiert hatten. Auf politischer Ebene hingegen engagieren sich die Evangelisch-Freikirchlichen kaum. Doch diese Zurückhaltung macht aus dem Milieu keinen Sonderfall. Insgesamt sind die religiösen Gemeinschaften in der Schweiz in der Sphäre des Politischen kaum oder überhaupt nicht aktiv (Stolz/Chaves/Monnot/Amiotte-Suchet, 2011, S. 37).

Tabelle 1.2: Merkmale des «evangelisch-freikirchlichen Milieus»: Grenzen und interne Kommunikation

	Evangelische Freikirchen			Landeskirchen		
	Charismatisch	Klassisch	Konservativ	Evang.-ref.	Röm.-kath.	Keine Zugehörigkeit
Grenzen						
Religiöse Wende (1) (2)	97,2 %	94,3 %	96,6 %	24,6 %	20,3 %	21,8 %
Bekehrung	98,6 %	95,9 %	98,9 %	–	–	–
Ohne Bekehrung ist es nicht möglich, ein echter Christ zu sein (stimme stark zu)	75,8 %	60,3 %	89,4 %	–	–	–
Wahrheit gibt es nur in einer Religion (1)	58,1 %	54,8 %	88,7 %	8,4 %	6,0 %	7,2 %
Interne Kommunikation						
Drei beste Freunde sind bekehrt	54,1 %	57,4 %	79,5 %	–	–	–
Bekehrter Partner/ gleiche Denomination	90,7 %	94,0 %	97,7 %	67,3 %	73,8 %	48,6 %
Total (3)	361	378	361	564	776	136

(1) Die Daten für die reformierte und für die römisch-katholische Kirche, für Keine Zugehörigkeit und die Gesamtbevölkerung stammen aus dem ISSP *(International Social Survey Program)*. (2) Formulierung der Frage: «Gab es jemals in Ihrem Leben einen Wendepunkt, an dem Sie eine neue und persönliche Bindung zur Religion eingegangen sind?» (3) Total der Reformierten, Katholiken, Keine Zugehörigkeit entspricht der Anzahl Befragten in den Gruppen der RLS-Daten (Campiche, 2004).

(4) Interne Kommunikation

Schliesslich trägt ein hohes internes Kommunikationsniveau zwischen den Mitgliedern zur Herausbildung des evangelisch-freikirchlichen Milieus als Milieu bei. Die durch vielfältige Aktivitäten und Strukturen verbreitete «evangelisch-freikirchliche Kultur» begünstigt die Schaffung und Aufrechterhaltung kollektiver Bindungen. Den Evangelisch-Freikirchlichen ist ein starkes Zugehörigkeitsgefühl eigen, die anderen Mitglieder werden zu Freunden, und eine Mehrheit sucht auch den Lebenspartner innerhalb des Milieus.

In ihren Freundschafts- und Liebesbeziehungen weisen die Evangelisch-Freikirchlichen kaum religiöse Durchmischung auf. Evangelisch-Freikirchliche Paare sind grossmehrheitlich endogam: 90,7 % der charismatischen, 94 % der klassischen und 97,7 % der konservativen Evangelisch-Freikirchlichen haben einen ebenfalls bekehrten Partner (Tabelle 1.2). Dass die Evangelisch-Freikirchlichen nur 2 % der Bevölkerung ausmachen, erhöht die Signifikanz dieser Anteile. Die Endogamie ist sehr wohl das Ergebnis des klaren Willens der Mitglieder, jemanden mit denselben Werthaltungen zu heiraten. Sehr homogen sind die Evangelisch-Freikirchlichen auch in ihren Freundschaften: 58,7 % bestätigen, dass ihre drei besten Freunde Bekehrte sind. Die Identität des Milieus wie auch dessen Aussengrenzen werden dadurch gestärkt, dass in Liebe und Freundschaft ein Umfeld mit gleichem Frömmigkeitsstil präsent ist.

Die Evangelisch-Freikirchlichen bilden mithin eine kompakte Gruppe. Es zeichnet sich eine evangelisch-freikirchliche Identität ab, was die These vom sozialen Milieu bestätigt, in dem die traditionellen Familienwerte nach wie vor hochgehalten werden. Die Zugehörigkeit zum Milieu wird geltend gemacht, der Bekehrungsakt markiert eine klare Grenze zwischen «innen» und «aussen». Verstärkt wird diese Grenze durch ein hohes Mass an Binnenkommunikation, was wiederum ein ausgeprägtes Zugehörigkeitsgefühl zur Folge hat. Diese verschiedenen Merkmale schützen das Milieu vor liberalen und pluralistischen gesellschaftlichen Einflüssen – dies im Gegensatz zum katholischen und zum reformierten Milieu. Das evangelisch-freikirchliche Milieu bildet indes keine Enklave. Seine Mitglieder lassen sich auf die Gesellschaft ein, engagieren sich in ihr, und die Verbreitung ihrer Botschaft ist ein wichtiger Bestandteil des *evangelisch-freikirchlichen Ethos*. So bieten sie eine wettbewerbsstarke Alternative zum Verhaltenspluralismus der heutigen Gesellschaft. Milieu und Wettbewerbsstärke sind mithin die beiden Schlüsselelemente zum Verständnis der «Resistenz» des evangelisch-freikirchlichen Milieus. Bevor wir genauer auf dieses Erklärungsmodell eingehen, müssen wir uns dem Begriff Resistenz zuwenden, um ihn zahlenmässig zu fassen.

1.2 Die erstaunliche Resistenz des evangelisch-freikirchlichen Milieus im Kontext der Schweiz

Das evangelisch-freikirchliche Milieu ist sicherlich eine der innovativsten und dynamischsten Kräfte in der religiösen Szene der Schweiz.[9] Laut den Angaben des Bundesamtes für Statistik hat sich die Zahl der Evangelisch-Freikirchlichen von 36 945 im Jahr 1970 (0,6 %) auf 112 964 (1,6 %) im Jahr 2000 erhöht, ein aussergewöhnlicher Zuwachs.[10] Olivier Favre ist bei seiner Zählung von 2002 auf schätzungsweise 156 600 Evangelisch-Freikirchliche gekommen (2,1 %). Die Studie NCS Switzerland hat 2008 für ein normales Wochenende in der Schweiz 189 070 Personen ermittelt, die an einem evangelisch-freikirchlichen Gottesdienst teilnehmen (2,5 %).[11] Jede dieser Schätzungen geht von einer leicht anderen Grundgesamtheit aus, misst zu einem anderen Zeitpunkt und verwendet eine unterschiedliche Erhebungsmethode, so dass die Zahlen nicht direkt vergleichbar sind.

9 Das Unterkapitel 1.2 der französischen Ausgabe wurde verändert und korrigiert.

10 Vgl. Bovay, 2004. Dabei gilt es allerdings zwei Dinge zu bedenken: Zum einen hat sich die Formulierung der Fragen der Eidgenössischen Volkszählung weiterentwickelt, was präzisere Antworten erfordert. Hier liegt vielleicht mit ein Grund, weshalb sich heute mehr Befragte als evangelisch-freikirchlich bezeichnen. Zum anderen bleibt das Phänomen der Doppelzugehörigkeit – einen evangelisch-freikirchlichen Frömmigkeitsstil pflegen und zugleich der reformierten Kirche angehören – in diesen Statistiken unberücksichtigt, obwohl es 29,9 % der Evangelisch-Freikirchlichen betrifft. Vgl. Favre, 2006, S. 305.

11 Die Schweiz zählt 5734 religiöse lokale Gemeinschaften, was 7,5 Lokalgemeinden pro 10 000 Einwohner entspricht. An erster Stelle stehen die Katholiken mit 1750 Pfarreien, gefolgt von den Evangelisch-Freikirchlichen mit 1432 Gemeinschaften und den Reformierten mit 1094 Kirchgemeinden (19,1 % aller Gemeinden) (Stolz/Chaves/Monnot/Amiotte-Suchet, 2011, S. 12–13). Gemessen an der Zahl der Gläubigen – viel weniger als die römisch-katholische und die evangelisch-reformierte Kirche – weist das evangelisch-freikirchliche Milieu eine hohe Anzahl von lokalen Gemeinschaften auf. Das Verhältnis erklärt sich durch die meist kleinen Gemeinden und ihre relativ unabhängige und vereinsmässige Organisation; für sie ist es leichter, neue lokale Gemeinschaften zu gründen, als für die in starke hierarchische Strukturen eingebundenen Kirchen. Hinsichtlich der Gründung neuer Freikirchen und des zahlenmässigen Zuwachses des evangelisch-freikirchlichen Milieus in der Schweiz seit den 1970er Jahren gilt es auch den Einfluss der Immigration zu beachten.

Dennoch zeigt sich eine Bandbreite, innerhalb derer sich die Grösse des Milieus bewegen muss. Wir schätzen, dass es 2008 in der Schweiz etwa 200 000–250 000 Evangelisch-Freikirchliche gibt (zwischen 2,6–3,2 % der Bevölkerung).[12] Dazu zählen Kinder, Personen mit Doppelmitgliedschaften (Freikirchen und Landeskirchen) sowie Personen mit freikirchlichem Frömmigkeitstypus in Landeskirchen.

Gemäss der bereits in der Einleitung beschriebenen Typologie der Submilieus zählt die evangelisch-freikirchliche Bevölkerung der Schweiz 10,7 % konservative, 32,5 % charismatische und 56,8 % klassische Evangelisch-Freikirchliche. Innerhalb der klassischen Tendenz sind die wichtigsten Denominationen (was die Anzahl Mitglieder betrifft) Chrischona (13 %), Evangelisch-methodistische Kirche (9 %), Freie Evangelische Gemeinden (8 %), Evangelisches Gemeinschaftswerk (6 %). Das charismatische Submilieu wiederum wird mehrheitlich durch die Schweizerische Pfingstmission (10 %) und die Bewegung Plus (5 %) repräsentiert. Im konservativen Submilieu schliesslich weist die Gemeinde für Christus die grösste Anzahl Mitglieder auf (6 %).[13]

Zahlenmässige Entwicklung der Evangelisch-Freikirchlichen im Vergleich zu den übrigen konfessionellen Milieus

In den letzten Jahrzehnten hat sich die religiöse Landschaft der Schweiz tiefgreifend verändert. Modernisierung, Individualisierung und Pluralisierung der Lebensstile, verknüpft mit verschiedenen Immigrationswellen, haben die religiöse Konstellation grundlegend verändert. In einem von wachsender religiöser *Indifferenz* und *Vielfalt* geprägten Kontext stellen die Evangelisch-Freikirchlichen – anders als das katholische und das reformierte Milieu – eine erstaunliche Resistenz unter Beweis (Grafik 1.1). Innerhalb von dreissig Jahren ist ihre Zahl ständig gestiegen, ohne je einen signifikanten Rückgang erleiden zu müssen, während die Zahl der deklarierten Mitglieder der traditionellen Kirchen (katholische wie reformierte) seit den 1970er Jahren unablässig abnimmt. Noch 1970 bezeich-

12 Vgl. Favre/Stolz, 2009a, S. 463. 2008 betrug die ständige Schweizer Bevölkerung 7 701 856 Personen. Siehe die Broschüre «Die Bevölkerung der Schweiz 2008, BFS, Neuchâtel 2009.

13 Favre/Stolz, 2009a, S. 463.

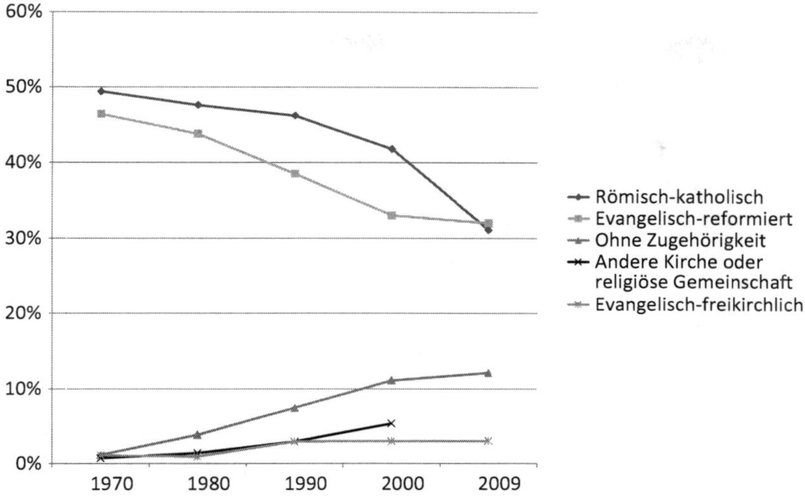

Grafik 1.1: Entwicklung der Religionszugehörigkeit in der Schweiz 1970–2009[14]

nete sich praktisch die gesamte Schweizer Bevölkerung als Mitglied der römisch-katholischen oder einer reformierten Kirche; in den letzten dreissig Jahren haben diese Kirchen ihr Monopol verloren.[15]

14 Die Daten von 1970 bis 2000 stammen vom Bundesamt für Statistik und aus der Studie von Favre/Stolz (2009a); Favre und Stolz haben diese Zahlen mit Blick auf das evangelisch-freikirchliche Milieu analysiert. Die Anteile 2009 für Katholiken, Reformierte und Befragte ohne Zugehörigkeit stammen aus der Erhebung MOSAiCH (Measurement and Observation of Social Attitudes in Switzerland). Finanziert wird diese alle zwei Jahre durchgeführte Erhebung vom Schweizerischen Nationalfonds (SNF): Sie deckt unterschiedliche soziale Themen ab und erfasst Einstellungen und Verhalten der Schweizer Bevölkerung gegenüber politischen und sozialen Institutionen. Der Anteil der Evangelisch-Freikirchlichen 2009 stammt aus unseren in Abschnitt 1.2 dargelegten Schätzungen.

15 Eine vor Kurzem erschienene Studie über die Religiosität der Schweizerinnen und Schweizer zeigt, dass sich die Bevölkerungsmehrheit (64 %) derzeit von der Religion distanziert. Die Religion ist nicht aus ihrem Leben verschwunden, aber sie spielt keine wichtige Rolle mehr. Bemerkenswerterweise gehört die Mehrheit der Individuen, die sich als katholisch oder reformiert bezeichnen, dieser Kategorie an, nämlich 66 % resp. 70 %. Konfessionelle Zugehörigkeit ist

Einen evangelisch-freikirchlichen Frömmigkeitsstil zu leben, beinhaltet für die Befragten ein konkretes, signifikantes Engagement, wobei sie den religiösen Überzeugungen in ihrem Leben eine zentrale Rolle zusprechen – dies im Gegensatz zu vielen Katholiken und Reformierten.[16] Da wir in unserer Studie immer wieder auf diese evangelisch-freikirchliche Zugehörigkeit und deren «totalisierenden» Charakter eingehen werden, begnügen wir uns hier als Beispiel mit dem Vergleich der Gottesdienstbeteiligung von Evangelisch-Freikirchlichen, Katholiken und Reformierten (Grafik 1.2).[17] Laut der NCS Switzerland Studie haben in der Schweiz im Jahre 2008 an einem gewöhnlichen Wochenende 690 000 Personen an einem religiösen Ritual teilgenommen. 38,4 % (264 596) dieser Personen waren Katholiken. Es folgen die Evangelisch-Freikirchlichen mit einem Anteil von 27,4 % (189 070). Angesichts der Zahl der Evangelisch-Freikirchlichen in der Schweiz (zwischen 2,5–3,2 % der Bevölkerung) ein wirklich spektakulärer Anteil; er ist Ausdruck des realen und konkreten religiösen Engagements der Mitglieder der evangelischen Freikirchen. Im Vergleich dazu waren von den 690 000 Gottesdienstbesuchern und -besucherinnen lediglich 14,4 % (99 352) Reformierte – obwohl die Reformierten zu dieser Zeit noch mehr als 30 % aller offiziellen Kirchenmitglieder stellten!

hier mehr Ausdruck einer «traditionellen» Zugehörigkeit als eines intensiven und signifikanten individuellen Engagements für ein religiöses Leben (vgl. Stolz/Könemann/Schneuwly Purdie/Krüggeler/Englberger, 2011).

16 Nur 15 % der Evangelisch-Freikirchlichen pflegen ein distanziertes Verhältnis (vgl. oben Anm. 14) zur Religion. Für die grosse Mehrheit (85 %) resultiert aus den christlichen Überzeugungen eine starke individuelle und gemeinschaftliche religiöse Verpflichtung (vgl. Stolz/Könemann/Schneuwly Purdie/Krüggeler/Englberger, 2011).

17 Die den Verantwortlichen religiöser Gemeinschaften gestellte Frage lautete: «Wie viele Personen insgesamt, Erwachsene und Kinder, aus Ihrer Gemeinschaft haben am letzten Wochenende, das heisst am Freitag, Samstag oder Sonntag, eine der religiösen Feiern besucht?» (Stolz/Chaves/Monnot/Amiotte-Suchet, 2011, S. 24).

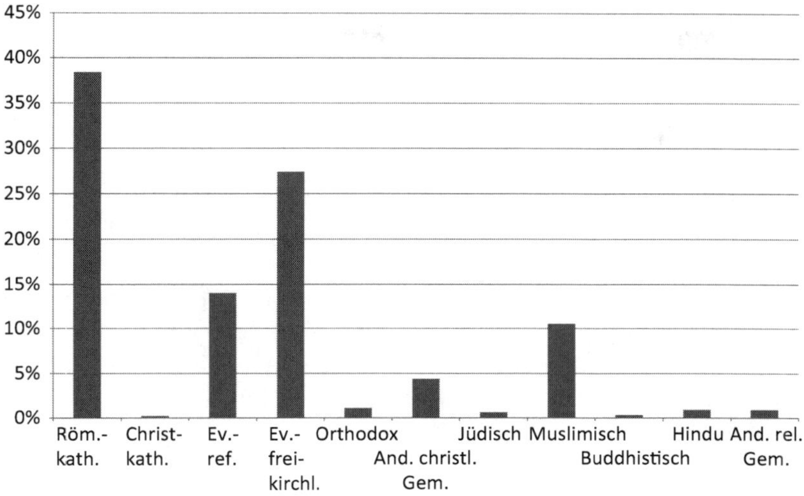

Grafik 1.2: Teilnehmende am Ritual an einem gewöhnlichen Wochenende nach Konfessionen[18]

Bemerkung: Die Grafik zeigt, wie die 690 000 an einem gewöhnlichen Wochenende zu einem Ritual versammelten Personen sich auf verschiedene Konfessionen/Religionen verteilen.

Die Evangelisch-Freikirchlichen scheinen der Säkularisierungswelle, von der die religiöse Konstellation in der Schweiz umgewälzt und die traditionellen konfessionellen Zugehörigkeiten unterspült werden, erfolgreich zu widerstehen. Ein genauer Blick auf die zahlenmässige Entwicklung des evangelisch-freikirchlichen Milieus ergibt indes, dass den verschiedenen Tendenzen in den letzten Jahrzehnten ein unterschiedliches Schicksal beschieden war. Während die klassischen und konservativen Freikirchen ihren Mitgliederbestand halten konnten – einige hatten allerdings relativ grosse Verluste in Kauf zu nehmen –, konnten vor allem die charismatischen Gemeinden ein konstantes und relativ starkes Wachstum verzeichnen. Unterziehen wir nun diese Entwicklung einer vertieften Analyse.

18 Datenquelle der Grafik: *Erhebung National Congregations Study in Switzerland (NCSS)*, Stolz/Chaves/Monnot/Amiotte-Suchet, 2011.

Die zahlenmässige Entwicklung der Evangelisch-Freikirchlichen in ihren Submilieus[19]

(1) Die klassischen Evangelisch-Freikirchlichen: zwischen Rückgang und Stagnation

Die klassischen evangelischen Freikirchen erleiden seit Ende der 1980er Jahre eine Stagnation, wenn nicht gar einen markanten Rückgang ihrer Mitgliederzahlen (Grafik 1.3). Das trifft namentlich auf die Evangelisch-methodidstische Kirche zu – zahlenmässig die grösste klassische Freikirche der Schweiz –, die im Zeitraum von 30 Jahren einen beträchtlichen Mitgliederschwund zu verzeichnen hat: 1970 zählte sie 20 831 Mitglieder, 2004 nur noch 8411.

Die klassischen Freikirchen befinden sich derzeit in einem Prozess der Neupositionierung, dies namentlich gegenüber einer charismatischen Welle, die das gesamte evangelisch-freikirchliche Milieu erfasst hat. Während einige Gemeinden sowohl grundsätzlich als auch in ihren Ausdrucksformen Elemente charismatischer Färbung (dynamischer Gottesdienst, Heilung, Zungenreden) integriert haben, stehen andere abseits und scheinen sich eher dem reformierten Milieu anzunähern – sei es bezüglich der Gottesdienstform oder der Lockerung gewisser moralischer Anforderungen.[20] Das gilt insbesondere für die Evangelisch-methodistische Kirche – sie weist die meisten formellen Verbindungen zu den Evanglisch-reformierten Kirchen auf. Der Form nach steht beispielsweise

19 Die in diesem Abschnitt präsentierten Daten stammen aus der von Alain Polo (2010) durchgeführten Feldforschung bei 12 klassischen, 5 konservativen und 10 charismatischen Freikirchen. Polo hat die Archive der 27 wichtigsten evangelischen Freikirchen der Schweiz untersucht, um die Entwicklung der Mitgliederzahlen zwischen 1970 und 2008 konkret zu erfassen und zu erläutern.

20 In sämtlichen Kapiteln wird sich herausstellen, dass die klassischen Freikirchen im Bereich der Moral weniger strikt sind als ihre konservativen und charismatischen Pendants. Einige Freikirchen finden sich beispielsweise mit dem Konkubinat ab, und der Schwangerschaftsabbruch und dessen Ablehnung sind inzwischen Gegenstand der Diskussion.

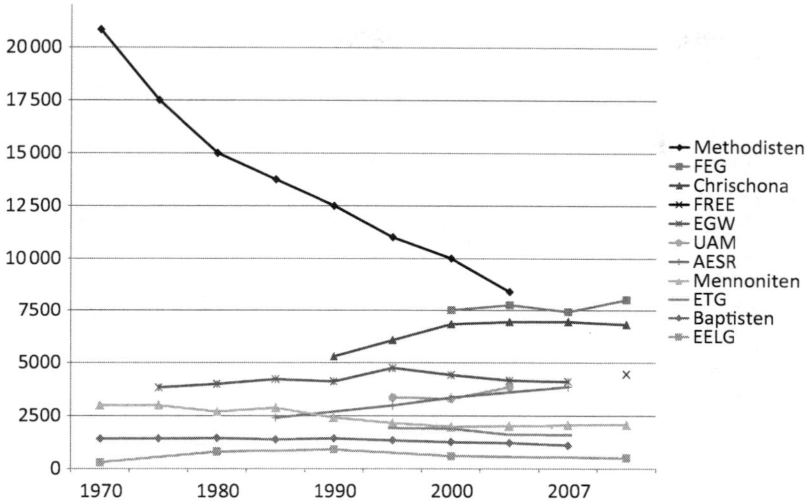

Grafik 1.3: Entwicklung der Mitgliederzahl der grössten klassischen Freikirchen

Bemerkung: FEG = Freie evangelische Gemeinden; FREE = Fédération romande des églises évangéliques (die FREE entsteht 2007 aus der Fusion der AESR und der FEEL = Fédération des églises évangéliques libres); EGW = Evangelisches Gemeinschaftswerk; UAM = Union des assemblées missionaires; AESR = Assemblées et Églises évangéliques de Suisse romande; ETG = Evangelische Täufergemeinde; EELG = Eglise évangélique libre de Genève.

ihr Gottesdienst einer protestantischen Feier näher als den Feiern in den übrigen Gemeinden des evangelisch-freikirchlichen Milieus. Somit lässt sich die seit einigen Jahrzehnten zu beobachtende Stagnation der klassischen Freikirchen als Folge sowohl eines Attraktivitätsverlusts als auch einer Schwächung der das Milieu regulierenden Werte und Normen begreifen.

(2) Die konservativen Evangelisch-Freikirchlichen: eine gewisse Stabilität

Zahlen zur reellen Entwicklung der Mitgliederzahlen konservativer Freikirchen zu erhalten erweist sich als ausgesprochen schwierig. Da die Verantwortlichen den Fokus stärker auf das effektive Engagement des Einzelnen in der Gemeinde legen und nicht so sehr auf die formelle Verpflichtung, führen sie in der Regel keine Statistiken. Sind solche vorhanden, weigern sich die Verantwortlichen, diese zu kommunizieren – vielleicht wegen des Willens, sich stärker von der Gesellschaft zu distanzieren, und des Vorbehalts gegenüber der Zusammenarbeit mit jeglicher staatlichen Institution. Trotz diesen Schwierigkeiten ergibt sich das Bild eines leichten Mitgliederschwunds in diesem Submilieu.[21] Dass diese Freikirchen trotz hoher Geburtenrate – die durchschnittliche Kinderzahl liegt bekanntlich bei 2,06, und 44,3 % der konservativen Evangelisch-Freikirchlichen haben drei oder mehr Kinder – nicht wachsen, lässt sich, zumindest teilweise, mit der Schwierigkeit erklären, Personen von ausserhalb des Submilieus anzuziehen und die Kinder zum Verbleib im Submilieu zu bewegen. Ein allzu normiertes und anforderungsreiches Milieu? Attraktivitätsverlust? Sicherlich beides. Zwar zeichnen sich die konservativen Freikirchen dadurch aus, dass sie zur Gesellschaft stärker auf Distanz gehen als die anderen Submilieus, gleichwohl bewegen sie sich nicht ausserhalb der Gesellschaft und sind von ihr beeinflusst. Die jungen Generationen halten die religiöse Praxis in den Freikirchen, insbesondere ihre Gottesdienstpraxis, für altmodisch und bemühen sich, ihrer Gemeinde eine gewisse Dynamik zu verleihen. Diese Freikirchen legen Wert darauf, nicht mit der charismatischen Bewegung gleichgesetzt zu werden, und verurteilen die Überschwänglichkeit der dort ausgedrückten Überzeugungen; gleichwohl räumen einige Mitglieder ein, dass eine modernere Form der Feier nötig wäre. Die jungen Mitglieder dieser Freikirchen gehören zwar weiterhin ihrer konservativen Gemeinde an, nehmen aber auch an den von

21 Da keine Zahlen erhältlich waren, basiert die Nachzeichnung der Entwicklung der Mitgliederzahlen auf Gesprächen mit verschiedenen Verantwortlichen von konservativen Freikirchen. Polo etwa vermerkt mit Blick auf den Bund Schweizer Baptistengemeinden Folgendes: «[...] auf unsere Frage nach der Entwicklungstendenz dieser Freikirche im Lauf der letzten Jahrzehnte wurde eingeräumt, die Taufen in den Ortsgemeinden gingen langsam, aber sicher zurück [...] Zurückzuführen ist dieser zahlenmässige Rückgang auch auf eine gewisse Überalterung der Mitglieder dieser Freikirche sowie eine wachsende Distanzierung der darin geborenen jungen Menschen. Diese Tendenz wurde von unserer Kontaktperson erwähnt; angesichts der geringen Vertretung der jüngsten Alterssegmente verbarg sie auch ihre Befürchtungen bezüglich des langfristigen Bestands dieser Freikirche nicht» (2010, S. 43).

klassischen oder charismatischen Freikirchen angebotenen Aktivitäten teil (Lager, Seminar, Jugendtage).[22]

(3) Die charismatischen Evangelisch-Freikirchlichen: ein markantes Wachstum

In den letzten Jahrzehnten musste, so scheint es, keine charismatische Freikirche einen Mitgliederschwund hinnehmen. Vielmehr können sie auf einen spektakulären Aufschwung zurückblicken (Grafik 1.4).

Die meisten dieser Freikirchen sind jüngeren Datums, was einen Zusammenhang zwischen Gründungsjahr und zahlenmässigem Wachstum vermuten lässt. Falls ein solcher Zusammenhang besteht, lässt er sich vor allem durch die direkte Einbettung dieser Freikirchen in die moderne Gesellschaft und den wirksamen Einsatz der von ihr bereitgestellten Kommunikations- und Unternehmensentwicklungs-Instrumente erklären. Die charismatischen Freikirchen zeichnen sich durch grosse Innovationsfreudigkeit aus, weshalb sie zweifellos mehr als die anderen Gemeinden neue Mitglieder zu rekrutieren vermögen.[23] Mit ihren modernen und innovativen Angeboten (dynamischer Gottesdienst, Rockkonzert ...) positionieren sie sich, insbesondere bei der Jugend, gekonnt und höchst wettbewerbsstark im Markt.

Der Erfolg der charismatischen Freikirchen lässt sich teils mit ihrer Wettbewerbsstärke erklären, aber nicht nur damit. Das Wachstum gewisser Freikirchen ist auch dem Zusammenschluss von ehemals unabhängigen Gemeinden zu verdanken. 2004 nahm die Schweizerische Pfingstmission (SPM) vier weitere Freikirchen in ihre Organisation auf, was die Mitgliederzahlen schlagartig in die Höhe schnellen liess. Eine solche Ent-

22 Selbstverständlich ist die Frage der finanziellen Mittel ebenfalls von Belang. Die vom Staat nicht unterstützten evangelischen Freikirchen leben dank Mitgliederspenden. Die kleineren und in der Regel unabhängigen konservativen Gemeinden verfügen über begrenzte finanzielle Mittel und müssen folglich ihre Angebotspalette einschränken. Ein Teil der charismatischen und klassischen Freikirchen hingegen ist föderativ organisiert.

23 50 % der Mitglieder charismatischer Freikirchen sind nicht im evangelisch-freikirchlichen Milieu aufgewachsen und mithin «exogene» Bekehrte, während dieser Anteil bei konservativen resp. klassischen Freikirchen bei lediglich 13,5 % resp. 29,9 % liegt.

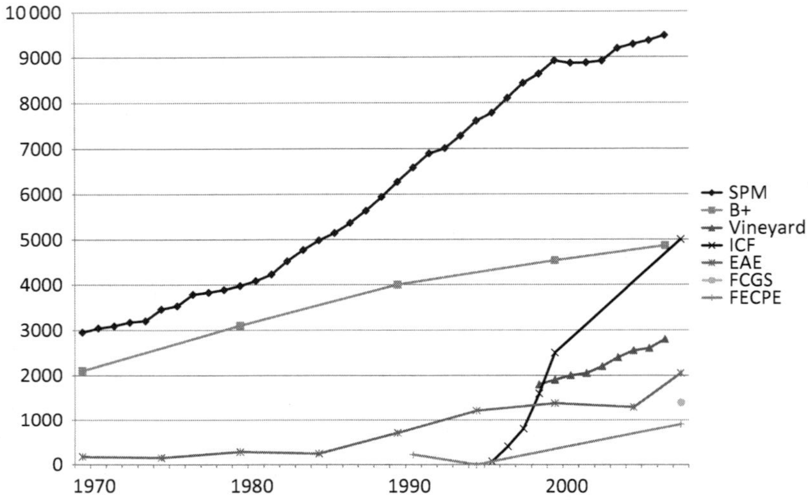

Grafik 1.4: Entwicklung der Mitgliederzahlen der wichtigsten charismatischen Freikirchen

Bemerkung: SPM = Schweizerische Pfingstmission; B+ = BewegungPlus; Vineyard = Vineyard Christian Fellowship; ICF = International Christian Fellowship; EAE = Église apostolique évangélique; FCGS = Freie charismatische Gemeinden Schweiz (für die FCGS liegen uns nur Daten zum Zeitpunkt 2008 vor); FECPE = Fédération des églises et communautés du Plain Évangile.

wicklung ist anscheinend auch die Folge eines Ausgleichs innerhalb des Milieus. Da den Milieumitgliedern ihre Identität als «Christ» wichtiger ist als die spezifische Kirchenzugehörigkeit, können sie leicht von einem Submilieu zum anderen wechseln. Mit ihrem innovativen und ständig erneuerten Angebot dynamisiert die charismatische Bewegung das gesamte Milieu – und zieht folglich milieufremde Personen an –, gleichwohl ist ihr Erfolg anscheinend auch das Resultat eines Transfers der klassischen und teilweise auch der konservativen Evangelisch-Freikirchlichen hin zur charismatischen Tendenz, in der sie von vielfältigeren, dynamischeren und zeitgemässeren Gütern profitieren können.[24]

24 Zu diesen Kirchenwechseln verfügen wir über keine quantitativen Daten. Wir postulieren solche Transfers zwischen den Submilieus auf der Basis unserer

1.3 Weshalb und wie widerstehen die Evangelisch-Freikirchlichen dem Trend der Säkularisierung? Theoretische Erklärungen

Das evangelisch-freikirchliche Milieu widersteht mithin erfolgreich jenen Prozessen der Säkularisierung und Pluralisierung, die unsere westlichen Gesellschaften durchdringen und allmählich die traditionellen konfessionellen Zugehörigkeiten wegbrechen lassen. Aber warum? In der Literatur liegen verschiedene Theorien vor, die das Rätsel zu lösen versuchen: Nischentheorie, Sozialisierungstheorie, *strictness theory*, Markttheorie und Theorie der subkulturellen Identität. Wir werden eine neue Erklärung für den Aufschwung des evangelisch-freikirchlichen Milieus präsentieren, und zwar ausgehend von dem durch den sozioreligiösen Wandel generierten Wettbewerb. Dabei gehen wir von bereits erarbeiteten Erklärungsmodellen aus, stellen aber neue Mechanismen vor, dank derer die evangelisch-freikirchliche Wirklichkeit und ihre Entwicklung im schweizerischen und auch im europäischen Kontext einsichtig wird.

Die Nischentheorie

Diese Theorie fügt sich ein in die Säkularisierungsparadigmen; sie postuliert als Folge des Modernisierungsprozesses in westlichen Gesellschaften das Verschwinden der Religion.[25] Dass es dem evangelisch-freikirchlichen Milieu in diesem Kontext gelingt, zu überleben – nicht zu wachsen –, verdanke es seiner *Fähigkeit, sich vor den Einflüssen der modernen Gesellschaft zu schützen.*[26] Seine Mitglieder bewegten sich in geografischen und gesellschaftlichen Nischen. In diesen Nischen gelinge es ihnen, die Legitimität ihrer Weltdeutung zu bewahren – eine Weltdeutung, die von der für die zeitgenössische Gesellschaft charakteristischen Pluralität der Verhaltensmodalitäten stark infrage gestellt werde. Demzufolge

qualitativen Befragungen. Wir werden später (Kapitel 9) eingehend auf diese Thematik zurückkommen.

25 Vgl. Tönnies, 1963; Berger, 1967; Wilson, 1966; Bruce, 1992, 2002, 2011. Diese «reine» Säkularisierungstheorie ist seither von anderen Autoren stark infrage gestellt worden. Laut Letzeren führt die Säkularisierung nicht zum Verschwinden des religiösen Phänomens, sondern zur Modifikation seiner Ausdrucksformen und Modalitäten (vgl. Hervieu-Léger, 1999).

26 Vgl. Hunter, 1983, 1987.

bestehe die Mehrheit der Evangelisch-Freikirchlichen aus Frauen und älteren Menschen im ländlichen Milieu, das sie vor einer unerbittlich voranschreitenden Moderne schütze. Die Evangelisch-Freikirchlichen unterliegen demnach denselben Säkularisierungsprozessen, die die übrigen traditionellen konfessionellen Zugehörigkeiten aufweichen.

Diese Theorie ist durch verschiedene, namentlich in der Schweiz durchgeführte empirische Studien weitgehend infrage gestellt worden. Die Mehrheit der Evangelisch-Freikirchlichen «ist in keiner sozialen Schicht über- oder unterrepräsentiert. Auch bezüglich Bildungs- und Einkommensniveau ist kein Abweichen vom schweizerischen globalen Niveau festzustellen»[27]. Ausserdem sind die Evangelisch-Freikirchlichen auf dem Land nicht stärker vertreten als in der Stadt, nicht älter als der Rest der Schweizer Bevölkerung, und das evangelisch-freikirchliche Milieu entwickelt und hält sich anscheinend, anders als es die Theorie annimmt, dank dem besonderen Verhältnis zur pluralistischen Gesellschaft, in die es sich eingliedert.

Eine Minderheit von Freikirchen allerdings – meist sind sie dem konservativen Milieu zuzurechnen – markiert eine wichtige Distanz zur modernen Welt und entfaltet bestimmte Strategien, um ihren Einfluss zurückzubinden (Aufbau interner Schulstrukturen, Übernahme eigener Kleidervorschriften ...). Einzig und allein in dieser Konstellation kann sich die Nischentheorie als stichhaltig erweisen.

Die Sozialisierungstheorie

Sozialisierung bleibt der oberste Erklärungsparameter, wenn es darum geht, Erfolg oder Misserfolg von Religiosität ganz allgemein zu verstehen.[28] Kaum überraschend folglich, dass mehrere Autoren die Auffassung vertreten, das evangelisch-freikirchliche Milieu verdanke sein Wachstum vor allem *seinen wirksamen Sozialisierungsmechanismen.*[29] Laut der Sozialisierungstheorie seien evangelisch-freikirchliche Eltern sehr erfolgreich darin, die eigenen religiösen Überzeugungen an ihre Kinder weiterzuge-

27 Favre/Stolz, 2009b, S. 141.

28 Vgl. Stolz, 2009b.

29 Vgl. Bibby/Brinkerhoff, 1973, 1983; Bibby, 1978; Bruce, 2003; Ammerman, 1998; Fer, 2007.

ben und diese im Milieu zu halten. Der «Erfolg» des Milieus liesse sich dann eher mit dieser hohen Binnenreproduktion als mit der Rekrutierung milieufremder Personen erklären.

Frühere Studien haben den Nachweis erbracht, dass die Sozialisierung im evangelisch-freikirchlichen Milieu tatsächlich äusserst wichtig ist.[30] Doch diese Theorie allein vermag nicht die Gesamtheit der Mechanismen anzugeben, die am Fortbestand des Milieus beteiligt sind. Diese sind folglich zu ergänzen und zu verfeinern – indem namentlich die Einbettung des evangelisch-freikirchlichen Milieus in die moderne säkularisierte Gesellschaft, aber auch das Vorhandensein von milieuregulierenden Normen berücksichtigt werde.

Die strictness theory

Die *strictness theory* postuliert, dass die evangelischen Freikirchen der Säkularisierung widerstehen, weil sie ihren Mitgliedern ein *beträchtliches zeitliches, finanzielles und persönliches Engagement* (*strictness* oder Strenge) abforderten.[31] Dieses totale Engagement schränke die Möglichkeiten der Gläubigen, sich weltlichen Aktivitäten zu widmen oder einer anderen Weltanschauung anzuhangen, in beträchtlichem Mass ein und verstärke im gleichen Zug das militante Verhalten der Individuen gegenüber der «Aussenwelt». So konsolidiere die *strictness* das Zugehörigkeitsgefühl. Den Anforderungen nicht zu genügen bedeute eine Desolidarisierung der Individuen untereinander und gegenüber der eigenen Gemeinde. Ein derart schwaches Engagement wiederum führe zum Verlust jener Strukturen, die in den Augen des Mitglieds die Plausibilität der überlieferten Botschaft aufrechterhalten.[32]

Eine relativ neue Variante dieser Theorie betont das persönliche Engagement der Mitglieder in deren Gemeinde.[33] Als Hauptproblem der Frei-

30 Vgl. Stolz/Favre, 2005; Favre/stolz, 2009a; Favre, 2006.

31 Dean Kelley (1972) und Laurence R. Iannaccone (1994) sind die Vorreiter dieser Theorie.

32 Umgekehrt kann auch ein von der Freikirche gefordertes Zuviel an *strictness* die Distanzierung des Individuums herbeiführen, da die Kosten der Zugehörigkeit die daraus geschöpften Vorteile übersteigen können.

33 Die von Iannaccone entwickelte Theorie kann dem *rational choice* Ansatz zugerechnt werden, der menschliches Verhalten von subjektiver Rationalität aus-

kirchen gelten hier die *freeriders*, das heisst *jene Individuen, die ohne substanzielles zeitliches und finanzielles Engagement von den Vorteilen der religiösen Gemeinschaft zu profitieren suchen.* Zählt eine Gemeinschaft zu viele *freeriders* in ihrer Mitte, fehlten schliesslich die Ressourcen, und das Risiko stiege, dass das Interesse der übrigen Mitglieder schwinde. Der Erfolg der strengen Freikirchen beruhe dann auf ihrer Fähigkeit, diese «freien Elektronen» durch ein hohes Niveau an *strictness* abzuschrecken.

Zwar ist das evangelisch-freikirchliche Milieu im Vergleich zu den Landeskirchen moralisch recht streng. Aber es ist doch festzustellen, dass es in der Schweiz durch eine Mehrheit von klassischen Freikirchen vertreten ist, deren normative Positionierung moderater ist als diejenige der amerikanischen Denominationen, die den Vertretern der *strictness theory* als Grundlage ihrer Analyse dienten. Ausserdem erweisen sich die evangelisch-freikirchlichen Mitglieder innerhalb des Milieus als extrem mobil. Selbst wenn sie einer bestimmten Freikirche angehören, hindert sie diese Zugehörigkeit nicht, von den Angeboten anderer Gemeinschaften zu profitieren und so selbst *freeriders* zu werden. Die durch ein vielfältiges und ständig erneuertes Angebot geförderte interne Mobilität scheint ganz im Gegenteil am Wachstum des Milieus teilzuhaben. Für zutreffender halten wir deshalb die Aussage, dass die evangelischen Freikirchen nicht die *freeriders* oder das *freeriding* verurteilen, sondern den Laxismus, das laue Engagement der Individuen. Der Begriff des *freeriders* wurde zudem in weiten Kreisen kritisiert, da er schwer messbar sei. Ab wann wird ein Individuum zum *freerider*? Wie lässt sich Engagement messen?[34]

Trotz diesen verschiedenen Mängeln stellt die *strictness theory* ein Element ins Zentrum, das für das Verständnis der Entwicklung des Milieus wesentlich ist: Normen dienen nicht bloss dazu, laue Elemente auszuschliessen, sondern auch dem Fortbestand eines intensiven Zugehörigkeitsgefühls und, im weiteren Sinn, einer plausiblen und robusten Weltanschauung angesichts einer pluralistischen und säkularisierten Gesellschaft.

gehend zu begreifen versucht (vgl. Stark/Bainbridge, 1996; Stark/Finke, 2000).

34 Zu Kritik, Test und Verfeinerung von Iannaccones Theorie vgl. die Artikel von Olson (1989) und Olson/Perl (2001, 2005).

Die Markttheorie

Die Markttheorie orientiert sich am ökonomischen Modell und will den aktuellen religiösen Wandel im Allgemeinen und die Entfaltung des evangelisch-freikirchlichen Milieus im Besonderen erklären.[35] Laut dieser Theorie sind die verschiedenen religiösen Gruppen Teil eines religiösen Marktes und werden so zu Leistungsanbietern im Bereich spiritueller Güter. Laut dieser Theorie ist der Erfolg des evangelisch-freikirchlichen Milieus hauptsächlich auf seine *Wettbewerbsstärke* zurückzuführen, das heisst auf seine bemerkenswerte unternehmerische Fähigkeit, sich dank strenger Marktanalyse ständig der Nachfrage anzupassen.[36] Die Evangelisch-Freikirchlichen vergewissern sich des Fortbestands eines harten Kerns von Überzeugungen und sind dadurch in der Lage, völlig verblüffende Innovationen zu übernehmen: moderne Feiern, wirksamer Einsatz neuer Kommunikationsmittel, Diversifizierung der ausserreligiösen Aktivitäten ...[37]

Wir halten an der Vorstellung fest, dass das evangelisch-freikirchliche Milieu den Aufschwung seiner Fähigkeit verdankt, ein attraktives Produkt anzubieten. Aber unserer Meinung nach spielt der Wettbewerb nicht so sehr zwischen den verschiedenen religiösen Gruppen, sondern zwischen diesen Gruppen und der Gesamtheit der säkularen Institutionen. Die religiösen Güter stehen im Wettbewerb mit anderen, säkularen Gütern, wobei das Individuum frei ist, seine Zeit mit religiösen oder nichtreligiösen Aktivitäten zu verbringen.[38] Als besonders wirksam er-

35 Vgl. Finke/Stark, 1992, 1996; Stark/Finke, 2000.

36 Vgl. Finke/Stark, 1992, 1996; Stark/Finke, 2000.

37 Ausserdem lässt sich diese Theorie auf die Analyse der amerikanischen Kirchen anwenden: Einbettung in einen deregulierten Markt (ohne Staatskirchen), starke Konkurrenz zwischen den religiösen Angeboten, was die verschiedenen Gruppen zu ständiger Innovation zwingt, um wettbewerbsfähig zu bleiben. Auf Anhieb erweist sich der europäische Kontext als anders gelagert: Dort ist der religiöse Markt eindeutig stärker durch die häufig mit dem Staat verbundenen grossen historischen Konfessionen reguliert. Dieser Unterschied wird häufig herangezogen, um die unterschiedliche Religiosität in den USA und in Europa zu erklären (vgl. Chaves/Cann, 1992; Berger/Davie/Fokas, 2008). Für zusätzliche Informationen über die Evangelisch-Freikirchlichen in anderen nationalen Kontexten, namentlich im romanisch geprägten Europa, aber auch in Lateinamerika, vgl. die Arbeiten von Bastian (1994, 2001, 2004).

38 Vgl. Stolz, 2006, 2009a.

weisen sich die Evangelisch-Freikirchlichen, wenn es gilt, den Konsum im Binnenbereich zu belassen.

Die Theorie der subkulturellen Identität

Für die Verfechter der Theorie der subkulturellen Identität verdanken die Evangelisch-Freikirchlichen ihren Erfolg ihrem gegen die moderne pluralistische Gesellschaft gerichteten *kämpferischen Engagement*.[39] Das evangelisch-freikirchliche Milieu bewegt sich in der Tat in einem religiösen Markt, wo es als wettbewerbsstark auftritt; sein Erfolg indes lässt sich eher durch seine Strategien der Identitätsbewahrung als durch seine Organisationsstrukturen erklären.

Die Mitglieder evangelischer Freikirchen unterhalten zur Gesellschaft eine auf Unterscheidung beruhende Beziehung und engagieren sich in ihr zugleich mit Hartnäckigkeit und Überzeugung. Da sie die Aussenwelt als eine Bedrohung wahrnehmen, versuchen sie mit beträchtlichem Eifer, ihre äussere Umgebung zu verändern und die Leute zu ihrer Botschaft zu bekehren. Unterscheidung, Engagement und Konflikt – diese Strategien gegenüber der Aussenwelt bilden die «kulturelle DNA»[40] der Evangelisch-Freikirchlichen. Indem das evangelisch-freikirchliche Milieu gegenüber einem sichtbaren und präsenten Gegner symbolische Grenzen zieht, kann es ein klares Ziel und eine in eine Subkultur eingeschriebene solide kollektive Identität aufbauen und erhalten.[41] Die Mitglieder der Freikirchen bewegen sich mithin nicht ausserhalb der Welt, vielmehr lassen sie sich auf den modernen Pluralismus ein und bereichern sich an ihm. Dieses Verhältnis wird dann zum obersten Erklärungsparameter für den Aufschwung des evangelisch-freikirchlichen Milieus.

Die Theorie der subkulturellen Identität überzeugt; sie integriert sowohl Wettbewerbselemente als auch milieuinterne Dynamiken zur Erklärung des Aufschwungs des Milieus. Wir halten mithin an der Vorstel-

39 Vgl. SMITH, 1998.

40 Ebd., S. 121.

41 Smith stützt sich auf die Identitätstheorien von TAJFEL (1982), der unter anderem betont, welche Bedeutung dem Gegner, der *outgroup* beim Aufbau einer soliden sozialen Identität zukommt.

lung fest, dass das evangelisch-freikirchliche Milieu sich auch dank einer klaren Unterscheidung von seiner Umwelt als Milieu zu etablieren vermag.

Doch während Smith die Begriffe Kampf und Konflikt als für das Verhalten der Evangelisch-Freikirchlichen zentral erachtet, stellen wir fest, dass diese Dynamik in der Analyse für die Schweiz weniger evident ist. Die manichäische Weltsicht – die Evangelisch-Freikirchlichen auf der einen, der Rest der Welt auf der anderen Seite –, die in eine kämpferische Haltung mündet, lässt sich in der Schweiz nur auf eine Minderheit von Evangelisch-Freikirchlichen anwenden. Obwohl die Unterscheidung existiert und am Aufbau des Milieus und seiner Identität teilhat, erscheint sie als zweitrangig und stark gemildert.

1.4 Die Theorie der Konkurrenz des Religiösen und des Säkularen

Die Mehrzahl der bestehenden Theorien ist, unserer Meinung nach, nicht falsch. Doch wenn wir unsere Forschungsfrage überzeugend beantworten wollen, sind diese Theorien neu zu kombinieren und in den gesellschaftlichen Kontext zu stellen. Der zentrale Punkt unserer Theorie lautet, dass Milieus, *die auf soziale Abschottung und hohe Wettbewerbsstärke setzen*, in einer Situation starker religiös-säkularer Konkurrenz einen klaren Vorteil besitzen gegenüber Milieus, die für Anpassung optieren. Im Folgenden werden wir diese neue Theorie erläutern.[42]

Der Übergang in die «postindustrielle Gesellschaft» der 1960er Jahre

Im Lauf des 20. Jahrhunderts hat sich die Schweiz stark modernisiert: Verfügbares Einkommen, Bildungsniveau, Freizeitmöglichkeiten, Mobilität, medizinische Versorgung, persönliche Sicherheit – all dies erfährt eine spektakuläre Steigerung. Das Individuum bewegt sich in einem neuen Umfeld; dort hat es eine Vielzahl von Optionen, und die Sinngebung für seine Handlungen und Erfahrungen liegt bei ihm selbst. Die 1960er Jahre – eine Wendezeit – sind geprägt von einer eigentlichen kulturellen

42 Für eine allgemeine Beschreibung der Theorie der Konkurrenz des Religiösen und des Säkularen vgl. Stolz 2006, 2009a. Zur empirischen Anwendung vgl. Gruber/Hungerman, 2008; Hungerman, 2010.

Revolution, verstanden als Übergang in jene Epoche, die «postindustrielle Gesellschaft», «individualisierte Gesellschaft» oder auch «Ich-Gesellschaft» genannt wird.[43] Diese Gesellschaft in neuer Gestalt bringt einen nie dagewesenen Wettbewerb zwischen religiösen und säkularen Institutionen hervor.

Drei Formen religiös-säkularer Konkurrenz

Die religiös-säkulare Konkurrenz spielt sich hauptsächlich innerhalb von drei Sphären ab. Erstens in einem *Wettbewerb um Zeit und Opportunitätskosten.*[44] Die Modernisierungstendenzen des 20. Jahrhunderts bewirken, dass die religiöse Praxis zunehmend von persönlichen Optionen abhängt und in Konkurrenz mit Freizeitaktivitäten, aber auch mit Lohnarbeit tritt.[45] Das Individuum fragt sich, welchen Gewinn die religiöse Praxis bringt, und kann in Erwägung ziehen, diese Zeit mit einer anderen Aktivität zu füllen. In ökonomischen Begriffen ausgedrückt: Die «Opportunitätskosten» der religiösen Praxis werden dem Einzelnen zunehmend bewusst. Am Sonntagmorgen können wir zur Messe gehen oder faulenzen, unsere Rechnungen bezahlen, joggen oder die Zeit mit unserer Familie verbringen.[46] Je stärker die religiösen Normen einbrechen, umso stärker wird die Konkurrenz. Je eher Freizeit, Arbeit und Shopping am Sonntag akzeptiert werden, desto eher gerät der Besuch des Sonntagsgottesdienstes unter Druck.[47] So erfahren denn die Opportunitätskosten der religiösen Praxis im 20. Jahrhundert einen beträchtlichen Wandel.[48]

43 Vgl. Stolz/Könemann/Schneuwly Purdie/Krüggeler/Englberger, 2011.

44 Noch im 19. und bis ins 20. Jahrhundert hinein galt die religiöse Praxis als erwartete, «selbstverständliche» gesellschaftliche Aktivität. Als öffentliche Praxis wurde sie, anders als vielleicht heutzutage, weder als Freizeitaktivität noch als Mittel persönlicher Entfaltung oder Entspannung wahrgenommen (vgl. Lamprecht/Stamm, 1994).

45 Vgl. Luhmann, 1982.

46 Vgl. Dixon, 2007; Gruber/Hungerman, 2008.

47 Vgl. Gruber/Hungerman, 2008.

48 Von diesem Wandel betroffen sind vor allem Frauen. Noch zu Beginn des 20. Jahrhunderts beschränkte sich ihr Handlungsbereich in der Regel auf die Familiensphäre. Allmählich integrierten sie sich in den Arbeitsmarkt. Mit diesem Zugang zu entlöhnter Berufstätigkeit entstand eine neue Konkurrenzsituation, und die religiöse Praxis der Frauen ging erheblich zurück (vgl. Vaus/

Eine zweite Form religiös-säkularer Konkurrenz kann als *Wettbewerb um Wohlbefinden* bezeichnet werden. Lange Zeit wurde die Sozialhilfe von den Kirchen geleistet und auch kontrolliert.[49] Nach verschiedenen Phasen lässt sich schon in den 1960er Jahren eine vermehrte Konkurrenz zwischen religiösen und säkularen (staatlichen oder privaten) Unterstützungsstrukturen beobachten. Noch besteht zum Beispiel die Option, um Heilung zu beten oder an einem christlichen Heilungsgottesdienst teilzunehmen, doch mit der auf wissenschaftlichen Annahmen basierenden Biomedizin entsteht eine ebenso, wenn nicht besser qualifizierte Alternative.[50] Noch fallen die «seelischen Probleme» in den Kompetenzbereich der Geistlichkeit, aber diese steht nunmehr im Wettbewerb mit weltlichen Experten aller Art: Psychologen, Therapeuten, Sexologen, Lebenscoachs usw.[51] Zwar bleibt die Diakonie – das Sozialengagement der christlichen Gemeinschaften – nach wie vor wichtig, koexistiert nun aber mit einem ganzen System von staatlichen und privaten Sozialhilfen und Versicherungen, das ebenfalls materielle und körperliche Absicherung bei Krankheit, Unfall oder anderen Widerfahrnissen gewährleistet.[52]

Eine dritte Form religiös-säkularer Konkurrenz ist der *Wettbewerb um Plausibilität*. Lange Zeit besassen die Religionen das Monopol auf Weltinterpretation und Sinngebung. Für einen Grossteil der Bevölkerung grün-

McAllister, 1987; Ebaugh, 1993). Ganz allgemein eröffnete dieser Rollenwandel den Frauen den Zutritt zu einem neuen Betätigungsfeld – namentlich zum Feld der Freizeitaktivitäten –, das potenziell in Konkurrenz zu religiösen Aktivitäten steht.

49 Die christlichen Kirchen haben zu allen Zeiten Lösungen für verschiedene menschliche Probleme angeboten. Im Gebet kann der Gläubige die eigenen Probleme vorbringen und um Antworten bitten; eine Wallfahrt kann zu spiritueller oder körperlicher Heilung führen; die Seelsorge bietet Unterstützung, Trost und den Bedürftigen konkrete Hilfe an. Die Armen- und Krankenpflege oblag hauptsächlich kirchlichen Institutionen. Die Kirchen antworteten so auf soziale Fragen – nach dem Bild eines Wohlfahrtsstaats. Im Zuge der Modernisierung wurden die Krankenpflege und der Staat generell sukzessive säkularisiert. Diese Entwicklung war noch bis vor Kurzem daran ablesbar, dass innerhalb von sozialen Institutionen weltliche und religiöse Elemente präsent waren.

50 Vgl. Durisch Gauthier/Stolz/Rossi, 2007; Rossi, 2007.

51 Vgl. Abbot, 1980; Bourdieu, 1987.

52 Vgl. Gill/Lundsgaarde, 2004.

dete die Art und Weise, die Wirklichkeit zu sehen und sich in ihr zu verhalten, auf dem christlichen Denksystem.[53] Doch auch hier ist ein bedeutsamer Säkularisierungsprozess von Wissens- und Wertefeldern zu beobachten; dieser setzt ein mit der Aufklärung und beeinflusst schliesslich ab den 1960er Jahren die gesamte Bevölkerung.[54] Die einst religiös beantworteten «letzten Fragen» sind heute Gegenstand einer Fülle von weltlichen Erklärungen, die in den Augen der Menschen ebenso plausibel wenn nicht plausibler sind. Wie ist das Universum entstanden? Als Folge des Urknalls. Wie ist der Mensch aufgetreten? Dank der Evolution der Arten. Wie den Tsunami vom 11. März 2011 in Japan erklären? Mit einem unterseeischen Erdbeben. So steht denn das Individuum bei jeder dieser Fragen vor einem Wettbewerb um Plausibilität. Selbstverständlich lässt sich ein Tsunami noch immer als Zeichen des göttlichen Willens begreifen, aber der Geologe wird uns auf die gleiche Frage eine ganz andere Erklärung geben. Diese Konkurrenz schlägt sich auch in der Wahl der vom modernen Menschen genutzten Medien nieder. Man kann sich sowohl bei religiösen Quellen (Bücher, Podcasts, TV-Sender) als auch bei den ebenfalls zahlreichen und oft sehr attraktiven säkularen Quellen informieren.

Das wichtigste Wettbewerbsfeld: die Sozialisierung

Der Bereich mit dem stärksten Wettbewerb zwischen dem Religiösen und dem Säkularen bleibt die Sozialisierung.[55] Noch bis Mitte des 20. Jahrhun-

53 Vgl. Könemann, 2002. Die Redewendungen «Gott sei Dank», «Gott beschütze dich», «Gottes Wille geschehe», «der Mensch denkt, Gott lenkt» sind sprachliche Überbleibsel dieser Epoche. «Letzte Fragen» aller Art (Erschaffung der Welt, Sinn von Naturkatastrophen, Frage von Gut und Böse, Frage des Todes) wurden mit einem religiösen, genauer: christlichen Leseschlüssel interpretiert. Die Sonntagspredigt – insbesondere in der reformierten Kirche – galt als bevorzugtes Mittel der Unterweisung. Die religiöse Gemeinschaft bot auch Orte des Informationsaustauschs an; zahlreiche Kommunikationsmittel, insbesondere die Printmedien, waren konfessionell codiert.

54 Vgl. Bütler, 2002; Imhof/Ettinger, 2007.

55 Eine der wichtigsten Einsichten religionssoziologischer Forschung betrifft den Stellenwert der Sozialisierung beim Erklären religiöser Verhaltensweisen. Religiosität ist, anders als beispielsweise Hunger, nicht naturgegeben. Religionen sind Symbolsprachen; ihre Riten, Mythen, «Weltanschauungen» und Heilsmittel müssen von den Individuuen erlernt werden, um sie gebrauchen

derts hatte die religiöse Erziehung ganz selbstverständlich ihren Platz in der Familie und in der Schule. Diese Traditionen brachen in den 1950er bis 1960er Jahren ein, als in der Familie wie in der Schule im Wettbewerb um die *Kindererziehung* neue Akteure auf der Bildfläche erschienen. Es entstand eine breite Palette von Alternativen zur religiösen Erziehung, was die Richtigkeit und den Wert der christlichen Erziehung infrage stellte. Wir können unsere Kinder taufen lassen – aber aus welchen Gründen? Braucht es die Taufe zum Schutz der Kinder? Wir können unsere Kinder in die Unterweisung schicken, um sie auf die Konfirmation vorzubereiten – wozu aber dient die Konfirmation? Bringt sie wichtige und unerlässliche Wertvorstellungen ein? Gleicherweise denken Eltern – und Kinder! – über ihr Zeitmanagement und über Aktivitäten mit höherem «Nutzen und Vergnügungsfaktor» nach. Fussballclub, Musik, eine Sprache lernen oder Zeit mit seinen Freunden verbringen – alles mögliche Alternativen, die in Betracht zu ziehen sind. Dieser Wettbewerb etablierte sich auch in den *Schulen*. Einst wurde die religiöse Erziehung mehrheitlich im schulischen Rahmen tradiert oder organisiert. Noch im 19. Jahrhundert hatte die Schule unter anderem den Zweck, die Kinder zu guten Christen – und mithin zu guten Bürgern – zu erziehen.[56] Doch das Erziehungswesen entwickelte ein eigenes Denksystem, das sich zunehmend als von der Religion unabhängig verstand: die Pädagogik. Um 1900 setzte sich die kostenlose öffentliche Schule durch.[57] Innerhalb der religiösen Unterweisung traten allmählich weltliche und religiöse Inhalte in Konkurrenz zueinander. Schliesslich gewann der säkulare Unterricht die Oberhand: Die ehemals strikt konfessionelle religiöse Erziehung verwandelte sich in eine Pädagogik religiös-moralischer Prinzipien, dann in die Weitergabe allgemeiner

zu können. Aus diesem Grund kommt der religiösen Sozialisierung von Kindern in der Reproduktion spiritueller Milieus meist eine zentrale Rolle zu. Die Eltern bleiben wichtigster Sozialisierungsagent. Eltern können ihre Kinder direkt oder indirekt sozialisieren – direkt, indem sie ihnen persönlich ein Gerüst von Überzeugungen und Verhaltensweisen vermitteln, indirekt, indem sie sie spezifischen Sozialisierungsinstanzen zuführen (Freundeskreis, Umgang mit Medien, Wahl der Schule).

56 Vgl. Späni, 2003; Kolping, 1952, S. 16.

57 Vgl. Grunder, 2011.

menschlicher Werte – um schliesslich in einen konfessionell neutralen Unterricht über Religionen zu münden.[58]

Die Reaktion des «etablierten» Milieus und des «esoterischen» Milieus

Die Kirchen und die verschiedenen religiösen Milieus haben auf solche Wettbewerbssituationen unterschiedlich reagiert. Um unsere Erklärung der Resistenz des evangelisch-freikirchlichen Milieus innerhalb der säkularen Gesellschaft zu vertiefen, vergleichen wir dessen Situation mit derjenigen der etablierten Kirchen (etabliertes Milieu) und des esoterischen Milieus. Die *historischen Kirchen* und das *etablierte Milieu* der in katholischen Pfarreien und reformierten Gemeinden engagierten Mitglieder scheinen gegenüber dieser säkularen Konkurrenz nach wie vor über keine klare Strategie zu verfügen. In der Vergangenheit bestand die Reaktion hauptsächlich aus einer «akzeptierenden Anpassung», die wir als «Akkommodation» bezeichnen könnten.[59] Die Kirchen akzeptieren, dass sie aufgrund der säkularen Konkurrenz mancher ihrer Funktionen verlustig gehen. Die Gründe für diese Reaktion sind vielfältig. Die durch Kirchensteuern finanzierten Volkskirchen sind zutiefst demokratische und dichte Organisationen, die sich schwertun damit, sich als attraktives Produkt mit klarer Identität zu positionieren. Aktives Mitglied in einer Kirchgemeinde zu sein ist normalerweise Folge traditioneller Zugehörigkeit und Identifizierung – was den Charakteristiken individualisierter Gesellschaften immer weniger entspricht. Die Volkskirchen können sich zudem nicht mehr auf jene Normen stützen, die ihnen ein Minimum an Engagement der Menschen sicherten. Dieses Bündel von Parametern führt zu sinkender Beteiligung, mangelnder Attraktivität vor allem bei der Jugend und zur Überalterung des gesamten Milieus. Die historischen Kirchen realisieren zunehmend, dass eine passive Haltung ihrerseits für ihre Zukunft höchst negative Folgen haben wird. Folglich versuchen sie «wettbewerbsfähig» zu werden, indem sie sich auf *Marketing* einlassen, ihr missionarisches Wirken und ihre Identität überdenken.[60]

58 Vgl. Frank, 2010, S. 20 ff.

59 Zu den Reformierten vgl. Stolz/Ballif, 2010.

60 Vgl. Famos/Kunz, 2006; Mödinger, 2001.

Das «esoterische Milieu» wiederum – es setzt sich zusammen aus Personen, die sich für alternative Spiritualität interessieren – setzt auf «Kommodifizierung». Die weltliche Konkurrenz wird nicht abgelehnt; der Markt wird vielmehr akzeptiert, und das Milieu bemüht sich, seine Angebote so attraktiv wie möglich zu gestalten.[61] Die Spezialisten des Milieus (esoterische Autoren, Heiler, Lehrer, Zwischenhändler [Makler]) bieten verschiedene Praktiken und Techniken an und verkaufen sie – als Produkte auf einem Markt. Religiöse und spirituelle Kurse, Retraiten, Wellness-Angebote, Konzerte, CDs, Videos, Bücher, Heilungssitzungen, schützende oder heilende Gegenstände sind folglich kostenpflichtig und stehen in Konkurrenz zu einer Vielzahl anderer Produkte. Auf dem Markt können die Produzenten folglich nur überleben, wenn sie ein «konkurrenzfähiges Produkt» anbieten, das der Nachfrage entspricht und sich zugleich vom Konkurrenzangebot abhebt.[62] Die Konsumierenden wiederum handeln im Einklang mit ihren Bedürfnissen und unter Berücksichtigung von Produktqualität und Preis. Die Menschen, die sich in diesem Milieu bewegen, haben kaum gemeinsame Überzeugungen, ausgenommen die Freiheit, sich für bestimmte Glaubensüberzeugungen und Praktiken zu entscheiden. Bereits ein auch nur flüchtiger Vergleich zwischen dem etablierten Milieu und dem esoterischen Milieu macht deutlich, dass letzteres sich gegenüber der säkularen Konkurrenz der individualisierten Gesellschaft vorteilhaft positioniert.

Die Reaktion des evangelisch-freikirchlichen Milieus

Das evangelisch-freikirchliche Milieu reagiert anders. Es bildet sich und behauptet sich dank einer klaren Identität, wobei die Mitglieder eine Palette von gemeinsamen Glaubensüberzeugungen, Praktiken, Werten und Normen teilen. Dank zweier Strategien, nämlich einer Kombination von

61 Vgl. Stolz/Könemann/Schneuwly Purdie/Krüggeler/Englberger, 2011; Bloch, 1998; Bochinger/Engelbrecht/Gebhardt, 2009. Zum «Zwischenhändler» vgl. Rademacher, 2010. Eine theoretische Analyse der institutionellen Formen des esoterischen Milieus findet man bei Hero, 2010.

62 In der Folge haben sich «Zwischenhändler» oder «Makler» etabliert, die das Angebot öffentlich anbieten (z. B. Buchhandlungen, Zentren, Veranstaltungen).

«Abschottung» und «Wettbewerbsstärke» (vgl. Schema 1.1), bleibt diese evangelisch-freikirchliche Identität in den Augen der Evangelisch-Freikirchlichen plausibel und kann sich in unserer säkularisierten Welt halten.

Die erste Strategie, die «Abschottung», dient dem Aufbau und dem Erhalt von klaren Grenzen; so lassen sich äussere weltliche Einflüsse minimieren und ein für den Fortbestand der Identität des Milieus angemessenes Umfeld schaffen. Die Bekehrung – sowie ein ganzes Bündel religiöser Überzeugungen – zieht eine erste Grenze, indem sie festlegt, wer Teil des Milieus ist und wer nicht. Diese Grenzen werden in der Folge aufrechterhalten und noch verstärkt durch starke Autoritäten innerhalb des Milieus, durch wirksame Sozialkontrolle, aber auch durch effiziente religiöse Sozialisierung. Die hohe Endogamierate unter den Evangelisch-Freikirchlichen ist auch eine Abschottungsstrategie, die den Beitritt von potenziell störenden «externen Elementen» begrenzt. Innerhalb des Milieus kann ausserdem jedes Mitglied von einer verschworenen Gemeinschaft profitieren, in der es ein dichtes soziales Leben führen kann, das zur Stabilität seines religiösen Weltbilds beitragen und so die Versuchungen von weltlichen Lebensentwürfen minimieren wird.

Die zweite Strategie ist die «Wettbewerbsstärke». Das evangelisch-freikirchliche Milieu behauptet sich in unseren Gesellschaften, weil es wettbewerbsstark agiert. Es bietet attraktive Produkte an, die mit einer ganzen Reihe von Bedürfnissen weltliche Angebote zu konkurrenzieren vermögen. Das Mitglied kann in diesem Milieu ein soziales Netz (Freundschaften, Partnerschaft) aufbauen, verschiedene Freizeitaktivitäten praktizieren (Sport, Ferien, künstlerische Aktivitäten) und bei persönlichen Schwierigkeiten aller Art Unterstützung finden (Hilfebeziehungs-Gruppe, Heilungsworkshops, Seelsorge, Kurse für Paare usw.). Darüber hinaus bringt es der interdenominationelle Charakter des evangelisch-freikirchlichen Milieus, das heisst, der Vorrang des Bekehrungsakts vor der Kirchenzugehörigkeit, mit sich, dass die in eine bestimmte Gemeinde eingeschriebenen Individuen auch von den Angeboten anderer Freikirchen profitieren können. Das evangelisch-freikirchliche Milieu funktioniert dann mithilfe «interner Märkte», auf denen Produkte des Milieus in besonderer Form angeboten werden: christlicher «Hip-Hop» oder «Rock», christliche Medien, christliche Schulen, christliche Eheberatung usw. Die Mitglieder können problemlos ohne den Konsum weltlicher Produkte auskommen, indem sie das

Angebot des Milieus nutzen, das darüber hinaus ihre Ideologie stärkt.[63] Die Wettbewerbsstärke des evangelisch-freikirchlichen Milieus findet sich mithin nicht bloss in der Qualität jedes Produkts, sondern auch in der Attraktivität des evangelisch-freikirchlichen «Lebensstils» im Vergleich zu anderen Milieus: Das evangelisch-freikirchliche Milieu vermag sich zu halten, weil es angemessene Antworten auf die unterschiedlichen Ansprüche und Fragen, auf die unterschiedlichen Bedürfnisse moderner Menschen anbietet. In der «Ich-Gesellschaft» überlebt es nicht, er ist vielmehr Teil davon. Die Evangelisch-Freikirchlichen bewegen sich nicht in einem Kokon, die Grenzen des Milieus erweisen sich denn auch zuweilen als durchlässig. Einige verlassen das Milieu, andere siedeln sich an dessen Grenze an, was insbesondere für die reformierten Kirchgemeinden zugehörigen Evangelisch-Freikirchlichen der Fall ist.

Zweck der gesamten Studie ist es, jene Merkmale zu präsentieren und zu analysieren, die in unterschiedlichem Mass zum Aufbau der Identität des Milieus beitragen: Bekehrung, Glaubensüberzeugungen, Praktiken, Normen, Gemeinschaft, Autorität, Endogamie, Sozialisierung, Evangelisation, kirchliche Mobilität. Alle diese Elemente sind an der Resistenz des evangelisch-freikirchlichen Milieus beteiligt – entweder indem die Grenzziehung gegenüber der Aussenwelt aktiv betrieben und so deren Einfluss gemindert wird (*Abschottung*) oder indem ein Beitrag zur Bereitstellung attraktiver Angebote geleistet wird, die mit anderen von der heutigen Gesellschaft angebotenen Produkten mithalten können (*Wettbewerbsstärke*).

63 Diese Situation entspricht derjenigen des katholischen Milieus im 19. und in der ersten Hälfte des 20. Jahrhunderts.

Schema 1.1: Abschottung und Wettbewerbsstärke des evangelisch-freikirchlichen Milieus

Kapitel 2

«Wiedergeboren werden»[1]

Olivier Favre

Ein zentrales Glaubenselement der Evangelisch-Freikirchlichen ist die Bekehrung. Sie wird von ihnen gern als «Wiedergeburt» bezeichnet.[2] Die Bekehrung ist derart prägend, dass man den evangelisch-freikirchlichen Frömmigkeitsstil geradezu als «Bekehrungsprotestantismus»[3] bezeichnen kann. Aus theologischem Blickwinkel stellt die Bekehrung das subjektive Gegenstück zum *sola fide* der Reformatoren dar. Durch sie wird der Glaube personaler Glaube. Anders gesagt, indem zu den übrigen protestantischen Grundsätzen (Zentralität der Bibel, Allgemeines Priestertum usw.) die Bekehrung hinzukommt, erlangt dieser Protestantismus seine evangelisch-freikirchliche Ausprägung, namentlich seinen missionarischen Drang als Folge der Anforderung, sich zu bekehren. Nicht zuletzt gründet die Bekehrung als Eingangspforte zum christlichen Glauben die Kirche; diese wird dann als «Volk Gottes» verstanden, als Versammlung aller «Wiedergeborenen», das heisst «konvertierten» Christen, und nicht so sehr als Institution.

Die Bekehrung steht mithin im Zentrum des Credos der Evangelisch-Freikirchlichen; «konvertiert sein» wird zum Unterpfand der Authentizität des christlichen Glaubens. Die Evangelisch-Freikirchlichen verstehen heisst, verstehen, wie sie *praktisch* zu diesem Vorgang stehen und welche *Merkmale* sie ihm zuschreiben. Die Interviews werden zeigen, dass die

1 Eine erste Version dieses Kapitels findet sich unter dem Titel «La conversion évangélique ou le choix d'être chrétien», in: Brandt/Fournier, 2009, S. 179–197.

2 Substantivierung des Ausdrucks «von oben geboren werden» oder «wiedergeboren werden» (γεννηθῇ ἄνωθεν) aus dem Johannesevangelium (Joh 3,3); popularisiert wurde er im 20. Jahrhundert vom evangelisch-freikirchlichen Prediger Billy Graham. In den USA werden die Evangelisch-Freikirchlichen häufig als *born again Christians* (wiedergeborene Christen) bezeichnet; anders im Französischen, wo von *nouvelle naissance* (Wiedergeburt) die Rede ist.

3 Willaime, 2001a, S. 73; Favre, 2006, S. 25.

Bekehrung nicht nur Glaubensaussage, sondern auch und vor allem ein als einmalig und endgültig geltend gemachter Glaubensakt ist – oft gekoppelt an ein als nachhaltig bezeichnetes spirituelles Erlebnis. Dazu eine Quantifizierung: 97,1 % der in der Schweiz lebenden Evangelisch-Freikirchlichen beanspruchen für sich, eine Bekehrung erlebt zu haben; für 85,3 % von ihnen «kann man ohne Bekehrung unmöglich ein echter Christ sein». Der Bekehrungsakt legt den Grundstein für die evangelisch-freikirchliche Identität und zugleich für die Zugehörigkeit zum Milieu; so trägt er zur Errichtung einer Grenze zur Aussenwelt bei. Insofern schreibt sich die Bekehrung in eine *Abschottungsstrategie* ein, die unserer Auffassung nach auch dazu beiträgt, die Resistenz des evangelisch-freikirchlichen Milieus in der modernen Gesellschaften zu erklären.

Konkret wollen wir das Phänomen anhand von individuellen Erzählungen angehen, allerdings nicht ohne diese in ihrem sozialen und gemeinschaftlichen Rahmen zu verorten.[4] Denn Bekehrung ist ein aus persönlichem Streben und kollektiven Erwartungen gespeister Vorgang. Zuerst wenden wir uns dem Beziehungsnetz der Konvertiten zu, dann analysieren wir die Räume, in denen sich Bekehrungen abspielen. Anschliessend durchmustern wir die vielfältigen Merkmale und Bedeutungen und enden mit einer typologischen Präsentation der erfassten Glaubenswege.

2.1 Beziehungsnetze von Konvertiten

Bekehrung ist kaum je eine einsam gelebte Erfahrung. Abhängig ist sie in der Regel von einem spezifischen Beziehungsumfeld, das eine Verbindung herstellt zwischen dem potenziellen Neubekehrten und einem oder mehreren überzeugten Evangelisch-Freikirchlichen. Wir orientieren uns an

4 Anfänglich interessierte sich die soziologische Konversionsforschung hauptsächlich für die individuellen Motivationen und Wege der Bekehrten (vgl. Lofland/Stark, 1965; Stark/Bainbridge, 1985). In der Folge fokussierte ein Teil der Forschung auf die Bekehrung als Sprachakt (vgl. Ulmer, 1988; Staples/Mauss, 1987), während andere Autoren sich der Sozialisierung der Bekehrten und den mit der Gruppe entstehenden Beziehungen zuwandten (vgl. Berger/Luckmann, 2006). Neuere Forschungen konzentrieren sich auf die Bekehrungserzählungen (vgl. Harding, 1987; Stromberg, 1993; Gonzales/Monnot, 2008; Roeland, 2008).

der Frage, wie die Beziehung zu einer Freikirche oder einer evangelisch-freikirchlichen Gruppe hergestellt wird. Unsere Aufmerksamkeit gilt folglich in erster Linie den «exogenen» Konvertiten, also denjenigen ohne ursprünglichen evangelisch-freikirchlichen Hintergrund. Es wird sich herausstellen, dass das Auftauchen eines Dritten als Katalysator der Wende und mithin der anschliessenden Kontaktaufnahme mit einer neuen religiösen Gemeinschaft wirkt.

Mit Blick auf das gesamte zur Verfügung stehende Material scheinen uns die Aussagen von Justine (45, Ch, auf Arbeitssuche)[5] besonders aufschlussreich. Sie erzählt uns von der schweren Depression ihrer Mutter. In dieser Leidenssituation lud eine Freundin ihre von Haus aus reformierte, aber nicht praktizierende Mutter zu einem evangelisch-freikirchlichen Gottesdienst ein. Justines Vater, sie selbst und ihr Ehemann schlugen vor, die Mutter zu begleiten. Justine beschreibt die Freundin ihrer Mutter als spezielle Person:

> Das war jemand, diese Frau, das war wirklich jemand [...] Es war super; sie war wirklich beharrlich, sie hat uns eingeladen ... Es ist wahr, am Anfang, wenn man niemand kennt, dann hat man nicht unbedingt Lust ... Und sie hat uns immer wieder eingeladen, dann sind wir gegangen; schliesslich sind wir allein gegangen, ganz selbständig.

Aus Justines Erzählung geht hervor, dass bereits eine starke freundschaftliche Beziehung zwischen ihrer depressiven Mutter und der überzeugten evangelisch-freikirchlichen Christin bestand. Die Beharrlichkeit der Einladungen überwindet ihre Vorbehalte. Jenseits aller religiösen Überlegungen kompensiert das Vertrauensband die fehlende vorgängige Beziehung zu Personen aus dieser Freikirche. Ein Hinweis darauf, wie wichtig bei der Annäherung an eine evangelische Freikirche die Aufnahme Geborgenheit vermittelnder zwischenmenschlicher Beziehungen ist.

Auf dasselbe Szenario stossen wir bei Patricia (47, Ch, kaufmännische Angestellte). Auch hier spielt eine Drittperson die entscheidende Rolle.

5 In Klammer steht das Alter der Befragten, deren Zugehörigkeit zu einem bestimmten Submilieu (Ch = charismatisch, Kl = klassisch, K = konservativ) sowie deren Beruf.

Diesmal handelt es sich um einen Freund ihres Ehemanns, den beide sehr gut kennen, aber völlig ausserhalb eines religiösen Kontexts. Dieser Freund nun erlebt eine Bekehrung und beginnt mit seinen Bekannten ohne jede Zurückhaltung darüber zu sprechen, was wiederum das Interesse von Patricias Ehemann weckt. Im Laufe eines militärischen Wiederholungskurses wird ihr Ehemann mehrmals mit diesem Freund zusammenkommen und «*sein Leben Gott schenken*». Immer häufiger wird Patricia ihren Ehemann zu evangelisch-freikirchlichen Versammlungen begleiten und trotz Vorbehalten und anfänglichem Desinteresse einwilligen, ebenfalls zu konvertieren. Dieses Beispiel veranschaulicht, was wir bei allen Gesprächen über eine exogene Bekehrung beobachten konnten: Die Präsenz einer Drittperson als Schlüsselfigur zwischen dem Konversionskandidaten und der evangelisch-freikirchlichen Welt. Erst in einer zweiten Phase spielt die Kirche eine Rolle. Ausserdem zeigt sich, dass das Band zwischen dem evangelisch-freikirchlichen Christen und dem Konversionskandidaten auf Dauer angelegt ist.[6]

Ein zweiter Aspekt ist hervorzuheben: die von der Drittperson an den Tag gelegte Beharrlichkeit. Tamara (37, Kl, Hausfrau) bestätigt das in ihrem Bericht. Obwohl ursprünglich reformiert, hatte sie in ihrer Jugend zahlreiche relativ enge Kontakte zu Evangelisch-Freikirchlichen. In ihren Augen sind es die für ihren künftigen Weg ausschlaggebenden Kontakte. Ihre Eltern waren nicht besonders religiös, anders ihre Tante, die ganz offen über ihre christliche Lebenswelt sprach. Tamara erinnert sich, dass sie das Gefühl hatte, ihre Tante glaube auf andere Art: «*Und ich habe einfach gewusst, dass sie, ja, anders glaubt, nicht so, wie ich bis dann geglaubt habe.*»

Tamara wird dann einen besonders überzeugten Religionslehrer haben, der seine Schüler klar aufforderte, das «*Heil im Glauben zu finden*» – ein Diskurs, der mit den Aussagen des reformierten Pfarrers kontrastiert,

6 In Kapitel 8 wird die Evangelisierung thematisiert und vertieft auf die Bedeutung von Freundschaften im Konversionsprozess eingegangen; Ausgangspunkt der dortigen Analyse ist die Perspektive des Evangelisierenden.

der in den Augen von Tamara weniger überzeugend war. Später wird sie ihre Wohnung mit einer *«Christin»* teilen, und im Kontakt mit ihr werden sich neue Fragen stellen. Den entscheidenden Schritt tut Tamara, als ihr Ehemann von einem Arbeitskollegen zu Evangelisierungsversammlungen eingeladen wird und sie ihn zu diesen von einer evangelischen Freikirche organisierten Treffen begleitet. Tamaras Bericht zeigt die Art der Beziehungen, die hier am Werk sind; diese sind auf Dauer angelegt, erstrecken sich in diesem Fall sogar über mehrere Jahre und bewirken die Annäherung an das Religiöse.

Im Material finden wir an vielen Stellen solche auf Dauer angelegte Beziehungen – Zeichen der Beharrlichkeit der Drittpersonen. Ohne einander zu kennen, können mehrere Evangelisch-Freikirchliche zum Beziehungsnetz eines künftigen Konversionskandidaten gehören. Was sie unterscheidet, ist ihr Hang, über religiöse Themen, insbesondere ihr persönliches Erleben zu reden. Ähnliches hat Jack, ursprünglich praktizierender Katholik (53, Ch, Missionar), mit einem Studienkollegen erfahren:

> [...] die Art und Weise, wie Christus in seinem Leben wirkte, das war für mich ganz offensichtlich, das zog mich an und ich wollte mehr darüber wissen [...]

Solche Berichte machen deutlich, dass die Bekehrungen einer doppelten Realität entspringen. Erstens ist die Konversion Effekt einer Kontaktnahme, innerhalb eines schon bestehenden konventionellen Beziehungsnetzes, mit einem evangelisierenden Evangelisch-Freikirchlichen (Arbeits- oder Studienkollege, Familienmitglied, Nachbar usw.). Einen solchen Kontakt erachten wir sogar als Voraussetzung für die Bekehrung. Zweitens erscheinen dem Konvertiten die evangelisch-freikirchlichen Überzeugungen und Glaubensinhalte aussergewöhnlich und attraktiv. Anders gesagt, überzeugter Glaubensdiskurs und Attraktivität des Kommunikators *können sich gegenseitig verstärken.* So wird der künftige Neubekehrte sukzessive an eine für ihn zuvor vielleicht nicht zwingende Reflexion religiöser Natur herangeführt. Die Vertrauensbeziehung endet schliesslich mit dem Eintritt in jene Gruppe, die den Rahmen für die endgültige Konversion bietet. Diesem Aspekt werden wir uns nun zuwenden.

2.2 Bekehrungsräume

In der Regel erstrecken sich Bekehrungsprozesse über einen gewissen Zeitraum; der Konvertit aber verbindet diesen Akt im Allgemeinen mit einem bestimmten Zeitpunkt und einem präzisen Ort – in Wirklichkeit eine Art von «Konversionsräumen», die von den evangelischen Freikirchen, Gemeinden oder Organisationen bereitgestellt werden. Einige unserer Befragten haben sich *«allein»*, *«im stillen Kämmerlein»* oder auch *«in den eigenen vier Wänden»* bekehrt, die meisten aber erklären, sie hätten dieses Erlebnis im Rahmen einer bestimmten Veranstaltung gehabt. Erwähnt wurden in diesem Zusammenhang hauptsächlich Evangelisierungsversammlungen, Lager für Kinder, Jugendliche oder Erwachsene, Jugendgruppen,[7] von Bibelgruppen organisierte schulische oder universitäre Aktionen, Aktivitäten mit missionarischer Komponente für Kinder, Kurse wie *Alphalive* usw. In diesen vielfältigen Aktivitäten hat der vom Hauptredner geleitete *«Aufruf zur Bekehrung»* in der Regel seinen festen Platz. Derart angesprochen, beschliesst der Interessierte, den Schritt zu wagen und *«dem Aufruf zu folgen»*. So geschah es bei Michel (49, Evangelisch-Freikirchlicher in einer reformierten Kirchgemeinde, Winzer), der sich, von einem Freund gedrängt, anlässlich eines Jugendtreffens bekehrte:

> Letztlich geschah es dort, als ich auf die Frage des Evangelisten, nun, es war eher ein Kamerad aus der Jugendgruppe, der mir sagte: «Möchtest du dich nicht jetzt verpflichten, Michel?» Mir war klar, dass ich es wollte, und das tat ich damals denn auch, öffentlich […]

Das evangelisch-freikirchliche Milieu bietet spezifische, dem Alter und der Herkunft der Teilnehmenden angemessene Strukturen an, die darauf angelegt sind, offen den Entscheid zur Konversion herbeizuführen. Solche Strukturen sind in den meisten Fällen sozusagen die Fortsetzung der zwischen dem Bekehrungskandidaten und dem überzeugten Evangelisch-

7 60 % der Evangelisch-Freikirchlichen geben an, das Mitmachen in einer Jugendgruppe habe in ihrer Bekehrung eine mehr oder minder grosse Rolle gespielt.

Freikirchlichen geknüpften Beziehung. Interessant ist auch, dass alle diese Events zwar mehr oder weniger direkte «Produkte» evangelischer Freikirchen sind, von diesen aber ausserhalb der üblichen Kultorte und des Sonntagsgottesdiensts angeboten werden. Diese profanen Orte sind einer entspannten Atmosphäre förderlich, die Umgebung ist nicht religiös codiert; zugleich funktionieren sie dank ihres innovativen Aspekts und der ohne Umschweife präsentierten Botschaft als Auslöser von Bekehrungen.

Grafik 2.1 zeigt, dass die Mehrheit der Bekehrungen sich vor dem 19. Altersjahr ereignen und Bekehrungen von über 40-Jährigen äusserst selten sind. Drei Viertel der konservativen Evangelisch-Freikirchlichen konvertieren in der Adoleszenz. Das beweist, dass die Konversion sich insbesondere für die konservativen Evangelisch-Freikirchlichen nicht einfach auf einen individuellen Weg reduzieren lässt, sondern durch die Binnenerwartungen des Milieus konditioniert ist. In der sehr konservativen *Gemeinde für Christus* etwa besuchen fast sämtliche Jugendliche zwischen 15 und 16 den Religionsunterricht, der mit einem stark ritualisierten Aufruf zur Bekehrung endet. Und die Mehrheit der Teilnehmenden

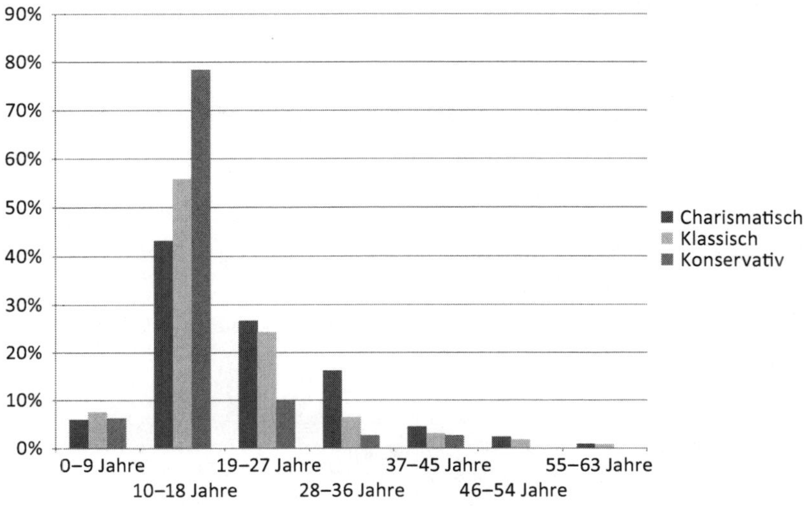

Grafik 2.1: Alter bei der Konversion, nach evangelisch-freikirchlichen Submilieus

«bestätigt» zu diesem Zeitpunkt ihre religiöse Zugehörigkeit – ein Akt, der für diese konservativen Evangelisch-Freikirchlichen der Konversion entspricht.[8]

2.3 Der Bekehrungsakt und seine Merkmale

Das Erlebnis

Nachdem wir den relationellen, räumlichen und zeitlichen Rahmen der Konversion untersucht haben, konzentrieren wir uns nun auf das Erlebnis selbst und versuchen, die folgenden Fragen zu beantworten: In welchen Worten berichten Evangelisch-Freikirchliche über ihre Bekehrung? Wir möchten wissen, ob sich in sämtlichen Bekehrungserzählungen fassbare Elemente, Handlungsmuster entdecken lassen. Gibt es in diesem Sinne ein vorgefertigtes Modell, das sich hinter den individuellen Entwicklungen erkennen lässt? Ausserdem gilt es, das emotionale Gewicht des Erlebten nicht zu vernachlässigen.

Als «exogener Bekehrter» hat sich Marc (49, Ch, Pastor) in einem hochdramatischen Kontext bekehrt. Bevor er auf die eigentliche Konversion zu sprechen kommt, erzählt er, wie er als Zweijähriger an Kinderlähmung erkrankte, teilinvalid wurde und wegen dieses Handicaps von seiner Umgebung immer wieder Ablehnung erfuhr:

> Seit meiner Kindheit habe ich immer wieder Ablehnung erfahren – seitens der Familie, der Freunde, der Klassenkameraden, die mich wegen meines Handicaps andauernd hänselten.

Daraus entwickelte er eine innere Aggressivität, die erst später zum Ausbruch kam: in gewalttätigen Akten gegenüber Frau und Kindern. Erst danach kommt er darauf zu sprechen, welch starken Einfluss die Verkün-

8 Die normative Seite des Prozesses ist ihnen denn auch nicht entgangen. Um einen Ausgleich zu schaffen, führt die *Gemeinde für Christus* die *Wiedergeburt* ein, ein intimeres Erlebnis, das sich in der Folge im Leben des Bekehrten ereignen sollte (für die übrigen Evangelisch-Freikirchlichen sind Bekehrung und Wiedergeburt ein und dieselbe Realität).

digung des Predigers anlässlich einer grossen «Evangelisierungskampagne» in Genf auf ihn ausgeübt hat:

> Genau in dem Moment bin ich zu Jesus gekommen, als der Prediger rief: «Wer will wahrhaftig, dass wir für sie beten, dass sie den Herrn Jesus Christus in ihrem Herzen als Herr und Retter aufnehmen?» Da bin ich nach vorne gegangen. Dort habe ich geweint, vor allen habe ich geweint. [...] Plötzlich hatte ich den Eindruck, Gott würde mir die Augen öffnen, damit ich sehen konnte, wie viel Leid ich meiner Frau zufügte. Und Gott zeigte mir, dass ich eine Frau hatte, die unglücklich war. [...] Ich habe sie gepeinigt, ich habe sie misshandelt, ich habe verächtlich mit ihr geredet, ich habe sie beschimpft, ich habe sie geschlagen; ich konnte meiner Frau nicht in die Augen schauen, ich schämte mich so sehr und vor der Versammlung fing ich an zu weinen ... und ich habe geweint und geweint, ich habe geweint, ich habe geweint und meine Frau um Vergebung gebeten. [...] Und so haben sie für mich gebetet und ich bin in diese Kirche gekommen ...

Marcs Bekehrung ist mithin stark emotional geprägt. Er erzählt, wie er, von Schuldgefühlen überwältigt, Tränen vergiesst. Diese Bekehrung bedeutet einen radikalen Bruch in Marcs Leben. Der anschliessend beschriebene Wandel seines Verhaltens in Ehe und Familie ist das greifbare und sichtbare Resultat dieser Lebenswende. Das geht so weit, dass er sogar einige für schädlich erachtete Beziehungen abbricht. Dieses Gefühl einer radikalen Wende findet sich auch in Isaacs Bericht (35, Ch, Magaziner):

> Vieles hat sich verändert, nun, ich bin etwas wild gewesen. ... Ich hatte vor niemand Angst. Und so ging ich denn in die Disco, ich kritisierte, ich tat Dinge, die man sehen konnte, alles, was man sich vorstellen kann ... Freundinnen haben, überall mitmachen, trinken, Joints rauchen ... all das ... Ich habe mich von alledem losgesagt.

Solche Bekehrungserzählungen entsprechen dem klassischen Konversionsmodell, wie es etwa Lofland und Stark[9] entwickelt haben. Unterschie-

9 Vgl. Lofland/Stark, 1965.

den wird zwischen *vor*, *während* und *nach* der Konversion. Die Etappen der Bekehrung, die auf die Lösung eines bereits bestehenden Konflikts zielen, sind im Diskurs des Konvertiten deutlich zu erkennen, werden sie doch innerhalb eines kohärenten Gesamtberichts präsentiert. Insofern ist für Marc alles miteinander verknüpft: sein Handicap, sein Schuldgefühle auslösendes gewalttätiges Verhalten und schliesslich seine Begegnung mit Gott, die die Verhaltensänderung herbeiführt.

Doch nicht immer läuft eine Bekehrung nach diesem Schema ab. Eine ganz andere Situation als die eben Beschriebene zeichnet sich im Gespräch mit Justine (45, Ch, auf Arbeitssuche) ab. Wie Marc ist Justine dem Milieu ursprünglich fremd, aber ihr Bericht tönt völlig anders: «*Meine Bekehrung, sie ist Schritt für Schritt erfolgt.*» Diese Darstellung eines Prozesses schliesst indes die Beschreibung einer dauerhaften und tiefgreifenden Veränderung nicht aus:

> Ah, ich bin nicht mehr der gleiche Mensch wie vorher. Ich bin von Grund auf anders, ja echt von Grund auf. Ich bin nicht vollkommen, wirklich nicht, aber ich bin wirklich anders. Ich fühle mich wirklich besser in meiner Haut. Ich fühle mich besser, wenn ich mit andern bin. Ich war jemand, der nicht geben konnte, nicht lieben konnte, es hat mein Leben auf den Kopf gestellt [...]

Den Wendungen «*von Grund auf*» und «*ja echt von Grund auf*», die das Bewusstsein eines existenziellen Persönlichkeitswandels signalisieren, entspricht das Evolutive, das später nochmals ganz klar zum Ausdruck kommt:

> Es kommt Schritt für Schritt. Es kommt Schritt für Schritt, man muss es herbeiwünschen. Es kommt Schritt für Schritt ... Und weil ich es herbeiwünschte, habe ich gesucht, habe ich mir den Kopf zerbrochen, habe mir Zeit genommen, habe ich Kurse besucht. Ich habe die Mittel eingesetzt, die Mittel, die vorhanden waren, um es zu tun. Und dann, dann kommt es, kommt es, kommt es. Es braucht Zeit, aber es ist gut.

Die wiederkehrende Wendung «*Schritt für Schritt*» qualifiziert mithin die Konversion *und* die spätere Entwicklung. In ihr wird der ganze, mehrere Jahre dauernde Prozess semantisch zusammengefasst. Unter Bekehrung versteht Justine demnach das Entstehen einer nicht ohne Schwierigkeiten verlaufenden inneren Entwicklung ohne dramatische Elemente: Die Antwort auf den drängenden Aufruf eines Predigers fehlt; die Komponente der Reue ebenfalls. Formuliert wird eher eine persönliche Suche, gespeist vom Glauben an die Bibel – in Wirklichkeit eine Reminiszenz ihrer reformierten Erziehung. Diese Suche endet heute in einem Zustand innerer Zufriedenheit. Insofern ist die Bekehrung für Justine weniger ein Bruch mit einer abgeschlossenen Vergangenheit als der Anfang einer Beziehung zu Gott, die das Innerste des Menschen berührt. Von dieser inneren Verbundenheit erhofft sie sich die für jedes christliche Handeln nötige Kraft. Letztlich kann Justine erst nachträglich behaupten, sie habe, als Resultat eines zurückgelegten Weges, eine Bekehrung erlebt. Es liessen sich weitere Gespräche anführen, aus denen ebenfalls das Gefühl einer langen Entwicklung hervorgeht, in deren Zentrum ein bestimmtes Verständnis christlichen Lebens steht; Bekehrung ist hier nicht Bruch mit einer schwierigen Vergangenheit, vielmehr wachsende Annahme eines Lebens mit Gott.

Die Kinder des Milieus

Was hat es mit der Bekehrung von Personen auf sich, die stets dem Milieu angehört haben und somit als endogen bezeichnet werden? Béatrice (41, Kl, Dolmetscherin), aus einer evangelisch-freikirchlichen Familie stammend, erinnert sich ziemlich genau an ihre Bekehrung im Kindesalter. Doch wie viele andere bestätigt sie, dass ihr religiöses Engagement im Kern im Erwachsenenalter entstand. Als ausschlaggebend bezeichnet sie einen spirituellen Weg, den sie in Japan als Missionarin durchgemacht habe. Auf die Frage nach der Bekehrung antwortet sie als Erstes:

> Es war eine Bekehrung. Sie geschah in einem bestimmten Moment, ich habe sie mit meinem Vater gemacht, ich war neun. Zugleich aber, und das ist typisch für viele Kinder, die in christlichen Familien aufwachsen, gibt es letztlich keine klare Wende. Deshalb ist die Erfahrung in Japan ... in meinem spirituellen Weg irgendwie sehr viel zentraler, denn dort habe ich erlebt, dass es funktioniert ...

Sie beschreibt, wie sie die bedingungslose Liebe Gottes entdeckt, wie sie hierdurch von manchen unrealistischen Erwartungen befreit wird und wie die positiven Auswirkungen ihr Aussehen verändern, verliert sie doch problemlos mehr als 30 Kilo. Weitere Befragte evangelisch-freikirchlicher Herkunft sprechen ebenfalls davon, dass es ihnen schwerfällt, ein prägendes Bekehrungserlebnis zu erzählen – und entschuldigen sich fast dafür.

Die Berichte von Mitgliedern konservativer Gruppen, auch sie endogener Herkunft, decken sich mit den Aussagen von Béatrice, enthalten aber charakteristische Elemente individueller Moral. Im Zentrum steht die ausdrückliche Absicht, «*mein Leben mit Gott in Ordnung zu bringen*», ein «*Ins-Reine-Bringen*»; es ist die Antwort auf den hartnäckigen Aufruf zur Reue in den Predigten der Darbysten und insbesondere der *Gemeinde für Christus*. Die Mitglieder dieser letztgenannten Freikirche setzen übrigens die Bekehrung oft mit der Rückgabe eines gestohlenen, vielleicht nicht einmal wertvollen Guts gleich, mit der Bitte um Vergebung, mit der Änderung von Einstellung, Sprache usw. Kennzeichnend für solche Bekehrungen ist folglich das Fehlen der charismatischen Dimension und ein im Vergleich zu den Mitgliedern klassischer Denominationen geringerer Reflexionsgrad.

Stärkster Antrieb der Bekehrung sind selbstverständlich Wunsch und persönlicher Wille. Es kommt aber auch vor, dass der Gruppendruck, der Druck von Familie oder Freunden derart stark ist, dass das Individuum das Risiko auf sich nimmt, das Etikett «*bekehrt*» zu akzeptieren, sich aber in der Folge eingestehen muss, nichts besonderes erlebt oder gefühlt zu haben. So etwa Elisa (27, K, Studentin), die in einer Familie von Mitgliedern einer konservativen Freikirche aufwuchs, aus der sie inzwischen ausgetreten ist. Hier nun ihre Bekehrungserzählung:

> Ich war, ich weiss nicht, fünf oder sechs Jahre alt. Jedes Jahr bauten sie in ... [Ortsname] ein Zelt auf, und es gab Prediger für die Bevölkerung, und es hatte auch etwas für Kinder. Zwei Frauen inszenierten etwas [...]: das Gleichnis vom guten Hirten, der für seine Schafe sein Leben lässt [...] Und dann meine Mutter, die sagte: «Ich glaube, Elisa hat sich heute bekehrt.» Und ich erinnere mich gut, ich sagte mir: «Was sagt sie da?» [...] Seit damals, seit ich fünf war, war es klar, dass Elisa sich bekehrt hatte [...] Es ist mir irgendwie aufgedrängt worden [...] De facto war da gar nichts [...]

Elisas Erfahrung unterstreicht, welchen Einfluss das Umfeld bei der Bekehrung ausüben und wie in ihrem Fall die individuelle Entscheidung von der Erwartung der Mutter überlagert werden kann.[10]

Die Dauer der Bekehrung

Aufgrund des bisher Gesagten wird klar, dass Konversion bald als plötzlich und radikal, bald als graduell und prozesshaft verstanden wird. Ob die Bekehrung als prozesshaft oder punktuell erlebt wird, hat wenig mit dem Alter zum Zeitpunkt der Bekehrung oder dem Bildungsniveau zu tun; wohl aber spielt die Zugehörigkeit zu einem bestimmten Submilieu eine Rolle (Grafik 2.2).

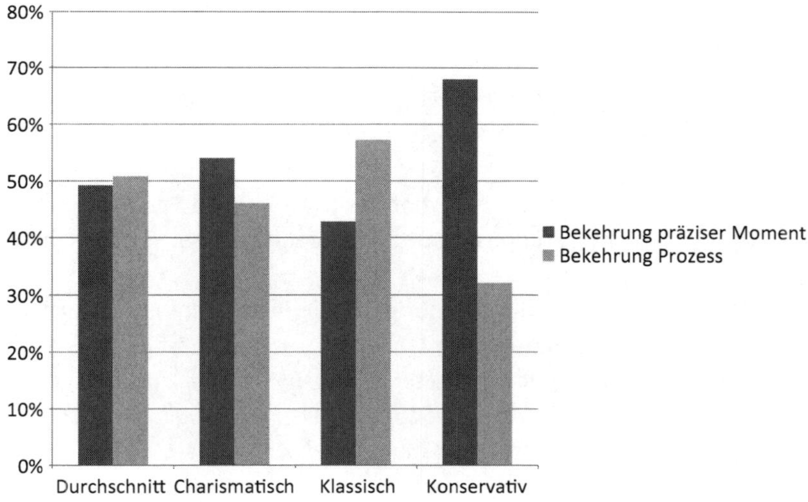

Grafik 2.2: Die Modalität der Bekehrung, nach Submilieus

10 Kapitel 7, das sich mit der religiösen Erziehung im evangelisch-freikirchlichen Milieu befasst, kommt genauer auf die hohen Erwartungen zu sprechen, die Eltern an ihre Kinder bezüglich der Bekehrung stellen.

67,9 % der konservativen, 54 % der charismatischen, aber nur 42,8 % der klassischen Evangelisch-Freikirchlichen haben ihrem Empfinden nach eine plötzliche Bekehrung erlebt. Dieses Übergewicht der plötzlichen Konversion im konservativen Submilieu lässt sich insbesondere mit dem nachdrücklichen Aufruf zur Bekehrung erklären, der, wie bereits erwähnt, in der *Gemeinde für Christus* im Religionsunterricht an die Jugendlichen ergeht.

Eine Typologie der Bekehrungen

Die aufmerksame Prüfung der verschiedenen Bekehrungsverläufe lässt einige Schlüsse zu. Erstens beeinflusst die religiöse Herkunft die Form der Bekehrung. Beispielsweise prädisponiert eine reformierte Erziehung eher zu einer prozesshaften Konversion – Synonym für das Aufblühen auf der Basis bereits bestehender Glaubenselemente. Evangelikal erzogene Personen hingegen berichten in der Regel von einer plötzlichen Konversion, allerdings ohne sich über dramatische Elemente auszulassen – eine Bekehrung, die im Erwachsenenalter durch neue prägende spirituelle Erfahrungen abgelöst wird. Plötzliche und dramatische Konversionen sind vor allem bei Konvertiten ohne protestantischen Hintergrund zu entdecken – meist aufgrund einer Begegnung mit charismatischen Christen oder Freikirchen.[11]

Zweitens verändert die Zugehörigkeit zu einer bestimmten kirchlichen Richtung die Struktur der Erzählung. Verständlich ist zum Beispiel, dass Marc aufgrund seines zerrütteten Familienlebens ein ausgeprägteres Reuegefühl entwickelt als andere; zugleich aber orientiert seine charismatische Zugehörigkeit seine Erzählung und strukturiert deren Gehalt. Bekehrungserzählungen sind umso stärker von einer theologischen Sprache geprägt, je ferner das Ereignis liegt.

Drittens bleibt die dramatische persönliche Bekehrung in der Vorstellungswelt der Evangelisch-Freikirchlichen zentral, obwohl der Weg vieler eingestandenermassen weniger aufsehenerregend war. Insofern erweist

11 Zu bemerken ist, dass die charismatischen Freikirchen sich am stärksten in der Evangelisierung engagieren (vgl. Kapitel 8). Es ist daher kaum überraschend, dass die Mehrheit der nicht im Milieu aufgewachsenen Konvertiten sich vor allem in dieses Submilieu integriert.

sich die Aussage, bekehrt zu sein, vor allem als Marker für Identität und christliche Zugehörigkeit. Zuweilen findet sich sogar das Paradox eines Evangelisch-Freikirchlichen, der sich als bekehrt bezeichnet, ohne sicher zu sein, eine Bekehrung erlebt zu haben, obwohl sein Leben mit einer Vielzahl von spirituellen Erfahrungen durchsetzt sein kann.

Ausgehend von diesen Beobachtungen und Logiken können wir vier verschiedene Typen von Bekehrungen unterscheiden. Es handelt sich hier um eine Typologie, also keinesfalls um die umfassende Abbildung der Realität, sondern eher um die begriffliche Fassung von Hauptendenzen. In unserem Fall berücksichtigt diese Typologie, wie bereits erwähnt, zwei dem Thema eigene Merkmale: religiöse Herkunft und neues Zugehörigkeitsmilieu:

- **Konversion als Bruch.** Diese Erfahrung machen vor allem exogene Individuen, die sich wie Marc einer charismatischen Freikirche anschliessen. In diesen Berichten ist das graduelle Element nicht ausgeschlossen, gerät aber dadurch in den Hintergrund, dass die der Lebenswende zu verdankenden herausragenden Auswirkungen hervorgehoben werden. In dieser Hinsicht sind Konvertiten äusserst wortreich: Absage an ausschweifendes Verhalten, Annahme eines strengen Lebensstils usw. Die Auswirkungen auf das Verhalten sind proportional zur Intensität der Erfahrung, die als äusserst plötzlich und dramatisch wahrgenommen wird. Für die Protagonisten ist die charismatische Dimension ein Erklärungsmittel: Der heilige Geist bewirkt den Wandel. Logischerweise gibt es solche Konversionen besonders oft in Verbindung mit der charismatischen Orientierung.
- **Konversion als Entwicklung.** Davon sprechen vor allem Frauen, die sich für eine charismatische und verinnerlichte Version von evangelisch-freikirchlicher Bekehrung empfänglich zeigen. Diese Frauen haben oft einen reformierten Hindergrund. Diese Art Konversion spiegelt, in Übereinstimmung mit dem zeitgenössischen Streben nach persönlicher Entfaltung, die Suche nach innerem Wohlbefinden.[12] In diesem Sinn führt die Konversion als Entfaltung den Konvertiten in eine

12 In einer neueren Studie greift Roeland diesen Punkt auf und zeigt, dass dem zeitgenössischen evangelisch-freikirchlichen Milieu eine «ausgeprägt therapeutische Dimension» innewohnt (2008, S. 31).

charismatische Spiritualität, die Instrumente und Techniken zur Bewältigung der zeitgenössischen Verunsicherung bereitstellt. Begleitet ist dieser Weg von einem psychologisierenden Diskurs, der über die charismatische Spiritualität zur Identitätsbildung beiträgt. Zu diesem Zweck steht den Konvertiten eine in den Gesprächen oft erwähnte breite Palette von Materialien zur Verfügung (Literatur, Seminarien, Gespräche, Gebete für «innere Heilung» usw.).

- **Konversion als Zustimmung.** Diese Spielart der Bekehrung findet sich am häufigsten in den Berichten der sogenannten «klassischen» Evangelisch-Freikirchlichen wie Tamara oder Martin. Charakteristisch für sie sind endogene Wege, aber auch exogene Wege sind nicht auszuschliessen, etwa wenn Menschen Schritt für Schritt die ihnen angebotenen Glaubensinhalte annehmen. Es handelt sich in erster Linie um reflexive Verfahren. Auf die intellektuelle Zustimmung folgt zunehmend eine emotionale Annahme, die der Protagonist als Bekehrung anerkennt. Ein von evangelisch-freikirchlichen Überzeugungen angezogener Interviewpartner katholischer Herkunft meint denn auch: «*Ich kann einfach nicht sagen, wann ich mich bekehrt habe. Das war eine Entwicklung. Irgendwann war es dann klar.*» In diesem Typus existiert weder die charismatische Dimension noch der Verweis auf eine eigentlich dramatische Episode. Hier finden sich Menschen, die dem evangelisch-freikirchlichen Milieu eingestandenermassen nie sehr fern waren und für die der Eintritt in eine Freikirche die logische Folge eines inneren Bewusstwerdungsprozesses ist.
- **Konversion als Bestätigung.** Diese Ausprägung taucht hauptsächlich in den Erzählungen konservativer Evangelisch-Freikirchlicher auf. Sie gleicht der zuvor charakterisierten Bekehrung, die reflexive Dimension tritt indes hinter eine ausgeprägte moralische Komponente stark zurück. Sie findet sich fast ausschliesslich in Zeugnissen von endogenen Bekehrungen und gleicht einem Übergangsritus, der an die Konfirmation in den historischen Kirchen erinnert.

Die nachstehende synoptische Grafik (Grafik 2.3) visualisiert diesen typologischen Vorschlag.

Hier wird deutlich, dass die Achse der emotionalen Intensität faktisch mit dem Grad an Charismatik zusammenfällt. Beide Konversionstypen der

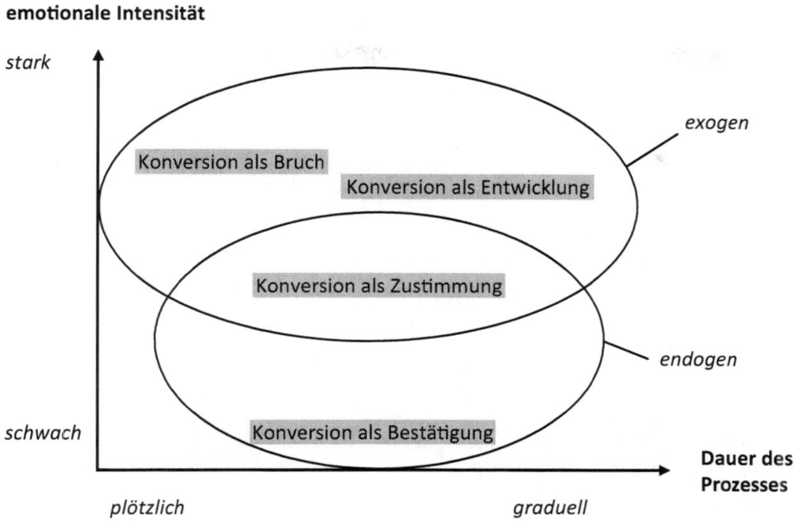

Grafik 2.3: Typologie der Konversionen, nach emotionaler Intensität und Art des Prozesses

oberen Grafikhälfte gehören dieser Richtung an, was in völliger Übereinstimmung mit der Bedeutung steht, die der emotionalen Expressivität im charismatischen Submilieu beigemessen wird. Die endogenen Konversionen sind von geringerer Intensität und werden, ausser im Fall der konservativen Evangelisch-Freikirchlichen, oft als graduell wahrgenommen.

Dank der Fülle des untersuchten Materials und unserer vierteiligen Typologie konnten wir die Bedeutung der sozialen Netze in den Bekehrungsprozessen sowie die (wenn auch begrenzte) Vielfalt der Bekehrungsentwicklungen aufzeigen.

Ferner konnten wir feststellen, dass der Identitäts- und Zugehörigkeitsdiskurs der Evangelisch-Freikirchlichen sich nicht in erster Linie auf die Taufe oder auf einen sonstigen Übergangsritus stützt, sondern auf die Bekehrungserzählung, deren Wendungen «ich bin bekehrt» oder «ich bin wiedergeboren» für das Milieu den Stellenwert eines einigenden Glaubensbekenntnisses haben. Dass nicht alle über eine höchst dramatische Erfahrung berichten können, spricht nicht dagegen. In den Augen der Evangelisch-Freikirchlichen impliziert die Bekehrung in erster Linie das

Bekenntnis zu einem radikal und definitiv christlichen Leben. Sie bedeutet einen Wandel oder, für einige, die Option für ein ganzheitliches Leben, eine besondere Art und Weise der Präsenz und des Verhaltens in der Welt. Mit der Konversion fasst das evangelisch-freikirchliche Mitglied den bewussten persönlichen Entschluss, sich langfristig auf eine bestimmte Plausibilitätsstruktur einzulassen, in diesem Fall auf eine eminent religiöse Struktur. Hier liegt zweifellos einer der Hauptgründe für die Widerstandsfähigkeit der Evangelisch-Freikirchlichen im gegenwärtigen Kontext: Evangelikal sein gründet auf der erzählerischen Umsetzung einer persönlichen Erfahrung, die in eine reflektierte, gewählte, aber auch globale Eingliederung in ein spezifisches Milieu mündet. Das Mitglied ist nicht etwa nur deshalb evangelisch-freikirchlich, weil es die Eltern waren, sondern weil von ihm der willentliche und bewusste Entscheid zur Eingliederung in eine bestimmte Überzeugungsstruktur erwartet wird. Der Bekehrungsakt trägt in hohem Mass zum Fortbestand des evangelisch-freikirchlichen Milieus in unseren modernen Gesellschaften bei, indem er erstens vom Individuum ein gewähltes und aufrichtiges totales Engagement fordert – ein der «Ich-Gesellschaft» eigener Charakterzug – und zweitens eine Grenze errichtet, die klar trennt zwischen jenen, die Teil des Milieus sind, und jenen, die «ausgeschlossen» sind.

Kapitel 3

Ein Leben gemäss evangelisch-freikirchlichen Normen und Werten

Emmanuelle Buchard

Distanznahme – damit lässt sich das Verhältnis der Mehrheit der Schweizer Bevölkerung zur christlichen Religion kennzeichnen. In diesem Kontext heben sich die Evangelisch-Freikirchlichen durch ihr Festhalten an einem Ensemble religiöser Überzeugungen und vor allem durch die Prägekraft dieser Überzeugungen in ihrem Alltag ab.[1] Die Mitglieder der evangelischen Freikirchen zeichnen sich aus durch intensive Glaubenspraxis, starke Bindung an ein Glaubensgut, aber auch durch die Verteidigung spezifischer moralischer Werte und Normen.[2] Sämtliche Studien zum Thema unterstreichen die interne Vielfalt des Milieus und dessen Wandel, verweisen aber auch auf die von fast allen Mitgliedern evangelischer Freikirchen akzeptierte klare und verbindliche Lehrmeinung. Dieses Kapitel befasst sich mit der Analyse der Glaubensüberzeugungen, Praktiken, Wertvorstellungen und Normen, also mit den identitären Kernelementen des evangelisch-freikirchlichen Milieus. Diese Kernelemente vermögen auf gewisse Probleme des modernen Mensch-Seins zu antworten, gleichzeitig führen sie zu einer Distanzierung, Abschschottung und z.T. Ablehnung der umliegenden Gesellschaft.[3]

1 Vgl. Stolz/Könemann/Schneuwly Purdie/Krüggeler/Englberger, 2011.

2 Die eingehende Analyse der Praktiken, Glaubensüberzeugungen und Lebensstile der Evangelisch-Freikirchlichen in der Schweiz wurde hauptsächlich in quantitativer Perspektive angegangen; vorgelegt werden Zuordnungen und Erklärungen ebendieser Überzeugungen (vgl. Favre, 2006; Favre/Stolz, 2009b). Auf internationaler Ebene vgl. die Arbeiten von Fath, 2005a; Smith, 1998; Ammerman, 1998.

3 Evangelisch-freikirchliche Identität umfasst ein Ensemble von Glaubensüberzeugungen, Praktiken, Normen und Werten. Diese können im vorliegenden Kapitel aus Platzgründen nicht erschöpfend dargestellt werden. Gewissen Überzeugungen ist ein eigenes Kapitel gewidmet, weshalb wir hier nicht eigens auf sie eingehen. Das gilt insbesondere für die Themen Bekehrung

In einem ersten Schritt fokussieren wir unsere Analyse auf zwei zentrale Glaubenüberzeugungen: einerseits den Glauben an einen personalen Gott, Akteur in der Welt und vor allem in den individuellen Existenzen, andererseits die Annahme der Bibel als oberste religiöse und moralische Autorität. In einem zweiten Schritt befasst sich die Untersuchung der religiösen Praktiken mit Bibellektüre und Gebet – zwei Kernpraktiken evangelisch-freikirchlicher Frömmigkeit – sowie mit den Gaben des heiligen Geistes und ihrem Einsatz. In einem letzten Schritt wenden wir uns der Analyse der Wertvorstellungen und Normen innerhalb des evangelisch-freikirchlichen Milieus zu; dabei stossen wir auf ein Verhaltensmuster, das wir, gemessen an den gängigen Haltungen und Verhaltensweisen innerhalb der Schweizer Gesellschaft, als konservativ bezeichnen könnten. Diese Positionierung führt indes weder zum Aufbau einer schützenden Nische[4] noch zu nennenswerter Bekämpfung der Institutionen und Werte der übrigen Gesellschaft[5]. Unter den Evangelisch-Freikirchlichen in der Schweiz lässt sich ein nuanciertes Verhältnis zur Welt, eine Haltung von Abschottung und Öffnung zugleich, feststellen.

3.1 Evangelisch-freikirchliche Glaubensüberzeugungen

Evangelisch-freikirchliche Identität baut sich besonders durch die Annahme spezifischer Glaubensüberzeugungen auf, die zur Erarbeitung einer besonderen Weltanschauung beitragen und einen Komplex von klar und deutlich abgegrenzten Normen, Verhaltensweisen und Werten heranbilden.[6] Prägend für die Evangelisch-Freikirchlichen ist die Figur eines

(Kapitel 2), Evangelisierung (Kapitel 8) und Gemeinschaftspraktiken, etwa Gottesdienst (Kapitel 4). Schliesslich lag uns daran, Themen zu erforschen, an denen sich die zentralen und grundlegenden Aspekte evangelisch-freikirchlicher Überzeugungen, aber auch unterschiedliche interne Sensibilitäten aufzeigen lassen.

4 Vgl. Hunter, 1987.

5 Vgl. Smith, 1998.

6 Favre zeigt auf, dass im evangelisch-freikirchlichen Milieu die religiös konnotierte Sequenz Glaubensüberzeugungen-Werte-Normen modifiziert wird: «Die Glaubensüberzeugungen führen direkt zur Erarbeitung von Normen, die

Gottes, der sich in die Welt und insbesondere in ihren Alltag einmischt, sowie die einmütige Anerkennung der Bibel als oberste Autorität. Beide Glaubensüberzeugungen erweisen sich als äusserst pragmatisch, mit konkreter Auswirkung auf das Leben der Gläubigen auf individueller wie gemeinschaftlicher Ebene.

Gott als Freund

Das evangelisch-freikirchliche Milieu ist Teil der protestantischen Tradition, die jeglichen Mittler zwischen Gott und seinen Gläubigen zugunsten eines direkten Bands auszuschliessen sucht, verstärkt aber diese Dimension und macht daraus einen charakteristischen Zug. Gott handelt in der Welt, aber auch und vor allem im Alltag der Menschen. Dieses göttliche Einbrechen in die menschliche Existenz wird nicht als äussere, autoritäre und einengende Kraft wahrgenommen, sondern eher als das Resultat eines wechselseitigen Engagements und einer intensiven, ja, geradezu intimen Beziehung zwischen dem Gläubigen und seinem Gott. Der Gott der Evangelisch-Freikirchlichen wird mithin als positive Stütze wahrgenommen; er kooperiert mit dem Gläubigen zu dessen Wohlbefinden.

Aufgrund unserer Befragungen unterscheiden wir folgende mit der Gottesfigur verbundene Merkmale: Gott erweist sich als allwissend und allmächtig: Man lebt unter «*Gottes Macht*» und im «*Reich Gottes*»; er «*heilt*», «*vergibt*» und «*erlöst*»; Gott präsentiert sich als das «*Absolute*». Er handelt nach eigenem Willen sowohl in weltlichen Angelegenheiten als auch in

erst in einem zweiten Schritt allgemeine Werte implizieren» (2006, S. 237). Genauer, wir definieren die Glaubensüberzeugungen als Repräsentationskomplex, der ein Evaluationssystem der Welt bildet, zugleich die individuellen wie die kollektiven Handlungszwecke bestimmt, aber auch die angemessenen Mittel zur Realisierung ebendieser Zwecke festlegt (Boudon/Bourricaud, 1994, S. 663–670). Wir bevorzugen einen rationalen Zugang zu den Glaubensüberzeugungen: Ein Individuum hat *gute Gründe*, so oder so zu denken oder zu handeln. Der Soziologe wiederum kann diese *guten Gründe* erkennen und erklären. Aber die Glaubensüberzeugungen enthalten, wie Anne-Sophie Lamine (2010) nahelegt, auch symbolische und existenzielle Dimensionen (gelebte Glaubensüberzeugungen und Praktiken). Es wird sich zeigen, dass den evangelisch-freikirchlichen Glaubensüberzeugungen eine existenzielle Dimension innewohnt: Im Alltag der Gläubigen implizieren und rechtfertigen sie die Einhaltung eines ganzen Geflechts von spezifischen Verhaltensweisen.

individuellen Existenzen. Er hat einen «*allgemeinen Plan*» für die ganze Menschheit und behält zugleich die «*Kontrolle*» über individuelle Lebenswege. Während die Mehrheit der Schweizer Bevölkerung eine abstrakte Vorstellung der Gottesfigur entwickelt – für 53,2 % gilt: «Was man ‹Gott› nennt, ist nichts anderes als das Wertvolle im Menschen»[7] –, markieren die Evangelisch-Freikirchlichen eine erste Besonderheit und postulieren eine «*gegenwärtige*» Gottesfigur, die die gesamte Menschheit «*leitet*» und «*verwaltet*».

Zu den beiden Merkmalen Allwissenheit und Allmacht – letztlich traditionelle Charakteristiken der Gottesfigur in den monotheistischen Religionen – gesellt sich ein drittes, das das Profil des Milieus schärft. Die Bekehrung, eine von 97,1 % der Evangelisch-Freikirchlichen erlebte Erfahrung, bedeutet die spirituelle, greifbare, ja, zuweilen körperliche Begegnung mit ihrem Gott. Fast die Gesamtheit der Befragten hat, wie sie es selbst ausdrückt, «*ein persönliches Erlebnis mit Gott*», eine «*Begegnung mit Gott*» oder ist «*von Gott berührt*» worden. Der evangelisch-freikirchliche Gläubige lebt diese gründende Begegnung mit dem Göttlichen, wobei er eine innige und greifbare Nähe empfindet. Aus dieser Nähe wird sich eine durch ebendiese Dimensionen gekennzeichnete Beziehung entwickeln. Im Gespräch liegt den Befragten daran, den «*gefühlten*», «*lebendigen*» oder auch «*realen*» Aspekt dieses Engagements hervorzuheben – wie dies Justine (45, Ch, auf Arbeitssuche) tut:

> Die Beziehung zu Gott, das ist, wenn Sie so wollen, wirklich etwas, es ist die Person Gottes, und ich habe eine Beziehung zu ihm, ich spreche mit ihm über alles [...] Gott ist wirklich, wirklich konkret für mich.[8]

Sollen Sinn und Gehalt dieser Beziehung genauer beschrieben werden, verwenden die Evangelisch-Freikirchlichen in der Regel Wörter und Bilder aus dem Bereich von Freundschaft und Liebe. Jack (53, Ch, Missionar)

7 Datenquelle: Erhebung *Religion et lien social* (RLS), (vgl. Campiche, 2004).
8 Indem die Evangelisch-Freikirchlichen auf die «konkrete» Natur Gottes verweisen, die zu einem wechselseitigen Engagement führt, distanzieren sie sich ganz bewusst von einem vermittelten, rationalisierten Zugang zum Göttlichen. Einen derartigen Zugang schreiben sie in der Regel den Katholiken und gewissen Reformierten zu (vgl. Kapitel 10).

und Catherine (63, K, Rentnerin) sprechen von «*wahrer Freundschaft*», Justine von einer «*eigentlichen Liebesbeziehung*»:

> Je besser man jemanden kennenlernt, wie einen Freund, dann wird man ihn oder auch den eigenen Ehemann lieben; je besser man sie kennt, umso mehr wird man sie lieben. Und dann ist es tatsächlich diese Liebe, die es zwischen uns [Gott und sie selbst] gibt.

Mit ihrem Gott erleben die Evangelisch-Freikirchlichen «*privilegierte*», «*coole*», «*intensive*», «*ausserordentliche*» oder auch «*fantastische*» Momente. Sie sprechen vom «*gegenseitigen Engagement*», das «*aufgebaut*» wird, «*Schritt für Schritt*» entsteht und das es zu «*nähren*» und zu «*pflegen*» gilt. Dieser Gott wird zu einer Vertrauensperson, der sie ihren Kummer, ihre Schwierigkeiten, aber auch ihre Wünsche mitteilen. So wird der Gott der Evangelisch-Freikirchlichen als «*Kraft*», «*Stütze*», «*Antrieb*» in weltlichen Angelegenheiten, aber auch in der persönlichen Existenz wahrgenommen.

Ebendiese Merkmale des evangelisch-freikirchlichen Gottesbildes wirken auch den «kognitiven Dissonanzen»[9] entgegen; diese könnten immer dann auftauchen, wenn Güte und Allmacht Gottes in den Augen der Gläubigen nicht in die «*richtige Richtung*» wirken. Wenn Gott nicht alles in Ordnung bringt, wenn die gegenseitige Zusammenarbeit und Freundschaft, das wechselseitige Verständnis durch unglückliche Ereignisse geschwächt wird, dann führt die Mehrheit der Evangelisch-Freikirchlichen «*gute Gründe*» oder den göttlichen «*Plan*» an.[10] Der mit absolutem Vertrauen

9 Der von Festinger u. a. (2008 (1956)) erarbeitete Begriff der kognitiven Dissonanz steht für einen Spannungszustand, in dem sich ein Individuum befinden kann, wenn es durch die Umstände gezwungen wird, zwei dich widersprechende Aussagen gleichzeitig für wahr zu halten. Um diesen Dissonanzen entgegenzuwirken, wird es mit entsprechenden Strategien dieses kognitive Ungleichgewicht zu reduzieren suchen.

10 Nur eine Minderheit von ihnen erwähnt das Eingreifen Satans oder des Bösen, um unglückliche oder irrationale Ereignisse zu erklären. Laut Fath (2005a) hat dieses Thema im evangelisch-freikirchlichen Milieu an Bedeutung verloren. Wir stimmen zu, möchten aber darauf hinweisen, dass die Figur des Satans in den Erzählungen der Ausgetretenen nach wie vor wichtig ist, wenn sie ihren Glaubensweg beschreiben (vgl. Kapitel 11).

gepaarte Glaube an die Allmacht Gottes bewirkt, dass unglückliche Ereignisse als notwendige und vernünftige Etappen auf dem Weg zu einer guten Zukunft wahrgenommen werden. So erklärt uns Béatrice (41, Kl, Dolmetscherin):

> Gott lässt Dinge zu, die wir nicht immer verstehen, die sehr hart sein können, aber zugleich geschieht es immer zu unserem Wohl. Und wenn man sich ihnen [den Dingen] mit dieser Gewissheit nähert, dann wird uns diese Überzeugung auch vor dem Druck schützen [...] Zu wissen, dass er, wenn er die Kontrolle behält, auch eine Gesamtsicht meines Lebens und einen Plan für mein Leben hat, dann bedeutet das, dass ich keine ... es bedeutet, dass mir nichts geschehen kann. Aber letztlich, insofern er ein guter Gott ist, ein Gott, der das Beste für mich will, wird er immer dafür sorgen, dass schliesslich das Beste herauskommen wird.

Für die Evangelisch-Freikirchlichen bedeutet Christsein nicht, dass ihnen schwierige Momente und Zeiten des Zweifels erspart bleiben. Doch da in ihrem Verständnis Gott allwissend und allmächtig ist, aber auch freundschaftlich und wohlwollend in ihr Leben eingreift, bewahren sie ihren starken Glauben an die Existenz Gottes. Im Leben können Natur und Modalität dieser Beziehung folglich als bedeutsamer Stabilisierungsfaktor wirken. Ausserdem führt der Glaube an einen konkret in die eigene Existenz eingreifenden Gott zu höchst pragmatischen Überzeugungen und nie erlahmenden Praktiken (Gebet, Bibellesen, Gabenausübung); letztere gelten als bevorzugte Mittel der Kommunikation mit dem Schöpfer.

Die Bibel: ein fundamentalistischer Zugang?

Zwar leben die Evangelisch-Freikirchlichen in freundschaftlicher Beziehung zu Gott, gleichwohl schulden sie ihm Gehorsam und sind gehalten, sich seiner Lehre zu unterwerfen. Die Bibel – als Medium aufgefasst, womit sich Gott an die Menschheit gewendet und worin er seinen Willen kundgetan hat – wird im evangelisch-freikirchlichen Milieu zur obersten Quelle religiöser und moralischer Autorität. Doch mit ihrem Beharren auf der Wortwörtlichkeit der Bibeltexte wollen sich die Evangelisch-Freikirchlichen vor allem von der die ganze heutige Gesellschaft durchdringenden Tendenz zur «Legendisierung» absetzen.

Mit Bezug auf die Bibelauslegung beharren die Evangelisch-Freikirchlichen strikt auf dem Wahrheitsgehalts der heiligen Schrift: Realität der Wunder, Gottheit Jesu Christi, Existenz des Teufels, Sühnecharakter des Todes Jesu, Realität der Auferstehung ... Mithin tendieren sie zu einer wörtlichen Lektüre ebendieser Stellen. Wegen dieser Haltung wird den Evangelisch-Freikirchlichen oft das Etikett fundamentalistisch verpasst. Einige Kenner der Bewegung laden uns allerdings zu einer nuancierteren Sichtweise ein:

> Sämtliche Evangelisch-Freikirchlichen sind der Auffassung, dass die Bibeltexte in verschiedenen Epochen verfasst worden sind – in ganz unterschiedlichem Stil und von einer Vielzahl von menschlichen Autoren, was Raum gibt für Exegese, Kommentar, Diskussion.[11]

Aus unseren Daten (Tabelle 3.1) geht indes eindeutig hervor, dass die Evangelisch-Freikirchlichen sich bezüglich des Zugangs zum Bibeltext stark von ihren Mitbürgern unterscheiden. Während die Mehrheit der Evangelisch-Freikirchlichen (50,5 %) der Auffassung ist, dass «die Bibel durch das Wort Gottes inspiriert ist, aber nicht alles wörtlich genommen werden sollte», hält praktisch die ganze andere Hälfte (48,1 %) daran fest, dass «die Bibel das Wort Gottes ist und streng wörtlich genommen werden muss». Diese letztgenannte Auffassung teilen lediglich 9 % der Reformierten, 9,6 % der Katholiken und 9,5 % der Schweizer Bevölkerung insgesamt. Bezüglich der Textinterpretation lassen sich folglich innerhalb des evangelisch-freikirchlichen Milieus zwei zahlenmässig fast gleich starke Tendenzen ausmachen: ein biblischer Fundamentalismus und eine Lesart, die einen gewissen kritischen Spielraum zulässt.

11 Fath, 2005a, S. 27. Der Status der Bibel – von Menschen unter göttlicher Inspiration verfasst – lässt die Tür offen für ein Verständnis der Bibel als eines mit Ungenauigkeiten und Unklarheiten behafteten und folglich der Auslegung bedürftigen Textes. Gachet/Stolz (2011) haben bereits auf die Vielfalt evangelisch-freikirchlicher Positionsbezüge gegenüber den Bibeltexten und insbesondere auf die Diversität der Interpretationen der biblischen Schöpfungsgeschichte hingewiesen. Innerhalb des Milieus unterscheiden die Autoren wortwörtliche, ultrastrikte, strikte, gemässigte, aber auch eher symbolische und kritische Zugänge zu ebendiesem Text.

Tabelle 3.1: Bibelauslegung bei Evangelisch-Freikirchlichen und der Schweizer Bevölkerung[12]

	Evangelisch-Freikirchliche	Reformierte	Katholiken	Schweiz total
Die Bibel ist das Wort Gottes und muss streng wörtlich genommen werden	48,1 %	9,0 %	9,6 %	9,5 %
Die Bibel ist von Gott inspiriert, aber nicht alles sollte wörtlich genommen werden	50,5 %	41,4 %	45,6 %	40,9 %
Die Bibel ist ein altes Buch mit Fabeln, Legenden, Geschichten und moralischen Lehren, die von Menschen niedergeschrieben wurden	0,4 %	33,5 %	25,3 %	31,6 %
Die Bibel betrifft mich nicht	0 %	9,0 %	9,9 %	10,0 %
Kann ich nicht sagen	1,0 %	7,0 %	9,6 %	8,5 %
Total	100 %	100 %	100 %	100 %

Die Analyse der qualitativen Interviews gibt erste Hinweise darauf, wie diese Positionierungen zu erklären sind. Die Bedeutung, die die Evangelisch-Freikirchlichen dem Ausdruck «streng wörtlich» beimessen, ist weniger strikt und zugleich vielfältiger als jene Positionsbezüge, die aus den quantitativen Daten resultieren. Einige der Befragten bejahen den Begriff Fundamentalismus oder Wortwörtlichkeit, um ihren Zugang zur Bibel zu qualifizieren, oder aber sie bestätigen, dass sie die Bibel «streng wörtlich» nehmen; doch sie tun dies vor allem, um den pragmatischen Status und die Aktualität der in ihr enthaltenen religiösen und moralischen Lehre zu unterstreichen. Dazu die Erläuterungen von Vincent (24, Ch, Student):

> Das Bibelverständnis der Evangelisch-Freikirchlichen ist ziemlich fundamentalistisch: Was geschrieben steht, ist gültig, und es ist noch heute gültig. Dort, wo man es so verstehen kann, wie es geschrieben steht, nun, dort versteht man es so, wie es geschrieben steht; aber manchmal macht das wortwörtlich

12 Zu dieser Frage zum Stellenwert der Bibel stammen die Prozentzahlen für die Schweizer Bevölkung aus der ISSP-Erhebung.

> genommen keinen Sinn, dann muss man es interpretieren, selbstverständlich. Aber ganz allgemein sind die Evangelisch-Freikirchlichen ziemlich nahe an den Texten. Mir entspricht das am besten, weil ich den Eindruck habe, dass genau das richtig ist.

Mit ihrem fundamentalistischen Positionsbezug gegenüber der Bibel versuchen die Evangelisch-Freikirchlichen eine Linie des Widerstands gegenüber jener Tendenz zur Metaphorisierung oder «Legendisierung» der Texte zu ziehen, die sie bei anderen Christen und generell in der Gesellschaft wahrzunehmen glauben (Tabelle 3.1, 3. Zeile). Dass Vincent die Evangelisch-Freikirchlichen ohne Weiteres der Kategorie der Fundamentalisten zuordnet, hat damit zu tun, dass diese die Gültigkeit und Aktualität der biblischen Erzählungen geltend machen. Für unsere Befragten ist die Bibel nicht einfach «*eine schöne Geschichte*», sie bietet ganz im Gegenteil eine «*aktuelle*», «*keineswegs überholte*», «*konkrete*», «*lebendige*», «*die Jahrhunderte übergreifende*» Lehre an und lässt sich nicht auf einen «*Bilderfundus*», eine «*Legendensammlung*» reduzieren.

Diese fundamentalistische «*Positionierung*» kann freilich, wie Vincent ausführt, sowohl in eine wortwörtliche Lektüre – «*man versteht es so, wie es geschrieben steht*» – als auch in einen auslegungsbedürftigen Zugang münden – «*wortwörtlich genommen macht das manchmal keinen Sinn, dann muss man es interpretieren*». Interessant ist in diesem Zusammenhang, dass die Evangelisch-Freikirchlichen sämtlicher Submilieus sich grossmehrheitlich von einer streng wörtlichen Lesart des Textes entfernen. Sie anerkennen die göttliche Inspiration des Textes, verweisen aber zugleich darauf, dass er von Menschen verfasst ist; so lassen sie einen gewissen Spielraum für eine Interpretation, die den Kontext der Entstehung, aber auch den aktuellen Anwendungskontext berücksichtigt. Das ist namentlich die Haltung von Cécile (21, Ch, Studentin), die uns ein konkretes Beispiel erzählt:

> Ich glaube wirklich, dass man das alles in den Kontext stellen muss. Wenn er [der Autor des Bibeltexts] etwas sagt, dann muss man verstehen, warum er es dir sagt. Sicher, du kannst nicht den Vers nehmen und dann sagen, so ist es heute [...] Wenn zum Beispiel da steht: «Die Frau soll in der Kirche nicht das Wort ergreifen, soll das oder dieses nicht tun, soll ein Kopftuch tragen», um sich zu unterwerfen und so, nun, wenn du das ... Einige sagen: «So ist es auch

heute», und du, du bist dort, nicht weil zu jener Zeit die Frauen entweder Prostituierte waren, die redeten, oder Frauen, die Probleme hatten. Die Frauen rebellierten – deswegen redeten sie darüber. Man muss wirklich wissen, weshalb sie es sagten und wie der Kontext war, um es heute zu verstehen. Sonst macht das keinen Sinn für unsere Gesellschaft heute.

Ohne ihr Verfahren genau zu bezeichnen, nähert sich Cécile der grammatisch-historischen Lesart, die heute von der Mehrheit der evangelisch-freikirchlichen Theologen und Prediger verwendet wird.[13]

Doch das Unwandelbare vom Kontingenten, das «*Vernünftige*» vom «*Unvernünftigen*» zu trennen oder auch zu unterscheiden zwischen dem, «*was wortwörtlich zu verstehen ist*», und dem, «*was es auszulegen gilt*», ist nicht unbedingt evident. Während sich in unserem Beispiel Cécile vor allem dann von einer wörtlichen Lesart absetzt, wenn es in den Textstellen um die Rolle der Frau geht, befleissigen sich andere Evangelisch-Freikirchliche einer strikteren Lesart und Anwendung ebendieser Stellen. Wie weit der «*Raum der Exegese*» ausfällt, hängt hauptsächlich vom Submilieu ab.[14] Gemäss evangelisch-freikirchlichem Verständnis ist es durchaus legitim, dass sich der Gläubige einen unmittelbaren Zugang zur Bibel erarbeitet – das *sola-scriptura*-Prinzip. Dieser unmittelbare Zugang wird jedoch nicht als Aufforderung an die Mitglieder zur freien theologischen Auslegung verstanden, vielmehr ist er ein Aufruf zu einer fleissigen, pragmatischen und psychologisierenden Textlektüre. Mit der Frage nach den Praktiken wenden wir uns nun genau diesem Punkt zu.

13 Favre, 2006, S. 240. Mit der Berücksichtigung des Kontexts, in dem die Ereignisse beschrieben worden sind, versuchen die Anhänger der grammatisch-historischen Methode, die jegliche historische Kontingenz überwindende unwandelbare Botschaft herauszuarbeiten (vgl. Packer, 1978; Osborne, 1991).

14 Aus unseren quantitativen Analysen geht hervor, dass das Submilieu – mehr noch als die individuellen Charakteristiken – die Positionierung der Evangelisch-Freikirchlichen in der Frage der Auslegung der Bibeltexte beeinflusst. 66,9 % der konservativen und 57,1 % der charismatischen, aber lediglich 39,5 % der klassischen Evangelisch-Freikirchlichen sind der Auffassung, die Bibel sei streng wörtlich zu nehmen.

Bibellesung, Eglise évangélique Action Biblique de la Servette (Genf),
Foto: J.-C. Rochat (2012)

3.2 Praktiken

Die Evangelisch-Freikirchlichen sind eifrige Gottesdienstbesucher, aber auch sehr aktiv, wenn es um die weiteren von ihrer Kirche angebotenen Aktivitäten geht. Zum gemeinschaftlichen Engagement, der wesentlichen Komponente ihrer religiösen Identität, gesellt sich eine nicht weniger intensive, den kollektiven Rahmen übersteigende individuelle Praxis. Fast alle Evangelisch-Freikirchlichen bejahen ausdrücklich, dass sie täglich beten und die Bibel lesen. Sie tun dies in durchaus pragmatischer Absicht, da sie von beiden Aktivitäten konkrete Wirkungen erwarten. Doch gerade in der Praxis, genauer, in der Praxis der charismatischen Gaben, zeichnet sich, wie wir sehen werden, eine der markantesten Spaltungen innerhalb des evangelisch-freikirchlichen Milieus ab.

Die Bibel, eine pragmatische Lektüre

In der Regel erwähnen die Evangelisch-Freikirchlichen, nach der Bekehrung hätten sie das Bedürfnis empfunden, «*öfter die Bibel zu lesen*». 75,7 %

von ihnen sagen, sie würden täglich in der Bibel lesen.[15] Sämtliche Befragten bestätigen uns, dass sie regelmässig und in der Regel gerne und freudig die Bibel lesen, doch scheint damit auch ein Pflichtaspekt verbunden zu sein. Einige räumen ein, dass sie ihre Bibel öfter öffnen *sollten*. Zuweilen fehle die Lust, der Mut zur regelmässigen Bibellektüre, oder aber sie werde, wie bei Justine (45, Ch, auf Arbeitssuche), durch Alltagszwänge verhindert:

> Früher fiel es mir ganz schwer, mir die Zeit zu nehmen, um zu beten und dann in meiner Bibel zu lesen. Es war wirklich ein Kampf, es war wirklich schwierig, sich auch nur ein bisschen Zeit zu nehmen.

Dann besuchte Justine «*einen mehrtätigen Intensivkurs*». So sollte die Bibellektüre nicht länger ein Zwang, sondern eine spontane, durch «*echte Leselust*» motivierte Aktivität sein. Cécile (21, Ch, Studentin) ihrerseits dienen Verständnisschwierigkeiten als Rechtfertigung für ihren fehlenden Fleiss bei der Bibellektüre. Nach der Präzisierung, die Bibel «*sei ja doch wohl ein megawichtiges Buch*», stellt sie etwas später fest:

> Eigentlich lese ich die Bibel nicht gern, ich lese sie, aber es ist megahart. Ich weiss nicht, ob die Mädchen ... aber ich weiss, dass die Jungs im Allgemeinen alles, was theologisch ist, lieber haben, das Warum und Wie wissen wollen. Aber mir ist das Warum so ziemlich egal. Für mich ist es so, und es ist so, Punkt, und nicht anders. In der Schule, da gab es Diskussionen, und die Jungs hielten in der Theologie mit. Aber warum etwas in der Bibel so dargestellt ist?

15 Am eifrigsten zeigen sich die konservativen Evangelisch-Freikirchlichen: 93,6 % sprechen von täglicher Bibellektüre. Es folgen die charismatischen (74,5 %) und die klassischen Evangelisch-Freikirchlichen (72,8 %). Das Milieu insgesamt unterscheidet sich in diesem Punkt vom Rest der Schweizer Bevölkerung, von der sich nur 5,4 % zur täglichen Bibellektüre bekennen. Die Mehrheit (61,3 %) gibt an, sie lese nie in der Bibel (vgl. Campiche, 2004). Das Alter ist ein weiterer Erklärungsfaktor für die Häufigkeit der Bibellektüre im evangelisch-freikirchlichen Milieu, wenden sich doch die jungen charismatischen und klassischen Evangelisch-Freikirchlichen geringfügig von dieser Praxis ab (vgl. Kapitel 12).

Doch dass Cécile die Bibel nicht gern liest, hat vor allem mit diesem intellektuellen Anspruch zu tun. Seit sie eine thematisch geordnete, eigens für Frauen konzipierte Bibel gekauft hat, liest sie regelmässig darin, um dort Antworten und Ermutigungen für ihre persönliche Lebenssituation zu finden:

> Ich habe ein Buch mit dem Titel «Les Promesses de la Bible pour Elle» gekauft. Es ist thematisch geordnet. Dort suche ich ein Thema, und ich finde die zu diesem Thema passenden Verse, zum Beispiel Zukunft, Freundschaft oder Ähnliches [...] Wenn du Zweifel hast, nun ja, zum Beispiel die Heirat mit meinem Freund. Wir lieben uns, aber du stellst doch die Frage, nun, sind wir nicht zu jung oder ähnliche Dinge ... und wenn du dann liest und dir sagst, «ja klar, ja klar, es stimmt, ich bin glücklich», dann will es Gott so.

Céciles Ausführungen machen deutlich, dass es im evangelisch-freikirchlichen Milieu zwei – nicht inkompatible – Zugänge zur Bibellektüre gibt. Erstens einen *intellektuellen* Zugang: die Bibel als Objekt und Werkzeug des Einübens evangelisch-freikirchlicher Überzeugungen, sei es im Gottesdienst, in Bibelgruppen oder im Familienkreis. Zweitens einen stärker *psychologisierenden* Zugang: die auf persönliche Veränderungen und Projekte zentrierte Bibellektüre.[16] Die Bibel gilt als das Medium, durch das Gott zu seinen Gläubigen spricht; wenn nun Evangelisch-Freikirchliche die Bibel aufschlagen, dann ist für sie der Inhalt, auf den sie dort stossen, eine an sie persönlich gerichtete Botschaft. Catherine (63, K, Rentnerin) liefert uns ein konkretes Beispiel dieses für das gesamte Milieu charakteristischen psychologisierenden Zugangs zur Bibel:

> Ich bin keine Intellektuelle, ich bin ein Beziehungsmensch, das habe ich bereits gesagt [...] Ich kritzle gerne in meine Bibel, nein nicht kritzeln, aber ich

16 Das Konzept des psychologisierenden Bibelverständnisses, das sich vollkommen in die evangelisch-freikirchliche Kultur einschreibt, hat insbesondere Willaime entwickelt und es als «gemeinschaftlichen Individualismus» bezeichnet (2004a, S. 171). Innerhalb des evangelisch-freikirchlichen Milieus steht das Individuum samt seinen Bedürfnissen und Optionen im Zentrum, zugleich aber ist es stark in einer Gemeinschaft verankert.

> unterstreiche gern, ich habe meinen Code … meine Gedankenfetzen oder kurze Anmerkungen hineinschreiben […] Nun, wenn sie einmal ganz zerkritzelt ist, dann werde ich eine andere kaufen [lacht], und dann werde ich wieder anfangen. Aber sagen wir, wenn ich Dinge einfach so hineinschreiben kann, dann spricht sie zu mir. Heute Morgen zum Beispiel, da habe ich diesen Jesaja-Text gelesen: «Höre, mein Diener», nicht «Du, Sohn des Jakob oder Volk des Jakob, das ich erwählt habe, das ich aus Ägypten geführt habe». Nun also, für mich, dass zuerst «Höre» steht, das finde ich sehr interessant. Es gibt viele Stellen in der Bibel, die mit «Höre» beginnen. In unserer Gesellschaft, da hört man nicht mehr hin. Und dann «mein Diener», nicht mein Sklave, mein Diener. Und dann: «ich habe dich gewählt», «ich habe dich gerufen», «ich habe dich», «ich habe das getan», «ich habe das getan», «ich habe das für dich getan» und dann, nun, dann ist selbstverständlich von Israel die Rede, aber ich sage mir: «Nun gut, das kann auch für mich gelten, oder?» Und das … das persönliche Interesse, das Gott für mich oder für seinen Diener hat. Wir sind nicht bloss verlorene Nummern in einem Universum – da ist diese persönliche Beziehung. Ich, ich finde das so grossartig [lacht].

In diesem Jesajatext, in dem – wie Catherine uns sagt – «*selbstverständlich von Israel die Rede ist*», entdeckt sie ein «*persönliches Interesse*», nämlich das Vorhandensein einer persönlichen Beziehung zwischen ihr und ihrem Gott. So lesen denn die Evangelisch-Freikirchlichen, wie Catherine und Cécile, die Bibel regelmässig in partikularisierender und individualisierender Manier. Dabei stossen sie auf Lehren, Empfehlungen oder auch Ermutigungen für alle ihre Handlungsräume im religiösen und beruflichen Kontext, aber auch in Freundschaft und Liebe.

Wohl können die Evangelisch-Freikirchlichen die Bibeltexte intellektuell oder theologisch angehen, doch letztlich müssen sie von deren Inhalt persönlich und innerlich berührt werden. Die Lektüre soll durch «*Lust*» motiviert sein, und es gilt, «*Freude*» daran zu haben. Der Diskurs von Elisa (27, K, Studentin) ist typisch für diesen Zugang, der sich wie eine Norm durch das Milieu zu ziehen scheint. Die in einer konservativen Familie aufgewachsene Elisa war bis ungefähr 20 Mitglied einer Freikirche, bevor sie dann beschloss, das Milieu zu verlassen. Sie erinnert sich, wie schwer es ihr fiel, sich von der Bibel berühren zu lassen, und welch ein Unbehagen dies hervorrief:

> Wenn du die Bibel gelesen hast, dann musste es dich ansprechen, und du musstest dich davon berühren lassen, tief innen. Ich glaube, das war keine Heuchelei ... und dann versuchte ich es, sagte mir, hier, das muss dich berühren. Und ich las und sagte mir, nein, aber hier, das hier ist sehr schön, aber in Wirklichkeit war da nichts, es war sehr intellektuell ... und es brachte mir nichts. Jedes Mal fragte ich mich, weshalb berührt es mich nicht, weshalb ... ich erlebte nichts. Bleiben um zu bleiben, das finde ich schrecklich. Glauben, man erlebe etwas, wenn man nichts erlebt, das wird hart.

Die Evangelisch-Freikirchlichen orientieren sich an einer personalisierenden Bibellektüre, die letztlich zur Entfaltung und zum Fortbestand sowohl eines im Alltag präsenten Gottes als auch eines höchst pragmatischen Glaubenssystems beiträgt. Dieser Zugang ist für das gesamte Milieu attraktiv, gerade auch für jene Mitglieder, die eine von vornherein rein intellektuelle Glaubenspraxis möglicherweise abgeschreckt hätte.

Das Gebet, Bitte um göttliches Eingreifen

Die Evangelisch-Freikirchlichen sind eifrige Bibelleser und nicht weniger eifrige Beter. Beten, die privilegierte Aktivität, um Gott zu danken oder ihn zu loben, stellt auch das effizienteste Medium dar, um Gottes direktes Eingreifen entweder in den Gang der Welt im Allgemeinen oder aber in persönlichere Situationen zu erbitten. Diese pragmatische Optik geht, insbesondere bei den charismatischen und einem Teil der klassischen Evangelisch-Freikirchlichen, mit einem stärker «mystisch» geprägten Zugang einher; mystisch insofern, als er durch eine besondere Glaubenspraxis, nämlich das In-Zungen-Reden, den unmittelbaren Kontakt zwischen dem Gläubigen und seinem Gott herstellt.

In ihrer Gebetspraxis erweisen sich die Evangelisch-Freikirchlichen als äusserst gewissenhaft: 92,2 % von ihnen sagen, sie würden täglich beten.[17] Die qualitativen Interviews bestätigen diese Tatsache, nimmt

17 Einmal mehr ist die Frömmigkeit der konservativen Evangelisch-Freikirchlichen am stärksten ausgeprägt: 99,2 % von ihnen beten täglich, gefolgt von 93,4 % der charismatischen und 90,2 % der klassischen Evangelisch-Freikirchlichen. Bemerkenswert ist, wie stark sich die Evangelisch-Freikirchlichen insgesamt auch in diesem Punkt von der Schweizer Bevölkerung unterscheiden; nur 38 % der Gesamtbevölkerung betet täglich (vgl. Campiche, 2004).

doch das Gebet im Alltag tatsächlich einen zentralen Platz ein. Da Gott als aktiv und als wohlwollend und kooperativ in der Welt engagiert wahrgenommen wird, erwarten die Gläubigen von seiner Seite «*Zeichen*» oder «*Antworten*», um in ganz unterschiedlichen Situationen angeleitet zu werden.[18] Vincent (24, Ch, Student) sagt dazu:

> Ich rede mit Gott über alles, was ich erlebe, über alles, was mir geschieht. Ich bete für andere, ich bete für mich [...] Ich bin Christ, wenn es mir mies geht, nun, dann bete ich.

Sehr oft beten die Evangelisch-Freikirchlichen füreinander; im Rahmen des Gottesdiensts oder eines «*Gebetskreises*» werden die anderen Mitglieder zuweilen aufgefordert, für ein besonderes Anliegen zu beten. Zu unterstreichen ist zudem die pragmatische Dimension des individuell verrichteten Gebets. Evangelisch-Freikirchliche beten darum, ihre Schlüssel wiederzufinden, Arbeit zu finden, in ihrer Berufswahl geleitet zu werden, eine Prüfung zu bestehen, eine ihren Bedürfnissen entsprechende Kirche[19] oder eine Ehefrau oder einen Ehemann[20] zu finden; sie beten aber auch um die Bekehrung ihrer Kinder, von Bekannten, zuweilen sogar von nur kurz getroffenen Unbekannten[21]. Sie beten auch um Heilung oder Linderung psychischer oder physischer Beeinträchtigungen: Kopf- und Halsweh, Angstzustände, Niedergeschlagenheit, Schüchternheit, Stress, Schmerzen, aber auch Krankheit. Von dieser Praxis werden konkrete Wirkungen und Veränderungen erwartet:

> Wenn man betet, nun, dann geschieht wirklich etwas in unserem Leben. Ganz konkret [...] mehrmals hatte ich zum Beispiel Kopfschmerzen oder ich habe Angstzustände oder ich hatte wirklich Angst, war so gestresst, dass es mir

18 Die Evangelisch-Freikirchlichen begreifen das Gebet «nicht in erster Linie als eine Technik zur Entspannung oder spirituellen Entfaltung, sondern als eine Beziehungsaktivität, die sich auf ihre Lebenswelt auszuwirken vermag. Sie ist Engagement, zuweilen Kampf oder Kette, das die ‹Brüder und Schwestern› mit dem Allmächtigen in Verbindung setzt» (Fath, 2005a, S. 52).

19 Vgl. Kapitel 9.

20 Vgl. Kapitel 6.

21 Vgl. Kapitel 8.

> immer schlecht ging. Und dann, dann wurde ich im Gebet geheilt. Ja, körperliche Heilung, Schmerzen, Erkältungen oder ich weiss nicht was für Krankheiten. Und daneben sage ich, dass es auch innere Heilungen gibt, das bedeutet, dass man, wenn man, wie ich zuvor sagte, ein gewisses ... Unwohlsein verspürte, dass man auch davon geheilt werden kann. (Justine, 45, Ch, auf Arbeitssuche)

Auf Bitten kann Gott «*physisch*», «*spirituell*» oder auch «*verbal*» antworten.[22] Mit dem Einbringen einer stärker kontemplativ geprägten Dimension kommt es in der Gebetspraxis des evangelisch-freikirchlichen Milieus zu einer zweiten Unterscheidung. Für charismatische und für gewisse klassische Evangelisch-Freikirchliche wird das Gebet zum bevorzugten Medium, um «*sich in der Gegenwart Gottes zu fühlen*», um «*eine tiefere Beziehung mit Gott einzugehen*», um «*einen tiefen Lobpreis*» zu erleben oder auch «*Gott zu betrachten*». Diese Nähe wird erreicht, wenn an die Stelle des durch Regeln, Struktur und Bedeutung begrenzten Sprechens das Zungenreden tritt.[23] Simon (33, Kl, Arbeiter) erreicht dank Zungenreden Folgendes:

> Eine Erbauung von Geist zu Geist, von meinem Geist zum heiligen Geist; dies ist durch unsere eigene Sprache nicht unbedingt möglich. Ich will damit nicht sagen, dass es eine Engelssprache ist, das ist es nicht, aber es ist eine Sprache, die anders ist.

22 Sämtliche evangelisch-freikirchlichen Befragten aller drei Submilieus beten, um Heilung zu erbitten; gleichwohl lässt sich bezüglich dieser Glaubenspraktik eine Distanznahme gewisser konservativer oder klassischer Evangelisch-Freikirchlicher feststellen. Die Charismatiker werden zuweilen beschuldigt, bei Bitten um Heilung an die Stelle des göttlichen Willens den menschlichen Willen zu setzen. Im Abschnitt über die Glaubenspraktik der Geistgaben werden wir eingehender auf diese Spannungen zwischen den Submilieus eingehen.

23 Zungenreden oder Glossalie ist eine der Gaben, die sich anlässlich der Niederkunft des heiligen Geistes auf die Apostel an Pfingsten ereignete (Apg 2,1–4). Die Charismatiker praktizieren diese Geisttaufe, deren sichtbares Zeichen das Zungenreden ist. So wird es zur bevorzugten Sprache für das Gebet mit Gott (1 Kor 14,2.4.18). Es handelt sich nicht um eine eigentlich Sprache, vielmehr um eine Folge von a priori unverständlichen Wörtern und Silben. Wird die Glossalie öffentlich praktiziert, verlangt sie nach einer Erklärung, die allein diejenigen liefern können, die die Gabe der Interpretation empfangen haben.

Claire (25, Ch, Studentin) erläutert uns ausführlich, dass Zungenreden nicht mit dem Verstand funktioniert, sondern mit der «*Innerlichkeitsdimension*» des Menschen. Und genau dank dieser Dimension vermag sie zu kommunizieren und «*von Gott bewohnt*» zu werden:

> Es ist nichts Intellektuelles. Wenn mein Denken oder mein Verstand verstehen will, was da geschieht [...] das ist nicht möglich, weil es kein Vokabular, keine Grammatik, nichts anderes gibt – nur mein Geist oder jener Teil von mir, der im Gebet ist und zu Gott spricht. Intellektuell weiss ich nicht, was gesagt wird, aber gleichzeitig fühle ich, dass es wirklich real ist und dass sich etwas ereignet und dass es wichtig ist. Es sind Momente, in denen ich mich gut, in Frieden fühle, in denen ich mich in Gottes Gegenwart fühle.

Eingesetzt wird «*eine Art Geheimsprache*», etwas «*irgendwie Seltsames*», um «*Gott zu betrachten*», «*in Verbindung*» zu sein. In dieser Perspektive beinhaltet das unmittelbare Erfahren des Göttlichen einen fast mystischen Aspekt und endet in einem Moment der Entspannung und des individuellen Wohlfühlens. Die Anhänger dieser Praktik bestehen indes darauf, dass diese Modalität des Gebets niemals «*Trance*» oder «*Kontrollverlust*» sein kann. Ihnen liegt an dieser Präzisierung, weil sie sich bewusst sind, dass die Glossalie und die in ihren Kirchen praktizierten Gaben, falls falsch verstanden, interpretiert oder begleitet, vor gewissen Auswüchsen nicht gefeit sind. Genau dieser Frage wenden wir uns nun zu.

Die Gaben des heiligen Geistes, die spalten

Das Ausüben spiritueller Gaben – Zungenreden und dessen Interpretation, Unterweisen, Prophezeien, Heilen und Vollbringen anderer Wunder – stösst bei Experten wie Nichtexperten des Milieus, aber auch bei den Evangelisch-Freikirchlichen selbst auf lebhaftes Interesse. Diese Gaben gelten in den charismatischen Freikirchen als sichtbare Manifestation des steten Wirkens des heiligen Geistes *in* und *im Dienste* der Gemeinschaft und ihrer Vitalität. Sie sind ein Beweis der konkreten und aktiven Wirkkraft Gottes. Das Ausüben der Gaben ist bei den charismatischen Evangelisch-Freikirchlichen zentral, doch dieselbe Praxis scheint die klassischen Evangelisch-Freikirchlichen zu spalten und seitens der konservativen auf deutlicheren Widerstand zu stossen.

Moment des Gebets, rencontre de jeunesse, Le Landeron, Foto: Christophe Monnot (2007)

Bei den Evangelisch-Freikirchlichen folgt auf die Bekehrung in der Regel ein Taufritus – sichtbares und gewolltes Zeichen der Abkehr vom bisherigen Leben für die Wiedergeburt in der Lehre Christi. Bei der grossen Mehrheit der charismatischen Evangelisch-Freikirchlichen folgt auf diese erste Erfahrung die Geisttaufe.[24] Die Geisttaufe kann ausnahmsweise allein erlebt werden; meist läuft sie jedoch im gemeinschaftlichen Rahmen ab, so etwa in evangelisch-freikirchlichen Lagern oder Versammlungen. Dort wird der Neuankömmling, wie unsere Gesprächspartner erlebt

24 90,4 % der charismatischen Evangelisch-Freikirchlichen bejahen die folgende Aussage: «Ich habe das erfahren, was die Pfingstler oder Charismatiker Geisttaufe nennen». Die klassischen Evangelisch-Freikirchlichen folgen mit 47,1 % und die konservativen mit 34,7 %. Die Charismatiker erleben dann, wie einst die Apostel an Pfingsten, das Kommen des heiligen Geist über sie, begleitet von verschiedenen spirituellen Gaben. Diese Gaben werden hauptsächlich auf der Basis des Ersten Korintherbriefs (1 Kor 12,8–13) identifiziert. Während in charismatischen Freikirchen sehr viele Mitglieder das Zungenreden praktizieren, werden Prophezeien, Interpretieren des Zungenredens oder auch Heilen nur von einigen Individuen ausgeübt.

haben, mit Sicherheit mit einem jener typisch evangelisch-freikirchlichen Sätze angesprochen: «*Hast du den heiligen Geist bereits empfangen?*» oder «*Willst du die Heilig-Geist-Taufe erleben?*». Bei einem Ja werden entweder ein Pastor, einige Älteste oder die anwesenden Gemeindeglieder um das Kommen des heiligen Geistes bitten, aber auch in Zungen reden – eine Gabe, die mit dem Erscheinen des heiligen Geistes aktiviert wird. Entsprechend der von Patricia (47, Ch, kaufmännische Angestellte) gemachten Erfahrung wird diese Taufe in der Regel körperlich verspürt. Vor Kurzem konvertiert und noch kaum vertraut mit den Praktiken des Milieus, empfing Patricia diese Taufe, als sie ihren Ehemann und Freunde zu einer Versammlung begleitete.

> Wir diskutierten, und dann sagten sie [ihre Freunde]: Hast du den heiligen Geist schon empfangen? Ich antwortete nein, äh, ich weiss gar nicht, was das ist [lacht]. Und dann sagten sie, wenn du willst, können wir für dich beten. Dann beteten wir gemeinsam, und da, da spürte ich, dass Gott, dass er sogar in meinem Körper wirkt, und ich spürte wirklich Gottes Macht auf mir.

Die Getauften, vom heiligen Geist «*berührt*», «*durchdrungen*» oder auch «*erfüllt*», erfahren so konkret die Gegenwart Gottes. In der Regel empfangen sie in diesem Moment die Fähigkeit zum Zungenreden – sichtbares Zeichen dieser spirituellen Erfahrung. Die anderen Gaben wiederum werden nur von gewissen Mitgliedern empfangen. Diese individuellen Talente werden dann in einem präzisen Rahmen ausgeübt und müssen der gesamten Gemeinschaft zugute kommen.[25]

Die Teilnehmenden erwähnen zwar, dass sie sich von den spektakulären Aspekten der Geisttaufe und der verschiedenen Gaben anfänglich be-

25 Das Ausüben dieser Gaben unterliegt den in 1 Kor 12–14 fixierten praktischen Regeln. Um mögliche Auswüchse zu verhindern, sorgen in der Regel Autoritätspersonen (Pastor, Älteste oder anerkannte Prediger) dafür, dass diese charismatischen Manifestationen in einem bestimmten Rahmen ablaufen. Untersucht wird diese Begleitung und Institutionalisierung von Gaben und Charisma namentlich in den Studien von Amiotte-Suchet (2005, 2008, 2009). Zur soziologischen Analyse des Ablaufs der Heilungsgottesdienste im Besonderen vgl. Stolz (2007), und zur soziologisch-ethnografischen Analyse der Zeugnisse der Leidenden vgl. Monnot (2009) und Monnot/Gonzalez (2011).

zaubert und angezogen fühlten, doch diese Erfahrungen wirkten in der Folge als Aktivator oder Kitt der religiösen Überzeugungen. Das gilt namentlich für Patricia, die sich in einem ersten Schritt dem evangelisch-freikirchlichen Frömmigkeitsstil eher deshalb zuwandte, weil sie ihrem Mann und ihren Freunden folgen und auf deren wiederholtes Drängen eingehen wollte, als aus persönlicher Überzeugung. Doch beim Empfang der Geisttaufe verflogen dann schlagartig alle Zweifel an ihrem Engagement. Auch für Victor (28, Kl, Student) ist die Ausübung der Gaben ein konkreter Beweis für die Existenz Gottes und für dessen direktes Eingreifen in die irdische Welt. So trägt beides zur Stärkung seiner Glaubensüberzeugungen bei:

> Wenn ich eine Parallele ziehe zu einem gewissen Lebensstil in den Kirchen, dann denke ich, dass du, je weniger du lebst, umso mehr willst du gezwungen sein, Dinge zu tun, und je mehr du lebst, umso natürlicher wird es sein. Schliesslich willst du, kannst du mit a + b + c zu beweisen versuchen, dass Gott existiert, aber es wird dir nicht gelingen, weil du Gott nicht beweisen kannst. [...] Hingegen glaube ich, dass ein Erlebnis etwas ist, was es dir beweist, ja. So werden einige Gott sehen, du schaust umher, und dann sagst du «Äh, gut, Gott ist hier, in der Natur», verstehst du, bei anderen werden es Erlebnisse sein, bei anderen das Gebet, verstehst du, sie werden einen Engel oder eine Wunderheilung sehen. Ich habe viele Freunde, die durch ein Wunder geheilt worden sind oder die ganz verrückte Dinge getan haben, aber siehst du, für sie ist es eine Erfahrung, die zum Glauben beigetragen hat.

Die Erfahrung der Heilung und der verschiedenen charismatischen Gaben, konkrete Beweise göttlicher Existenz, wird dann für jene, die sie erleben, aber auch jene, die daran teilnehmen, ein wichtiger Antrieb für die Entstehung oder Konsolidierung ihrer religiösen Überzeugungen. In dieser Perspektive werden die Mitglieder charismatischer Gemeinschaften ermuntert, die verschiedenen Gaben auszuüben und zu entfalten. Louis (58, Ch, Bibliothekar), während mehrerer Jahre Mitglied einer charismatischen Freikirche, bevor er dann ins konservative Milieu wechselte, sagt, er habe dort einen eigentlichen «*Run auf die Gabe*» erlebt:

> Anfänglich, da wurde ich bestürmt, weil ich seit drei oder vier Monaten bekehrt war und noch immer nicht in Zungen redete – das war nicht normal.

Victor seinerseits zweifelt an der Legitimität seiner Verpflichtung, die er Gott gegenüber in der Geisttaufe eingegangen ist, da er damals nichts fühlte und auch nicht in Zungen reden konnte:

> Die Leute beteten für mich: «was fühlst du?», «es sticht ein bisschen an den Fingerbeeren, äh, es kribbelt», «okay, beten wir weiter». Sie beteten und nichts passierte, gar nichts, und ja, da stand ich da: «Gut, vielleicht liebt Gott mich nicht, ich weiss nicht [lacht], vielleicht bin ich gar nicht gut, oder», ja ich hatte wirklich Angst. Beim Zungenreden dasselbe, plötzlich sagten sie mir «okay, bete jetzt in Zungen», da stand ich da «ba ba ba» [lacht], es kam überhaupt nichts. Und dann sagte ich mir «nun gut, es ist nichts passiert, das ist nichts für mich».

Da Viktor nicht in Zungen reden konnte, fragte er sich schliesslich, ob er wirklich ein «*guter*» Christ sei und ob er die Liebe seines Gottes wirklich verdiene.

Das Ausüben der Gaben, besonders das Zungenreden, kann so als Beweis für eine authentische Verpflichtung wirken. Daraus kann sich eine bestimmte Vorstellung von der Hierarchie zwischen den Gläubigen entwickeln. Und genau auf diese Problematik weisen manche Evangelisch-Freikirchliche hin, unter ihnen auch Georges (38, Kl, Verantwortlicher in seiner Kirche):

> Mit dem Prinzip habe ich kein Problem, ich habe kein Problem mit der Vorstellung, dass Gott diese Gabe bestimmten Personen verleiht und dass es etwas ist, was in unserem Glaubensleben wichtig ist. Probleme habe ich allerdings mit jenen, die sagen, dass es das unerlässliche Zeichen des heiligen Geistes ist und dass jeder Christ in Zungen reden muss.

Ausserdem können die Gaben immer dann eine Machthierarchie einführen, wenn gewisse Personen «*den Spender mit den Gaben*» verwechseln. Zwar zweifeln auch skeptische, misstrauische oder vorsichtige Gläubige nicht daran, dass Gott auch noch heute heilt, doch sie weisen auf die Gefahr hin, diese Fähigkeit den Menschen zuzuschreiben. Für den Heilungsdienst hat Marcel (53, Kl, Pastor) in seiner Freikirche eine Gebetsgruppe ins Leben gerufen, doch ihm liegt daran, in Erinnerung zu rufen, dass «*wir keine Heiler sind und dass wir, wenn wir für die Leute beten, keinerlei persönliche Macht besitzen*».

In Zweifel gezogen wird auch die Wirksamkeit dieser Gaben, insbesondere dann, wenn sie, wie das im Fall der Heilung üblich ist, im Rahmen von Grossveranstaltungen eingesetzt werden. Simon (33, Kl, Arbeiter) weist auf zwei mit diesen Grossveranstaltungen verbundene Risiken hin: dass Emotion und Psyche in der Erklärung der Heilung die Oberhand über das Spirituelle gewinnen können sowie die Legitimität derer, die diese Gaben ausüben:

> Ja, einige Male bin ich zu diesen Grossveranstaltungen gegangen, wo Heilungen vollzogen werden, ja, aber jetzt gehe ich seltener, weil es mich etwas weniger interessiert. Aber ja, es gibt Menschen, die leiden, aber dann ist es das Emotionale oder das Spirituelle. Danach muss man für das Debriefing ein bisschen Zeit haben, doch wenn da 5000 Personen versammelt sind, dann kannst du das nicht verarbeiten, nicht für alle ein Debriefing durchführen. Dann gehst du weg und sagst dir: «Ah, cool, so viele geheilte Leute». Aber stimmt das wirklich?

Schliesslich, und das gehört auch dazu, wird die spektakuläre Seite der verschiedenen Gaben, wenn in Gegenwart von Nichtbekehrten ausgeübt, zuweilen verurteilt. Diese Praktiken wirkten dann als trügerischer Schein, eingesetzt um neue Mitglieder zu gewinnen, wobei einzig und allein auf das Emotionale und manchmal Sensationelle der evangelisch-freikirchlichen Überzeugungen gesetzt werde.

3.3 Werte und Normen[26]

Die Evangelisch-Freikirchlichen verteidigen gewisse Werte und Verhaltensweisen, die mit den in der heutigen Gesellschaft mehrheitlich bejahten Werten und Verhaltensweisen nicht übereinstimmen. Besonders in

26 Unter Norm verstehen wir einen Typus von Verhaltensregeln, die von den Mitgliedern einer gegebenen Gruppe befolgt werden sollen und deren Nichteinhaltung explizite oder diffuse Sanktionen nach sich zieht. Werte wiederum definieren wir als abstrakte, sozial geteilte Präferenzen, die das Handeln von Individuen steuern.

der Familien- und Sexualethik treten die Evangelisch-Freikirchlichen für eine Botschaft und einen Lebensstil ein, die von einem signifikanten Teil der Bevölkerung abgelehnt werden. Dessen sind sie sich bewusst, plädieren aber gleichwohl nicht für den Rückzug aus der Welt. Sie bewegen sich innerhalb einer pluralistischen Gesellschaft und positionieren sich dort als die Zeugen der Wohltaten und der Richtigkeit eines gemäss den Lehren Christi geführten Lebens.

Einen evangelisch-freikirchlichen Frömmigkeitsstil zu pflegen, bedeutet für unsere Befragten mehr als die Deklaration religiöser Zugehörigkeit: Es bedeutet die Befolgung «*einer Lebensnorm*», «*eines Codes*», «*eines Verhaltens*», was wiederum «*einen ganzen Lebensstil*», «*eine ganz andere Sicht der Dinge*» impliziert. Dazu Simon (33, Kl, Arbeiter):

> Vielleicht macht das die Stärke der evangelischen Freikirchen aus: Es gibt Freiheit, doch dahinter steht gleichwohl ein Trend, nur schon auf der Ebene der Moral. Genau: Nicht trinken, nicht rauchen – das sind nicht unbedingt ausgesprochene oder dogmatisierte Verbote wie in der katholischen Kirche, wo sie klar sind, wo man klar weiss, was gut ist und was nicht. Hier, da wird es nicht ausgesprochen, hier ist es das Unausgesprochene, aber man muss einhalten, was nicht gesagt wird, aber trotzdem da ist ... Also der Aspekt der Meinungs-Monokultur ist trotz allem da, weil, als Katholik, das ist klar, da weiss man, dass es eine Meinungs-Monokultur gibt und dass man sich formen lassen muss. Bei uns, da gibt es nicht unbedingt eine Prägeform, aber genau diese Nicht-Prägeform wird irgendwie zur Prägeform.

Die Bekehrung führt somit zum Einhalten bestimmter Werte und Normen, die, selbst wenn sie nicht eindeutig in diese Begriffe gefasst werden, als solche funktionieren. Angewendet werden sie hauptsächlich auf die Bereiche Familie und Sexualität. Die Evangelisch-Freikirchlichen unterscheiden sich von der übrigen Schweizer Bevölkerung in der Tat durch eine traditionalistische Haltung in diesen Bereichen: Ablehnung von Homosexualität, Schwangerschaftsunterbruch und vorehelichem Sexualverkehr, aber auch konservative Sicht der Geschlechterrolle.[27] Grafik 3.1

27 Diese Normen sind Teil einer spezifischen Sicht von Paar und Familie sowie der ihnen zugeschriebenen Rollen und Aufgaben: Evangelisch-Freikirchliche sol-

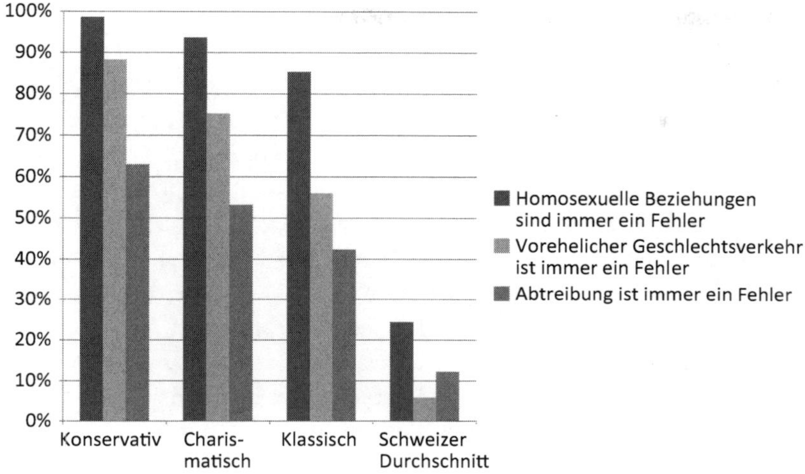

Grafik 3.1: Moralische Normen bei Evangelisch-Freikirchlichen (nach Submilieus) und der Schweizer Bevölkerung[28]

zeigt, dass die Evangelisch-Freikirchlichen je nach Submilieu mehr oder weniger stark an einer konservativen individuellen Moral festhalten.

Homosexuelle Beziehungen werden praktisch durchweg verurteilt – für 98,6 % der konservativen, 93,6 % der charismatischen und 85,3 % der klassischen Evangelisch-Freikirchlichen sind sie immer ein Fehler – und alle drei Submilieus lehnen aussereheliche Sexualbeziehungen mehrheitlich ab; zu beobachten ist indes eine weniger massive Ablehnung des Schwangerschaftsabbruchs besonders bei den charismatischen und den klassischen Evangelisch-Freikirchlichen, von denen 56,0 % resp. 42,3 % diesen Eingriff klar verurteilen. Insbesondere im klassischen Submilieu ist eine gewisse Relativierung und Infragestellung in Sachen Abtreibung und

len heiraten, eine Familie gründen, Kinder haben und ihre religiösen Überzeugungen an diese weitergeben (vgl. Kapitel 7). Diese Moralvorstellungen sind auch in den jungen Generationen nach wie vor stark präsent und bilden das eigentliche Rückgrat evangelisch-freikirchlicher Identität (vgl. Kapitel 12).

28 Die Daten zur Schweizer Bevölkerung stammen aus der ISSP-Erhebung 2009. Vgl. Stolz/Könemann/Schneuwly Purdie/Englberger/Krüggeler, 2014.

Scheidung festzustellen, was zeigt, dass die Evangelisch-Freikirchlichen sich den in der Gesellschaft geführten Debatten nicht verschliessen,[29] sich aber gleichwohl von der Mehrheit der Schweizer Bevölkerung abheben. Die Evangelisch-Freikirchlichen schreiben sich so, eigenen Aussagen gemäss, in «*eine Tendenz*», «*eine spezifische Lebensnorm*» ein.

Die Evangelisch-Freikirchlichen sind von der Richtigkeit ihrer Botschaft überzeugt und sich auch über deren Schwächeposition in einer pluralistischen und liberalen Gesellschaft im Klaren, gleichwohl wollen sie sich nicht vom Rest der Welt abschotten. 85,5 % von ihnen sind nicht einverstanden mit der Vorstellung, dass «die Christen sich mehr von der Gesellschaft absondern sollten, um ein radikal anderes Leben zu führen».[30] Der evangelisch-freikirchliche Protestantismus bleibt demnach grossmehrheitlich dem sozialen Engagement verpflichtet. Innerhalb der heutigen Gesellschaft stellen sich dessen Mitglieder als Sachwalter einer Botschaft und einer Moral dar, deren Richtigkeit und Wahrhaftigkeit in ihren Augen kaum anzuzweifeln ist. Für Justine (45, Ch, auf Arbeitssuche) bedeutet Christ sein:

> Zeuge sein für den, an den man glaubt [...] Das ist kein Druck, man soll nicht denken, es sei ein Druck, ganz im Gegenteil, man will es tun, man will das leben, wovon man überzeugt ist, [...] ein Vorbild sein, ja, jemand sein, der vielleicht oft, ja, immer guter Laune ist, der immer positiv ist.

Ähnlich sieht das Simon (33, Kl, Arbeiter), für den die Evangelisch-Freikirchlichen im Dienst der Gesamtgesellschaft stehen müssen:

> Ich finde es wichtig, dass man die Beziehung zu Gott sucht, die Beziehung zu den anderen. Das soll nicht nur der Gemeinde etwas bringen, sei es die Ge-

29 Favre, 2006, S. 244–249.

30 Dass 86,2 % der Evangelisch-Freikirchlichen mit der Aussage «Ein Christ sollte sich nicht in der Politik engagieren» nicht einverstanden sind, weist in dieselbe Richtung. Wie zu erwarten, zeigen sich die konservativen Evangelisch-Freikirchlichen weniger offen für ein soziales und politisches Engagement in der Gesellschaft. In dieser Hinsicht stehen sie eher dem Typus Getto (vgl. Fath, 2005a) oder der Nische (vgl. Hunter, 1987) nahe, was Ausdruck einer gewissen Abkapselung von der Welt ist.

> meinde von [Stadt] oder eine andere. Man muss sichtbar, präsent sein, so ist nun mal das Leben, und gleichzeitig kann man nicht abseits in einer Ecke stehen, sonst wird's zur Sekte, und das ist nicht das Ziel, das kann ausarten, und dann ist man nicht mehr in Kontakt mit der Wirklichkeit [...] Man ist doch inmitten der Menschen, ganz einfach.

Für die Evangelisch-Freikirchlichen ist ihre Religiosität mithin keine Privatangelegenheit. Vielmehr soll sie Leitschnur sein in den individuellen Lebenswegen und im globalen sozialen Wandel.[31] Die Tätigkeit von Heilsarmee oder Jugend mit einer Mission, das Angebot einer Suppenküche oder die Hilfe für Drogenabhängige einiger Gemeinschaften oder auch die Gründung einer politischen Partei EDU (Eidgenössisch-Demokratische Union) sind nur einige Beispiele für die Sozialarbeit und das Engagement der Evangelisch-Freikirchlichen vor Ort. Diese sind in die Gesellschaft integriert, nehmen Anteil an ihr, wobei sie durch Zeugnis oder soziale und politische Aktionen gleichzeitig ihre Botschaft verbreiten. Doch für sie ist es vielfach nicht selbstverständlich, dass sie sich in den sozialen Pluralismus einfügen, sich darin bewegen und gleichzeitig die Legitimität der von ihnen hochgehaltenen moralischen Werte und Normen verteidigen. Es zeichnet sich eine Spannung ab zwischen Abschottung, die im Extremfall ins Sektenhafte tendieren könnte, und einer allzu grossen universalistischen Öffnung, die dem Spezifischen der Botschaft schaden könnte. Doch, wie Simon bemerkt:

> Wir [die Evangelisch-Freikirchlichen] haben unsere eigene Färbung, genau unsere Differenz sollte Leute interessieren, die nicht Christen sind, sonst nützt es nichts, wenn wir dasselbe sind wie die anderen.[32]

31 Auf das Thema Zeugnis wird in Kapitel 8, das der Evangelisation gewidmet ist, näher eingegangen. Hervorzuheben ist, dass die Charismatiker diese Praxis am eifrigsten betreiben, während die Konservativen in dieser Hinsicht kaum militant sind. Einmal mehr umgibt sich dieses Submilieu mit den undurchlässigsten Grenzen.

32 Deutlich wird die ambivalente Haltung (Eingliederung – Distanzierung) der Evangelisch-Freikirchlichen gegenüber der Gesellschaft in den ganz unterschiedlichen Antworten auf die folgende Aussage: «Man sollte die privaten christlichen Schulen für die Kinder aus christlichen Familien vervielfachen».

Dieses ambivalente Verhältnis zur Gesellschaft – Einbindung in eine pluralistische Welt bei gleichzeitiger Verteidigung von Werten, die zuweilen im Widerspruch zu denjenigen der Mehrheit der Menschen in ihrem Umfeld stehen – kann zu Problemen führen. Auf der eher persönlichen Ebene ist es für die Evangelisch-Freikirchlichen nicht immer selbstverständlich, Teil einer pluralistischen und liberalen Gesellschaft zu sein. Sie sind schon in der frühen Kindheit mit Menschen konfrontiert, die für eine andere Art von Handeln und Denken eintreten. So sagt uns Fanny (21, Kl, Studentin):

> Jeder von uns muss seinen eigenen Weg finden, nicht wahr, äh, wie soll ich's sagen, wir haben alle Wertvorstellungen. Schwierig wird es dort, wo es eine Art Radikalität gibt, zu der zu stehen nicht leicht ist – den Dingen auf den Grund gehen und solche Sachen [...][33]

Schliesslich spüren und erleben die Evangelisch-Freikirchlichen jene *Grenzen*, die ihre religiösen Überzeugungen zuweilen zwischen ihnen und der übrigen Gesellschaft errichten: «*Wir schwimmen gegen den Strom*», sagen sie uns, «*Du bist wie in einem kleinen Kokon*», «*nicht im Einklang*», «*Wir bewegen uns wirklich gegen den Zeitgeist*», «*Wir stehen im Gegensatz zum Rest*», «*Wir sind nicht mainstream*». Sie erleben zuweilen «*eine Art Trennwand zwischen zwei Welten*» oder das Christsein wird «*zur echten Herausforderung*». Gleichwohl

17,4 % sind völlig, 20,6 % eher einverstanden, 24 % haben keine feste Meinung, 26,3 % sind eher nicht einverstanden, und 11,7 % sind überhaupt nicht einverstanden. Dieselbe Haltung spiegelt sich auch bezüglich der ökumenischen Arbeit: Einige Freikirchen arbeiten ganz selbstverständlich mit den Reformierten und zuweilen sogar mit den Katholiken zusammen, während andere zurückhaltender sind oder eine Zusammenarbeit gar kategorisch ablehnen. Dies ist namentlich die Position der ICF-Kirche, für die, laut ihren Mitgliedern, eine derartige Zusammenarbeit der Eigenständigkeit und Eigentümlichkeit ihrer Botschaft abträglich wäre.

33 Die Evangelisch-Freikirchlichen sagen, sie verspürten seitens der Gesellschaft eine gewisse Animosität gegenüber ihren Überzeugungen. 76,8 % sind denn auch der Meinung, dass «unsere Gesellschaft ganz allgemein eher gegen den christlichen Glauben eingestellt ist». Diese Ablehnung zeigt sich nicht in einer eigentlichen Diskriminierung, sondern eher im Unverständnis oder in den vor allem in der Adoleszenz erlebten Spötteleien.

ändert dieses Gefühl des Getrenntseins nichts an den evangelisch-freikirchlichen Überzeugungen, die von ihnen selbst als fundamentalistisch bezeichnet werden, gerade auch in Reaktion auf die zuweilen als zu liberal empfundenen Werte und Regeln, an denen sich die Mehrheit ihrer Landsleute orientiert. Diese Distanz ist ein wichtiger Parameter des milieuinternen Identitätsaufbaus. Denn obwohl wir gewisse interne Unterschiede bezüglich Praktiken, Glaubensüberzeugungen, Werten und Normen eruiert haben, können wir die Existenz einer evangelisch-freikirchlichen Identität, einer Milieuidentität bejahen. Tatsächlich gibt es eine «typisch evangelisch-freikirchliche» Art der Weltsicht und des Weltverhaltens. Diese Überzeugungen sind nicht nur spiritueller Natur, vielmehr kommt ihnen eine breite pragmatische Tragweite zu (Unterstützung bei psychischen und physischen Problemen, Hilfe bei Arbeits- und Partnersuche, bei Prüfungsvorbereitungen usw.). Oder, in der Sprache unserer Befragten: «*Wir sind Christen, wir beten für alles.*» Die religiösen Überzeugungen der Evangelisch-Freikirchlichen decken somit eine ganze Palette von Bedürfnissen ab, die dem Menschen des «Ego-Zeitalters» eigen sind. Insofern sind diese Überzeugungen höchst wirksam. Das Spezifische dieser evangelisch-freikirchlichen Identität liegt letztlich darin, dass sie davon lebt, sich von den von der Gesellschaft angebotenen «modernen» Lebensstilen abzusetzen. Die Herausforderung besteht nun darin, diese Einflüsse von ausserhalb und deren Anziehungskraft zu minimieren und zugleich eine wettbewerbsstarke Spielart von Weltsicht und Weltverhalten anzubieten. Eine verschworene Gemeinschaft, starke Autoritäten, effiziente religiöse Sozialisierung, Wichtigkeit der Endogamie, vielfältiges Freizeitangebot – dies sind einige Elemente, die zum Fortbestand dieser evangelisch-freikirchlichen Identität beitragen. Ihnen werden wir uns in den folgenden Kapiteln zuwenden.

Kapitel 4

In evangelisch-freikirchlicher Gemeinschaft leben

Emmanuelle Buchard

Fühlen Sie sich als Mitglied einer Kirchgemeinde oder einer Religionsgemeinschaft?

Die auf den ersten Blick banale Frage oder vielmehr der Anteil Ja-Antworten auf die Frage enthält ein wesentliches Erklärungselement für die verblüffende Resistenz des evangelisch-freikirchlichen Milieus im säkularen Kontext der Schweiz. 96,5 % der Evangelisch-Freikirchlichen fühlen sich tatsächlich als Mitglied einer Kirchgemeinde oder einer Freikirche. Dieses Gefühl, einer Gemeinschaft anzugehören, erscheint uns noch signifikanter, wenn wir den entsprechenden Ja-Anteil von Reformierten und Katholiken heranziehen: 43,2 % resp. 45,1 %. Die Evangelisch-Freikirchlichen zeichnen sich mithin durch ihre starke Einbindung in eine Gemeinschaft aus, in der die Gesamtheit der Mitglieder durch enge und solide Bande miteinander verbunden ist.[1] Die eigenen Überzeugungen und den eigenen Lebensstil mit anderen Gläubigen zu teilen, ist keine Option, sondern die praktische Umsetzung einer dem Milieu eigenen sozialen Norm. Diese Verankerung trägt zur Widerstandsfähigkeit des Milieus in unseren Gesellschaften bei: Der innerhalb der evangelisch-freikirchlichen Gemeinden entstehende soziale Zusammenhalt und das Angebot an attraktiven und vielfältigen Aktivitäten stützen eine spezifische Weltsicht und schränken zugleich die Neigung zum Konsum weltlicher Güter ein. In diesem Kapitel geht es darum, die individuellen und kollektiven, aber auch

1 Gewisse Autoren erachten die Art der Bande zwischen den Mitgliedern einer bestimmten Freikirche als Erklärungsfaktor der Vitalität dieser Gemeinschaften (vgl. Olson, 1989; Ammerman, 1998; Smith, 1998). Andere Analysen befassen sich spezifisch mit der Errichtung dieser Bande über die Struktur der religiösen Organisation – auch hier in der Optik, den Aufschwung des evangelisch-freikirchlichen Milieus zu erklären (vgl. Wilson/Keyton/Johnson/Geiger/Clark, 1993; Carroll/Roozen, 1990).

strukturellen Mechanismen zu entdecken, die am Aufbau dieser starken gemeinschaftlichen Bindung und darüber hinaus an der Widerstandsfähigkeit des evangelisch-freikirchlichen Milieus im heutigen gesellschaftlichen Kontext beteiligt sind.

4.1 In Gemeinschaft leben: eine evangelisch-freikirchliche Norm

«Christsein heisst, nicht allein in seiner Küche sein!» So der erste Satz der Predigt eines charismatischen Pastors in einem der beobachteten Sonntagsgottesdienste. Damit erwähnt der Pastor eine dem evangelisch-freikirchlichen Milieu eigene Norm: die Bedeutung der Gemeinschaftsdimension im Leben der Mitglieder.

Evangelisch-Freikirchlich sein zeichnet sich nicht bloss dadurch aus, dass ein Ensemble von Glaubensüberzeugungen und religiösen Praktiken angenommen und verinnerlicht wird, sondern auch durch eine stärker gemeinschaftlich orientierte Dimension, nämlich die Versammlung von Menschen mit denselben Überzeugungen. In der Regel gliedert sich das «evangelisch-freikirchliche Kind» quasi von Geburt an schrittweise in die von seinen Eltern besuchte Freikirche ein.[2] Mithilfe verschiedener Aktivitäten werden Kinder wie Erwachsene in das Gemeinschaftsleben einbezogen, wobei dieses Engagement als zentrales Element ihrer religiösen Praxis sukzessive verinnerlicht wird.

92,1 % der Evangelisch-Freikirchlichen sind mit der Aussage, «Ein echter Christ sollte regelmässig in die Gemeinde gehen, um Gott zu begegnen und sein Wort zu hören», «völlig oder eher einverstanden» (Grafik 4.1). Diese fast einmütige Zustimmung beweist, dass es eine relativ starke Verbindung zwischen christlicher Identität und Häufigkeit des Kirchenbesuchs gibt.[3]

2 Vgl. Kapitel 7.

3 Für 82,4 % der konservativen Evangelisch-Freikirchlichen «sollte ein echter Christ regelmässig in die Gemeinde gehen». 74,8 % der charismatischen und 63,7 % der klassischen Evangelisch-Freikirchlichen teilen diese Ansicht. Diese Nuancen sind Ausdruck einer jedem Submilieu eigenen und unterschiedlichen Ekklesiologie. Die konservative Gemeinde bildet und konkretisiert sich in der Tat hauptsächlich im Sonntagsgottesdienst, während die charismatischen und

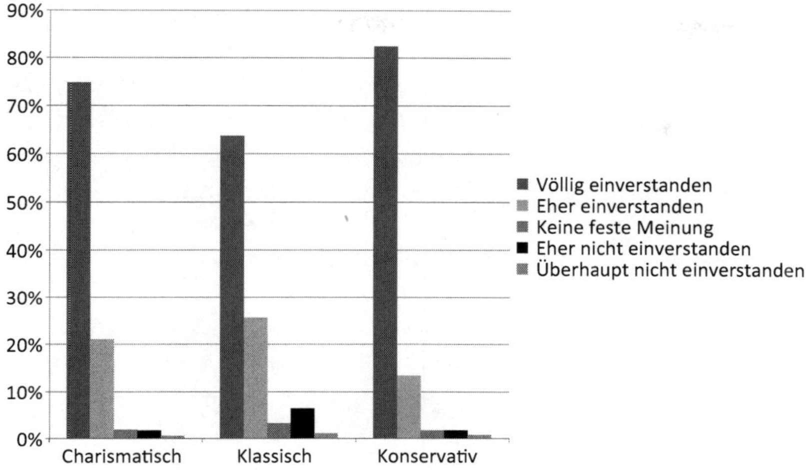

Grafik 4.1: «Ein echter Christ sollte regelmässig in die Gemeinde gehen, um Gott zu begegnen und sein Wort zu hören», nach Submilieus

Schon auf den ersten Blick erweist sich diese Regelmässigkeit als sehr hoch. 87,2 % der Evangelisch-Freikirchlichen gehen mindestens einmal pro Woche in den Gottesdienst,[4] und 71,0 % nehmen in ihrer Freikirche feste Aufgaben wahr. Der Begriff Kirche und das kirchliche Engagement im weiteren Sinn besitzen innerhalb des evangelisch-freikirchlichen Milieus eine besondere Bedeutung. *«Die Kirche ist kein Gebäude»*, um es in den Worten von Isaac (35, Ch, Missionar) auszudrücken, sondern die *«Begeg-*

klassischen Mitglieder sich auch im Rahmen der von ihren Kirchen angebotenen zahlreichen nichtgottesdienstlichen Aktivitäten «zur Gemeinde» versammeln können. Für sie kann wahres Christsein sich auch jenseits der Teilnahme am Sonntagsgottesdienst konkretisieren. Die starke Verbundenheit der Konservativen mit dem Gottesdienst spiegelt auch die für ihre religiöse Identität typische, ausgeprägt individuelle Frömmigkeit (vgl. Kapitel 3).

4 Vergleichen wir diese Zahlen mit denjenigen der Gesamtbevölkerung der Schweiz, wird die hohe Frequenz des Kirchgangs noch deutlicher: Nur 10,3 % der gesamthaft befragten Schweizerinnen und Schweizer nehmen mindestens «einmal pro Woche» an einem Gottesdienst teil, achtmal weniger als die Evangelisch-Freikirchlichen. Die Mehrheit – 35,9 % – tut dies nur anlässlich von Feiern wie Heirat, Taufe, Beerdigung.

nung der Gläubigen», die Versammlung «*der Mitglieder einer Familie*», die «*Versammlung der Freunde in Christus*». In evangelisch-freikirchlichem Verständnis ist die Kirche weder ein Sakralbau noch eine institutionelle Struktur, sondern sie wird ganz im Gegenteil als die Versammlung von Menschen mit denselben Überzeugungen aufgefasst. Sich in einer evangelischen Freikirche zu engagieren bedeutet mithin in erster Linie, sich auf soziale Beziehungen mit «signifikanten Anderen» einzulassen.[5]

Für Fanny (21, Ch, Studentin) bedeutet «*Christ sein*»:

> Versuchen, Jesus besser kennenzulernen, zu beten, sein Herz zu suchen, zu versuchen, ihm Zeit zu widmen, um ihn besser kennenzulernen, aber auch mit Menschen zusammenzusein, die dasselbe glauben wie ich.

Für Marc (49, Ch, Pastor) bedeutet es, «*Gott zu lieben*», aber auch «*in die Kirche zu gehen*», wobei er präzisiert:

> Die Kirche ist eine Einheit des Leibes Christi, dort treffen wir unsere Brüder, unsere Schwestern, wir erleben gemeinsam etwas, in der Gemeinschaft. Ich denke, das heisst Christsein. Christsein heisst nicht, in den eigenen vier Wänden zu bleiben.

So zeichnet sich denn eine Norm ab, wonach der «echte Christ» nicht abseits stehen kann, sondern sich in eine Gemeinschaft hineinbegeben muss. Mit dem Begriff Mitglied, der die administrative Beziehung zwischen den Evangelisch-Freikirchlichen und ihrer Gemeinde bezeichnet, wird der

5 Vgl. Berger/Luckmann, 2006. Erwähnenswert ist, dass die Wörter «*Gemeinschaft*»/«*communauté*» von den Befragten nur ganz selten gebraucht werden. Sie ziehen die Wörter «*Gemeinde*» und «*Eglise*», wörtlich «Versammlung» vor. In ihrem Verständnis und in ihrem Gebrauch indes vereinen sie jene Merkmale auf sich, die in der Regel dem Begriff Gemeinschaft zugeschrieben werden: eine Gruppe von Menschen, die dieselben Glaubensüberzeugungen und/oder Wertvorstellung teilen und individuell ein subjektives Zugehörigkeitsgefühl zu dieser Gruppe entwickeln. Auf der Basis dieser Gemeinsamkeit entstehen spezifische soziale Beziehungen und Bande. Der Gebrauch der Wörter «*Gemeinde*» und «*Gemeinschaft*» durch unsere Befragten umfasst mithin diese drei gemeinschaftlichen Merkmale (Teilen von Werten und Glaubensüberzeugungen, Zugehörigkeitsgefühl, Knüpfen von spezifischen sozialen Banden).

Konnex zwischen christlicher Identität und Engagement verstärkt. Obwohl der Mitgliederstatus je nach Gemeinschaft variieren kann – einige Gemeinschaften verbinden damit präzise Kriterien, andere nicht –, ist doch vor allem das Engagement wichtig; es macht aus einem Besucher oder Freund ein anerkanntes Mitglied der gesamten Gemeinschaft. Folglich etablieren sich in der Gemeinschaft Zugehörigkeit und «Exklusion» auf der Basis des persönlichen Engagements des Einzelnen für die von der Freikirche bereitgestellten unterschiedlichen Aktivitäten.[6] Die Evangelisch-Freikirchlichen unterstreichen in der Regel die Notwendigkeit einer starken Verankerung in der Ortsgemeinde – dies zulasten eines stark kritisierten kirchlichen «*Tourismus*». Das fehlende Engagement gewisser Evangelisch-Freikirchlicher wird in den Interviews als «*Rosinenpicken*» oder auch «*Konsumismus*» bezeichnet und in der Regel abgelehnt. Die Kritik dieses *church shopping* und dessen mögliche Sanktionierung verstärken so eher die Vorstellung einer Norm des Engagements als eines Wertes oder eines nur gewohnheitsmässigen Engagements.[7]

Die Mitglieder investieren folglich über die verschiedenen angebotenen Aktivitäten nicht bloss Zeit in ihre Freikirche, vielmehr setzen sie sich mit Leib und Seele für sie ein. Ein echter Christ ist, wer sich bekehrt hat und diese Verpflichtung in einer Gemeinschaft von Gläubigen auch lebt. Auch wenn dieses Engagement einer für das Milieu und die evangelisch-freikirchliche Praxis charakteristischen Norm entspricht, erwächst den Mitgliedern daraus ein wichtiger Vorteil: eine Zugehörigkeitsgruppe, die ihre besondere Weltsicht solide und dauerhaft stützt.

6 Zur Vertiefung der Begriffe Mitglied, Besucher und Freunde und ihres Verständnisses im evangelisch-freikirchlichen Milieu vgl. Polo (2010) und Lüthi (1994).

7 Kapitel 9 wird diese Norm des Engagements vertiefen und sich besonders mit deren Verständnis und konkreter Umsetzung in den Prozessen kirchlicher Mobilität befassen.

4.2 Auf eine enge und verschworene Gruppe zählen können

Die Evangelisch-Freikirchlichen engagieren sich persönlich, ja, innig in den Beziehungen, die sie mit den anderen Mitgliedern knüpfen. Solche Kontakte übersteigen den Rahmen des Gemeindelebens: «*Das kann verschiedene Formen annehmen: ein Abendessen, ein gemeinsamer Ausgang, ein Theaterbesuch, die Dinge anders leben*», präzisiert Rémi (50, Ch, Lehrer). In diesem «Anders-Leben» realisiert sich die evangelisch-freikirchliche Auffassung von einer Kirche ohne Mauern, einer globalen, totalen religiösen Identität, deren Ausdruck nicht einfach auf Gottesdienste und andere religiöse Aktivitäten beschränkt werden kann. Die Gemeinschaft mischt sich in den Alltag ihrer Mitglieder ein; diese treffen einander regelmässig, um Zeit miteinander zu verbringen, die nicht a priori religiös codiert ist. Wenn Isabelle (28, K, Direktionsassistentin) von ihren christlichen Freundschaften spricht, verbalisiert sie konkret den umgreifenden und diffusen Charakter dieser evangelisch-freikirchlichen Gemeinschaft und der jenseits der «offiziellen» Aktivitäten geknüpften Beziehungen:

> Statt sich nur am Sonntag zu treffen, nun, da verbringen wir Zeit zusammen, um uns anders zu sehen; es ist nett, zusammen Ski zu fahren oder sich ganz einfach unter einem anderen Blickwinkel zu sehen. Und dann haben wir trotzdem das gemeinsam [Christ zu sein], da ist immer etwas, was uns verbindet.

So sind die Menschen, die man im Sonntagsgottesdienst trifft, mit der Zeit nicht mehr bloss Mitglieder, sondern Freunde.[8] Die dort entstehenden Beziehungen und Solidaritäten sind dann so warmherzig, eng und dauerhaft wie freundschaftliche und Familienbande. Konkret und regelmässig anwesend, werden die anderen Mitglieder zu «signifikanten Anderen»[9]

8 Bei zwei Drittel der Evangelisch-Freikirchlichen – 63,5 % – sind die drei besten Freunde ebenfalls bekehrt. Zu diesem religiös codierten Freundeskreis kommt in der Regel eine ebenfalls evangelisch-freikirchlich geprägte Liebesbeziehung hinzu. Bei 93,3 % unserer Befragten ist die Ehepartnerin, der Ehepartner ebenfalls konvertiert.

9 Die Gegenwart eines «signifikanten Anderen» – ein von Berger/Luckmann (2006) bei Mead (1974) entlehnter Begriff – ist in jedem Prozess zur Verinnerlichung einer spezifischen Weltanschauung unerlässlich. Je regelmässiger die noch

schlechthin. Sie stützen und legitimieren die religiöse Weltanschauung des Individuums, verschaffen ihm die jedem Werte- und Glaubenssystem unabdingbare kollektive Validierung. Die Freikirche wird so für viele eine zweite Familie, eine «*spirituelle Familie*», in der sich alle Mitglieder als «*Brüder und Schwestern*» betrachten. Besonders passend ist der Begriff der Familiengemeinde für die konservativen Gemeinden – namentlich für die Darbysten –, in denen die Mehrheit der Mitglieder zuweilen tatsächlich derselben Familie angehören.

Wie innig und eng die im evangelisch-freikirchlichen Milieu geknüpften sozialen Bande sein können, wird auch dann deutlich, wenn unsere Befragten in den Gesprächen die Grenzen dieses gemeinschaftlichen Lebens thematisieren. Obwohl das Thema in keiner unserer Fragen explizit erwähnt wird, kommen einige auf die exklusiven und hermetischen Aspekte zu sprechen, die die Modalitäten der sozialen Beziehungen in gewissen evangelisch-freikirchlichen Gemeinschaften prägen. Sich in eine evangelisch-freikirchliche Gemeinschaft einzugliedern, kann sich gerade deshalb als schwierig erweisen, weil die dort geknüpften Beziehungen tendenziell eng sein sollen. Der nicht selten ultraintimistische Charakter der Beziehungsmodalitäten setzt dem Einfluss der Gruppe auf die soziale Umwelt zuweilen eine enge Grenze. Die sozialen Beziehungen der Mitglieder reduzieren sich dann auf die innerhalb der Gemeinschaft geknüpften Beziehungen. Dann kann die konzentrische Dimension der Beziehungen in manchen das Gefühl wecken, sie bewegten sich in einer «*Welt ausserhalb der Welt*».

Aus dieser für evangelisch-freikirchliche Überzeugungen typischen Norm des gemeinschaftlichen Engagements gehen in der Regel soziale Bindungen hervor, die sämtliche Merkmale von innerfamiliären Bindungen tragen: Stabilität, Solidität, Dauerhaftigkeit. Aus diesen engen, quasi konzentrischen Bindungen entstehen starke und wichtige Solidaritäten, dank derer die religiösen Überzeugungen in einer pluralistischen und säkularisierten Gesellschaft bewahrt werden können. Insofern trägt die evangelisch-freikirchliche Gemeinschaft, vor allem aber die Art und

dazu affektiv-emotional geprägten Kontakte mit «signifikanten Anderen» sind, desto stärker wird die Modalität der Weltsicht und des Weltverhaltens demjenigen, der sie verinnerlicht, als legitim und robust erscheinen.

Weise, wie die Modalitäten und Zwecke der gemeinschaftsintern aufgebauten sozialen Beziehungen eingestuft werden, zur Entfaltung des gesamten Milieus bei.

4.3 Wie kommt Gemeinschaft zustande?

Das subjektive Gefühl, der gleichen Glaubensgemeinschaft anzugehören, entsteht grösstenteils im Sonntagsgottesdienst – ein wichtiges Element in der Glaubenspraxis und im Leben jedes Mitglieds einer evangelisch-freikirchlichen Gemeinde. Indem der Gottesdienst die Gesamtheit der Mitglieder einer Gemeinde in ein und demselben Zeit-Raum versammelt und verschiedene Rituale einsetzt, formt, festigt, bekräftigt und verbalisiert er eine Spielart der Weltsicht und des Weltverhaltens. Neben dem Gottesdienst bieten die Freikirchen ihren Mitgliedern eine Fülle von Aktivitäten an, dank derer sich jeder und jede in der eigenen Gemeinschaft engagieren, dort solide Beziehungen knüpfen kann, wobei diese Aktivitäten zugleich ganz gezielt auf die individuellen Wünsche und Bedürfnisse aller eingehen. Das Gesamtpaket dieser Leistungen trägt durch Organisationsform und Inhalt zu jener starken gemeinschaftlichen Bindung bei, die die Evangelisch-Freikirchlichen auszeichnet.

Der Gottesdienst: eine gemeinschaftliche Drehscheibe[10]

Normalerweise sind evangelisch-freikirchliche Gottesdienste von einer freundschaftlichen Atmosphäre geprägt: Küsschen, Umarmungen, Gespräche. Der Neuling wird sehr rasch das Gefühl bekommen, er betrete das Gefilde von Habitués, wo alle einander kennen und wo er, selbst wenn er es

10 In diesem Teil werden unsere quantitativen und qualitativen Daten ergänzt durch Beobachtungen beim Besuch von neun verschiedenen Gottesdiensten innerhalb der drei Submilieus sowie durch Daten aus der repräsentativen quantitativen Erhebung *National Congregations Study in Switzerland (NCSS)* (vgl. Stolz/Chaves/Monnot/Amiotte-Suchet, 2011); befragt wurden in diesem Rahmen die spirituell Verantwortlichen von 1040 in der Schweiz ansässigen religiösen Gemeinschaften. Für methodische Präzisierungen vgl. Methodischer Anhang.

wollte, nicht unbemerkt bleiben wird.[11] Nach dem Gottesdienst bleiben die Mitglieder je nach räumlichen Möglichkeiten auf ein Glas oder sogar für ein gemeinsames Essen zusammen. Der Gottesdienst ist mithin eine religiöse Zeit, wo Gott gelobt und angebetet wird, er bietet aber auch die Gelegenheit zur Begegnung und zum freundschaftlichen Austausch zwischen den Gemeindegliedern. Der Gottesdienst wird als gemeinschaftliche Drehscheibe zum wichtigen Ort gesellschaftlichen Lebens.[12]

Der evangelisch-freikirchliche Gottesdienst findet oft in einer eigens zu diesem Zweck eingerichteten Mehrzweckhalle statt. Etwas Dekor – Blumen oder Bibelstellen auf Spruchbändern –, kaum religiöse Symbole (zuweilen ein Kreuz) im Raum, was, getreu der evangelisch-freikirchlichen Auffassung, Ausdruck des profanen Charakters des Kirchengebäudes ist. Der Raum ist zweigeteilt: meist eine erhöhte Bühne mit Mikrofon gegenüber einer Reihe von Einzelstühlen. Doch diese Einteilung ist keine Grenze, die trennen würde zwischen einem Sakralraum mit einem Pastor als dem Dirigenten des Gottesdienstes und einer stillen Zuhörerschaft als Ausführende der Partitur. Der evangelisch-freikirchliche Gottesdienst beruht ganz im Gegenteil auf *Spontanität* und *Beteiligung*.[13] Die Evange-

11 Dieser Eindruck entsteht sogar in Gottesdiensten mit über 100 Teilnehmenden. Die fragenden Blicke, die uns schon beim Betreten des Raums empfingen, wiesen uns direkt eine Sonderrolle zu, die Rolle der Unbekannten, der Neulinge. Stets höchst freundlich empfangen, zuweilen gar vom Pastor oder seiner Frau, wurden wir nie uns selbst überlassen. Sogar wenn das Lokal keineswegs voll besetzt war, setzte sich immer jemand zu uns. In der Regel wurden wir im Anschluss an den Gottesdienst auf ein Glas oder zu einem Essen mit der ganzen Gemeinschaft eingeladen. Meist wurden uns zum Abschied verschiedene Broschüren mit den von verschiedenen evangelischen Freikirchen oder Netzwerken angebotenen Aktivitäten überreicht.

12 Neben den Treffen zum Kaffee oder zum Essen werden weitere kleine Anlässe veranstaltet, um Beziehungen zwischen den Mitgliedern zu knüpfen, zu pflegen und zu vertiefen. So finden sich beispielsweise auf dem Handzettel, der vor dem Gottesdienst am Eingang der Kirche verteilt wird, Name und Handynummer derjenigen Mitglieder, die in der kommenden Woche Geburtstag feiern. In den Ankündigungen werden die Mitglieder ermuntert, diese Personen zu kontaktieren. Bei dieser Gelegenheit werden auch die verschiedenen Aktivitäten erwähnt, zu denen sich die Mitglieder unter der Woche treffen können.

13 Trotz Anspruch auf Spontanität läuft der Gottesdienst in der Regel nach einem einheitlichen Szenario ab: Willkommensgruss, Lobpreis, Predigt/Botschaft,

lisch-Freikirchlichen setzen auf dieses Modell, weil sie sich so von den geregelten und zuweilen hierarchisierten rituellen Gottesdiensten der Katholiken und Reformierten absetzen wollen (Tabelle 4.1). Diese Distanznahme zeigt sich insbesondere im Verzicht auf liturgische Gewänder, auf kollektive rituelle Gesten oder auch auf das Orgelspiel. Diese Abkehr von einem bestimmten etablierten traditionellen Modell zeichnet alle evangelisch-freikirchlichen Gottesdienste aus. Bemerkenswert sind die Unterschiede zwischen den Submilieus. Wir unterscheiden ein von einer gewissen Dynamik geprägtes charismatisches Modell (spontane Gesten, Applaus, Springen, Rufen, Tanzen, Lachen, Schlagzeug) und ein konservatives Modell (Distanzierung von charismatischen Elementen, Gewicht des spontanen, laut vorgetragenen Gebets). Die klassischen Evangelisch-Freikirchlichen wiederum nehmen eine Zwischenstellung ein – eine Art moderates charismatisches Modell: Sie übernehmen weitgehend eine gewisse Dynamik, distanzieren sich aber von der Praxis der Charismen (in 9 % der klassischen Gemeinschaften sprechen die Mitglieder in Zungen, gegenüber 56 % in den charismatischen). Bei unseren Beobachtungen in evangelisch-freikirchlichen Gottesdiensten konnten wir diese unterschiedlichen «Kultkulturen» innerhalb des Milieus ebenfalls feststellen.

Zehnter, Gebet, Abendmahl, Ankündigungen und geselliges Beisammensein bei einem Kaffee oder Essen. Der Zehnte ist eine vom Mitglied der Lokalgemeinde geschuldete Abgabe, die 10 % des Salärs entsprechen sollte. Jede Freikirche lehrt und legitimiert diese Praxis eigenständig und gewichtet deren Bedeutung unterschiedlich. Für manche ist der Zehnte ein gegenseitiger Diensterweis, eine wesentliche Unterstützung für eine Freikirche, die keinerlei staatliche Unterstützung erhält und ihre Dienste anbietet; für andere wiederum bedeutet er hauptsächlich die Umsetzung einer biblischen Forderung, wie sie namentlich im 3. Buch Mose steht (Lev 27,30).

Tabelle 4.1: Rituelle Elemente in christlichen Gottesdiensten (in Prozent)[14]

	Röm.-kath.	Evang.-ref.	Evangelisch-freikirchlich		
			klassisch	charis.	konserv.
Etablierte Modelle					
Talar, Robe, liturgische Gewänder	99	73	10	1	0
Vorlesen von Texten	94	64	71	44	82
Gemeinsames Lesen oder Rezitieren	94	89	30	15	33
Gemeinsame rituelle Gesten	97	47	24	31	6
Singen ab Blatt	89	93	23	5	94
Orgel	87	88	11	2	0
Charismatisches Modell					
Redner unten	12	26	40	54	27
Spontane Gesten	24	20	68	95	13
Applaus	31	31	42	86	0
Springen, Rufen, Tanzen	2	1	8	32	0
Lachen	39	58	76	87	50
Schlagzeug	4	6	49	84	18
Gitarre	7	8	65	90	25
Singen ab Projektor	5	7	77	86	6
In Zungen reden	7	2	9	56	0
Konservatives Modell					
Lautes spontanes Gebet	2	6	49	41	88
Klavier	10	15	85	89	77
N	256	182	140	89	22

14 Lesebeispiel anhand der ersten Zahl in der Tabelle: In 99 % der römisch-katholischen Gottesdienste kam ein Talar/eine Robe/ein liturgisches Gewand zur Anwendung. Hier werden Elemente einer Tabelle aus dem Schlussbericht des NCSS-Projekts (Stolz/Chaves/Monnot/Amiotte-Suchet, 2011, S. 29) wiedergegeben. Ein Hinweis noch zu den Fragen über die in Tabelle 4.1 aufgenommenen Ritualelemente des Gottesdiensts: Der befragte spirituell Verantwortliche hatte sich auf die letzte wichtige religiöse Feier zu beziehen, an der er teilgenommen hatte.

Die charismatischen Evangelisch-Freikirchlichen: ein Gottesdienst mit «feeling»

Charismatische Gottesdienste surfen auf jener Welle von Emotivität, die eine Reihe der heutigen religiösen Gruppierungen ergriffen hat.[15] Für die Mitglieder sind sie der Anlass, kollektiv und greifbar zu erfahren, was sie als «göttlich» definieren. Diese Gottesdienste sind schliesslich der Ort, wo der Beweis für die Existenz Gottes und seiner Wohltaten explizit wird. Die religiösen Überzeugungen werden in erster Linie über diesen Weg gespeist, belebt und folglich gefestigt.

Die befragten charismatischen Evangelisch-Freikirchlichen schätzen ihre Gemeinde, weil die Leute dort «*kommunikativ*» und «*herzlich*» sind, weil der Gottesdienst «*dynamisch*» ist und «*einem entspricht*» – es ist «*etwas, was du lebst*», etwas, wo man «*das, was man fühlt, ausdrücken kann*». Die dortige Botschaft ist «*ausgezeichnet*», «*motivierend*», «*ermutigend*», der Pastor «*lustig*», die Atmosphäre «*cool*», «*sympathisch*» – «*man hat den Plausch*». Der charismatische Gottesdienst gibt sich dynamisch, emotional und beziehungsfördernd. So ist er Teil der Vorstellung, dass die Beziehung zwischen dem Gläubigen und seinem Schöpfer lebendig und erfahrbar ist; die Wohltaten des Schöpfers wiederum, die gefühlt und beobachtet werden können, wirken als Beweis der göttlichen Gegenwart im Alltag der Bekehrten. Die charismatischen Gläubigen werden ermuntert, ihre Religiosität enthusiastisch auszudrücken; 71 % von ihnen sind mit der Aussage: «In unserer Kirche/Gemeinde wird erwartet, dass man mit Engagement glaubt und den Glauben praktiziert», «völlig einverstanden».[16]

15 Danièle Hervieux-Léger (1999) spricht von «Religion emotionaler Gesellschaften» und stützt sich dabei auf die Analysen von Max Weber (1971). Solche Gesellschaften zeichnen sich unter anderem aus durch ihr Misstrauen gegenüber intellektuellen Formen und ihre Vorliebe für affektiv codierte Praktiken. Für die Pfingstbewegung im Besonderen verwendet Willaime (1999) den Begriff des «emotionalen Protestantismus», während Yannick Fer (2007) von «relationalem Evangelium» spricht, um die Modalität des Gemeinschaftseins der Mitglieder zu charakterisieren.

16 Die Formel «*In unserer Kirche/Gemeinde wird erwartet, dass die Mitglieder ...*» suggeriert die Existenz einer Norm bezüglich der Ausdrucksmodalität religiöser Überzeugungen. Obwohl der Terminus «mit Engagement» [im französischen

Unterschiedliche Mittel werden mobilisiert, um eine Atmosphäre zu schaffen, die der Äusserung von Gefühlen förderlich ist. Der Gottesdienst beginnt in der Regel mit einer mehr oder weniger langen Lobsequenz. Eine Gruppe von Musikern und Sängern, deren Formation oft an eine Rockband erinnert – Schlagzeug, Gitarre und elektrisches Klavier –, sowie Ton- und Lichttechniker schaffen eine dynamische und positive Atmosphäre. Die Liedtexte werden an die Wand projiziert, und die gesamte Versammlung beteiligt sich am «Mini-Konzert».[17] Die Leute erheben sich, klatschen und bewegen sich im Rhythmus der Musik. Diese musikalische Einleitung bringt die Menschen einander näher, taucht sie ein in ein Kollektiv und bereitet sie darauf vor, den Gottesdienst auf der Ebene von Gefühlen, Empfindungen zu leben und diese auch auszudrücken. Dieser Rahmen wird während des Gottesdiensts durch musikalische Intermezzi immer wieder neu belebt.

Teil dieser Exteriorisierung von individuellen religiösen Überzeugungen sind auch die in Form von persönlichen Zeugnissen vermittelten Botschaften. Da ist etwa jene Chorsängerin, die, nachdem sie den Lobgesang geleitet hat, zum Mikrofon greift und der Versammlung ein «spontanes

Fragebogen: «avec ardeur» (mit Eifer, eifrig); Anm. d. Übers.] im ganzen evangelisch-freikirchlichen Milieu auf ein positives Echo stösst – 68,8 % der konservativen und 54,0 % der klassischen Evangelisch-Freikirchlichen erklären sich damit völlig einverstanden –, manifestiert sich dieser Eifer auf ganz besondere Art in der charismatischen Auffassung und wird dort zum demonstrativen und emotionalen Ausdruck individueller religiöser Überzeugungen. Der Gottesdienst wird dann Anlass zur Vergegenwärtigung und Erfahrung des Göttlichen. Selbst wenn der charismatische Gottesdienst auf den ersten Blick als Ort des Ausdrucks einer spontanen und unkontrollierten Emotionalität erscheinen mag, so «wird rasch klar, dass die Pastoren und Ältesten darin die Rolle des Orchesterdirigenten spielen, sie ‹heizen› die Stimmung an oder ‹beruhigen› sie, damit die verschiedenen, die Versammlung strukturierenden Sequenzen ihre Kohärenz bewahren» (Amiotte-Suchet, 2008, S. 106).

17 Eine Extremversion dieser musikalischen Inszenierung stellt der Gottesdienst der jungen ICF-Kirchen dar. Die relativ lange Lobpreissequenz nimmt die Form eines eigentlichen Rockkonzerts an; mit Licht- und Nebeleffekten wird der Saal in eine festliche Atmosphäre getaucht. Auf die «Türöffnung» warten die Mitglieder in einem Raum, der als Bar dient – wie die am Eingang aufliegenden *Flyer* vermerken. Hier wird der Gottesdienst als Event präsentiert, auf den die Menge wie auf ein Konzert wartet.

Zeugnis» über die Vollkommenheit der göttlichen Schöpfung ankündigt. Zur Veranschaulichung ihrer Ausführungen greift sie auf ein persönliches Erlebnis zurück und beschreibt – vor etwa 100 Personen –, was sie bei der Geburt ihres Sohnes erlebt hat, welch schwierige Momente sie durchmachte, um schliesslich bei dieser Geburt die Schönheit der göttlichen Schöpfung konkret zu erfahren. Auch die Pastoren setzen in den von uns beobachteten Predigten auf dieselbe Art von Zeugnis. Persönliche, ja, intime Erlebnisse dienen den Pastoren als Quelle für Anekdoten und Beispiele, mit denen sie ihren Botschaften Lebendigkeit und Legitimität verleihen. Obwohl schriftlich fixiert, also vorbereitet, spielen ihre Reden auf der Klaviatur der Spontanität; bezweckt wird auch hier das Schaffen von Nähe unter den Anwesenden. Dabei gehen die Pastoren in der Regel humorvoll vor. Sie sind höchst ausdrucksstark und zögern nicht, sich in Szene zu setzen, ihre Worte mit Gesten zu untermalen. So wollen sie die Anwesenden, an die sie sich persönlich richten und die sie duzen, zu Reaktionen bewegen. Der Pastor jongliert mit Bibelversen, persönlichen Anekdoten und Humor: Er will die Versammlung aufrütteln, ihr eine ganz eigene kollektive Stimmung geben und zugleich jedes einzelne Mitglied persönlich ansprechen. Nicht das Vortragen von Bibelversen und theologisch fundierten Diskursen verleiht der Botschaft ihre Legitimität und kommunikative Kraft, sondern der praktische und empirische Gehalt ebendieser Botschaft. Gott handelt konkret, das Leben und die Erfahrungen jedes Einzelnen, jeder Einzelnen sind potenzielle Beweise dafür. Genau so argumentiert Sam (28, Ch, Pastor), wenn er wegen des Inhalts seiner Predigten kritisiert wird:

> Das sind entweder hyperintellektuelle Leute, die gerne hätten, wenn von griechischem, hebräischem Zeugs die Rede wäre – das ist tiefsinnig, für sie. Tiefsinnig ist eine Botschaft für mich, wenn sie nahe am Leben, am Herzen der Menschen ist und wenn sie etwas in ihnen verändert.

Für die Charismatiker ist die gefühlte konkrete Erfahrung religiöser Überzeugungen der beste Beweis für die Existenz Gottes und seiner Wohltaten für diejenigen, die beschlossen haben, sich zu ihm zu bekehren.[18]

Schliesslich weichen die charismatischen Gottesdienste zwar von traditionellen Formen ab, indem sie die Mitglieder zu einer gewissen Emotionalität ermuntern, die dort verbreiteten Botschaften aber bleiben sehr explizit. Die zu respektierenden oder abzulehnenden Werte, Normen und Praktiken werden deutlich benannt, der Pastor und die verschiedenen Mitglieder, die das Wort ergreifen, drücken klar aus, «wer wir sind» und wer dazu gehört.[19] Nur in den charismatischen Gottesdiensten sind nicht alle beim Abendmahl willkommen. Dieses Ritual wird für jeden Christen, jede Christin zu einer fundamentalen Infragestellung, einer aufrichtigen Gewissensprüfung, und zwar auch für diejenigen, die daran nicht teilhaben können. Der Pastor rät den Nichtbekehrten von der Teilnahme ab und lädt sie gleichzeitig ein, ihre Lage zu überdenken.

Der charismatische Gottesdienst ist mithin ein Ort, wo die Gemeinschaftsidentität aufgebaut und gefestigt und ein bestimmter Lebensstil eingefordert wird: ein in klaren Prinzipien und Normen verankerter dynamischer und erfüllender Glaube.

Die konservativen Evangelisch-Freikirchlichen: ein «nährender» Gottesdienst

Anders als die charismatischen wollen die konservativen Freikirchen in ihren Gottesdiensten die Anwesenden weder mitreissen noch ermahnen.

18 Das beste Beispiel dafür sind die Gottesdienste in den ICF-Kirchen. Der Predigt fehlt praktisch jeder religiöse Bezug. Diese hat eher die Form eines spirituellen Managementkurses. Ziel ist es, das Potenzial jedes Mitglieds zu fördern, damit es dieses in seinem Alltag konkret nutzen kann. Ein auf den Begriffen Potenzial und Leadership basierender Diskurs prägt den Stil und somit die Kultur dieser Kirchen. Der Fokus ist nachdrücklich auf die persönliche Entfaltung gelegt; deshalb steht dieses Submilieu, so Steve Bruce (2002), vollkommen im Einklang mit der voranschreitenden Säkularisierung unserer Institutionen, was den Kirchen einen gewissen Erfolg in unserer heutigen Gesellschaft beschert.

19 Die entsprechenden Botschaften gelten in der Regel der Sexualität und ganz allgemein den Beziehungen der Mitglieder untereinander. Kapitel 3 befasst sich mit all jenen Werten und Normen, die das Verhalten der charismatischen Evangelisch-Freikirchlichen steuern.

Lobpreis, Eglise C3 (Lausanne), Foto: J.-C. Rochat (2012)

Celebration, ICF Zürich 2013, Foto: ICF Zürich (2013)

Die Gottesdienste sind vielmehr ein Zeit-Raum kollektiver Besinnung. Die religiösen Überzeugungen werden nicht gespeist und gefestigt, weil das Mitglied konkret das Wirken des Geistes Gottes sieht, sondern weil es sich diesem in innerer und stiller Einkehr genähert hat. Zentral wird hier der Begriff der Anbetung.
Charakteristisch für die von uns beobachteten Versammlungen konservativer Freikirchen ist deren Grösse, und genau darin unterscheiden sie sich von den evangelisch-freikirchlichen Gottesdiensten insgesamt. Es trifft sich eine kleine Gruppe von etwa zehn bis zwanzig Leuten. Kaum eingetreten, überkommt einen noch stärker als anderswo das Gefühl, auf eine verschworene Gruppe zu stossen, in der jeder jeden persönlich kennt.[20] Die Mitglieder begrüssen einander sehr herzlich mit einer Umarmung, ein direkter, sehr freundschaftlicher, aber auch stiller Kontakt. Die Atmosphäre dieser Räume ist von einer anderswo nicht zu findenden Ruhe geprägt. Hat der Gottesdienst begonnen, werden die Kontakte zwischen den Mitgliedern rar, ja, versiegen ganz. Hier haben weder ausladende Gesten noch Heilungen, noch Zungenreden ihren Platz. Der konservative Gottesdienst ist auf die verhaltene Anbetung des Göttlichen zentriert. Er verläuft äusserst geregelt, persönliche Initiativen gibt es nicht, man erhebt und setzt sich gemeinsam, man singt gemeinsam.

Die Musik hat teil an dieser friedlichen Atmosphäre und lädt das Mitglied ganz klar zur Einkehr ein. Der Lobpreis wird a capella oder mit schlichter Klavierbegleitung gesungen; falls er Gefühle wachruft, kommen diese verhalten, verinnerlicht und privat zum Ausdruck. Er gibt den Rahmen ab, in dem die Gläubigen eher in eine im Modus von Innerlichkeit

20 Interessanterweise waren die Gebäude oder Säle, in denen die beobachteten konservativen Gottesdienste stattfanden, weniger gut signalisiert, und zwar sowohl vor Ort als auch im Internet – einige dieser konservativen Gemeinden haben, im Gegensatz zu allen anderen, keine eigene Website. Diese Diskretion im urbanen wie im virtuellen Raum unterstreicht einmal mehr den viel hermetischeren Charakter dieser Gemeinden gegenüber der Aussenwelt. Dies gilt allerdings nicht für alle konservativen Freikirchen. Die Gemeinde für Christus (früher: evangelischer Brüderverein) etwa besitzt Internetseiten, die meisten Gemeinschaften sind grösser als 10–20 Mitglieder und die Gottesdienste werden von einem Pastor geleitet.

und Einkehr gelebte Religiosität versetzt und kaum zu konkreten Gefühlsäusserungen motiviert werden.

Diese schweigsame Intimität – unter den Gläubigen, aber auch zwischen dem Einzelnen und seinem Gott – wird in gewissen konservativen Gemeinschaften noch verstärkt; so etwa in der Gemeinde für Christus, wo die übliche Raumstruktur (eine der Versammlung zugewandte Bühne) verschwindet und den im Halbrund aufgestellten Bänken Platz macht: Aufhebung jeder Hierarchie und jeglicher symbolischen Autorität bei der Leitung des Gottesdiensts. Der Gottesdienst wird nicht von einem Pastor geleitet, sondern durch einige Interventionen verschiedener Mitglieder.[21] Persönliche Interventionen sind hier stark eingeschränkt, gefolgt sind sie stets von einem Moment der Stille, unterbrochen vom Gesang, der im Gottesdienst die meiste Zeit beansprucht.

Die Botschaften oder Predigten sind Anlass für eine relativ traditionelle Unterweisung. Der mit der Vermittlung der sonntäglichen Botschaft betraute Pastor oder Älteste tritt hinter dem Inhalt zurück. Er setzt sich nicht in Szene, bringt sich persönlich nicht ein, schöpft seine Beispiele nicht aus dem Fundus eigener Erfahrungen. Die Verwendung von «ich» und «du» ist selten, hier sprechen Gott, Jesus oder die Evangelisten. In dieser Unterweisung ist die Rolle der Bibel zentral, die Richtigkeit der tradierten Botschaft wird ständig mit dem Rückgriff auf Bibeltexte begründet.[22] Der Gottesdienst ist die Gelegenheit, belehrt und «*genährt*» zu werden, um den Ausdruck einiger unserer Befragten aufzunehmen. Er lädt

21 Die Ausführungen von Isabelle (28, Direktionsassistentin), Mitglied der Gemeinde für Christus, veranschaulichen sehr schön den einigen konservativen Freikirchen eigenen Gottesdienstmodus: «*Es gibt keinen Pastor. Deswegen nennen wir es auch christliche Versammlung, es sind die Personen, es können mehrere Personen sein, die sprechen können. Es gibt also kein vorbereitetes Zeugs, wir haben die Lieder, jemand wird ein Lied ansagen, nachher wird jemand beten, jemand will etwas vorlesen – es ist, es ist sehr offen, tatsächlich ist überhaupt nichts vorbereitet.*» Diese als spontan verstandene Abfolge läuft gleichwohl nach gewissen impliziten Regeln ab. So können etwa nur die Männer das Wort ergreifen und unter ihnen nur die Ältesten. Ausserdem gibt es eine klare räumliche Trennung: auf der einen Seite die Frauen, auf der anderen die Männer.

22 Die Bibel und ihr Inhalt haben im konservativen Milieu die Oberhoheit inne (vgl. Kapitel 5). Bemerkenswert ist, dass die meisten Gläubigen ihre persönliche Bibel mitbringen, die sie während des Gottesdiensts aus der Hülle nehmen.

zum stillen, sorgfältigen und konzentrierten Zuhören ein. Einige Mitglieder notieren etwas in ein Heft oder direkt in ihre Bibel.

Kultur und Identität der konservativen Gemeinschaften werden um zwei Hauptkomponenten herum aufgebaut: Unterweisung und verhaltene Anbetung. Zurückhaltung manifestiert sich auch in der Liederwahl, in der Begleitmusik oder deren Fehlen, ja, zuweilen sogar in der Kleidung. Das Bewahren und Weiterführen dieser Zurückhaltung scheint indes immer schwieriger zu werden. Denn auch die konservativen Gemeinschaften sind nicht immun gegen die charismatische Welle, die das gesamte evangelisch-freikirchliche Milieu erfasst hat. Die junge Generation fordert eine gewisse Dynamik in den Feiern, eine Vielfalt von Aktivitäten und eine Lockerung gewisser traditioneller Regeln, insbesondere bezüglich Kleidung und Musik.[23] So kommt es nicht selten vor, dass junge Mitglieder, obwohl nach wie vor in ihrer Gemeinschaft integriert, Aktivitäten (Lager, Versammlung, Konzert) von charismatischen oder klassi-

L'assemblée de l'Eglise évangélique Action Biblique de la Servette (Genf), Foto: J.-C. Rochat (2012)

23 Vgl. Kapitel 12 zur Entwicklung des evangelisch-freikirchlichen Milieus.

schen Freikirchen besuchen. Gleichwohl hält das konservative Submilieu an seiner Skepsis gegenüber «charismatischen» Dimensionen fest: Beliebt ist eher der dynamische Stil als der von diesen Freikirchen angebotene religiöse Inhalt (insbesondere die Praxis der geistlichen Gaben).

Die klassischen Evangelisch-Freikirchlichen: ein Gottesdienst auf der Suche nach der goldenen Mitte

Unsere Daten zu den klassischen Gottesdiensten führen zu einer ersten allgemeinen Feststellung: Diese Gottesdienste werden zuweilen auf derart unterschiedliche Art gelebt, dass unsere Kategorie «klassisch» für ihre Analyse nur bedingt tauglich ist. Manche Freikirchen bieten ihren Mitgliedern äusserst nüchterne Gottesdienste an, die stark denjenigen in reformierten Kirchen gleichen, während andere sich an charismatischer Emotionalität ausrichten. Zwischen Zurückhaltung und Dynamik steht dann eine Fülle unterschiedlicher Erwartungen und Wünsche; der Umgang damit bereitet einigen klassischen Gemeinden grosse Probleme.

Wenn Victor (28, Kl, Student) über seine Gemeinde spricht, bringt er die spezifische Positionierung, mit der die klassischen Freikirchen hinsichtlich der Integration dieser charismatischen Welle heute konfrontiert sind, auf den Punkt:

> Ich glaube, unsere Gemeinde ist eine Gemeinde, in der irgendwie alle Platz haben. Das will heissen, dass du in der Gemeinde Rechtsextreme hast, also Supercharismatiker, Pfingstler, und zugleich hast du Leute fast aus dem katholischen Milieu, die auch kommen. Das Resultat ist ein guter Mix, du kannst Dinge erleben, aber alle gemeinsam, wenn du so willst. [...] Ich würde also sagen, dass es eine, ich will nicht sagen gemässigte Gemeinde ist – es ist einfach eine klassische evangelisch-freikirchliche Gemeinde.

So positioniert sich Victors Gemeinde, wie auch andere klassische Gemeinden, als goldene Mitte zwischen den verschiedenen Extremen, die ebenfalls Teil des evangelisch-freikirchlichen Milieus sind. In den letzten Jahren hat sich seine Gemeinde Schritt für Schritt dem geöffnet, was Victor «*das Wirken des heiligen Geistes*» nennt. Das Schlagzeug ist inzwischen akzeptiert, während es zuvor verboten oder zumindest verpönt war. Selbst der Lobpreis wird in etwas anderer Form ausgedrückt:

> Gut, ich denke, es ändert sich doch einiges, vor wenigen Jahren, zum Beispiel, wenn man während des Lobpreises die Hände hob, dann wurdest du von den Leuten scheel angesehen.

Doch die Öffnung ist kompliziert, die goldene Mitte schwer zu erreichen und zu halten, denn die Befriedigung der Wünsche wie der kulturellen und gottesdienstlichen Präferenzen des Einzelnen erweist sich für diese Gemeinden als äusserst heikel. Einige unserer Befragten haben denn auch zu einem bestimmten Zeitpunkt ihre Gemeinde verlassen, um sich einer «*lebendigeren*» Gemeinde anzuschliessen. Andere hingegen treten aus, wenn Elemente in den Gottesdienst eingeführt werden, die für ihren Geschmack allzu charismatisch konnotiert sind: etwa das Schlagzeug. Sämtliche klassischen Gemeinden stehen mithin vor der schwierigen Frage, wie weit sie sich in ihren emotionalen Ausdrucksformen charismatischen Elementen öffnen sollen.

Konkret fassbar wurde diese Spannung aufgrund unserer Beobachtungen aber nicht; herausgeschält hat sich indes die Vielfalt der Gottesdienstkulturen innerhalb des klassischen Submilieus. So haben wir Gottesdienste besucht, die inhaltlich und formal den beobachteten charismatischen Gottesdiensten gleichen. Daneben gibt es in klassischen Gemeinden Gottesdienste, die eher an eine reformierte Zeremonie erinnern: emotional zurückhaltend und nüchtern, traditionelle Musik, von einem allgegenwärtigen Pastor geregelte Ritualsequenzen und Minimalbeteiligung der Gemeinde. Auch andere Praktiken, insbesondere die Praxis der geistlichen Gaben, lösen Auseinandersetzungen aus, etwa ob sie in klassischen Gottesdiensten legitimerweise ihren Platz haben. Zungenreden und Heilung gelten (noch) als allzu charismatische Praktiken und haben in der Regel noch nicht Eingang in die sonntäglichen Feiern gefunden – da dies Konflikte heraufbeschwören und die Zugehörigkeit zur Gemeinschaft gefährden könnte. Aus unseren qualitativen Interviews geht indes hervor, dass ein Grossteil der Mitglieder offen ist für solche charismatischen Praktiken. Um nicht Mitglieder zu verlieren, die sich zu bestimmten, eher ihren Wünschen entsprechenden Gemeinden hingezogen fühlen, diversifizieren die klassischen Freikirchen ihre zusätzlichen Aktivitäten in der Absicht, die Bedürfnisse aller zu befriedigen. Hauskreise, in denen sich eine begrenzte Anzahl von Gläubigen versammelt, gestatten es, die Praxis zu «personalisieren» und Elemente einzuführen, die in der grossen sonntäglichen Versammlung nicht gestattet sind. So finden Praktiken, die umstritten sind, aber trotzdem zum Glaubenssystem eines Teils der Mitglieder klassischer Freikirchen gehören, in der Regel gleichwohl ihren Ausdrucksrahmen.

Aufgrund der Beobachtung der Gottesdienste liessen sich zwei für die gemeinschaftliche Kultur des Submilieus letztlich charakteristische Züge ausmachen: ideologische Offenheit und hohe Aufmerksamkeit für die Familie. Typisch für die im Gottesdienst vernommenen Botschaften ist erstens deren Mässigung und Offenheit. Offenheit gegenüber den Nichtbekehrten: Beim Abendmahl präzisiert der Pastor stets, dass unterschiedslos alle willkommen sind. Offenheit auch gegenüber Angehörigen der anderen christlichen Konfessionen; ersichtlich wird das an der Vielzahl von interreligiösen Aktivitäten, die den Mitgliedern angeboten werden – entweder in den beim Eingang aufliegenden Flyern oder durch entsprechende Hinweise bei den Ankündigungen. Weiter zeichnet sich das «Publikum» der klassischen Gottesdienste durch seine Heterogenität aus. Heterogenität der religiösen Sensibilitäten, die an der Verbreitung einer Botschaft und einer gemeinschaftlichen Kultur teilhaben, die im Vergleich zu den anderen Submilieus offener und weniger auf die Grenzen der eigenen Identität bedacht ist. Das Publikum der klassischen Gottesdienste unterscheidet sich vom Publikum der charismatischen und konservativen Freikirchen auch durch die starke Präsenz von Kindern. In den Räumlichkeiten dieser Gemeinden befindet sich in der Regel ein Hort; dort werden die Kinder während des Gottesdiensts betreut. In diesem klassischen Rahmen finden auch ab und an Familiengottesdienste statt.

Letztlich kristallisiert sich der Zusammenhalt der klassischen Gemeinde in einer Identität und Kultur des «Nicht-Zuviel» und «Nicht-Zuwenig». Der Stil ist gemässigt, auf die goldene Mitte fokussiert und insbesondere auf Familien ausgerichtet.

Lobpreis, Église Evangélique la Perrausa (Saint-Martin), Foto: J.-F. Mayer (2012)

Zusätzliche Aktivitäten: die Mitglieder aufsplitten und in die Verantwortung einbinden

In der Regel bieten die evangelischen Freikirchen ihren Mitgliedern eine Vielzahl von Aktivitäten, in denen jenseits des Sonntagsgottesdiensts «das Gemeinschaftsgefühl» gepflegt wird. Während der Gottesdienst eine gemeinschaftliche Plattform darstellt, auf der alle Mitglieder einander treffen, wird die Gemeinde in diesen ergänzenden Aktivitäten in interessebezogene Kleingruppen aufgesplittet.

Der interdenominationelle Charakter der evangelisch-freikirchlichen Zugehörigkeit erweitert das Aktivitätsspektrum jedes Mitglieds, da neben dem Angebot der eigenen auch dasjenige benachbarter Gemeinden wahrgenommen werden kann. Den Gläubigen steht eine Anzahl Aktivitäten zur Auswahl, um prioritär religiöse Kenntnisse und Überzeugungen aufzubauen, zu vertiefen und zu erweitern.[24] Parallel zu diesen Bildungsangeboten organisieren die evangelisch-freikirchlichen Gemeinden nach aussen gerichtete Aktivitäten. Diese dienen ganz konkret der Evangelisation und der Gewinnung neuer Mitglieder.[25] Schliesslich steht den Mitgliedern ein ganzes Spektrum von Aktivitäten (Frauengruppe, Jugendgruppe, Lager, Hilfebeziehung, Besuche von Events usw.) zur Verfügung, um die Bande zwischen dem Mitglied und seiner Gemeinde zu stärken, aber auch auf die spezifischen Bedürfnisse und Wünsche aller einzugehen.

Aufsplitten und homogenisieren

Die im Gottesdienst versammelte ganze Gemeinde wird in diesen verschiedenen nichtsonntäglichen Aktivitäten in Mikro-Interessengemeinschaften aufgeteilt. Die Gruppen werden meist aufgrund von soziodemografischen Kriterien gebildet: Geschlecht (Frauen- und Männergruppe), Alter (Kindergruppe und Jugendlager, Seniorengruppe usw.), Zivilstand und Sozialstatus (Treffen für Paare, für Familien, für junge Mütter, Kurse für Alleinstehende usw.). So splitten diese Aktivitäten die Gemeinde in kleine,

24 Wir beziehen uns hier insbesondere auf den *Alphalive*-Kurs (Einführungskurs in den christlichen Glauben; vgl. dazu Baumann-Neuhaus, 2008), auf Bibelgruppen und Sonntagsschule für Kinder, auf die angebotenen Seminarien oder Vorträge ... Einschliessen können wir auch die Hauskreise, in denen eine beschränkte Anzahl Teilnehmender ein auf die religiösen Überzeugungen bezogenes spezifisches Thema vertieft oder eine Feier mit Sensibilitäten und Praktiken erlebt, die im Sonntagsgottesdienst keinen Platz haben (Zungenreden, Heilen usw.). Solche Hauskreise sind aber auch der Rahmen, in dem man sich mit guten Freunden trifft und so die sozialen Beziehungen pflegt. Dass die Grenzen fliessend sind, zeigt den inklusiven Charaker der evangelisch-freikirchlichen Identität, worin sich Persönliches, Gesellschaftliches und Religiöses eng vermischen.

25 Erwähnt seien Missionsstände oder Unterhaltung auf Märkten oder bei Volksfesten. Kapitel 8 vertieft die Problematik der Evangelisierung und der damit verbundenen unterschiedlichen Strategien.

homogene Gruppen auf. Dank dieser Aufteilung und Homogenisierung kann gezielt auf spezifische Bedürfnisse und Wünsche einer jeden, eines jeden eingegangen werden, etwas, was die Sonntagsgottesdienste nicht leisten können – wegen ihrer Grösse und ihres eigentlichen Zwecks: eine einheitliche Identität zu kommunizieren und zu tradieren. Diese Struktur fördert freundschaftliche Bande zwischen Individuen, die dieselben objektiven Charakteristiken und, in einem weiteren Sinn, dieselben Fragestellungen teilen. Dank dem Zusammenhalt und der kleinen Gruppengrösse entsteht ein der Selbstenthüllung förderliches Vertrauensklima. In der Folge können die Mitglieder ihre persönlichen, den rein religiösen Rahmen sprengenden Probleme darlegen. Fritz (59, Ch, Heilpädagoge) ist seit mehreren Jahren Mitglied einer Männergruppe. Jeder Teilnehmer kann dort Männern seines Vertrauens von seinen Sorgen, insbesondere auch beruflicher Art, erzählen; diese verstehen ihn, weil sie selbst potenziell dieselben Erfahrungen machen. Catherine (63, K, Rentnerin) geht alle zwei Wochen in einen «*Gebetszirkel*», dem noch vier weitere Frauen, «*immer die gleichen*» angehören:

> Wir sind fünf Frauen, nun, es ist viel vertraulicher; alles, was wir einander sagen, ist vertraulich, dann ... nachher beten wir zusammen. Na ja, wenn wir 40 wären, dann würde ich doch nicht allen von meinen Problemen mit den Nachbarn erzählen. Im Gebetszirkel hingegen, ja, da kann ich über die Probleme mit meinen Nachbarn reden.

In dieser «*vertraulichen*» Gruppe kann Catherine über ihre Alltagssorgen reden, die den strikt religiösen Rahmen sprengen. Diese Gruppen oder Zirkel mutieren manchmal geradezu zur psychologischen Begleitung. Es werden Hilfebeziehungs-Gruppen gebildet, die explizit auf persönliche Unterstützung und tiefgreifende Persönlichkeitsveränderungen abzielen. Patricia (47, Ch, kaufmännische Angestellte) kümmert sich um eine solche Hilfebeziehungs-Gruppe:

> Das will heissen, dass wir uns mit Personen treffen, die Probleme haben, dann unterstützen wir sie, wir sind immer zu zweit bei den Gesprächen mit ihnen [...] Manchmal geht es um Eheprobleme, manchmal um Depressionen oder um kleinere Sorgen, etwa Probleme mit den Kindern.

Zur Bewältigung solcher Probleme wird auf Gebet und Dialog zurückgegriffen, auf zwei Methoden, die auf ein langfristiges therapeutisches Schema setzen. Charlotte (27, K, Kindergärtnerin) – sie hat sich inzwischen aus dem evangelisch-freikirchlichen Milieu gelöst – wurde in einer Lebensphase «*begleitet*», da sie «*von existenziellen Fragen*» umgetrieben war. Simon (33, Kl, Arbeiter) «*bat um Hilfe*», nachdem er mit etwa 20 Jahren beschlossen hatte, sich wieder «*ordnungsgemäss und konform*» zu verhalten; in diesem Fall bedeutete das konkret die Ablehnung der Homosexualität, um den Anforderungen eines christlichen Lebens zu genügen. Um sich wieder «*ordnungsgemäss und konform*» zu verhalten, entschloss sich Simon zu einer seelsorgerlichen Begleitung:

> Eine Hilfebeziehung in christlicher Form, also Leute, die psychologisches Wissen hatten. Und wir haben intensiv gearbeitet, schliesslich betet man, um zu wissen, was man in diesem Moment tun soll [...] Und dann, nach und nach, war es ein Weg der Heiligung des christlichen Lebens, im Einklang mit dem, was ich war, was ich hinter mir lassen wollte.

Simon hat nach einem langen «*Weg*» seine Homosexualität «*hinter sich gelassen*». Als vollkommen und wahrhaft christlich fühlte er sich am Tag, da er Ehemann und Vater wurde:

> Es ist etwas, was sich im Körperlichen konkretisiert hat, es sind nicht Vorstellungen, es ist eher ein Suchen, Bedürfnisse, es ist Lebensqualität, es ist, dass ich umfassend Mensch sein kann.

Simon hat, wie auch andere Befragte, eine christliche Hilfebeziehung erfahren, deren Vokabular, Struktur und Zielsetzungen stark an die Praxis der aktuellen Psychotherapie erinnern. Obwohl die Nutzniessenden nicht als Patienten betrachtet werden, obwohl dieser Dienst gratis ist und die Hauptmethode das Gebet bleibt, zielt diese seelsorgerliche Betreuung oder Hilfebeziehung langfristig auf eine tiefgreifende Persönlichkeitsveränderung; es ist ein langer Weg, ein Sich-vorwärts-Tasten, eine durch Zuhören und Dialog gelenkte Entwicklung.

So sind denn diese verschiedenen Aktivitäten mehr als Unterweisung und Bildung; sie vermitteln dem Mitglied einen Rahmen, der der Entwick-

Teilnehmer des Männertags 2013 der Chrischona-Gemeinden Schweiz beim Lobpreis, Winterthur, Foto: Website Chrischona-Gemeinde

Flyer für verschiedene Aktivitäten, Eglise évangélique Action Biblique de la Servette (Genf), Foto: J.-C. Rochat (2012)

lung von soliden Beziehungen zu «signifikanten Anderen» förderlich ist. In diesem Vertrauensklima können die Teilnehmenden im geschützten Raum noch die geringste ihrer Sorgen artikulieren. Persönliche, ja, intime Probleme und Unannehmlichkeiten können dann innerhalb der Gemeinde und deren eigenem Verständnis- und Wahrnehmungsrahmen verarbeitet werden.

Jedes Mitglied in die Verantwortung einbinden

Schliesslich lässt sich mit solchen Aktivitäten das Individuum in eine Gemeinschaft einbinden, für die es sich verantwortlich fühlen wird. Mitglieder sind nicht bloss Teilnehmende, vielmehr übernehmen sie in der Regel Verantwortung bei der Umsetzung und im Management der gemeindlichen Aktivitäten.

71 % der Evangelisch-Freikirchlichen nehmen in ihrer Gemeinde regelmässig Verantwortung wahr – ein quantitativ fassbares Engagement, das qualitativ in solide und enge gemeinschaftliche Bindungen unter den Mitgliedern umgesetzt wird. Die Verantwortlichkeiten sind ganz unterschiedlich: Einige setzen sich ein für den reibungslosen Ablauf des Gottesdiensts (Verantwortlicher für Begrüssung, Lobpreis usw.), andere in der Gemeindeorganisation (Einsitz im Rat usw.) oder auch in den ergänzenden Aktivitäten (Verantwortliche für Gebetskreise, Hilfebeziehungs-Gruppen, für Sonntagsschule, für Jugendlager oder Jugendgruppe, für *Alphalive*-Kurse usw.). Alle fühlen sich, auf ihrer Ebene, persönlich verantwortlich für den reibungslosen Betrieb ihrer Gemeinde und das Wohlbefinden ihrer Mitglieder.

Die Submilieus unterscheiden sich nicht bezüglich des Anteils von Mitgliedern, die Verantwortung übernehmen. Eine Differenz ergibt sich allerdings bezüglich der Anzahl Stunden, die für die Organisation dieser unterschiedlichen Aktivitäten aufgewendet wird. 27,7 % der charismatischen Evangelisch-Freikirchlichen investieren monatlich mehr als zehn Stunden als Verantwortliche in eine Aktivität, aber nur 21,1 % der klassischen und 11,2 % der konservativen.

Erklären lässt sich dieser Unterschied, auf den wir bei unserer Analyse immer wieder stossen, mit der jedem Submilieu eigenen «Kultur» oder «Identität». In den konservativen Gemeinden kristallisiert sich die religiöse Identität in erster Linie in Andacht und innerer Anbetung im Gottesdienst. Die in der Regel geringere Mitgliederzahl vermindert logischerweise das Angebotspotenzial. Dreh- und Angelpunkt der konservativen Gemeinde sind denn auch vor allem die sonntäglichen Versammlungen. Die charismatischen Evangelisch-Freikirchlichen hingegen treffen sich in einer Kultur der Emotionalität, der Beziehungen und der persönlichen Entfaltung. Um diese Ziele zu erreichen, bieten diese Gemeinden ihren Mitgliedern eine Vielzahl von verschiedenartigen und höchst personalisierten Aktivitäten an. Damit steigt für das charismatische Mitglied selbstverständlich auch die Wahrscheinlichkeit, Verantwortung zu übernehmen. Mit dieser Variable von Angebot und Grösse der Gemeinde kombiniert sich der Wert der persönlichen Verantwortung, der die Praktiken und Glaubensüberzeugungen der Charismatiker prägt. In den Erzählungen unserer charismatischen Befragten taucht denn auch ein um den Begriff des *Leaders* konstruiertes Vokabular auf. Laure (26, Ch, Studentin) ist «*Leader der Bibelgruppe*». Fanny (21, Ch, Studentin) war als «*Skyleader*» in der Jugendgruppe «*Skylab*» ihrer Gemeinde.[26]

Eingebunden in Verantwortung können Individuen – vor allem in mitgliederstarken Gemeinden – ihre Rolle personalisieren und mehr werden als einfach unpersönliche Gläubige, nämlich engagierte Mitglieder, die für den Gang und die Vitalität ihrer Gemeinde verantwortlich sind. Auch auf individueller Ebene erfahren sie eine gewisse Identitätsaufwertung: Als Verantwortliche fallen ihnen eigene Aufgaben und eine eigene Rolle zu. Auch in dieser Hinsicht tragen die von den evangelischen Freikirchen angebotenen Aktivitäten zum Erfolg des Milieus bei, indem den Mitgliedern der passende Mix aus gemeinschaftlicher Unterstützung und persönlicher Entfaltung angeboten wird.

Das gemeinschaftliche Engagement ist mithin für das evangelisch-freikirchliche Mitglied nicht etwa eine Option. Wir könnten sagen, dass seine religiöse Identität quasi *wesensmässig* eine gemeinschaftliche Dimension enthält und dass letztere stark zum Fortbestand des evangelisch-freikirchlichen Milieus in einer schon stark säkularisierten Gesellschaft bei-

26 Auch ICF bietet ihren Mitgliedern die Teilnahme an «*connect groups*» an; diese werden von einem «*Leader*» geleitet, dessen Aufgabe es ist, für eine begrenzte Anzahl Personen das «*Coaching*» und «*Mentoring*» zu übernehmen.

trägt. Indem die evangelischen Freikirchen von ihren Mitgliedern fordern, dass sie sich im gemeinschaftlichen Leben tätig engagieren, schränken sie potenziell deren Möglichkeit ein, sich anderen, namentlich profanen Aktivitäten zuzuwenden. In der Tat bringen sich die Evangelisch-Freikirchlichen persönlich ein, aber sie investieren auch viel Zeit in den Betrieb ihrer Gemeinde. Im Gegenzug profitieren sie von einer äusserst verschworenen Gemeinschaft, die ihre Konversion legitimiert, ihren Lebensentwurf billigt und ihre Identität stützt und festigt. Innerhalb des Milieus finden sie eine breite Palette von Aktivitäten, die sowohl ihre religiösen als auch ihre sozialen, psychischen und, in einem weiteren Sinn, ihre identitären Bedürfnisse abdecken. Das Mitglied muss gewissermassen die Grenzen des Milieus gar nicht überschreiten, um eine Vielzahl seiner Wünsche befriedigen zu können. Das Milieu erweist sich, indem es kommunitäre Abschottung und diversifiziertes Angebot kombiniert, einmal mehr als höchst wirksam im Wettbewerb um Zeit, Plausibilität und Funktion. Denn genau in diesem Wettstreit befindet es sich mit der Gesellschaft im Allgemeinen und mit den von ihr angebotenen säkularen Gütern im Besonderen.

Kapitel 5

Autoritätsausübung: Figuren und Mechanismen

Emmanuelle Buchard

> Die Wahrheit, das ist die Bibel, und unser gesamtes Leben dreht sich um das Wort Gottes. [...] Sagt das Wort Gottes: das ist nicht gut, dann ist es nicht gut. Darüber fangen wir gar nicht erst an zu diskutieren: zu sagen, «ja, aber warum sagt er das» und all das – Gott spricht, und es ist das Wort, das spricht. Also ist Gott die Autorität, das Wort Gottes ist die absolute Wahrheit. Und wir versuchen, uns an dieses Wort zu halten.

Diesen von Marc, Pastor in einer charismatischen Freikirche, propagierten Zugang zu den Bibeltexten würden einige seiner Kollegen als zu absolut und nuancenlos einschätzen. Gleichwohl drückt er eine historisch-theologische Konstante aus, die das gesamte evangelisch-freikirchliche Milieu prägt: die Bibel als Autoritätsquelle sowohl im persönlichen Leben der Mitglieder als auch in deren gemeinschaftlicher Geschichte. Ausgehend von den Bibeltexten werden die Evangelisch-Freikirchlichen – in je nach theologischer Option und sozialem Umfeld ausdifferenzierter Manier – eine gewisse Anzahl von gemeinsamen Werten und Normen interpretieren; um diesen Kern herum wird sich ihre Gemeinde strukturieren, ihren Zusammenhalt und damit ihren Fortbestand bewahren. Diese Regeln bedürfen, obwohl in der Bibel wurzelnd, aufgrund ihres konstruierten und folglich relativen Charakters der Kontrollautoritäten, die zur Legitimierung, Beibehaltung und Respektierung ebendieser Regeln beitragen werden.

In diesem Kapitel gilt es jene Autoritätsfiguren und -mechanismen festzumachen, die im evangelisch-freikirchlichen Milieu auf die Respektierung von Normen, Regeln, Praktiken und kollektiven Glaubensüberzeugungen hinwirken – begründen diese doch den Zusammenhalt der Gemeinschaft, bilden die Identität des Milieus heraus und beteiligen sich in einem weiteren Sinn am Erhalt der Grenzen innerhalb des pluralistischen Kontexts der modernen Gesellschaft.[1]

Die Bibel ist, erstens, die unangefochtene oberste Autorität in Sachen Moral und Verhalten. Dieser den Texten verliehene Status geht einher mit einem «biblischen Hyperkonformismus» oder einer «ethischen Hypernormativität» seitens der Mitglieder: Allen gemeinsam ist eine starke normative Selbstkontrolle, die abweichendes, den Gruppenzusammenhalt schädigendes Verhalten eindämmt. Derselbe Zusammenhalt besteht auch dank starker horizontaler Autorität: Die in der Regel engen Beziehungen unter den Mitgliedern einer bestimmten Gemeinde ziehen eine gegenseitige Sozialkontrolle nach sich: die Autorität aller über jeden und jede. Anders als das reformierte Milieu – dieses ist geprägt von einer Krise der klerikalen Macht und einer Auflösung des Sonderstatus der Pfarrpersonen[2] – erkennen die Evangelisch-Freikirchlichen, zweitens, deutlich identifizierbare Autoritätsfiguren mit Entscheidungsmacht in der Gemeinschaft an. Indes müssen Pastoren in der Regel mit weiteren Entscheidungsträgern zusammenarbeiten: Mitgliedern und Ältesten.[3] Das Modell hat Vorteile, wie wir sehen werden, kann aber auch Autoritätskonflikte auslösen. Das evangelisch-freikirchliche Milieu nimmt, drittens, eine eigenständige

1 Zu diesem Zweck befassen wir uns mit dem Diskurs der Inhaber dieser Autorität wie auch mit dem Diskurs derjenigen, die diese Autorität anerkennen. Unabdingbar ist dieser zweifache Zugang, sobald wir Autorität als Beziehungsbegriff auffassen: Ein Individuum besitzt Autorität – das heisst die Fähigkeit, Verhalten oder Vorstellungen von anderen zu beeinflussen –, wenn diese anderen ihm dieses Recht zusprechen. Autorität wird folglich begriffen als *relationale* und *legitime* Macht.

2 Vgl. Willaime, 1986, 1996.

3 Im evangelisch-freikirchlichen Milieu ist vor allem eine kongregationalistische Tradition wichtig. Diese besagt, dass die Organisation der Gemeinde um die lokale Versammlung der Gläubigen herum aufgebaut wird, wobei diese Versammlung idealerweise autonom und souverän ist. In der Praxis indes kann dieses Modell nicht auf Autoritätsfiguren verzichten. Konstituiert sind die evangelischen Freikirchen in der Regel als Vereine mit drei klaren Machtinstanzen: Mitglieder, Pastor und Älteste. Je nach Freikirchen kann die der einzelnen Instanz zugewiesene Macht und Legitimität variieren; möglich sind eher hierarchische Strukturen mit einem Pastor als starker Autoritätsperson oder aber eher demokratische mit stärkeren Machtbefugnissen der Mitglieder (vgl. Fath, 2001; Willaime, 1986; Lüthi, 1994; Baatard/Campiche/Vincent/Willaime, 1990).

Position ein, wenn es um die Rolle der Frau in der Autoritätsausübung geht. Die im Prinzip akzeptierte Gleichstellung vermag sich in der Praxis nur sehr langsam durchzusetzen. Macht bleibt mehrheitlich, in einigen Gemeinschaften sogar ausschliesslich, Männersache.

5.1 Individuelle Autorität: biblischer Hyperkonformismus

Evangelische Freikirchen sind hochgradig normierte Sozialgruppen. Ein normalerweise in den Vereinsstatuten fixierter «offizieller» oder «expliziter» Regulierungsrahmen und das Glaubensbekenntnis legen in erster Linie die zu erreichenden Ziele und die gemeinsamen Werte fest, definieren die Zugehörigkeits- und Ausschlusskriterien sowie die verschiedenen Entscheidungsinstanzen. Verstärkt wird dieser «offizielle» Rahmen durch eine Reihe von «impliziten» Regeln; diese tragen insofern zum Zusammenhalt der Gruppe bei, als sie bestimmte Verhaltensweisen empfehlen und andere verurteilen, die als abweichend und mithin als mögliche Auslöser von Spaltungen und Konflikten qualifiziert werden. Diese Vorschriften sind höchst effizient, weil sie ihre Legitimität aus der Bibel beziehen, deren Autorität von sämtlichen Mitgliedern in hohem Mass anerkannt und verinnerlicht wird. Letztere legen denn auch einen biblischen Hyperkonformismus an den Tag, der wiederum zum Zusammenhalt der Gruppe, zur Aufrechterhaltung der Ordnung beiträgt und das Eingreifen von Institution und Kontrollinstanzen oft gar nicht mehr nötig macht.[4]

Für die Evangelisch-Freikirchlichen bildet die Bibel und deren Inhalt den Kern ihrer Überzeugungen. Für 98 % der Befragten ist sie «*Wort Gottes*». Sie wird als das konkrete und praktische Wort wahrgenommen, das religiöse Überzeugungen wie Alltagsverhalten leitet.[5]

4 Diese autonomen, von der Gruppe selbst geschaffenen Regeln gewährleisten den Alltagsbetrieb der Organisation. Sie sind weder in Dokumenten noch in den offiziellen Statuten schriftlich fixiert, noch in einer anerkannten Kontrollfigur verkörpert. Gleichwohl etablieren sie eine oft höchst komplexe Regulierung, über die Neuankömmlinge instruiert werden (vgl. Reynaud, 1988).

5 Sämtliche Evangelisch-Freikirchlichen teilen das Verständnis von der Bibel als oberster Autorität; allerdings gibt es unterschiedliche, konservative oder weniger konservative Interpretationen. Vgl. zu dieser Problematik Kapitel 3.

Fragen wir unsere Gesprächspartner, ob in ihrer Freikirche gewisse Verhaltensweisen verboten sind, antworten sie grossmehrheitlich in etwa wie Vincent (24, Ch, Student): «*Alles, was gegen die Bibel ist, ist verpönt.*» Sämtliche Mitglieder bemühen sich mithin «*um ein mit der Schrift konformes Verhalten*» und versuchen «*alles zu vermeiden, was die Heiligkeit Gottes und die Botschaft des Evangeliums beeinträchtigt*». Die Mitglieder evangelischer Freikirchen gehorchen mithin in erster Linie gewissen impliziten Regeln, deren Einhaltung indes für den Einzelnen das oberste und unabdingbare Kriterium seiner Gemeinschaftszugehörigkeit darstellt. Das gilt auch für Victor (28, Kl, Student), der von sich sagt, er könne sich «*an alle Milieus anpassen*», solange dort Achtung vor der Bibel herrsche:

> Ich war an einer Hochzeit, bei den Darbysten. Die sind bekannt dafür, dass sie ein ziemlich geschlossenes Milieu sind: die Frauen im Rock, mit Chignon und tutti quanti. Und dann habe ich eine ebenso gute Zeit erlebt wie im Pfingstlermilieu, wo alle Leute hinfallen und so [...] Das Milieu ist nicht wichtig, wichtiger ist, dass es etwas gibt, das ... Ja, ich glaube wirklich, dass es im Einklang mit der Bibel stehen muss, ja, das denke ich.

Unter «*im Einklang mit der Bibel sein*», versteht Victor in erster Linie präzise Verhaltensweisen. Die Bibel legt Organisationsprinzipien fest, und zwar indem sie in erster Linie die individuellen Haltungen und Beziehungen der Mitglieder reguliert. Heirat wird nachdrücklich bejaht, Konkubinat, Homosexualität und ausserehelicher Sexualverkehr werden verurteilt oder zumindest stark missbilligt.[6] Diese verschiedenen Prinzipien – für den Aussenstehenden mögen sie Teil der Privatsphäre sein – können nur deshalb eine gemeinschaftliche Regulierung etablieren, weil sie sich in den Augen der Mitglieder als gut, richtig und notwendig erweisen. Sie werden dem

6 Zu Konflikten oder «Zurechtweisungen» kommt es meist im Fall von unangemessenem Verhalten im Rahmen von Liebesbeziehungen der Mitglieder. Das evangelisch-freikirchliche Milieu erweist sich als hochgradig normiert, wenn es um die Modalitäten der Beziehungen zwischen Mitgliedern geht: Aufwertung der Eheschliessung mit einem ebenfalls bekehrten Partner, Wichtigkeit des Nachwuchses, Kritik an Konkubinat, Ledigsein, Homosexualität. Diese Prinzipien tragen stark zum Erhalt und zur Reproduktion des Milieus bei (vgl. Kapitel 6).

Individuum denn auch nicht von aussen aufgezwungen, vielmehr gehen sie, ganz im Gegenteil, aus der Verinnerlichung des legitimen Status der Bibeltexte als Autoritätsfigur für den Alltag hervor. Diese soziale Regulierung kommt in einer Art Selbstkontrolle zum Ausdruck – die Person verhält sich «ganz natürlich» entsprechend den grundsätzlich als gut und richtig empfundenen Normen.

Die von uns befragten Aussteiger stützen in ihren Aussagen die Hypothese von der in evangelisch-freikirchlichen Gemeinschaften wirksamen Selbstkontrolle. Ihre Erzählungen zeigen, dass zuvor bejahte Regeln und Werte im Lauf des Ausstiegsprozesses allmählich an Legitimität verloren und, da nicht mehr als legitim eingeschätzt, zunehmend als einengend empfunden wurden. In der Regel gehen mit diesen Ausstiegsprozessen psychische Probleme einher, die ebenfalls davon zeugen, wie prägend die Verinnerlichung der vom Milieu portierten Regeln und Werte ist.[7]

Doch diese Selbstkontrolle verhindert nicht, dass individuelle Verhaltensweisen den Zusammenhalt der Gemeinschaft gefährden können. Eine Liebesbeziehung oder ein aussereheliches Kind, eine Scheidung, eine homosexuelle Beziehung, ja, nur schon eine als zu aufreizend angesehene Kleidung oder ein Ausgang mit allzu hohem Alkoholkonsum – all dies stellt die Legitimität der Grundregeln der Gruppe infrage und kann in der Folge nicht mehr toleriert werden. Wie wir sehen werden, kann es vorkommen, dass der Pastor oder eine andere Autoritätsperson konkret zur Klärung der Situation eingreift; gleichzeitig üben aber in der Regel die übrigen Mitglieder latent und unterschwellig Druck auf den Abweichler aus.

5.2 Horizontale Autorität: Sozialkontrolle durch seinesgleichen

Jegliches Handeln und Verhalten der Menschen – auch das der Intimsphäre zuzuordnende – ist in den evangelischen Freikirchen der Sozialkontrolle durch die anderen Mitglieder unterworfen: Abweichungen werden durch die Präsenz der Mitglieder verhindert und andernfalls von

7 Für eine detaillierte und mit Beispielen untermauerte Analyse dieser Ausstiegsprozesse vgl. Kapitel 11.

ihnen sanktioniert. So ist jedes Mitglied um die Einhaltung der milieustrukturierenden Normen und Regeln bemüht.[8]

«*Die Gemeinden*», so Victor (28, Kl, Student), «*sind kleine Milieus, in denen jeder über alles, was passiert, informiert ist, und dann, siehst du, dann macht man sich oft lustig.*» Verstösst ein Individuum gegen die gemeinschaftlich anerkannten Normen, ranken sich um sein Verhalten «*Gerüchte*», «*Verurteilungen*», «*machen Andeutungen und solches Zeugs die Runde*», werden aber kaum je offen ausgesprochen. Das musste Mathilde (26, Ch, Lehrerin) erfahren. Inzwischen hat sie das evangelisch-freikirchliche Milieu verlassen, erinnert sich aber, wie die ganze Gemeinde reagierte, als ihr Vater sich von ihrer Mutter trennte und eine neue Liebesbeziehung einging. In diesem Zusammenhang weist sie auf das Fehlen «*von klaren Ermahnungen*» seitens der übrigen Mitglieder hin. Von deren Seite fühlte sie sich eher einer Art «*sozialen Drucks*» ausgesetzt, gepaart mit «*Verurteilungen*». Denselben diffusen Druck spürte auch Charlotte (27, K, Lehrerin), die das Milieu ebenfalls definitiv verlassen hat, während des gesamten Ausstiegsprozesses: «*Ich hörte in meiner Umgebung: ‹Ah, du gehst in die Disco, es gibt dort böse Geister und und und›.*»

Evangelische Freikirchen funktionieren zuweilen im «*geschlossenen Raum*», in dem sich die Mitglieder treffen und meist Freundschaft schliessen. Diese physische und affektive Nähe bringt es mit sich, dass selbst intimes Verhalten der Einzelnen Gegenstand von Diskussionen oder Gerüchten sein kann. Auch Freundschaftsbeziehungen sind nicht frei von jeglicher Sozialkontrolle und können das Handeln der Individuen durch Vorschriften und Einflussnahme einengen. Dieser diffuse Druck wirkt dann wie eine Art kollektiver Autorität und schränkt aus Angst vor sozialen Sanktionen (Ruf, Gerüchte, Gerede usw.) die Möglichkeit abweichenden Handelns ein. Kontrollierend wirkt die Möglichkeit, «*gesehen*» oder «*ertappt*» zu werden.[9]

8 Schon Nancy Ammerman (2001, S. 75) hat erkannt, dass in den evangelisch-freikirchlichen Versammlungen jedes Mitglied die Rolle des «Polizisten» übernimmt.

9 Je enger die tagtäglich gepflegten zwischenmenschlichen Beziehung sind, umso stärker ist die Sozialkontrolle der Mitglieder (vgl. Berrebi-Hoffmann, 2002). Da sich die evangelischen Freikirchen praktisch täglich für verschie-

Diese Form horizontaler Autorität wirkt präventiv, kann aber auch nachträglich zum Zug kommen. Gerüchte und diffuser Druck können als Ermahnung zur Ordnung wirken und das abweichende Individuum dazu bewegen, sich wieder an die Regeln zu halten. So erzählt uns Béatrice (41, Kl, Dolmetscherin) von einer Frau mit einem ausserehelichen Sohn; diese beschloss dann «*aus eigenem Antrieb und in Absprache mit dem Pastor*», vor die gesamte Gemeinde zu treten:

> Nur schon um zu erklären, dass sie schwanger war – denn die Leute begannen zu munkeln. Aber auch um zu erklären, dass sie das, was sie getan hatte, bereute, denn es war nichts Längerfristiges. Mit einem verheirateten Mann und ... dass sie es bereute, dass sie es vor Gott in Ordnung gebracht hatte, aber dass sie wolle, dass auch die Gemeinde es wisse und – damit nicht weiter getuschelt werde.

Um es, nachdem sie es vor Gott getan hat, auch vor der Gemeinde in Ordnung zu bringen, fühlte sich diese Frau gedrängt, sich öffentlich zu erklären, obwohl das Fehlverhalten ihre Privatsphäre tangierte.

So können denn die evangelisch-freikirchliche Gemeinde und die Gesamtheit der Mitglieder eine Rolle spielen, wenn es um den Zusammenhalt der Gruppe geht, wobei jeder zum «Wächter der Regel» und deren Einhaltung wird. Nicht durch direktes Eingreifen, sondern eher durch latenten Druck oder einfaches Nachfragen, was bei unerwünschtem Verhalten zur Belastung werden kann.

5.3 Personifizierte Autorität: der Pastor, Hirte inmitten seiner Schafe

Neben den autonomen Regulierungen – Selbstkontrolle und Kontrolle aller über jeden und jede – innerhalb der evangelisch-freikirchlichen Gemeinden gibt es in der Regel eine in der Gestalt des Pastors personifizierte spirituelle Autorität. Letzterer übernimmt die Rolle des «*Hirten*».

dene Aktivitäten (Hauskreis, Lager, Ausflug oder Ausgang usw.) in Kleingruppen aufsplittern, sind diese der geeignete Ort der Ausübung dieser Sozialkontrolle durch alle über jeden und jede.

Seine Hauptaufgabe ist es, die Mitglieder zu leiten und sie jene Verhaltensweisen und Glaubensüberzeugungen zu lehren, die das Fundament der Gemeinde sind. Durch seine Vorbildfunktion trägt er zudem zum Zusammenhalt der Gruppe bei und scheut sich nicht, seine Autorität dann auszuspielen, wenn Situation oder persönliches Verhalten ebendiese Einheit gefährden könnte.[10]

Die evangelisch-freikirchlichen Pastoren – und die Ältesten – präsentieren und definieren sich in erster Linie als «*Modelle*», «*Führer*», «*Vorbilder*» für das Verhalten sämtlicher Mitglieder. Wie bei Marcel (53, Pastor in einer klassischen Freikirche) wird diese Rolle in der Regel mit dem Rückgriff auf die Bibel legitimiert:

> Das Neue Testament ruft uns auf, Vorbilder zu sein: «Seid ein Vorbild für eure Herde»; wer die Gemeinde leitet, soll ein Vorbild für die Herde sein. [...] Wer für die Gemeinde verantwortlich sein will, muss ein bestimmtes Verhalten an den Tag legen.[11]

Parallel zu dieser stummen Pädagogik trägt der Pastor auch die Verantwortung für die didaktische Unterweisung. Dann übernimmt er bei seinen Mitgliedern die Rolle des spirituellen Führers, wobei er im Allgemeinen

10 83 % der evangelischen Freikirchen haben einen Pastor (vgl. Stolz/Chaves/Monnot/Amiotte-Suchet, 2011). Ist dieses Seelsorgeamt nicht besetzt, wird das in der Regel durch eine Gruppe von Ältesten kompensiert, die die spirituelle Kontinuität der Gruppe gewährleistet. Die Ältesten üben dann in der Gemeinde die Funktion des Lehrers und der spirituellen Autorität aus, sie werden ihrerseits zu Hirten. Erwähnt sei auch, dass die Mehrheit der evangelischen Freikirchen nach dem Modell von Ältesten und Pastor organisiert ist, wobei letzterer als ein Ältester unter anderen gilt. In diesem Abschnitt fokussieren wir auf die Autorität des Pastors, ohne dabei ausser Acht zu lassen, dass diese Analysen grossenteils auch für das Ältestenamt gelten. Wir werden jeweils darauf hinweisen, wenn diese beiden Autoritäten sich in Rolle und Verhalten unterscheiden.

11 Nicht nur Präsenz und Tätigkeit des Pastors, sondern auch seine Stellung werden hauptsächlich biblisch legitimiert, genauer, mit dem Ersten Petrusbrief (1 Petr 5,1–4). Der Pastor soll nicht «Herr» über seine Schützlinge sein, sondern inmitten seiner «Herde». Dann wirkt er als Vorbild. Wenn die Evangelisch-Freikirchlichen Fragen der Macht und der Leitungsfunktion innerhalb ihrer Kirche thematisieren, dann bauen sie ihren Diskurs in der Regel rund um die Figur des Hirten auf.

die religiöse Unterweisung selbst erteilt oder aber, wie Marcel, zumindest ein wachsames Auge behält auf das, «*was gelebt, was gelehrt wird*»:

> Ich behalte ein Auge auf das, was auf der Ebene der Verkündigung geschieht. In Anführungszeichen: Wenn es aus dem Ruder läuft, na ja, dann werde ich darauf hinweisen.

Durch sein Verhalten, aber auch durch Bildungsarbeit leitet der Pastor seine Gemeinde auf theologischer Ebene und drückt ihr seinen «*Stempel*» auf. Es gehört sich, dass der evangelisch-freikirchliche Pastor, wie der Hirte, inmitten seiner Herde lebt. Daran liegt Mitgliedern wie Pastoren, wie Simon (33, Kl, Arbeiter) in Erinnerung ruft:

> Der Pastor ist Teil eines Ganzen, ja, er hat Verantwortung, ein Amt, zugleich aber gibt es nicht nur ihn, schliesslich ist er nicht Gott [...] Er trägt bloss eine andere Verantwortung, jawohl. Ich bin kein Befürworter der pyramidalen Hierarchie, trotzdem respektiere ich seine Entscheidungen ... aber es gibt nicht bloss ihn, um ihn herum gibt es einen ganzen Rat [...] Alles ist gut verteilt, ein wenig zersplittert, und das ist gut. Es gibt nicht eine Autorität, die alles in den Händen hat, sie ist Teil eines Ganzen.

Für die Mehrheit unserer Befragten ist der Pastor ein Führer, der ein besonderes Amt und besondere Verantwortlichkeiten innehat. Um ein Abgleiten in autoritäre Machtausübung zu verhindern – dies würde das für die evangelischen Kongregationen typische traditionelle Ideal der horizontalen Organisation gefährden –, dient in der Regel ein Leitungsgremium gewissermassen als Leitplanken für den Pastor und dessen Autorität. In Zahlen: 91,9 %[12] der Gemeinden besitzen ein Leitungsgremium, das Strategien oder Zielsetzungen der Gemeinde diskutiert. Theologisch muss der Pastor mit dem theologischen Selbstverständnis von Ältesten und Mitgliedern zurechtkommen, vertreten diese doch in der Regel eine

12 Datenquelle: *Erhebung National Congregations Study in Switzerland (NCSS)*, Stolz/Chaves/Monnot/Amiotte-Suchet, 2011. Die dem spirituell Verantwortlichen der Gemeinde gestellte Frage lautete: «Hat Ihre Gemeinschaft einen Rat oder eine Leitungsgruppe, die die Strategie oder die Ziele der Gemeinschaft bespricht?»

spezifische Gemeindetradition. Die Autorität des Pastors ist zwar anerkannt, deren Ausübung indes verlangt von ihm den Einbezug der übrigen Leitungsinstanzen.

Im gesamten Milieu gilt der Pastor – entsprechend der biblischen Gestalt des Hirten – als der Führer seiner Gemeinde, allerdings wird diese Verantwortung unterschiedlich legitimiert. Sein Wissen, seine Fähigkeit als praxisnaher Seelsorger sowie sein Charisma sind drei Qualitäten, die einander nicht ausschliessen und dem evangelisch-freikirchlichen Pastor zusätzlich Autorität verleihen, wenn er denn seine Autorität in die Waagschale werfen will.

Quelle der Autorität: Wissen und Können

Wenn manche Pastoren in der theologischen Leitung, aber auch in Führungsaufgaben ihrer Gemeinde Macht innehaben, dann hat das damit zu tun, dass sie in den Augen der Mitglieder gewisse «*Fähigkeiten*», ein gewisses «*Wissen*» oder «*Know-how*» erworben haben und folglich diese Rolle angemessen und legitim übernehmen können

In Zahlen ausgedrückt: In 57,4 % der Freikirchen wirkt ein Pastor mit Diplomabschluss an einer theologischen Fakultät oder in einem Seminar. Er hat mithin jenes «traditionelle» Know-how erworben, mit dessen Hilfe er ein Pastoralamt ausüben kann. Grafik 5.1 macht deutlich, dass es vornehmlich die Pastoren der klassischen Freikirchen sind, die diesen Bildungsweg eingeschlagen haben.

Die Pastoren in den klassischen Freikirchen stehen mithin der für das protestantische Milieu typischen Figur des Predigers und Lehrers am nächsten.[13] Leiten können die Pastoren ihre Herde dank der von ihnen erworbenen Lehrautorität – im Wortsinn des Lehrers.

Universitäre Bildung ist indes nicht die einzige Legitimierung pastoraler Autorität. In 21,8 % der evangelisch-freikirchlichen Gemeinschaften wirkt ein Verantwortlicher, der eine spezifische Ausbildung absolviert hat, wie sie im Allgemeinen von den Dachorganisationen des Milieus angeboten wird. In 20,7 % der Gemeinschaften schliesslich steht ein Verantwortlicher ohne jede einschlägige Ausbildung an der Spitze. Im evangelisch-freikirchlichen Milieu kann sich der Pastor mithin auf Qualitäten

13 Vgl. Willaime, 1986.

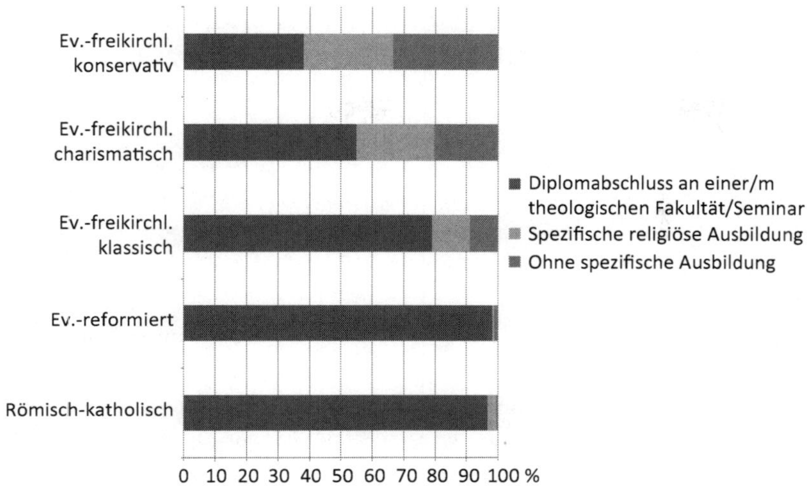

Grafik 5.1: Bildungsniveau der Verantwortlichen in den verschiedenen religiösen Gemeinschaften[14]

jenseits des universitären Wissens stützen; diese werden von den Mitgliedern ebenfalls als legitim anerkannt. Diesen Qualitäten wenden wir uns nun in den nächsten beiden Abschnitten zu.

Quelle der Autorität: das Beziehungsnetz

Die Evangelisch-Freikirchlichen bilden Gemeinden, in denen solide und enge affektive Beziehungen geknüpft werden. Der Pastor engagiert sich persönlich in Aufbau und Fortbestand dieser sozialen Beziehungen, die innerhalb seiner Gemeinde geknüpft werden. Er wird zum praxisnahen Seelsorger, der um seine Mitglieder und deren persönliche Sorgen weiss.

14 Datenquelle: Erhebung *National Congregations Study Switzerland (NCSS)*, Stolz/Chaves/Monnot/Amiotte-Suchet, 2011. Hier die Fragen, die den oder einem spirituell Verantwortlichen der Gemeinde zum Thema «Bezugsperson» gestellt wurden, im Wortlaut: «Haben Sie ein Diplom von einer theologischen Fakultät oder von einem theologischen Seminar erworben?» Bei einem Nein stellte der Interviewer anschliessend folgende Frage: «Besitzen Sie eine spezielle religiöse Ausbildung, die es Ihnen erlaubt, Ihre Aufgaben zu erledigen?» Grafik 5.1 führt den entsprechenden Anteil der Gemeinschaften auf.

Er eignet sich die Fähigkeiten des Coachs, ja, des Sozialarbeiters samt der damit verbundenen Autorität an, nämlich einer Beziehungsautorität.

Für Marcel (53, Kl, Pastor), ist es wichtig, mit der Gemeinde zu «*verschmelzen*»; ihm liegt daran, deren Mitglieder zu kennen, sie individuell, in personalisierter Form, zu unterstützen, sie zu «*betreuen*» und auf sie «*einzugehen*». Luc (47, Pastor in einer konservativen Gemeinde), teilt diese Auffassung von Seelsorgearbeit. Seinen Berufsalltag beschreibt er wie folgt:

> Ich lege sehr viel Wert darauf, die Leute zu kennen, auf sie einzugehen, individuelle Kontakte mit den einen wie den anderen zu haben. Sei es bei einer Tasse Tee oder Kaffee oder einem Essen. [...] Ungezwungene Gespräche mit den einen wie den anderen. In bestimmten Fällen aber auch gezieltere Kontakte, die schon fast als Hilfebeziehung gelten könnten.

In ihrem Seelsorgeamt wenden bestimmte evangelisch-freikirchliche Pastoren einen Teil ihrer Zeit dafür auf, mit den Mitgliedern und für sie einen Raum der «*Zuwendung*» und der «*Begleitung*» aufzubauen und zu erhalten. Sie bieten ihre Unterstützung und Hilfe denjenigen an, deren Schwierigkeiten vielleicht nicht nur im strikt theologischen Bereich liegen. Sie übernehmen dann, wie Marcel, die Rolle eines eigentlichen «*Sozialarbeiters*»:

> Ich verbringe viel Zeit damit, auf die Leute einzugehen, die Hilfebeziehung, das ist eine meiner Aufgaben: mich um Menschen kümmern, die Bedürfnisse haben, die leiden. Ich mache auch Sozialarbeit, das heisst, wenn jemand arbeitslos ist, nun, dann werde ich ihn ins RAV begleiten. [...] Ich helfe ihnen auch beim Briefeschreiben und [lacht] – nun gut, ich übernehme eine nicht unwichtige soziale Rolle.

Dank seiner Nähe zu den Mitgliedern und ihren Alltagssorgen kann der evangelisch-freikirchliche Pastor innerhalb seiner Gemeinde eine stark beziehungsfokussierte Funktion ausüben. Durch diese tagtäglich gelebte und gepflegte Nähe und die daraus entstehende Vertrauensbeziehung wächst den Pastoren in den Augen der Mitglieder eine gewisse Legitimität zu, die es ihnen erlaubt, bei unangemessenem Verhalten eines Individuums autoritätsvoll einzuschreiten. Die Erfahrungen von Laure (26, Ch, Studentin) betätigen diese Hypothese. Für sie ist der Aufbau einer derartigen Beziehung zwischen «*Hirten*» und «*Schäfchen*» unabdingbar, damit die Pastoren über die Mitglieder Autorität (in welcher Form auch immer) ausüben können. Dem Pastor ihrer ehemaligen konservativen Gemeinde wirft sie denn auch vor, er habe es nicht verstanden, diese Art von Beziehungen innerhalb der Gemeinde aufzubauen. Dieser Mangel ist für Laure einer der Gründe, weshalb sich ihr Bruder dem evangelisch-freikirchlichen Milieu entfremdet hat:

> Ich sehe, dass in einem solchen Moment, wenn die Hirten ihre Schäfchen gut kennen, ihnen die Bibel näherbringen, dann können sie es sich erlauben, etwas zu sagen, wenn etwas nicht geht [...] Wenn aber jemand, der uns kaum kennt, sagt, «was du da machst, das geht nicht», dann ist es schwer zu akzeptieren. [...] Man müsste ein ziemlich persönliches Verhältnis haben, sich gut kennen, dann könnte die Person in einem solchen Fall etwas sagen, könnte auch ermahnen, dass gewisse Dinge so nicht gehen.

Hätte dieser Pastor ein «*ziemlich persönliches Verhältnis*» zu Laures Bruder aufgebaut, hätte er legitimerweise den Dialog mit ihm aufnehmen und die ihn bedrängenden Zweifel und Infragestellungen möglicherweise besänftigen können.[15]

15 Später kommt Laure auf die Grösse bestimmter Gemeinden zu sprechen; deren Grösse sei eine der Ursachen für die fehlende Nähe im Verhältnis zwischen Pastor und Mitgliedern. Klar ist, dass die auf Beziehung angelegte Rolle des Pastors in kleinen Gemeinden wesentlich einfacher zu etablieren ist. Anzunehmen ist, dass die konservativen Gemeinden, die eher klein sind, aber vornehmlich aus Mitgliedern derselben Familie bestehen, leichter in diesem Autoritätsmodus funktionieren. In der Tat hat ein Drittel ihrer Verantwortlichen keine für ihre Aufgabe spezifische Ausbildung durchlaufen – ein hoher Anteil, verglichen mit den anderen Submilieus (20,2 % für die charismatischen und 8,7 % für die klassischen Freikirchen). Ferner zeigt sich, dass in der konservativen Gemeinde die Aufgabe des Ältesten oder Pastors in der Regel von Personen übernommen wird, die schon vor der Übernahme der leitenden Funktion Mitglied oder regelmässige Besucher ebendieser lokalen Gemeinde waren. Das trifft auf 81 % der konservativen, hingegen lediglich 23,7 % der klassischen und 42,7 % der charismatischen Freikirchen zu (Datenbasis: *Natio-*

Besteht eine Vertrauensbeziehung, gewinnt das möglicherweise autoritäre Vorgehen des Pastors in den Augen des betroffenen Mitglieds an Legitimität. Auf diese Weise kann der Pastor verhindern, dass Mitglieder sich von der Gemeinde entfernen, ist doch das einzelne Mitglied innerhalb der Gemeinde nicht mehr anonym. Geht ein Mitglied zur Gemeinde auf Distanz oder bricht es durch sein Verhalten die fundamentalen Gruppenregeln, setzt der Pastor als Bezugsperson auf das Vier-Augen-Gespräch, das einmal mehr auf «*Zuwendung*» und «*Dialog*» fokussiert ist. Mit «*bescheidener, milder Haltung*» wird er versuchen, die «*auf den rechten Weg zurückzuholen*», sie zu «*ermutigen, ihr Leben in Ordnung zu bringen*» und sich «*wieder an die Regeln zu halten*». Dabei unterscheiden die Pastoren bei der fehlbaren Person zwischen regulärem Mitglied, einfachem «*Besucher*» oder «*Neugierigem*». In dieser Hinsicht bezeichnend sind die Ausführungen von Edouard (58, Pastor in einer charismatischen Gemeinde). Auf unsere Bitte, uns zu erklären, welches seine Haltung gegenüber einem Mitglied mit unangemessenem Verhalten wäre, antwortet er:

> Je nachdem. Ich unterscheide zwischen jemand, der, na ja, wie soll ich sagen, aus Neugierde kommt, einfach so. Nun gut, wir nehmen die Leute, wie sie sind. Wir haben schon Leute aller Art gesehen, sie kommen mit ... Ganz anders als wir, aber gut, kein Problem, wir sind froh, dass sie kommen, das Evangelium zu hören, dann kommen sie, wie sie sind, und wir schauen weiter. Wenn aber jemand zum Beispiel in unsere Gemeinde eintreten will, also regelmässig kommen und teilnehmen will, nun, wenn diese Person, ich weiss nicht, vielleicht im Konkubinat lebt oder ähnlich, dann allerdings würden wir ihr mit viel Milde und Takt, biblisch gesprochen, zu verstehen geben, dass sie ihre Situation in Ordnung bringen muss.

nal Congregations Study in Switzerland (NCSS), Stolz/Chaves/Monnot/Amiotte-Suchet (2011). Konservative Verantwortliche werden demnach teilweise deshalb ausgewählt, weil sie schon zuvor in das Beziehungsnetz der Gemeinde integriert waren. Hier die an einen oder den Verantwortlichen der Gemeinde gestellte Frage im Wortlaut: «Sind Sie ein Mitglied oder ein regelmässiger Teilnehmer von dieser örtlichen Gemeinschaft gewesen, bevor Sie Verantworlicher für die Gemeinschaft geworden sind?»

Der Hirte kann über seine Schäfchen Autorität ausüben, weil er sie persönlich kennt. Für die Mitglieder ist er kein Unbekannter und umgekehrt. Auf der Basis einer Beziehung der Nähe und des Vertrauens arbeitet der «Pastor und Coach» im Alltag konkret am Zusammenhalt seiner Gemeinde.

Quelle der Autorität: das Charisma

Ein Teil der Evangelisch-Freikirchlichen organisiert die Gemeinde und deren Verwaltung auf der Basis der individuellen Charismen, die einige Mitglieder besitzen. Die Ämter, darunter auch das Seelsorgeamt, haben dann Personen inne, die eine angeborene Gabe oder Fähigkeit haben, diese Ämter auszuüben.[16] Sehr schön legt Isaac (35, Ch, Lagerist) diese Konzeption einer auf den persönlichen und einander ergänzenden Talenten eines jeden basierenden gemeinschaftlichen Verwaltung dar:

> Wenn man Kirche ist, wenn ich selbst Kirche bin, dann hat man tatsächlich unterschiedliche Talente. Was Sie haben, das habe ich nicht, und was ich habe, das haben Sie nicht. Und was dann? Wir setzen auf Komplementarität, ich, ich ergänze bei Ihnen, was Sie nicht haben, und auch Sie ergänzen mich in dem, was ich nicht habe. Wir tauschen aus, wir teilen, aber all dies zur Erbauung.

16 Diese Rollenverteilung aufgrund von persönlichen Talenten ist hauptsächlich in den Gemeinden des charismatischen Submilieus zu beobachten. Deren Organisationsform beruht auf der Auslegung des Epheserbriefs, womit sich vier einander ergänzende Ämter legitimieren lassen, deren Leitung jenen Mitgliedern anvertraut wird, zu dem sie die Gnade Gottes empfangen haben. Interessanterweise hat keiner der von uns interviewten charismatischen Pastoren eine traditionelle Ausbildung (Abschluss einer theolgischen Fakultät oder eines Seminars) durchlaufen. Die Ausbildung erfolgt in der Regel praxisorientiert in einer Gemeinde. Initiieren, unterweisen, «*inspirieren*» lassen sich die Pastoren von den Erfahrungen anderer charismatischer Leader. Erwähnt sei, dass sich die konservativen und die klassischen Evangelisch-Freikirchlichen von dieser Konzeption kirchlicher Organisation abheben. Von Ersteren wird sie verurteilt, während sich Letztere äusserst misstrauisch zeigen und darauf hinweisen, welche Abhängigkeiten und Manipulationsrisiken mit der Auffassung einhergehen können, die seelsorgerliche Arbeit sei von persönlichen und angeborenen Gaben abhängig.

In dieser Konzeption ist dem Pastor die Gabe angeboren, die Rolle des Hirten für die Gemeinde zu übernehmen. Der Begriff Hirte wird dann in der «charismatischen Sprache» in der Regel durch den Begriff «*Leader*» oder «*Motivator*» ersetzt. Die Befragten begreifen und interpretieren Charisma weitgehend als eine *Kommunikationsgabe*, und der Pastor, der diese Gabe besitze, verstehe es, den Zuhörenden «*Freude zu vermitteln*» und sie «*zu pushen*».[17] Für Reto (22, Ch, Pastor) sind die «*charismatischen Leute*» diejenigen, die «*eine Kraft*» besitzen:

> Das heisst, dass sie in der Öffentlichkeit sehr gut reden können. Sie sind wirklich nicht dumm und haben eine sehr klare Sicht der Dinge, es sind Kommunikatoren, sie verstehen es zu reden.

Eine Kraft für Reto, eine «*Aura*» für Don, 55, der selbst Pastor in einer charismatischen Gemeinde ist:

17 Im Zusammenhang der Figur des charismatischen Pastors kommt dann die Resakralisierung der Autorität im evangelisch-freikirchlichen Milieu ins Spiel (vgl. Fath, 2001; Amiotte-Suchet, 2008, 2009). Der charismatische Pastor ist energiegeladen und wird zum Bindeglied, zum Mittler zwischen Himmel und Erde. Seine Aufgabe ist es dann, das Fliessen des heiligen Geistes und seiner Gaben zu steuern und diese für die Mitglieder zu Bedeutungsträgern zu machen. Festzuhalten ist allerdings, dass die Befragten kaum von diesen Dimensionen sprechen. Vielleicht haben wir es hier mit einem gewissen evangelischen Freikirchentum à la Suisse zu tun, einer gewissen Zurückhaltung gegenüber Praktiken, die als «*zu charismatisch*», «*zu schwärmerisch*» oder «*zu amerikanisch*» beurteilt werden. Wohl mag es in der Schweiz Gemeinden geben, die nach dem Modus der auf einen charismatischen Leader fokussierten Organisation funktionieren, den Gläubigen indes ist, unserer Meinung nach, daran gelegen, ein weniger «*überschäumendes*» oder «*emotional aufgeladenes*» Bild ihrer Praktiken zu vermitteln. Ausserdem können diese Gemeinden, um Bestand zu haben, nicht auf eine demokratische Struktur verzichten, innerhalb derer sich die Mitgliedern artikulieren können – was wiederum die potenziell hegemoniale Autorität eines charismatischen Leaders einschränkt: «[...] vor dem Hintergrund ihrer Erfahrungen gehen die meisten Pfingstkirchen dahin einig, dass jeder Leader, ungeachtet seines Charismas, Schwächen aufweisen und in die Irre gehen kann» (Favre, 2006, S. 267).

> Stimmt, es gibt Leute, die haben eine gewisse Aura, eine gewisse Fähigkeit zu kommunizieren, die Gaben haben, die von Gott kommen, und dann die Redner sein können.

Dann besitzt der charismatische Pastor ein «*Talent*», eine «*Gabe*», eine «*angeborene Fähigkeit*» zur Vermittlung seiner Botschaft. Macht über seine Zuhörer besitzt er, weil er sie zu «*bezaubern*» vermag, wie es Denis (55, Ch, Pastor) formuliert:

> Das heisst, du hast jemanden vor dir auf der Bühne, und du bist bezaubert von dem, was er sagt, weil es so toll ist, weil es so gut gesagt ist.

Seine Stärke ist es, dank seiner Energie oder seiner Aura einen überzeugenden Diskurs zu generieren. Diese Fähigkeit oder Gabe erweist sich für einen bedeutenden Teil der Mitglieder der charismatischen Gemeinden als Auslöser für den Bekehrungsprozess.[18] Der charismatische Pastor soll nicht so sehr theologisches Wissen anhäufen oder sich als Sozialcoach engagieren, vielmehr muss er lernen, diese Energie zu produzieren und zu verwalten. Sam (28, Pastor in einer charismatischen Gemeinde) erklärt uns seine Arbeit wie folgt:

> Wenn du einen Pastor demolieren willst, dann stellst du Dinge an, dann nimmst du ihm seine Leidenschaft [...] Mein Job ist es, am Sonntag in Form zu sein, und dann muss ich dort in Form sein, um die übrigen Menschen zu inspirieren, nicht wahr [...] Wenn ich mir also nicht Sorge trage und wenn ich immer irgendwelchen Dingen nachrenne, wenn ich denke, dass ich den gesamten Planeten retten muss, nun, dann wird es nicht funktionieren.

Was als charismatische Autorität bezeichnet wird, scheint demnach auf der Kommunikationsfähigkeit zu beruhen: Mit der von ihm ausgestrahlten Energie zieht der Pastor die Zuhörenden in seinen Bann, «*pusht*» ihre

18 Bei einer Vielzahl von Personen wird der Bekehrungsprozess mit dem Auftritt eines angesehenen Redners oder Predigers in einer Versammlung oder in einem Lager in Gang gesetzt. Die Rede und die Präsenz dieses Gasts wirkt als Auslöser für den Bekehrungsakt (vgl. Kapitel 2).

Predigt, Église évangélique Action Biblique de la Servette (Genf),
Foto: J.-C. Rochat (2012)

Überzeugungen, löst Bekehrungen aus. Dem charismatischen Prediger kommt nicht so sehr eine sanktionierende Rolle zu. An die Stelle dieser in mitgliederstarken Gemeinden häufig zu beobachtenden Rolle tritt die gegenseitige Sozialkontrolle in jenen Kleingruppen, in denen sich die Mitglieder dieser grossen Gemeinden unter der Woche zu unterschiedlichen Aktivitäten treffen.

5.4 Spannungen und Streitigkeiten rund um die Autorität

Autorität ist immer prekär, ihre Legitimität kann jederzeit bestritten werden. Wir beleuchten hier zwei für das Milieu und dessen Autoritätsverständnis geradezu exemplarische Spannungsfelder. Das erste besteht zwischen den Mitgliedern und der anerkannten spirituellen Autorität (Pastor und/oder Älteste), das zweite im Innern der spirituellen Macht selbst zwischen Pastor und Ältesten. Befassen wir uns mit diesen Konflikten, können wir zugleich auf den dynamischen Aspekt des Milieus eingehen: Die Zwistigkeiten rund um die Autorität können nämlich sowohl zur Auflösung als auch zur Neugründung von Gemeinden führen.

Konflikte zwischen Mitgliedern und Pastoren/Ältesten

Konflikte und Unstimmigkeiten können zwischen den Mitgliedern einerseits, dem Pastor und/oder den Ältesten andererseits aufbrechen. Das Hirtenamt der Pastoren und Ältesten wird selten als solches infrage gestellt, strittig ist eher die Art und Weise, wie sie ihre Rolle verkörpern und ausfüllen.

Unterschiedliche theologische Sensibilitäten können dazu führen, dass Mitglieder ihre Gemeinde verlassen. Die «*Färbung*» oder der «*Ton*» des Pastors entspricht ihren individuellen Wünschen und Bedürfnissen nicht oder nicht mehr. In der Regel verlassen solche Mitglieder dann die Gemeinde und suchen sich eine Gemeinschaft, die ihren Bedürfnissen besser entspricht. Meist erfolgt der Abgang reibungslos und erschüttert den Zusammenhalt der Gemeinde nicht.[19]

Unter Umständen kann jedoch das Verhalten oder die gesamte Lebenssituation des Pastors oder eines Ältesten den Erwartungen und Anforderungen der Mitglieder nicht mehr gerecht werden. Dann wird dessen Legitimität, seine Rolle und sein Amt auszuüben, infrage gestellt. Vincent (24, Ch, Student) und seine Glaubensgenossen etwa wurden mit der Schei-

19 Kapitel 9 kommt ausführlich auf die Problematik des Kirchenwechsels zurück. Aufgrund gewisser struktureller Züge (Kongregationalismus, breite Angebotspalette), aber auch stärker dogmatisch geprägter Züge (Primat des Bekehrungsakts vor der Gemeindezugehörigkeit) begünstigt das evangelisch-freikirchliche Milieu eine interne Bewegung und Dynamik, indem es seinen Mitgliedern bei Gemeindewahl und -wechsel eine gewisse Freiheit belässt.

dung und anschliessenden Wiederverheiratung ihres Pastors konfrontiert. Seitens der Mitglieder und des Rats löste dies einen Diskussions- und Reflexionsprozess aus, wobei die Legitimität des Pastors zur Ausübung seiner Vorbildfunktion zur Disposition stand. Das Problem wurde innerhalb des Leitungsgremiums gelöst und der Pastor konnte schliesslich seine Stelle behalten.

In anderen Fällen können gewisse Streitigkeiten über die Konzeption der Rolle von Prediger und Ältesten zur Zerreissprobe führen. Zuweilen kommt es zur Spaltung der Gemeinde, meist aber wird das leitende Mitglied, dessen Verhalten Anstoss erregt, seiner Ämter entbunden. So musste etwa der Vater von Elisa (27, K, Studentin) sein Ältestenamt abgeben, nachdem seine Tochter beschlossen hatte, die konservative Gemeinde zu verlassen, denn sein Lebensumfeld spiegelte nicht länger jenes Verhaltensideal, das er für die Gesamtheit der Mitglieder der Gemeinde zu verkörpern hatte:

> Wenn du Ältester oder auch Pastor bist und deine Kinder nicht den Leitplanken, den Schienen folgen, dann heisst das, dass du, ich weiss nicht, irgendwie spukt dann die Idee umher, dass du sie schlecht erzogen hast ... und plötzlich ist das nicht mehr vereinbar mit dem Amt, und deshalb hat mein Vater sein Ältestenamt abgegeben, ja.

Es kann vorkommen, dass die mit der Arbeit des Leitungsgremiums unzufriedenen Mitglieder Druck machen und die gesamte Leitung zur Demission drängen. Die Ältestengruppe etwa, der die erste von Laure (26, Ch, Studentin) besuchte Gemeinde leitete, trat zurück, nachdem ein Teil der Mitglieder an den Ausschuss ihrer Föderation gelangt war, um ihre Missbilligung gewisser autoritärer Interventionen kundzutun.[20] Laure erklärt

20 85,7 % der evangelisch-freikirchlichen Gemeinschaften sind offiziell einer überlokalen Organisation angeschlossen, einer Föderation oder einem Kirchennetz (Datenquelle: Erhebung *National Congregations Study in Switzerland [NCSS]*, Stolz/Chaves/Monnot/Amiotte-Suchet, 2011). Das geht aus den Antworten auf die entsprechende Frage hervor: «Gehört Ihre Gemeinschaft offiziell zu einer Dachorganisation wie einem Verband, einer Kirche oder einer anderen Art von einem Zusammenschluss?» Obwohl solche Verbindungen vor allem als funktional eingestuft werden und deren Ausgestaltung in der Regel die ekkle-

uns eingehender, woran sich die Spaltung zwischen einigen Mitgliedern und der Gemeindeleitung entzündet hat:

> Eigentlich, ganz zu Beginn, da war es ein Konflikt zwischen den Ältesten – ich zähle den Pastor dazu –, also zwischen den Ältesten und einigen Gemeindemitgliedern, weil die Ältesten, glaube ich, bei gewissen Personen moniert hatten, ihr Lebensstil entspreche nicht der Bibel. Da gab es dann diesen Konflikt zwischen den Ältesten und diesen Personen, und diese Personen gelangten an den Ausschuss von der [Name der konservativen Freikirche]. Und sie konnten sich nicht einigen, sie hatten nicht die gleichen Ansichten, nicht das gleiche Verhalten. Da beschlossen die Ältesten zu demissionieren.

Bei der Meinungsverschiedenheit ging es nach Laure im Wesentlichen um die Sanktionsmethoden der Ältesten gegenüber einem Mitglied, dessen Verhalten sie in einigen Punkten als abweichend beurteilten:

> Der vorherige Pastor ging wie folgt vor, er stützte sich auf einen Bibeltext, wenn es Probleme gab. Zuerst sprach er mit der Person [...] und wenn sie sich nicht veränderte, brachte er es in einem Gottesdienst vor und warnte die betreffende Person [...] Diese Methode wurde von der [Name der konservativen Freikirche] nicht gebilligt.

Nachdem der Pastor und das Leitungsgremium der lokalen Gemeinde zurückgetreten war, kam es zur Gründung einer neuen Gemeinde um den zurückgetretenen Pastor.

Konflikte zwischen Ältesten und Pastoren

Konflikte können auch zwischen zwei spirituellen Autoritätspersonen innerhalb einer Gemeinde entstehen, genauer zwischen Ältesten und Pastor, und zwar immer dann, wenn die Auffassung über Rollen und Aufgaben divergiert. In der Regel hat der Pastor als Gegenüber einen aus Ältes-

siologische Freiheit der lokalen Versammlungen gewährt, sind sie doch Ausdruck einer eingeschränkten Ausübung des vom Milieu traditionell verteidigten kongregationalistischen Ideals. Die Verbände sind zuweilen befugt, in die Verwaltung der lokalen Geschäfte gewisser Gemeinschaften einzugreifen.

ten und Mitgliedern zusammengesetzten Rat. In gewissen Gemeinden besitzen die Ältesten, aus historischen Gründen, mehr Gewicht als der Pastor. Dieser muss dann ihren Erwartungen entsprechen und seine Rolle als Seelsorger gemäss ihrem Verständnis ausfüllen.

Allerdings verläuft die Zusammenarbeit nicht immer reibungslos. So etwa bei Yvan (39, Kl, Erzieher), der sein Seelsorgeamt aufgeben musste, da der Rat mit seiner Arbeit nicht zufrieden war und ihn folglich nicht im Amt bestätigte. Von Anfang an hatte Yvan eine andere Vorstellung von Führungsarbeit als die Ältesten:

> Ich wollte ziemlich rasch etwas in Bewegung setzen, den Rat strukturieren, die Gemeinde strukturieren. Also, das stimmt, ich habe sie als ein Unternehmen verstanden [...] wollte sie gliedern. Ich glaube, das ist eines der Dinge, die die Ältesten in Panik versetzt haben, denn ganz schnell wurde geargwöhnt, ich wolle die Gemeinde schematisieren, sie in Dikasterien gliedern und dann jemanden an die Spitze stellen – kurz, sie hierarchisieren.

Diese differenzierte Vision einer gegliederten Organisationsstruktur der Gemeinde hätte letztlich zu einer Aufteilung von Leitungsmacht und kräften geführt; dazu war der Rat nicht bereit. Yvan, der in seiner Rolle nach mehr Unabhängigkeit strebte, musste sehr hohen Anforderungen genügen: «*Also rechnete ich meine Stunden ab und belegte Punkt für Punkt, Stunde für Stunde sämtliche Arbeitszeit auf Ratsebene.*» Schliesslich verlängerte der Rat seinen Vertrag nicht unter dem Vorwand, er habe nicht das «*Herz eines Hirten*» und besitze innerlich nicht die «*seelsorgerliche Berufung*», die von einer Person mit dieser Aufgabe erwartet wird. Die Nichtwiederwahl wurde für Yvan der Beginn einer langen Absetzbewegung. Mit dem nötigen Abstand betont er heute, «*wie schwierig es ist, als Pastor in einer evangelisch-freikirchlichen Gemeinde zu bleiben*»: stark beansprucht und zuweilen in die Rolle eines veritablen «*Anführers*» gedrängt – mit letztlich, so meint er, nur wenig Macht.

Die Erfahrung von Yvan verweist letztlich auf ein für das evangelisch-freikirchliche Milieu spezifisches Merkmal. Obwohl die Macht innerhalb der einzelnen Gemeinden ganz unterschiedlich verteilt und verknüpft sein kann, können mehrere Instanzen diese Macht legitimerweise für sich beanspruchen. Älteste, Pastoren, Mitglieder können konkret Autorität ausüben. Das Ideal einer auf dem Kongregationalismus fundierten Organisation gestattet eine derartige Machtverteilung, ist aber zugleich Quelle von Autoritätskonflikten, die innerhalb von evangelisch-freikirchlichen Gemeinden aufbrechen. Diese Konflikte aber führen niemals zur Auflösung der Gemeinde. Vielmehr ziehen sie oft die Gründung neuer Gemeinden nach sich, die den Bedürfnissen und Erwartungen der sich abspaltenden Mitglieder besser entsprechen.

5.5 Und die Frauen in alledem?

Die Reformation, in der die evangelisch-freikirchlichen Bewegungen ihre Wurzeln haben, führte unter anderem zur Neuordnung des Verhältnisses der Frau zur religiösen Macht. Die die reformatorischen Vorstellungen prägenden Grundsätze von *allgemeinem Priestertum* und *sola scriptura* boten den Frauen potenziell die Möglichkeit zur Zulassung zum Pastorenamt.[21] Die evangelischen Freikirchen haben sich diesem Wandel gegenüber ambivalent und unentschlossen positioniert. Der Mehrheit der Mitglieder der klassischen und charismatischen Gemeinden erscheint die Vorstellung, Frauen könnten predigen, durchaus legitim – in der Realität aber ist davon wenig zu spüren. Andere Aufgaben und Rollen, so etwa diejenige der Pfarrfrau, geniessen höhere Legitimität.

Die Frage, ob es richtig sei, dass «*nicht nur Männer, sondern auch Frauen predigen*», bejahen 70 % der Befragten. Je nach Submilieu fällt die Zustimmung der Evangelisch-Freikirchlichen indes ganz unterschiedlich aus. Grafik 5.2 führt uns einen klaren und deutlichen Gegensatz zwischen charismatischen und klassischen Evangelisch-Freikirchlichen einerseits und konservativen andererseits vor Augen. Während 81,6 % der klassischen Evangelisch-Freikirchlichen Frauen als Pastoren befürworten, sind es bei den konservativen Evangelisch-Freikirchlichen nur 16,4 % (wir summieren die Prozentanteile «völlig» und «eher einverstanden»).

21 Trotz dieser veränderten Wahrnehmung des Priesteramts brachte erst die zweite Hälfte des 20. Jahrhunderts die entscheidende Öffnung dieses Amts für Frauen (Willaime, 1996).

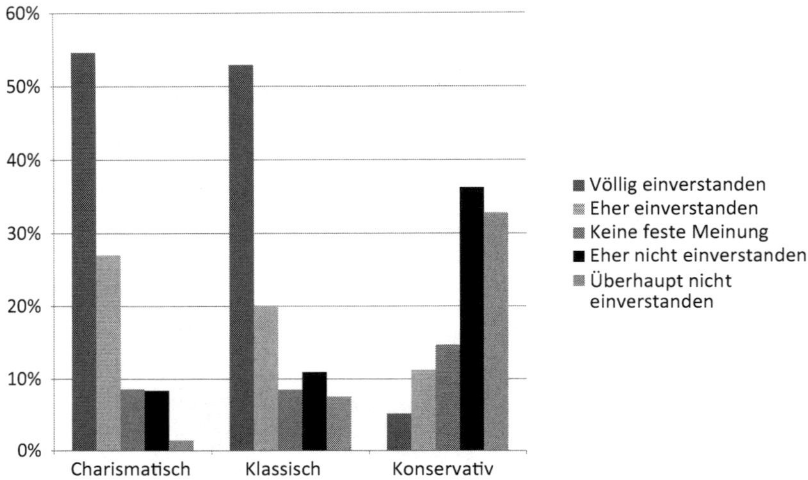

Grafik 5.2: Legitimität des Zugangs zum Pastorenamt für Frauen, nach Submilieus

Betrachten wir diese innerevangelisch-freikirchlichen Unterschiede noch etwas genauer. Konservative Evangelisch-Freikirchliche zeichnen sich dadurch aus, dass sie Frauen und Männern Rechte und Pflichten entsprechend ihrer traditionellen und konservativen Sicht von Rollenverteilung zuweisen.[22] Auch hier liefert die Bibel die Argumente zur Legitimierung der Geschlechterunterschiede. Gestützt wird unsere Aussage von Luc (47, konservativer Pastor):

> Die Bibel weist auf eine unterschiedliche Rolle, nicht aber auf einen naturgegebenen und werthaltigen Unterschied zwischen Mann und Frau hin. Insofern fällt dem Ehemann, dem Mann, die Verantwortung für Schutz, Sicherheit und so fort zu ... und auch letztinstanzliche Entscheidungsverantwortung über die globale Ausrichtung von Familie und Heim [...] Zu geschehen hat das in gegenseitiger Liebe und gegenseitigem Einvernehmen – wobei die Letztverantwortung dem Mann zufällt. Aber unter Berücksichtigung, ja, der Meinung der Ehepartnerin.

22 Eingehend behandelt wird das Rollenverständnis von Mann und Frau in Kapitel 6.

Innerhalb des Paares übernimmt der Mann folglich die Rolle des Beschützers, aber auch des ultimativen «Entscheidungsträgers», während die Frau eine stützende Rolle spielt. Diese Sicht der sich unterscheidenden und ergänzenden Rollen überträgt Luc auch auf die optimale Verwaltung einer Gemeinde. Für ihn «*existiert das Pastorenamt für die Frau nicht*», Pastor zu sein ist eine männliche Funktion. Auch hier, in seiner Arbeit, wird er von seiner Ehefrau unterstützt. Dann wird die Rolle der «*Ehefrau des Pastors*» wichtig. In Lucs Gemeinde unterliegt auch sie der Evaluation durch das Leitungsgremium, das beurteilt, ob sie ihre Rolle als Stütze angemessen spielt.

Die Verteidigung der traditionellen Rollenverteilung auf der Basis einer tendenziell wortwörtlichen Lesart der Bibeltexte ist vor allem für das konservative Submilieu typisch. Für einen grösseren Spielraum in der Auslegung der Bibeltexte[23] stehen die charismatischen und klassischen Evangelisch-Freikirchlichen, die dem Pastorenamt der Frau mehr Legitimität zusprechen. Zwar bejahen Letztere mehrheitlich eine gewisse Gendergleichheit bezüglich des Pastorenamts, gleichwohl kommt dieser Trend in der Realität nur bedingt zum Tragen. In Leitungsfunktionen sind Frauen nach wie vor stark untervertreten. Grafik 5.3 zeigt, welches Gefälle besteht zwischen der Vorstellung, eine Frau könne für eine Gemeinde verantwortlich sein, und der Anzahl Gemeinden, in denen dieses Amt tatsächlich von einer Frau ausgeübt wird.

Während die konservativen Evangelisch-Freikirchlichen kohärent argumentieren und ihrer traditionellen Linie treu bleiben, zeigt sich bei den klassischen und charismatischen Evangelisch-Freikirchlichen eine Kluft zwischen Anspruch und Realität. Anzunehmen ist, dass zwischen der Absicht und deren Realisierung eine gewisse Zeit verstreicht. In dieser Hinsicht bestätigen unsere Daten die Aussagen von Victor (28, Kl, Student), wonach in der jungen Generation bezüglich des traditionellen Rollenverständnisses in der Gemeinde ein Wandel stattfindet:

> Ich glaube, es ist eine Entwicklung in Gang – der Platz der Frauen in unserer Gemeinde. Pastoren, Älteste sind offen, wenn es darum geht, dass Frauen pre-

23 In Kapitel 3 wird die Frage der Bibelauslegung im evangelisch-freikirchlichen Milieu näher beleuchtet.

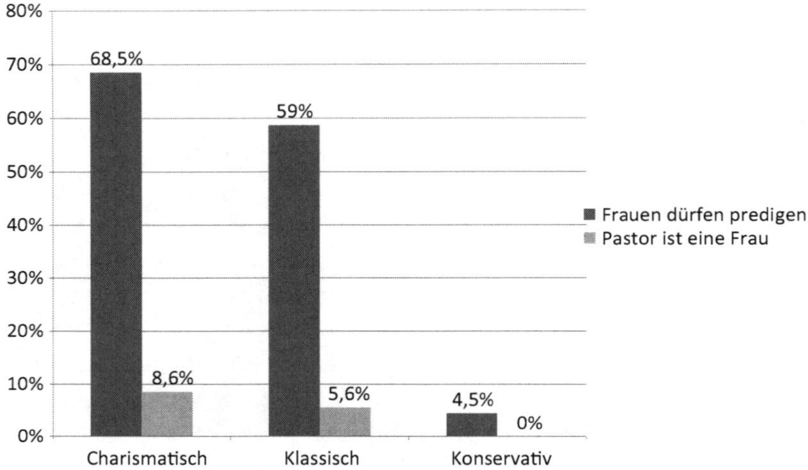

Grafik 5.3: Verantwortung der Frauen – Gefälle zwischen Wahrnehmung und Realität, nach Submilieus[24]

> digen können oder so. Aber es gibt ziemlich viele ältere Leute, die sich dem noch immer verschliessen.[25]

Mit dem Thema Autorität haben wir indirekt den Zusammenhalt des evangelisch-freikirchlichen Milieus und die Aufrechterhaltung seiner Grenzen analysiert. Die evangelischen Freikirchen verdanken ihren Fortbestand im säkularisierten Kontext namentlich den biblisch geprägten Regeln und Normen, die ihr Fundament bilden, aber auch der damit implizierten *ethischen Hypernormativität.* Selbstkontrolle und gegenseitige Kontrolle der Mitglieder sorgen – selbst in den intimsten Beziehungen der Mitglieder – für eine gewisse Konformität und in einem weiteren Sinn für

24 Datenquelle: Erhebung *National Congregations Study in Switzerland (NCSS)*, Stolz/Chaves/Monnot/Amiotte-Suchet (2011); dargestellt werden die Prozentanteile der Gemeinden.

25 Kapitel 12 belegt tatsächlich eine Entwicklung. Bezüglich der Rollenverteilung von Mann und Frau findet unter der jungen Generation des charismatischen und des klassischen Milieus ein Wandel in Richtung Gendergleichheit statt.

eine in gemeinsamen Überzeugungen und Verhaltensweisen geeinte Gemeinschaft. Damit wird die Möglichkeit minimiert, dass ein Mitglied «die Grenzen des Milieus überschreitet». Verstärkt wird der Zusammenhalt zudem durch die Präsenz von Pastoren, die Verantwortung tragen und über eine gewisse anerkannte Macht verfügen, wenn es um die Unterweisung der Mitglieder geht (Figur des Pastors und Lehrers), um den Umgang mit individuellen Problematiken (Figur des Pastors als Coach oder Sozialarbeiter) oder um das Engagement der Mitglieder für ihr Glaubensleben (Figur des charismatischen Pastors). Falls bestimmte Konflikte zwischen den verschiedenen Leitungsgremien den Zusammenhalt der Gemeinde bedrohen, lassen sich schliesslich dank der evangelisch-freikirchlichen Organisationsstruktur – Bevorzugung einer auf der Idealvorstellung horizontaler Autorität basierenden Vereinsstruktur – relativ rasch und unkompliziert neue Gemeinden gründen, die den Forderungen der «Dissidenten» entsprechen. In anderen Konfliktfällen kann das unzufriedene Mitglied seine Gemeinde auch einfach verlassen und sich einer anderen Gemeinde anschliessen, deren Angebot seinen Bedürfnissen besser entspricht. Die Analyse der evangelisch-freikirchlichen Autorität zeigt einmal mehr, dass das Milieu im säkularisierten Kontext standhält, und zwar dank Normen, die die Beziehungen und die Identität des Milieus stark strukturieren, aber auch dank einer gewissen internen Dynamik.

Kapitel 6

Das evangelisch-freikirchliche Paar

Olivier Favre

Wer untersucht, wie sich evangelisch-freikirchliche Paare bilden und wie sie ihr Leben gestalten, beschäftigt sich mit einer der konstitutiven Dimensionen des evangelisch-freikirchlichen Milieus als soziales Milieu. Eine Familie gründen, Kinder haben und ihnen religiöse Überzeugungen vermitteln – dies erweist sich tatsächlich als eine zentrale Zielsetzung dieser höchst aktiven Christen und spielt, indem es die Grenzen des Milieus festigt, eine herausragende Rolle in dessen Reproduktion.

Gegenüber dem in den letzten Jahrzehnten erfolgten tiefgreifenden Wandel der Institution Familie stellen die Evangelisch-Freikirchlichen eine bemerkenswerte Widerstandsfähigkeit unter Beweis.[1] Der Diversifikation der Familienmodelle (Einelternfamilie, Konkubinat, homosexuelle Paare) setzen die Evangelisch-Freikirchlichen ein markant traditionelleres Familienbild entgegen: Vorrang der Eheschliessung und generelle Ablehnung von Konkubinat und ausserehelicher Sexualbeziehung. Das Paar, dessen Rollen ebenfalls in einem oft konservativen Schema verankert sind – der Mann geht einer Erwerbsarbeit nach und sichert im Wesentlichen das Einkommen des Haushalts, während sich die Hausfrau

1 Für den Soziologen Jean Kellerhals ist der Wandel der Familienstrukturen Teil eines zweifachen Prozesses, der mit der Privatisierung der Verhaltensweisen zusammenhängt. Erstens sind die beiden Partner der Auffassung, dass Bildung, Fortbestand und mögliche Auflösung der Paarbeziehung nur von ihnen selbst abhängen soll. Zweitens beobachten wir das Aufkommen eines «Familienindividualismus», der den Vorrang des Individuums vor dem Paar und des Paares vor der Familie impliziert. Die Legitimität von Paar und Familie ist weiterhin gegeben, aber «immer bedingt und zweitrangig im Vergleich zu den kurz- oder langfristigen Orientierungen, Lebensentwürfen und Wünschen des Individuums» (Kellerhals/Widmer, 2007, S. 14). In diesem Kapitel wird sich zeigen, dass die Evangelisch-Freikirchlichen diesem zweifachen Prozess widerstehen: Die Familie und deren Bedürfnisse haben Vorrang vor dem Paar und das Paar vor dem Individuum.

prioritär um Kinder und Haushalt kümmert –, findet seine Daseinsberechtigung hauptsächlich in der Gründung einer Familie. So gelingt es den Evangelisch-Freikirchlichen, eine Subkultur, einen «Familialismus»[2] zu pflegen, der sich bald auf die Moderne einlässt, bald eindeutig gegenkulturelle Züge aufweist; auf diese Weise kann er den pluralistischen Einflüssen der modernen Gesellschaft widerstehen und sich in ihr behaupten. Die Evangelisch-Freikirchlichen interpretieren dieses Familienmodell in der Regel als Ausfluss göttlichen Willens, doch ist es, wie sich zeigen wird, auch von einer Vielzahl von sozialen Prinzipien strukturiert, die diese Beziehungen regeln. In diesem Kapitel befassen wir uns erstens mit der Paarbildung und den das Paar leitenden Voraussetzungen – dies insbesondere unter dem Aspekt der Homogamie, die den Erfolg des Familienmodells zu gewährleisten hat. Zweitens untersuchen wir, wie mit Konflikten umgegangen wird, wie Scheidungen beurteilt werden und auf welcher Basis sich eine Zweitehe in den Augen der Evangelisch-Freikirchlichen rechtfertigen lässt. Drittens konzentrieren wir uns auf die Intimsphäre des Paares – mit der für die Evangelisch-Freikirchlichen charakteristischen Auffassung, dass Sexualität sich innerhalb des klar begrenzten Rahmens des verheirateten heterosexuellen Paares abzuspielen hat. Schliesslich wenden wir uns der Analyse der Rollen, anders gesagt, der mit diesem Familienbild implizierten Stellung von Mann und Frau zu.

6.1 Die Paarbildung

Anders als gemeinhin angenommen, legen mehrere neuere Studien nahe, dass sich Paare nicht «zufällig» finden und dass Liebe zwischen zwei Menschen durchaus bestimmten Prinzipien folgt:

> […] die Paarbildung ist immer vom Phänomen der «Homogamie» geprägt, dass nämlich der Ehepartner innerhalb des eigenen Sozialmilieus gewählt wird. So

2 Campiche, 2006, S. 8; Lenoir, 2003, S. 253. Historisch gesehen beschreibt der Familialismus eine Regulierungsform – etwa im ausgehenden 19. Jahrhundert –, die darauf abzielt, die Rolle der Familie in der Gesellschaft zu festigen.

> liegt etwa die Chance, dass eine Akademikerin sich mit einem Akademiker verbindet, bei 50 % […] Liebe ist nur auf einem Auge blind![3]

Den Evangelisch-Freikirchlichen, insbesondere wenn beide Partner evangelisch-freikirchlich sind, drängt sich in diesem Zusammenhang die Vorstellung vom Wirken der Vorsehung auf. In ihren Berichten stützen sich die Evangelisch-Freikirchlichen fast immer auf die Überzeugung, die Begegnung und die ersten Kontakte seien göttlichem Eingreifen zu verdanken. Liebe hat jegliche Blindheit verloren! Isaac etwa (35, Ch, Lagerist) ist überzeugt, die richtige Person gefunden zu haben, nachdem diese etwas für ihn «*gefühlt*» habe.

Die Dimension der Vorsehung

Die meisten unserer Gesprächspartner sind sich auch deshalb so sicher, dass es sich hier um göttliche Fügung handelt, weil sie um die entsprechende Begegnung gebetet haben. Dies ist keineswegs überraschend, denn die Evangelisch-Freikirchlichen beten um viel unbedeutendere Dinge im Leben.[4] Also beten, aber wie den Willen Gottes erkennen? Wie wissen, dass das sich anbahnende Unterfangen auf seine Zustimmung stösst? Gesucht wird in diesem Fall eine wachsende innere Überzeugung. Diese kann sich beispielsweise auf ein «*Zeichen*» stützen, das die Richtigkeit der Entscheidung gewährleistet. Unter «Zeichen» verstehen die Evangelisch-Freikirchlichen unbedeutende oder wichtige, in der Regel nie dagewesene und unerwartete Ereignisse, die einen Bruch, eine Zäsur im üblichen Lebensablauf herbeiführen und nicht gänzlich mit dem Zufall zu erklären sind.

Rémi (50, Ch, Lehrer) spricht von der Erfahrung seiner künftigen Frau, die noch nicht überzeugt war, dass sie einander heiraten sollten, und deshalb um ein Zeichen betete. Sie beschloss, nach Afrika zu ihrem Bruder zu reisen, um Distanz zu gewinnen und über ihre Zukunft nachzudenken. Das Zeichen erschien bei ihrer Rückkehr aus Afrika. Beim Abschied erklärte ihr Bruder: «*Du wirst sehen, wenn du im Flugzeug in die Schweiz zurückkehrst, du wirst sehen, dass es schliesslich vermutlich eine Antwort geben wird.*» Während

3 Kellerhals/Widmer, 2007, S. 27.

4 Vgl. dazu Kapitel 3.

des Flugs fiel der vorgesehene Spielfilm aus und an dessen Stelle wurde ein Dokumentarfilm gezeigt. In einer langen Sequenz flatterten eine Schweizer und eine schwedische Fahne nebeneinander. Sie aber ist Schweizerin und er Schwede ... Diese Szene beeindruckte Rémis künftige Ehefrau nachhaltig. Er meint, «*es war ein Flash, ganz präzise ... es war höchst eindringlich*», so eindringlich, dass das Erlebnis zu einem «*Zeugnis*» wurde, von dem sie noch Jahre danach ihren Kindern erzählten.

Unter anderen Umständen, aber in einer ähnlichen Erwartungshaltung lernt Veronika (46, Ch, Kosmetikerin), wiederverheiratet, ihren künftigen Ehemann kennen. Sie beschreibt, wie auch sie zur Überzeugung gelangte, er sei der Richtige. Zuerst erfährt sie von einer Cousine vom Tod der von ihrer Schwester betreuten Ehefrau eines Pastors. In diesem Augenblick, ohne ihn je gesehen zu haben, «*fühlt*» sie – einmal mehr die Vorstellung einer inneren Wahrnehmung –, dass sie seine nächste Frau sein wird:

> Während des Telefongesprächs, das tönt absurd, es war aber so, [wusste ich]: Ich werde seine nächste Frau.

Daraufhin betet sie, dieser Gedanke möge sich ihr wirklich aufdrängen oder aber, falls er denn falsch sei, wieder verschwinden ... In der Nacht wird sie dann von ihrer künftigen Heirat träumen. Aber nicht irgendeinen Traum, denn, so vertraut sie uns an, am Tag ihrer Hochzeit kommt es ihr vor, als würden sich die Dinge wiederholen – so intensiv war in ihrem Traum die Vorahnung gewesen. Als sich die Gelegenheit bietet, den Mann kennenzulernen, überzeugt ihn ihr Bericht über ihr Vorgehen, beeindruckt vom empfangenen «Zeichen». Vier Monate später werden sie heiraten ...

Beten in Verbindung mit der Partnersuche – auch Anja (42, Ch, Hausfrau) wählt dieses Vorgehen; inspirieren lässt sie sich dabei von einer äusserst präzise geschilderten Gebetserhörung, die ihr zu Ohren gekommen war. Sie beschliesst, nach ebenso präzisen Kriterien um einen ihr wirklich entsprechenden Ehepartner zu beten. Sie sagt nicht, in welchem Rahmen sie ihren künftigen Ehemann kennenlernen wird, zweifellos in einem kirchlichen Umfeld. Doch Tatsache ist, dass sie ein Jahr später verheiratet ist, wobei sie, wie sie präzisiert, schon früher viele andere Männer kennengelernt hatte, von denen aber keiner sie überzeugt hatte. Auf Anjas

Vorgehen stösst man in mehreren Lebensläufen. In einem gewissen Alter ist Ledigsein anscheinend nicht mehr akzeptiert, und dann wird die von der Vorsehung herbeigeführte Begegnung «aktiviert», herbeigeführt durch das Gebet. Höchst bezeichnend ist der Fall von Simon (33, Kl, Arbeiter). Er erzählt, wie er seine heutige, ebenfalls evangelisch-freikirchliche Frau kennenlernt:

> [...] Es geschah 2002 bei der Rückkehr aus Afrika [...] Damals, in jener Periode, verspürte ich in meinem Sexualleben wirklich das Bedürfnis, eine Frau zu finden, das ist klar [...] Da bat ich den Herrn: «Ich bin nun 28 und will nicht Wochen und Jahre suchen » Und zwei Personen sind mir eingefallen, meine spätere Frau Michèle und eine andere Frau. Michèle kannte ich nicht sehr gut ... und da begann ich es bei Michèle zu versuchen, nur so, um es genau zu wissen. Und sie, ihr war ich schon vor einiger Zeit aufgefallen, und sie versuchte, mit mir ins Gespräch zu kommen [...] so hat alles angefangen. Es war nicht plötzlich die leidenschaftliche Liebe, nicht Liebe auf den ersten Blick, es war rationaler [...]

Die Paarbildung im evangelisch-freikirchlichen Milieu erscheint so als das Ergebnis einer Mischung von Erwartung, umformuliert als Gebet, von Intuition und Initiative sowie dem Gefühl göttlicher Fügung. Die Dimension der Vorsehung verstärkt den Zusammenhalt des Paares – durch das Gefühl, sich mit der richtigen Person verbunden zu haben, nämlich der von Gott vorgesehenen Person. Im Übrigen entsprechen diese Begegnungen einem Modell, das auf Normen basiert, die den Erfolg der Heirat garantieren. Anders gesagt, man begegnet nicht irgendwie irgendjemanden! Zum Beispiel muss der Ehepartner, die Ehepartnerin unbedingt Christ/Christin sein. Diesem Punkt wenden wir uns nun zu.

6.2 Das Streben nach dem Ideal

Gemeinsame Glaubensüberzeugungen

Überaus wichtig für die Evangelisch-Freikirchlichen ist, dass ihr Partner dieselben Glaubensüberzeugungen hat. 93,3 % der verheirateten Befragten haben einen gleichfalls «bekehrten» Ehepartner. Ist der Ehepartner nicht evangelisch-freikirchlich, lässt sich die Heterogamie in der Regel durch die nach der Heirat erfolgte Bekehrung des evangelisch-freikirchlichen Partners «herstellen».[5] Dieses Faktum beruht auf einem gut etablierten Diskurs. Tatsächlich vertreten sämtliche Befragten, die sich zur Partnerschaft als Paar äussern, die Meinung, es sei besser, wenn beide Ehepartner dieselben spirituellen Werte teilten, das heisst, dass ihr Ehepartner ebenfalls christlich, gemeint ist «wiedergeboren», sei. Dazu ergeben sich Argumente, die sich in drei Gruppen einteilen lassen.

Erstens existiert die Vorstellung, Homogamie gebe dem Paar eine Orientierung, eine gemeinsame ideologische Basis – Garantin der Einheit des Paares. Dazu bemüht Rémi (50, Ch, Lehrer) das Bild des Gespanns und will damit die Logik einer solchen Einheit im Denken belegen:

> *Werden wir ein Gespann bilden, das zueinander passt, das zusammen ist, das dieselbe Kraft hat, das in dieselbe Richtung geht, das nicht auseinanderdriftet?*

Dahinter steht die Vorstellung, dass ein Gespann nur dann gut funktioniert, wenn die beiden Zugtiere dieselbe Kraft haben. Für Rémi bedeutet das, «*etwas Biblisches zu begründen*», was sich in der identischen Verbundenheit mit der Bibel verifiziert, der eine gemeinsame Hoffnung entspringt. Und diese Art von Aussagen scheint auch für die Jüngeren nicht veraltet zu sein. «*Dieselbe Wellenlänge haben*», so lautet auch das von Claire (25, Ch, Studentin) vorgebrachte Argument.

Zweitens besitzt diese Einheit im Glauben laut den Befragten den Vorteil, dass beide auf Gott vertrauen. Dazu Catherine (62, K, Rentnerin): «*Man ist in der Beziehung nie allein, in schwierigen Situationen haben wir Gott mit uns, mit den Kindern.*» Ihrer Meinung nach ist die Heirat ein «*wunderbares*», aber zugleich anspruchsvolles Unterfangen. Gemeinsam auf Gott zählen zu können, das erachtet sie insbesondere dann als wesentlich, wenn gewisse Schwächen des Ehepartners kompensiert werden sollen:

5 Gemischt-religiöse Ehen vermindern die Reproduktionsfähigkeit religiöser Gruppen insofern markant, als die Weitergabe religiöser Überzeugungen an die Kinder nebensächlicher wird (vgl. Voas, 2003). In Kapitel 7 werden wir auf die Problematik der Weitergabe religiöser Überzeugungen und deren Einfluss auf die Reproduktion des Milieus ausführlicher zurückkommen.

> Was die unangenehmen Mängel des anderen betrifft, so kann man sich Gott anheimstellen; er gibt, was man nicht hat, etwa Liebe, das, was man beim anderen nicht findet.

Im letztgenannten Punkt vertritt Justine (45, Ch, auf Arbeitssuche) dieselbe Vorstellung; ihrer Ansicht nach gleicht Gott gewisse Mängel aus, die das Eheleben zwangsläufig mit sich bringt. Dieselbe Orientierung zu haben vermindert das Risiko schmerzlicher Konflikte: «*So laufen die Dinge besser, als wenn einer nicht glaubt. Sonst kommt es zu Konflikten.*» Unterschiedliche Überzeugungen zu haben, das käme in den Augen Justines geradezu einer transkulturellen Ehe gleich.

Drittens ergänzen weitere Befragte, der gemeinsame Glaube habe auch praktische Vorteile: dieselbe Gemeinde und vor allem dasselbe Erziehungsziel. Für Paul (50, K, Buchhalter) ist der Glaube ein *Pfeiler*. Probleme entstehen, wenn die Ehepartnerin am Gottesdienst nicht teilnimmt. Und das gelte auch für die Erziehung der Kinder, ergänzt er, er beobachte das bei gemischt-religiösen Paaren. Bestätigt werden diese Aussagen von Josiane (65, Ch, selbständig). Sie berichtet über ihre Erfahrung in einer als gemischt-religiös zu qualifizierenden Ehe. Im Lauf der Jahre entstand ein gewisses Mass an Einvernehmen mit ihrem Ehemann. Zugleich aber bedauert sie, dass er nicht am Sonntagsgottesdienst teilnimmt und, anders als sie, noch keine Bekehrung erlebt hat:

> Ich möchte gern, dass er mit mir zum Gottesdienst kommt, dass er versteht, dass Jesus für ihn am Kreuz gestorben ist, um ihn zu retten [...] dass er Jesus in sein Herz schliesst [...] das würde mich glücklich machen.

Ein Ehepartner mit derselben evangelisch-freikirchlichen Überzeugung bringt mithin ein Menge Vorteile mit sich: derselbe Lebensentwurf, Einigkeit in der Frage der Kindererziehung, Übereinstimmung in der Freizeitgestaltung usw. In diesem Sinn verringert eine auf gemeinsamen Werten gegründete Ehe das Konfliktpotenzial, während das Zusammenleben mit einem Nichtgläubigen sich als schwierig erweisen kann. Isabelle etwa (27, K, Direktionsassistentin) spricht von ihrer negativen Erfahrung mit einem «nichtchristlichen» Freund und konstatiert Unvereinbarkeit sowohl hinsichtlich des Alltagslebens als auch ihrer Gemeindezugehörigkeit. So fühlte sie sich beispielsweise in ihrer eigenen (konservativen) Gemeinde nicht willkommen.

Der Fall von Elisa (27, K, Studentin) bestätigt die Kraft des vor allem im konservativen Submilieu portierten Modells. Anders als Isabelle brach sie nicht mit ihrem Freund, vielmehr entschloss sie sich nach familiären Druckversuchen zum Verlassen des Milieus:

> Ein Christ, der mit einem Nichtchristen zusammen ist, das ging nicht. Das wird nicht toleriert, das ist völlig undenkbar, denn – so hat man mir erklärt – wenn du an Dinge glaubst, die du mit den dir am nächsten stehenden Menschen nicht teilen kannst, dann ist es schlicht unmöglich [...]

Sie ergänzt, dass die Situation insbesondere für ihren Vater schmerzlich wurde, musste dieser doch sein «Ältestenamt» in der Gemeinde abgeben. In diesem Fall wurzelt das Modell in Wirklichkeit weniger in der pragmatischen Erklärung als in einer moralischen Rechtfertigung. In den Augen der Eltern gerät die Tochter des Ältesten, obwohl erwachsen, moralisch auf Abwege. So kommen Zweifel auf an den pädagogischen Fähigkeiten des Familienvaters und dadurch auch an dessen Glaubwürdigkeit als Verantwortlicher der Gemeinde. Zweifelsohne ein Extremfall, aber er illustriert die Möglichkeit des Abgleitens einer vom Milieu in der Regel als positiv verstandenen Sozialnorm in nicht verhandelbaren moralischen Zwang.[6]

Den Evangelisch-Freikirchlichen erwachsen auch mehrere Vorteile aus dem auf gemeinsamen religiösen Überzeugungen gründenden Eheleben. Das Modell funktioniert mithin dank des von ihm gepriesenen pragmatischen Ideals. In manchen Fällen allerdings verwandelt sich das Ideal in einen moralischen Imperativ. Wer sich ihm nicht unterzieht, setzt sich gewissen Pressionen seitens des Milieus aus – dies insbesondere im konservativsten Zweig.

6 Zweifellos eines der Risiken, mit denen das heutige evangelisch-freikirchliche Milieu konfrontiert ist: der Umcodierung eines Ideals in eine Pflicht. Darauf werden wir in Kapitel 11 zurückkommen; es befasst sich mit den ehemaligen Mitgliedern, die oft auf diesen Mechanismus anspielen.

Kinderwunsch

Nach evangelisch-freikirchlichem Verständnis gehört der Kinderwunsch wesensmässig zum Paar. Die Familie ist einer der zentralen Werte des evangelisch-freikirchlichen Milieus. Untermauert wird dieses Faktum durch die Statistik. Die Anzahl Kinder in evangelisch-freikirchlichen Familien liegt über dem Schweizer Durchschnitt: 1,9 Kinder pro evangelisch-freikirchliche Frau, gegenüber 1,4 im nationalen Durchschnitt. Dieser Tatbestand spiegelt sich etwa in den höchst aufschlussreichen Ausführungen von Paul (50, K, Buchhalter). Wie bereits seine Eltern und Grosseltern gehört er der Gemeinde für Christus an, genauso seine drei Kinder, von denen zwei bereits erwachsen sind. Er spricht von der Liebe zu seiner Frau und von den ersten Lebensjahren seiner Kinder als einer besonders bewegenden und kostbaren Zeit:

> [...] das erste Kindlein [...] die erste Tochter, die war so ein Sonnenschein, die hat uns Eltern angestrahlt. Wir haben immer gesagt, wo nimmt die all diese Freude und diese Sonne her? Das waren wunderschöne Jahre, wirklich. Ja und dann die ganze Entwicklung, wie sie laufen lernen, reden lernen, plappern [...] das war eine wunderschöne Zeit. Und mit ihnen zu spielen, mit ihnen zu basteln, mit ihnen alles Mögliche zu erleben. [...] Ich finde, ja, das Schöne in der Schöpfung, dass sich eigentlich die Freude und das Schöne erleben lassen.

Dieser Beschreibung haftet etwas fast Mütterliches an, was aber für die Evangelisch-Freikirchlichen kaum erstaunlich ist. Genauso wird nämlich die Rolle des Vaters verstanden: Er ist in der Lage, seinen Kindern rückhaltloses Interesse entgegenzubringen. Hier stellt Paul eine aufschlussreiche Verbindung her zwischen der Geburt seiner Tochter, ihrer frühen Kindheit und der Gesamtheit der Schöpfung – all dies bildet ein vom Glauben zusammengehaltenes Ganzes.

Auch Erich (45, Landwirt), in seinem Dorf Präsident der Kirchenpflege, aber evangelisch-freikirchlicher Tendenz, erwähnt die Geburt seiner Kinder als ein besonders bedeutsames Ereignis. Ja, er spricht sogar von einem «*Wunder*»:

> Das Wunder, das eigentlich geschieht, wenn ein Kind auf die Welt kommt: dass alles gut geht, dass es der Mutter gut geht, dass das Kind auch normal ist. [...]

> Das sind sicher Sachen, die in unseren Breitengraden eigentlich fast als selbstverständlich angeschaut werden, aber für mich ist es nicht selbstverständlich.

Ein Kind zu bekommen bedeutet mithin, im Einklang mit der Schöpfung und dem Schöpfer zu sein. Erich ist sich indes durchaus bewusst, dass die Schöpfung nicht ohne Schwächen ist und dass eine Geburt nicht in jedem Fall problemlos verläuft. Deshalb bezeichnet er die Geburt eines gesunden Kindes als «*Wunder*». Simon (33, Ch, Arbeiter) wiederum sagt sogar, bei der Geburt seines ersten Sohnes habe er sich als «*Mann im vollen Wortsinn*» gefühlt. Alle diese Elemente weisen darauf hin, dass die evangelisch-freikirchlichen Gläubigen ihre Identität vor allem in der Berufung finden, Eltern zu sein und das Leben zu schenken – dies im Kontrast zum modernen, heute stark individualisierten Streben nach Harmonie und Ausgleich. Das trifft so sehr zu, dass Jack (53, Ch, Missionar) und seine Frau beschlossen haben, «*spirituelle Kinder*» zu zeugen und das Nichtvorhandensein von Kindern so zu kompensieren. Konkret bedeutet dies, so erklärt er uns, dass Jugendliche in ihrem Umfeld sie bitten, für sie «*spirituell als Papa und Mama*» zu fungieren. Hauptzweck ist es dann, diese Jugendlichen auf ihrem christlichen Weg zu begleiten. Jack versteht diese Quasi-Elternrolle als die Rolle einer ergänzenden Elternfigur. So führen denn die Unfruchtbarkeit des Paares und die Erwartung nach spiritueller Patenschaft zu einer eher ungewöhnlichen Ersatzbeziehung.[7]

Kinder zu haben bedeutet auch, die Frage der Sexualität anzuschneiden. Im nächsten Abschnitt wird sich zeigen, wie Sexualität als Kitt des Paares und zugleich als Quelle der Lust verstanden wird.

Ehe und Sexualität

Laut Kellerhals[8] hat der Rückgang der Eheschliessungen im Westen weniger mit der Ablehnung des Paares an sich als mit der Generalisierung des Zusammenlebens ohne Trauschein zu tun. Aber, so präzisiert er, in der

7 Keine ganz neue Sicht der Dinge, brachte sie doch bereits Johannes Calvin nach dem Verlust seines einzigen Sohns ins Spiel: «Der Herr hatte mir ein Söhnchen geschenkt; er hat es mir genommen. [...] Ich erwidere, dass ich überall in der Christenheit Zehntausende von Kindern habe» (zit. nach Alain Perrot, 1986, S. 53).

8 Kellerhals/Widmer, 2007, S. 15.

Schweiz ist es insofern vor allem eine neue Form der Verlobung, als auf das Zusammenleben in der Regel die lediglich etwas später angesetzte zivile Eheschliessung folgt. Bestätigt wird diese Feststellung dadurch, dass bloss 12 % der Kinder ausserehelich geboren werden.

Für die Evangelisch-Freikirchlichen allerdings ist diese Art von Probeehe keine Option. Das geht aus den Daten der quantitativen Erhebung hervor (Grafik 6.1).

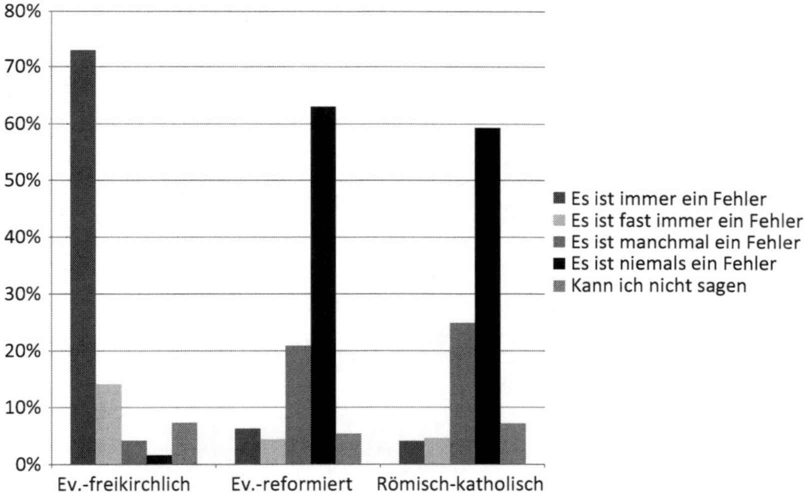

Grafik 6.1: «Glauben Sie, dass es ein Fehler ist, wenn ein Mann und eine Frau vorehelichen Geschlechtsverkehr haben?», nach Konfessionen[9]

Die Frage «Glauben Sie, dass es ein Fehler ist, wenn ein Mann und eine Frau vorehelichen Geschlechtsverkehr haben?» beantworten drei Viertel der Evangelisch-Freikirchlichen mit einem kategorischen Ja und heben sich damit ganz klar von der Gesamtbevölkerung ab. Im Idealfall besteht das Paar mithin aus zwei bekehrten und miteinander verheirateten Indi-

9 Bei Katholiken und Reformierten handelt es sich um jene Bevölkerungsmehrheit, die eine Konfessionzugehörigkeit bejaht, in der Regel aber nicht praktizierend ist.

viduen, während das Konkubinat in weiten Teilen abgelehnt wird. Es erstaunt denn auch nicht, dass die Evangelisch-Freikirchlichen im Vergleich zur Schweizer Bevölkerung eine hohe Heiratsrate und eine tiefe Scheidungs-, Ledigen- und Konkubinatsrate aufweisen. Während die Gesamtbevölkerung – eingeschlossen Personen katholischer oder reformierter Konfession – eine gewisse Vielfalt bezüglich Zivilstand und Paarbeziehung aufweist, zeichnet sich das evangelisch-freikirchliche Milieu durch ein ausgeprägt homogenes Modell aus (Grafik 6.2).

Damit stellt sich die Frage, wie es den Evangelisch-Freikirchlichen gelingt, ein derartiges Anforderungsniveau zu halten, obwohl ihr Vorgehen ausserhalb des Milieus anscheinend in keiner Weise gestützt wird. Ersichtlich können weder die Medien noch die öffentliche Meinung, geschweige denn die reformierte Kirche mit ihrem sehr toleranten Diskurs eine grosse Hilfe sein, wenn es um den evangelisch-freikirchlichen Willen zu moralischer Widerstandsfähigkeit geht. Anhand mehrerer Beispiele aus unseren Interviews wie auch aus der evangelisch-freikirchlichen Literatur zur Paarbeziehung lässt sich die von den Evangelisch-Freikirchlichen vorgebrachte Argumentation festmachen.

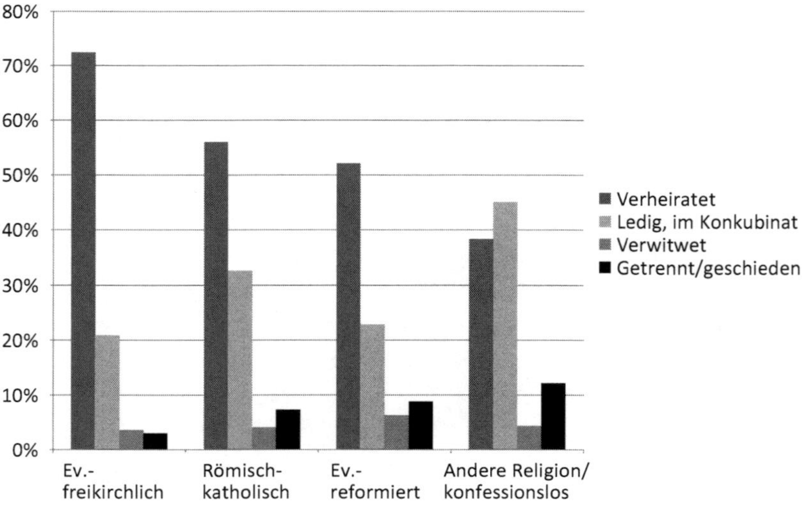

Grafik 6.2: Zivilstand, nach Religionszugehörigkeit

Laut Vincent (24, Ch, Student) gibt das Prinzip der vorehelichen Enthaltsamkeit dem Paar in erster Linie einen Rahmen, ohne den «*du, falls du deinen Trieben folgst, nach rechts und nach links gehst, das ist sonnenklar, und du machst weiter so, selbst wenn du einmal verheiratet bist*». Auch Louis (58, K, Bibliothekar) betont den Präventionsaspekt des Gebots:

> Gott [will] nicht, dass wir vor der Ehe zu viele Erfahrungen machen, nicht, um uns etwas vorzuenthalten, sondern um uns vor bitteren Enttäuschungen und viel Leid und vielen schlechten Erfahrungen zu bewahren.

Auch die Aussage von Marc (49, Ch, Pastor) ist insofern aufschlussreich, als er der Sexualität andere Werte gegenüberstellt. Er erzählt, dass er seine Frau ernsthaft misshandelt und von ihrer Seite keinen Vorwurf toleriert habe. Sie ihrerseits räumt ein: «*In mir ist sogar der Wunsch aufgekommen, ihn zu töten [...]*» Die Scheidung lag mithin in der Luft. In dieser höchst konfliktträchtigen Konstellation sollte in den Augen von Marc der christliche Glaube die entscheidende Wende bringen und bewirken, dass Marc heute klar zwischen Liebe und Sexualität unterscheidet:

> Wenn ich von Liebe spreche, spreche ich von Liebe, von der wahren Liebe. [...] Ich hatte Geschlechtsverkehr mit ihr, aber das war nicht Liebe. Jemanden zu lieben heisst, sie zu lieben, wie sie ist, mit ihren Fehlern und auch ihren Qualitäten. [...] Ich glaube, dass ich die sexuelle Seite viel stärker entwickelt habe. [...] Mit meiner Bekehrung hat sich etwas verändert. Heute liebe ich sie.

Oftmals machen Evangelisch-Freikirchliche diese Unterscheidung zwischen Liebe und Sexualität. Sexualität, ausserhalb des ehelichen Rahmens, gilt als schlecht, als potenzieller Trennungsgrund für Paare und als Hindernis für eine echte Liebesbeziehung. Die moralische Positionierung der Evangelisch-Freikirchlichen ist indes nicht Ausdruck der Ablehnung der Sexualität oder eines Unbehagens ihr gegenüber. Viele Autoren preisen denn auch, nachdem sie die Bedeutung der ehelichen Bande unterstrichen haben, die positive Wirkung eines aktiven Sexuallebens.[10] Diese Autoren

10 Die sich selbst als «christlich» bezeichnenden Buchhandlungen präsentieren denn auch eine Fülle von entsprechender Literatur. Das geht von den Werken

vertreten einen einfachen Standpunkt: Sexualität ist gut, aber dem verheirateten Paar vorbehalten. Anders gesagt, und im Gegensatz zum traditionellen katholischen Standpunkt beispielsweise,[11] ist die Lust am Sexualakt nicht der Zeugung vorbehalten, vielmehr dient sie der Einheit des Paars. Dieser Diskurs kommt auch in den Gemeinden zum Ausdruck, gibt es doch dort «*Kurse für Paare*», Angebote für die Ehevorbereitung, Seminare usw.

Nun zur nächsten Frage: Wie präsentieren sich die Dinge, falls jemand dem Milieu anfänglich völlig fremd ist? Wie wird das neue Ethos verinnerlicht? Symptomatisch dazu die Erfahrung von Anthony (55, Ch, Verkäufer); sie gibt Aufschluss sowohl über den herrschenden Diskurs als auch über die Art und Weise, wie er sich konkretisiert. Gemeinsam mit seiner Freundin bekehrt sich der geschiedene Anthony, wobei die beiden noch zwei weitere Jahre im Konkubinat leben. Ein Mitglied der Gemeinschaft spricht ihn auf seine nicht konforme Lebenssituation an. Von Anthony gefragt, bestätigt der Pastor die Sachlage. Erstaunlich ist indes die Reaktion des Neubekehrten: Er wirft dem Pastor vor, ihn nicht schon früher darauf angesprochen zu haben. Die Erwartung nach einem konformen Lebensstil der Mitglieder ist mithin sehr wohl real, aber eher unterschwellig denn explizit.[12]

All dies sind Beispiele für die Verinnerlichung moralischen Verhaltens, die Annahme eines Habitus. Dieses Phänomen beruht weniger auf einem Diktat seitens der kirchlichen Autorität vor Ort als auf einem Konsens – ein Konsens, der sich festigt dank Förderung durch im Milieu anerkannte Fachleute (Literatur, Kurse usw.) und genereller Akzeptanz der Mitglieder. Diese Verinnerlichung hat aber auch Grenzen. Charlotte (27, K, Lehrerin) spricht davon, wie sie sich nach der Scheidung und dem Austritt aus dem Milieu fühlte:

von Gary Chapman, darunter *Die fünf Sprachen der Liebe* (2003), zum Bestseller *Wie schön ist es mit dir* von Tim und Beverly LaHaye (1979) mit einer Auflage von über 24 Millionen Exemplaren. Thematisiert wird, wie bei Chapman, aber in einer etwas kruderen Sprache, der Sexualakt ganz direkt, ergänzt mit zahlreichen Zeichnungen. Einen umfangreichen Überblick über diese Literatur für Nordamerika bietet John P. Bartkowski (1996).

11 Fuchs, 1979, S. 148.

12 Kapitel 5 analysiert diesen Autoritätsmechanismen genauer.

> Es gab nie wirklich Zwang, aber [...] man sieht, wie um uns herum alle heiraten und das irgendwie zur Norm wird. Man gibt uns zu verstehen, dass auch wir heiraten sollen. Man sagt uns diese Dinge nie direkt, aber letztlich [...] wird uns das eingebläut. Also, eigentlich, habe ich gar nicht so viel überlegt. Heiraten, das war für mich nur logisch [...]

Ihr Beispiel ist aussagekräftig und unterstreicht, dass der normative Aspekt allein nicht genügen würde, um das Modell auf Dauer zu bewahren. Das Modell behauptet sich, weil es einhergeht mit der Verinnerlichung des Diskurses über die Vorteile des Modells. Erwähnt werden dabei die folgenden Argumente: die vom verheirateten und treuen Paar gebotene Sicherheit und Dauerhaftigkeit sowie das Bemühen, den Sexualakt auf einem höheren Wert zu gründen, nämlich der Liebe im strikten Wortsinn als der Garantin einer entfalteten Sexualität. Der traditionelle Rahmen, in den sich das Paar einzufügen hat, beruht nicht einfach auf dem Gehorsam gegenüber aufgezwungenen Normen, vielmehr findet er seine Rechtfertigung in der Aufwertung der an eine Logik der «rationalen Wahl» gekoppelten «Vorteile».

Festlegung der Rollen[13]

Hinsichtlich ihrer Ansicht zu Geschlechterrollen unterscheiden sich die Evangelisch-Freikirchlichen nicht so stark von ihren Landsleuten, wie man vielleicht zunächst denken könnte. In der Schweiz, so Jean Kellerhals, «sollte uns der beträchtliche Wandel nicht den Blick dafür verstellen, dass die Mehrheit der Bevölkerung um die Jahrtausendwende auf ein Familienmodell setzt, das in mancherlei Hinsicht ziemlich klassisch ist»[14]. Die Mehrheit der Männer übt einen Vollzeitberuf aus, und die Frauen verbringen mehr Zeit mit Haushaltarbeit. Dieses Modell findet sich, allerdings deutlich verstärkt, auch bei den Evangelisch-Freikirchlichen. «Es ist für alle Beteiligten viel besser, wenn der Mann voll im Berufsleben steht und

13 In der Soziologie wird der Begriff Rolle als ein System von Übereinkünften definiert, denen sich die Akteure zu unterwerfen haben. Das Individuum wird sich im Wesentlichen darauf beschränken, der Interpret seiner Rolle zu sein.

14 Kellerhals/Widmer, 2007, S. 24.

die Frau daheim bleibt und sich um den Haushalt und die Kinder kümmert» – wie die Befragten auf diese Aussage auf der Ebene der Vorstellungen reagieren, zeigt Grafik 6.3:

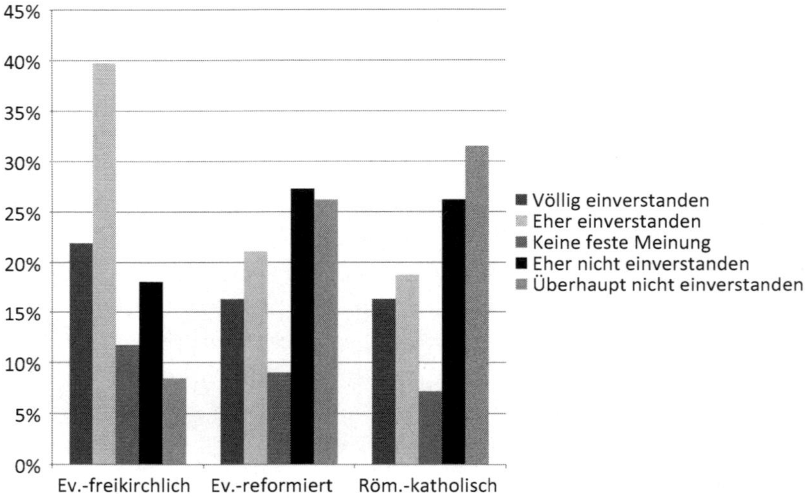

Grafik 6.3: Einstellung zur traditionellen Rolle von Mann und Frau, nach Konfessionen

Während die Bevölkerung generell, hier vertreten durch die Reformierten und die Katholiken, ihr Nichteinverständnis äussert oder zumindest gewisse Vorbehalte gegenüber der traditionellen Rollenverteilung in der Paarbeziehung signalisiert, ist die Wahrnehmung der Evangelisch-Freikirchlichen eindeutiger. Ihr Standpunkt wurzelt in einer Reihe von Bibeltexten, deren Stichhaltigkeit nicht infrage gestellt wird. So beobachtet denn der amerikanische Soziologe John P. Bartkowski[15] in der Frage des Rollenverständnisses zwei Haupttendenzen: auf der einen Seite die Vertreter einer «essenzialistischen» Fundierung der Rollen und auf der anderen Seite eine «egalitäre» Sicht der Stellung von Mann und Frau. Gemäss dem ersten Standpunkt sind die Unterschiede zwischen Mann und Frau nicht nur biologisch, sondern betreffen auch die spezifischen Berufungen von Mann und Frau, dies namentlich mit Blick auf die Ausübung von Auto-

15 Bartkowski, 2001, S. 39.

rität in der Gemeinde oder in der Familie. Mann und Frau haben signifikant andere Rollen, und die Frau hat sich ihrem Mann unterzuordnen. Gemäss dem zweiten Standpunkt haben die physiologischen Unterschiede keinerlei Differenzierung bezüglich Spiritualität oder Status zur Folge. Innerhalb der Paarbeziehung ist die Unterordnung von Mann und Frau gegenseitig.[16]

Letztlich erweist sich die evangelisch-freikirchliche Vorstellung als eher klassisch. Aber dass der Frau die Hausfrauenrolle zugewiesen wird, hat unserer Auffassung nach nicht unbedingt mit Ideologie zu tun: Es geht darum, vor allem anderen das Familienleben zu privilegieren. Dominant ist mithin nicht die Vorstellung, dass Frauen nicht berufstätig sein sollten, sondern die Vorstellung, dass der Kindererziehung innerhalb der Familie hohe Wichtigkeit zukommt.[17] Unsere Interviews bestätigen diesen Sachverhalt. In ihnen spiegelt sich ganz klar etwas von dieser Rollenverteilung: dem Hin-und-Her zwischen einer bestimmten «biblischen» Sicht und der heutigen sozialen Realität. Für Marianne (65, K, Röntgenassistentin) etwa hat Unterordnung nichts mit Schicksalsergebenheit zu tun:

> [...] ich denke nicht, dass ein Unterordnen gemeint ist – wie ein Hund, der den Schwanz einzieht, sondern ich denke, es heisst nicht nur von der Frau, sie solle das und das, sondern es heisst auch vom Mann, dass er in der Ehe sein soll wie

16 Hauptsächlicher Bezugspunkt ist für beide Standpunkte nach wie vor Eph 5,21–33, wobei die Stelle allerdings unterschiedlich interpretiert wird. Der eine Standpunkt betont die in den Versen 22 und 24 festgeschriebene Unterordnung der Frau unter den Mann, während der andere sich vor allem auf Vers 21 stützt, der die gegenseitige Unterordnung anmahnt und für den Rest der Perikope kulturelle Anpassung zulässt.

17 Nur 17,1 % der evangelisch-freikirchlichen Frauen gehen vollzeitlich einer Erwerbsarbeit nach (gegenüber 24,8 % im Schweizer Durchschnitt), 25,3 % üben eine Teilzeitbeschäftigung aus (gegenüber 23 % gesamtschweizerisch). Teilzeitarbeit ist vor allem bei Frauen der charismatischen Strömung beliebt, 33,7 % üben eine solche Tätigkeit aus. Wird Vollzeit- und Teilzeitarbeit kumuliert, liegt der Anteil erwerbstätiger Frauen sogar über dem Schweizer Durchschnitt: 52,6 % (gegenüber 47,8 %). Für eine detaillierte Analyse der Arbeitssektoren und deren Anteile im evangelisch-freikirchlichen Milieu sowie den Vergleich mit der übrigen Schweizer Bevölkerung vgl. Favre, 2006, S. 181–182.

> Christus: das Haupt der Gemeinde. Also, die Hauptverantwortung übernehmen, dass der Mann einfach die Hauptverantwortung übernimmt. Aber das heisst nicht, dass die Frau nichts sagen darf.

Nach Marianne geht es mithin nicht so sehr darum, was die Frau tun darf oder nicht, sondern eher um die Verantwortung, die beim Mann liegt. Später präzisiert sie, dass sich in ihrer Ehe beide an den Hausarbeiten beteiligen. Ihr Mann kümmert sich beispielsweise um das Essen, was auch damit zu tun hat, dass er im Gegensatz zu ihr derzeit nicht berufstätig ist. Mit *Hauptverantwortung* greift Marianne auf einen Begriff zurück, der bei den Evangelisch-Freikirchlichen im Kontext der Paarbeziehung, aber auch der Gemeindeleitung oft zu hören ist.[18] Hinter dem Begriff steht die Vorstellung, dass die Verantwortung in erster Linie zwischen den verschiedenen Mitgliedern einer gegebenen Gruppe (Paar, Gemeinde, christliche Organisation) aufgeteilt wird, dass aber die endgültige Entscheidung, falls es die Situation erfordert, beim Mann in Autoritätsposition liegt. Dank diesem Verständnis der Autoritätsdynamik gelingt den Evangelisch-Freikirchlichen der Brückenschlag zwischen den Paulustexten zur Stellung der Frau und der Realität einer Gesellschaft, die für Gendergleichheit eintritt.

Roman (32, Ch, Pastor) geht die Dinge ganz ähnlich an. Er vertritt den Standpunkt, die Unterordnung der Frau sei vertretbar, allerdings nur innerhalb des verheirateten Paars. Es geht dann nicht um die Herrschaft des Mannes, sondern um Verantwortung:

> «Nicht in einem unterdrückerischen Sinn, sondern Unterordnung/Überordnung, was mit Leiterschaft, mit Verantwortung zu tun hat.»

Wie Marianne präzisiert auch Roman, es gehe vor allem darum, zu wissen, wer die Hauptverantwortung trage, müsse doch jede Menschengruppe wissen, auf wem diese Letztverantwortung laste. Gleichwohl schliesst das für ihn nicht aus, dass jede wichtige Entscheidung partnerschaftlich, gemeinsam getroffen wird:

18 Vgl. dazu Kapitel 5, insbesondere die Ausübung des Seelsorgeamts durch Frauen.

> Ich habe mit meiner Frau ein sehr partnerschaftliches Verhältnis, ich treffe keine wichtige Entscheidung ohne ihr Einverständnis, ich suche viel Rat bei ihr und so. Das ist alles für mich drin in diesem Konzept.

Aus den verschiedenen Interviews kristallisiert sich die Vorstellung der Befragten, Gott habe dem Mann die Letztverantwortung, aber nicht die alleinige Verantwortung zugewiesen. Zum Ausdruck kommt diese Verantwortung etwa in der Beschützerrolle des Mannes für seine Familie. Und insofern Jesus in erster Linie ein Diener war, muss der Mann seine Frau im Dienst, im Schutz der Familie übertreffen und sich nicht aus der Verantwortung stehlen, indem er die schwierigen Entscheidungen seiner Frau überlässt. Parallel zu der von vielen Evangelisch-Freikirchlichen weiterhin bejahten traditionellen Sicht (das zeigt die quantitative Erhebung) tritt mithin eine von mehreren Pastoren verkörperte modernere Sicht auf. Zweifellos wird dieser neue Diskurs in den kommenden Jahren das gesamte Milieu beeinflussen.

Krisensituationen

Zwar legen die Evangelisch-Freikirchlichen den Akzent auf Familie und gemeinschaftliche Werte, aber ihr Lebensentwurf ist für gesellschaftliche Tatsachen, die Paare und Familien beeinflussen, durchaus durchlässig. Wir werden untersuchen, wie die Erschütterungen und Schwächungen des ursprünglichen Ideals erlebt und interpretiert werden. Das Beispiel von Christian (50, Evangelisch-Freikirchlicher in einer reformierten Kirchgemeinde, Müller) und seiner Ehefrau zeigt exemplarisch, welche Ressourcen zur Überwindung von Krisenphasen eingesetzt werden. Christian verschweigt nicht, dass er im Zusammenhang mit der Erziehung eines hyperaktiven Sohns ernsthafte Schwierigkeiten durchgemacht hat. In dieser Krisenphase beschlossen Christian und seine Frau, einen «*Kurs für Paare*» zu besuchen (der vom reformierten Pfarrer Philippe Decorvet erarbeitete Kurs erfreut sich unter den Westschweizer Evangelisch-Freikirchlichen grosser Beliebtheit). Im Rahmen dieses Kurses bitten sie auch um gezieltere Hilfe. Dank dieser Begleitung gelingt es den Eheleuten, einander zu verzeihen. Dazu sagt Christian heute:

> [Dank] Jesus Christus gibt es eine spirituelle Dimension mehr. Dank ihr können wir begangene Fehler hinter uns lassen, den anderen um Verzeihung bitten [...] Es ist etwas, das wir in der Tiefe unseres Herzens erleben. So können wir vorankommen und die Vergangenheit hinter uns lassen.

Doch nicht immer verlaufen die Dinge so glatt. Das zeigt die bereits thematisierte, auf Scheidung und Wiederverheiratung zentrierte Geschichte von Veronika (46, Ch, Kosmetikerin). Daraus geht hervor, dass das generelle Paarideal trotz dem ursprünglichen Scheidungsverbot ernsthaft infrage gestellt werden kann. Als Veronika ihre Angehörigen, eher konservative Evangelisch-Freikirchliche, über ihre Scheidungsabsicht informiert, werden anfänglich schwere Vorwürfe laut – dies trotz ihrer Erklärung, sie sei Opfer gewalttätigen Verhaltens. Für sie ist die Trennung unausweichlich. Dank ihrer Eheschliessung mit einem verwitweten Pastor wird sie dann allerdings das ursprüngliche Ideal wieder aufleben lassen. Dass ihre erste Ehe gescheitert war, musste, so die nachträgliche Rationalisierung, damit zu tun haben, dass ihr erster Mann vermutlich kein echter Christ war ... Dieses Beispiel veranschaulicht den Übergang von einer als absolut gesetzten, in eine ausweglose Lage führenden Norm, zu einem Modell, das ebendiese Norm relativiert. Diese Relativierung findet sich auch in Veronikas neuer Gemeinde; dort wird Veronika, obwohl geschieden, als Ehefrau des Pastors anerkannt.

Hier zeigt sich, dass das Modell zwar Schiffbruch erleidet, in einer nächsten Phase aber wieder startklar gemacht werden kann. Dies gelingt in der Zweitehe, aller Kritik der Familie zum Trotz, dank des Gütesiegels der Eheschliessung mit dem Pastor einer charismatischen Gemeinde. Es sei daran erinnert, dass sich die evangelischen Freikirchen noch bis vor Kurzem der Wiederverheiratung aus theologischen Gründen widersetzten, Gründe, die auf der wortwörtlichen Auslegung der Aussagen Jesu über die Scheidung basieren. Nach unseren Beobachtungen innerhalb des Milieus haben diese Positionen in den letzten Jahrzehnten an Rigorosität eingebüsst. Unter der Voraussetzung, dass sich das heiratswillige Paar begleiten lässt, befürworten gewisse evangelisch-freikirchliche Gemeinden sogar eher die Wiederverheiratung als ein langfristiges Konkubinat. Und falls die Person zum Zeitpunkt der Scheidung noch nicht «bekehrt» war, erleichtert dies den Neuanfang noch zusätzlich. Anders gesagt, grossmehrheitlich lehnen die Evangelisch-Freikirchlichen die Scheidung nach wie vor ab, räumen aber ein, dass eine Wiederheirat nicht grundsätzlich ausgeschlossen ist, falls die Scheidung sich als unumgänglich erweist.

Fassen wir zusammen: In den Augen der Evangelisch-Freikirchlichen, für die sich Vorsehungs- und Willensdimension geschickt kombinieren, unterliegt die Paarbildung – dies eine erste Beobachtung – keinesfalls dem Zufall. Das evangelisch-freikirchliche Paar startet, im eigentlichen Sinn, mit der Eheschliessung, als Folge der spirituell erhärteten Überzeugung, füreinander geschaffen zu sein. Untersucht wurden zweitens die ideologischen Voraussetzungen für die Paarbildung, und zwar anhand der Analyse der Pflicht zur Homogamie, was den Erfolg des Familienprojekts sichern soll. Was die Intimsphäre des Paars betrifft, stellte sich heraus, dass die Evangelisch-Freikirchlichen das Wesentliche der Sexualität im eng begrenzten Rahmen des aus Mann und Frau gebildeten Ehepaars verorten. Drittens wurde das mit dieser Sicht implizierte Rollenverständnis von Mann und Frau präsentiert, wobei gezeigt werden konnte, dass der jeweilige Status vor allem als Fundament des innerfamiliären, die christliche Erziehung sichernden Gleichgewichts verstanden wird. Unser Augenmerk galt, viertens, der Art und Weise, wie Konflikte eingeschätzt oder Scheidungen beurteilt werden und wie dank der Weiterentwicklung eines an sich unflexiblen Modells hin zu einer gemilderten Form von Normativität die Wiederverheiratung eine Grundlage gewinnt.

Alle diese Elemente weisen letztlich auf die hohe Wertschätzung der Familiensphäre hin, was denn auch die Statistiken zur Geburtsrate bestätigen. Diese Wertschätzung entspricht generellen Bestrebungen, die jede und jeder Evangelisch-Freikirchliche den eigenen beruflichen Möglichkeiten gemäss verkörpert. Das bedeutet auch, dass eine voll erwerbstätige Frau vor allem in den charismatischen und moderaten Strömungen wahrscheinlich nicht stigmatisiert wird. Diese Frauen gibt es, und sie haben Platz in ihren Gemeinden. Prioritär angestrebt wird indes etwas anderes. Und so bleibt denn die Karrierefrau die Ausnahme, die Frau, die in erster Linie ihre Kinder betreut, die Regel.

Letztlich trägt das von den Evangelisch-Freikirchlichen befürwortete Paarmodell stark zum Erhalt des Milieus und seiner Grenzen bei. Die Pflicht zur Homogamie ermöglicht es jedem Paarteil, die eigene Weltsicht zu fes-

Sonntagsschule, Eglise évangélique libre de Genève, Foto: Gérald Rochat (2005)

tigen und zugleich die Anziehungskraft für einen anderen Lebensstil einzuschränken. Ausserdem befördern eine in klare Bahnen gelenkte Sexualität und die je traditionelle Rolle die Schaffung eines Umfelds, das die Weitergabe religiöser Identitäten an die junge Generation begünstigt, eine Weitergabe, die für evangelisch-freikirchliche Ehepaare Priorität hat.

Kapitel 7

Im evangelischen Glauben erziehen und erzogen werden

Emmanuelle Buchard

> Meine Eltern sagen mir: «Wir gehen nicht ins Kino, aus Prinzip» ... Ich erwidere: «Aber warum?» Weil das für sie ... Weil man im Film Leute sieht, die im Konkubinat leben, die Beziehungen haben, Leute, die Leute töten; also geht man aus Prinzip nicht. Ich finde das unglaublich, es ist ... Dass man tatsächlich, ich weiss nicht. Es gibt eine Art Angst, dass man, wenn man hingeht, angesteckt wird, weil man dem nicht wird widerstehen können. Und dann besteht eine Angst, eine enorme Angst in dieser Hinsicht. Man liest Harry Potter nicht, weil das Magie ist, und dann haben sie Angst, dass es uns berühren könnte, obwohl sie auf der anderen Seite ihres Gottes derart sicher sind, dass er da ist ... Es ist irgendwie paradox.

Die Aussagen Elisas (27, K, Studentin) über ihre Erziehung mag uns heute befremden: Eine von Strenge, Kontrolle und Verboten geprägte Erziehung, namentlich was die Freizeit betrifft. Obwohl der in Elisas Familie (einer konservativen evangelisch-freikirchlichen Familie) praktizierte Modus der Überlieferung ein Extrem darstellt und mithin nicht die Auffassung der Mehrheit der Eltern des Milieus spiegelt, verweist er gleichwohl auf einen gemeinsamen Anspruch, den Willen nämlich, den eigenen Kindern präzise religiöse Normen und Verhaltensweisen zu tradieren. Während die Mehrheit der Schweizer Bevölkerung behauptet, ihren Kindern keine religiöse Orientierung mehr vermitteln zu wollen,[1] verwenden evangelisch-freikirchliche Eltern genau darauf Zeit und Energie. Sie versuchen ihre Kinder im Milieu zu behalten und mithin die Anziehungskraft möglicher anderer Lebensentwürfe zu begrenzen. In diesem Sinn trägt das von den Eltern an den Tag gelegte Engagement in der religiösen

1 Kellerhals/Widmer, 2007; vgl. Stolz/Könemann/Schneuwly Purdie/Krüggeler/Englberger, 2011.

Erziehung zum Erhalt der Grenzen des Milieus bei und wird damit zu einem wesentlichen Erklärungsparameter der Resistenz des Milieus in unserer heutigen Gesellschaft.[2]

Dieses Kapitel dient erstens dem Verständnis der im gesamten evangelisch-freikirchlichen Milieu wirksamen Sozialisierungsprozesse und vermittelt so Einsichten in Varianten unter den verschiedenen Tendenzen. Es befasst sich zweitens sowohl mit den von den Eltern in der Tradierung umgesetzten Haltungen und Strategien[3] als auch mit dem Verinnerlichungsprozess dieses Inhalts durch die Kinder. Dieser neuartige Zugang[4] wird aufzeigen, dass die von den Eltern intendierten Auswirkungen von den Kindern nicht immer genau so empfunden und erlebt werden. Auf diese Weise können wir Effizienz und Grenzen der Sozialisierungsstrategien erfassen.

2 In mehreren Studien wurde bereits aufgezeigt, dass das besondere Geschick der evangelisch-freikirchlichen Eltern, die eigenen religiösen Überzeugungen an ihre Kinder weiterzugeben und sie so aktiv im Milieu zu behalten, ein, wenn nicht gar der entscheidende Erklärungsparameter für den Verbleib im Milieu ist (vgl. Bibby, 1978; Bibby/Brinkerhoff, 1973; Hadaway/Marler, 1993; Smith/Sikkink, 2003; Hoge/Petrillo, 1978; Cornwall, 1988). Für die Schweiz hat die quantitative Studie von Stolz/Favre (2005) den Stellenwert dieser Reproduktion von Generation zu Generation ebenfalls als Erklärungsgrund für die Entwicklung des evangelisch-freikirchlichen Milieus in der Schweiz nachgewiesen. Unsere Analyse ergänzt diese quantitativen Resultate insofern, als sie die Ursachen und Bedingungen für diese einzigartige Fähigkeit der Weitergabe religiöser Identität beleuchtet. Die Masterarbeit von Andrea Niederhauser (2008) über den Sozialisierungsprozess innerhalb des Brüdervereins – die darin enthaltenen Analysen basieren auf den Daten unseres Projekts, an dem sie aktiv mitgearbeitet hat – bildet einen wichtigen Ausgangspunkt für den Aufbau des vorliegenden Kapitels.

3 Der Begriff Strategie beinhaltet eine kalte und berechnende Komponente, was der Realität des gefühlsbetonten Umgangs in den Familien nicht ganz entspricht. Wir erachten den Begriff gleichwohl als dienlich, drückt er doch die Vorstellung des Einsatzes von überlegten und bewussten Handlungen aus, die ein präzises Ziel anvisieren, in unserem Fall die Weitergabe religiöser Überzeugungen.

4 In den mit dem Sozialisierungsprozess im evangelisch-freikirchlichen Milieu befassten Forschungsprojekten ist die Problematik bisher noch nie unter gleichzeitigem Einbezug des Gesichtspunkts der sozialisierenden und der sozialisierten Akteure angegangen worden.

7.1 Die eigenen Kinder erziehen

Ein der Tradierung günstiges Umfeld

Als Erstes sei darauf hingewiesen, dass alle unsere Gesprächspartner der Weitergabe ihrer christlichen Überzeugungen an die Kinder einen hohen Stellenwert beimessen.[5] Das evangelisch-freikirchliche Paar bildet sich in erster Linie im Hinblick darauf, eine Familie zu gründen, Kinder zu haben und sie gemäss christlichen Normen und Werten zu erziehen.[6] Evangelisch-freikirchliche Eltern investieren bewusst Zeit und Energie in die Weitergabe des religiösen Glaubens. In den ersten Lebensjahren können die Kinder noch dazu auf die praktisch permanente Präsenz der Mutter zählen, die sich um ihre Erziehung kümmert.[7] Zudem ist die Mehrheit der Paare des Milieus «religiös homogen»: 93,3 % der Evangelisch-Freikirchlichen leben mit einem ebenfalls bekehrten Partner zusammen.[8] So trägt denn die quantitativ hohe Elternpräsenz in Verbindung mit dem

5 In unseren qualitativen Interviews bejahen denn auch sämtliche Eltern die folgende Frage: «Ist es Ihnen wichtig, Ihren Glauben an Ihre Kinder weiterzugeben?»

6 Kapitel 6 enthält eine detaillierte Analyse der Bildung und des Lebensstils evangelisch-freikirchlicher Paare.

7 Aus unseren Zahlen geht hervor, wie ausgeprägt die traditionelle Rollenverteilung innerhalb der Familie ist. Mit der Aussage: «Es ist für alle Beteiligten viel besser, wenn der Mann voll im Berufsleben steht und die Frau daheim bleibt und sich um den Haushalt und die Kinder kümmert» sind 78,1 % der konservativen, 59,3 % der charismatischen und 47,7 % der klassischen Evangelisch-Freikirchlichen «völlig einvestanden» oder «eher einverstanden». Ebenfalls der Förderung und Konsolidierung der Familienstruktur dient, dass evangelisch-freikirchliche Frauen öfter als ihre Mitbürgerinnen Teilzeitarbeit der Vollzeitarbeit vorziehen.

8 Beim religiös homogenen Paar ist die Chance grösser, die eigenen religiösen Überzeugungen an die Kinder weiterzugeben. Ist ein Elternteil nicht gläubig, steigt die Wahrscheinlichkeit, dass der religiöse Partner seine Überzeugungen aufgibt oder dass die Sorge um die Weitergabe einer religiösen Orientierung zweitrangig wird (vgl. Voas, 2003). Gemäss unseren quantitativen Daten wirkt sich die religiöse Homogenität der Eltern auf die Religiosität der Kinder aus. Beispielsweise nehmen 35,8 % der über zehnjährigen Kinder, deren Vater und Mutter konvertiert sind, mindestens «einmal die Woche» an einer religiösen Aktivität teil, während es mit einem konvertierten Elternteil nur noch 15,8 %, also rund halb so viele sind.

bewussten Wunsch, religiöse Überzeugungen weiterzugeben, zu einem Klima bei, das die langfristige Verinnerlichung eines religiösen Werte- und Normenkomplexes begünstigt.

Ein globales Verhalten weitergeben

Auch der Inhalt dessen, was die Eltern weitergeben wollen, spielt für den Fortbestand evangelisch-freikirchlicher Identität eine Rolle. Mehr als Praktiken und Glaubensüberzeugungen ist es ein globales religiöses Verhalten, das Eltern aller drei Milieus ihre Kinder lehren. Anja (40, Ch, Hausfrau) beispielsweise will ihren beiden Buben mehr als alles andere

> [...] eine Erziehungslinie weitergeben [...] Was darf man nicht, und was darf man, irgendwie muss das ja so sein, also ich möchte wirklich Gottes Gesetz weitergeben.

Bruno (73, K, Buchbinder) teilt diese Ansicht, wenn er sagt, er habe seinen Kindern beibringen wollen, «*was Ordnung ist*», genauer: ein durch die Lehre Christi geregeltes Leben. Die Option für eine religiöse Erziehung bedeutet dann, «*einen Weg zu zeigen*», seinen Kindern dadurch «*ein Gleichgewicht*» zu geben, dass ihnen «*Strukturen*» vermittelt und klare «*Grenzen*» gesetzt werden, die es ihnen erlauben werden, «*sich im Leben zu behaupten*» oder auch «*Schönes zu erleben*». Christ sein drückt sich dann in einem globalen Verhalten in und gegenüber der Welt aus; dieses Verhalten wird von demjenigen, der es übernimmt, als richtig und gut, ja, gar als beglückend empfunden. Gehen die Evangelisch-Freikirchlichen tiefer auf den Inhalt dieser Erziehung ein, erwähnen sie in der Regel dieselben Normen und Werte: Sexualität in einem ganz bestimmten Rahmen, Präferenz in der Partnerwahl – nämlich der Wunsch, dass die eigenen Kinder eine Christin, einen Christen heiraten –, Drogenverbot.[9] Ihren Kindern wollen Eltern nicht bloss Glau-

9 Bemerkenswerterweise werden solche Verbote oder Vorschriften von den Interviewten nur sehr selten spontan erwähnt. Erst nach mehrmaligem Nachhaken willigen sie ein, mit uns darüber zu sprechen. Diese Zurückhaltung liesse darauf schliessen, dass diese Themen für sie unerheblich sind. Aus unseren quantitativen Daten geht indes hervor, dass diese verschiedenen Themen die zentralen Verhaltensnormen evangelisch-freikirchlicher Ethik bilden (vgl. Kapitel 3). So scheint denn das Zögern unserer Gesprächspartner eher Zurück-

bensüberzeugungen und praktiken, sondern vor allem auch eine Weltsicht, ein Verhalten und Handeln in der Welt gemäss präzisen Normen und Werten vermitteln. Schliesslich soll der evangelisch-freikirchliche Charakter Einstellungen und Verhaltensweisen im Alltag prägen. Ihrem ganzen Wesen nach wird die Erziehung religiös.

Niemals Druck ausüben

Glaube wird nicht irgendwie weitergegeben, die religiöse Weitergabe und deren Erfolgsvoraussetzungen werden reflektiert. Der Diskurs unserer Interviewpartner über die Erziehung wird um die folgenden Begriffspaare herum aufgebaut: «natürlich–auferzwungen» und «Freiheit–Zwang».

Religiöse Erziehung darf für die zu Erziehenden niemals als *Druck* empfunden werden. Namentlich für Patricia (47, Ch, kaufmännische Angestellte) hat dieser Grundsatz die gesamte Erziehung ihrer heute gläubigen Kinder geprägt:

> Nun, sie [Patricias Kinder] kamen, als sie noch klein waren, mit uns in die Kirche. Nun, es war kein ... sie waren nicht gezwungen oder so etwas, es war ganz natürlich.

Noch stärker prägt die Anforderung, «*die Kinder nicht zu zwingen*», den Diskurs von Catherine (63, K, Rentnerin), wenn sie auf die Erziehung ihrer heute gläubigen und in ihrer Gemeinde engagierten Kinder zu sprechen kommt:

> Es war nicht bloss so ein Sonntagsding, ja, es war etwas, was wir während der ganzen Woche lebten ... es ist etwas, das sich ... Sie haben es wegen uns übernommen, aber, sagen wir, wir haben sie nicht zwingen wollen. Wir wollten das nicht, wir achteten sehr darauf, sie spirituell nicht zu verletzen, ihnen nicht Angst einzujagen vor dem Tod, vor der Hölle, vor solchen Dingen.

haltung, ja, Unbehagen davor auszudrücken, Werte anzusprechen, an denen ihnen sehr viel liegt, von denen sie aber wissen, dass sie in der heutigen Gesellschaft umstritten sind.

Religiöse Überzeugungen, so die Befragten, lassen sich nicht aufzwingen, am wenigsten noch über die Angst. Die Bekehrung, die Bibellektüre oder auch der Kirchgang sollen für das Kind weder «*Pflicht*» noch «*Zwang*», vielmehr Ergebnis einer freien, bewussten und natürlichen Wahl sein. Die Rolle der Eltern besteht dann darin, die Kinder zu führen, sie zu beeinflussen, ihnen Leitplanken zu setzen, keinesfalls aber, sie zu zwingen.[10]

Bei der Analyse des Diskurses unserer Gesprächspartner zeichnet sich in der Tat eine Freiheitsnorm ab, die im evangelisch-freikirchlichen Milieu im Zusammenhang mit der Frage der religiösen Erziehung und ihrer Anwendung am Werk ist. Die nachdrückliche Betonung der Notwendigkeit, Kindern nichts aufzudrängen, sie nicht zu zwingen, entsteht hauptsächlich aus der innigen Verbundenheit der Evangelisch-Freikirchlichen mit dem Akt der Bekehrung, nämlich der persönlichen und bewussten Entscheidung für die Annahme des christlichen Glaubens, die, weil gewählt, authentisch ist.[11] Diese Positionierung erklärt sich auch aus dem Bewusstsein der Evangelisch-Freikirchlichen, dass sie eine Identität überliefern, deren Wesen und religiöser Gehalt an den Rändern der Säkularisierungs, Distanzierungs-, ja, Ablehnungstendenzen angesiedelt ist, die das Verhältnis der heutigen Gesellschaft zum Religiösen prägen. Religiöse Überzeugungen weiterzugeben kann dann von den Evangelisch-Freikirchlichen als veritable Herausforderung erlebt werden. Das gilt namentlich für Justine (45, Ch, auf Arbeitssuche):

10 Insofern unterscheiden sich die Evangelisch-Freikirchlichen nicht von der übrigen Bevölkerung. Wenige Eltern halten heutzutage viel von einer auf Gewalt und Zwang beruhenden Erziehung. Inzwischen wird das Kind als ein künftig freies und autonomes, in seinen Optionen selbstbestimmtes Individuum verstanden. In religiösen Dingen indes scheint der Freiheitsraum für die evangelisch-freikirchlichen Kinder begrenzter. Während mehr und mehr Eltern beschliessen, den Kindern keine präzise religiöse Erziehung zu vermitteln, und im Übrigen der Meinung sind, vor allem seien ihren Kindern keinerlei religiöse Überzeugungen oder Praktiken «*aufzuzwingen*» (vgl. Stolz/Könemann/Schneuwly Purdie/Krüggeler/Englberger, 2011), beschränkt sich die Freiheit von evangelisch-freikirchlichen Kindern anscheinend auf die Option Bekehrung/Nichtbekehrung. Etwas ganz anderes ist es, seinen Kindern bezüglich ihres religiösen Engagements völlige Freiheit zu lassen.

11 Vgl. Kapitel 2 zur Bekehrung.

> Nun, es ist einfacher in der Bewegung zu sein, mitzumachen, es ist zum Beispiel einfacher mit den Kindern, wenn sie einen Haufen gewalttätiger Dinge sehen, die nicht gut sind für sie [...] Dann kannst du sagen: «Nein, ich, ich bin nicht einverstanden» oder, na ja ... man kann dagegenhalten, nicht wahr.

Angesichts dieser von «*aussen*»[12] kommenden Bedrohung wissen die Eltern, dass sie ihre Weltsicht nicht aufzwingen können, riskieren sie doch sonst Ablehnung seitens der Kinder. Sie wissen auch, dass die Kinder ausserhalb von Familie und Gemeinschaft mit anderen Wertesystemen konfrontiert sind, und verweisen deshalb nachdrücklich, im Sinne einer Schutzfunktion, auf natürliche Erziehung und selbstbestimmte Überzeugungen. Genau dieses Argument bringt Marc (49, Ch, Pastor) ein, wenn er das Thema anspricht:

> Man soll nicht zwingen, um nicht später etwas zu zerbrechen. Also versucht man trotzdem, die Freiheit zu lassen [...] Auch in diesem Bereich hat man in der Gemeinde gelernt, dass man die Kinder nicht zwingen kann, denn wenn Sie sie zwingen, werden sie sich zu einem bestimmten Zeitpunkt, wenn sie in ein gewisses Alter kommen, gegen die Dinge Gottes auflehnen – deshalb wird darauf geachtet.

In Marcs Gemeinde wird der Gedanke, «*Kinder nicht zu zwingen*» sogar gelehrt, und zwar gestützt auf die Hypothese einer Freiheitsnorm, die die Modalität der religiösen Überlieferung leitet. Den eigenen Kinder nichts aufzudrängen, sie nicht zu zwingen heisst letztlich, ein günstiges Umfeld zu schaffen, damit sie sich aufrichtig und folglich dauerhaft für ein gläubiges Leben entscheiden.

12 In der Tat nimmt die evangelisch-freikirchliche Mehrheit die heutige Gesellschaft als Gefahr für den Fortbestand ihrer Überzeugungen wahr. 76,8 % der Befragten sind «völlig» oder «eher einverstanden» mit der Vorstellung, dass «unsere Gesellschaft dem christlichen Glauben generell feindlich gegenübersteht». Dieselbe Haltung zeigt sich bei der Aussage: «Generell stehen die Medien dem christlichen Glauben feindlich gegenüber»: 77,7 % erklären sich damit «völlig» oder «eher einverstanden». Diese Prozentsätze stützen die Vorstellung von Abschottung und Grenze zwischen dem evangelisch-freikirchlichen Milieu und der übrigen Gesellschaft.

Wir werden sehen, dass dieses Ziel aus der Perspektive der Kinder nicht immer erreicht wird und dass die Eltern trotz ihrem Bestreben, den Glauben ohne Zwang weiterzugeben, derart starke Erwartungen ausstrahlen, dass diese von den Kindern als Druck erlebt werden. Eine natürliche Erziehung ohne Zwang ist bei evangelisch-freikirchlichen Eltern Ausdruck ihres Wunsches nach aufrichtiger Bekehrung ihrer Kinder. Sie beinhaltet mithin für die Kinder nicht totale Freiheit bei der Wahl ihrer Zugehörigkeit.

Tradierungsstrategien

Damit die Kinder das erwünschte religiöse Verhalten verinnerlichen, setzen die Eltern verschiedene miteinander verknüpfte Sozialisierungstechniken ein. Deren Zweck ist es, christliches Verhalten zu verinnerlichen. Die erste, abstrakte Strategie dreht sich um die Substitution von Autorität: Das Kind muss vor allem anderen lernen, Gott zu gehorchen. Bei den zwei folgenden Techniken handelt es sich quasi um Substrategien, die eingesetzt werden, um diese Verinnerlichung der göttlichen Autorität zu bewerkstelligen. Die erste bedient sich der Sprache und geschieht über konkreten pädagogischen Unterricht, während die zweite auf eine stillere Verinnerlichung abzielt und auf Vorbild und Zeugnis setzt.[13] Ausserdem verwenden die Eltern die Gemeinde, um ihnen bei der religiösen Sozialisierung zu helfen. Sie integrieren ihre Kinder in eine Gemeinschaft, die die Erziehungsarbeit innerhalb der Familie festigen und vollenden kann. Schliesslich, dies die letzte Strategie, wird die Aussenwelt gefiltert – insbesondere durch die Einschränkung des Fernsehkonsums –, um das Einbrechen der Alterität in die eigene Sozialisierungsarbeit zu begrenzen.

13 Der im Rahmen der Sozialisierung weitergegebene Inhalt wird eher verinnerlicht, wenn die beiden Aspekte (verbal und nichtverbal) im Prozess gegenwärtig sind. Gewisse Autoren rufen denn auch in Erinnerung, dass die Verinnerlichung von Verhaltensweisen über die stille Aneignung eines leiblichen Kapitals verläuft, wobei «es Aneignung von Gewohnheit ohne Aneignung der Begriffe des Handwerks nicht geben kann» (Lahire, 2007, S. 198). Der Begriff Handwerk wird hier verstanden im Sinne von Kompetenz und Wissen.

(1) Verinnerlichung der göttlichen Autorität

Im Zusammenhang der Erziehung innerhalb der Familie unterstreicht die Mehrheit der evangelisch-freikirchlichen Eltern vor allem die Wichtigkeit, eine besondere Art der Gottesbeziehung an die eigenen Kindern weiterzugeben. Wenn wir Anja (40, Ch, Hausfrau) fragen, welche Werte sie ihren Kindern vermitteln wollte, antwortet sie wie folgt:

> Die Liebe Gottes [...] dass sie auch lernen, mit Jesus zu reden und auf Jesus zu vertrauen, und dass sie wissen, dass er da ist, das möchte ich wirklich vermitteln.

Mithin sollen die Kinder lernen, mit Gott oder Jesus zu sprechen, sich ihm anzuvertrauen, ihm zu vertrauen. Sie sollen aber auch begreifen, dass sie ihm nachfolgen und ihm gehorchen müssen. Dieser Grundsatz zeigt sich exemplarisch im Diskurs von Catherine (63, K, Rentnerin), wenn sie uns erzählt, wie sie ihre heute erwachsenen und bekehrten Kinder erzogen hat:

> Nun ja, ich bringe euch [ihren Kindern] Disziplin bei, weil ihr lernen müsst, zu gehorchen. Gott verlangt das, weil ihr später Gott gehorchen müssen werdet; das wird dann komplizierter sein, weil er die Dinge nicht derart klar sagt wie ich, also ... müsst ihr es lernen.

Catherines Kinder sollen somit eine Anzahl Regeln befolgen, deren Legitimität nicht direkt aus Catherines Status und elterlicher Autorität hervorgeht, sondern aus der göttlichen Eigenschaft der Forderung. Es ist Gott, der befiehlt, aber auch verzeiht. Wenn sich beispielsweise eines von Marcs (49, Ch, Pastor) Kindern schlecht benimmt, muss es bei der einzig legitimen Autorität um Verzeihung bitten:

> Wir versuchen den Kindern auch aufzuzeigen, dass die Gnade da ist, dass die Vergebung Gottes da ist. Wenn du einmal etwas getan hast, das nicht gut ist, dann gehst du in dein Zimmer, bittest Gott um Verzeihung, sagst dem Herrn, er solle dir vergeben und dir helfen, nun weiterzukommen.

Dann spielen die Eltern in der religiösen Erziehung ihrer Kinder die Rolle des Mittlers mit dem Ziel, eine direkte Gehorsams-, aber auch Vertrauensbeziehung zwischen dem Kind und Gott zu schaffen. Die Kinder sollen begreifen – das ist die Rolle der Eltern –, dass die Welt so ist, wie sie ist, dass die Regeln so sind, wie sie sind, weil Gott es so gewollt hat, und dass sie Gott gehorchen müssen. Wenn Louis (58, Ch, Bibliothekar) seine Kinder vor den mit vorehelichem Sexualverkehr verbundenen Risiken warnt, dann ist er lediglich der Überbringer des göttlichen Willens:

> Gott [will] nicht, dass wir vor der Ehe zu viele Erfahrungen machen, nicht, um uns etwas vorzuenthalten, sondern um uns vor bitteren Enttäuschungen und viel Leid und vielen schlechten Erfahrungen zu bewahren.

Marc wiederum rechtfertigt seine Vorbehalte gegenüber gewissen Sexualpraktiken mit dem Verweis auf den Bibeltext, der nach seiner eigenen Aussage «*Wort Gottes*» und «*absolute Wahrheit*» ist:

> Wir verbieten sie nicht, aber wir sagen ihnen, was nicht gut ist, was biblisch gesprochen nicht gut ist. Zum Beispiel sagen wir ihnen, dass sie ihre Reinheit bewahren sollen, dass sie vor der Ehe keine Sexualbeziehungen haben sollen [...] und wir nehmen die Bibel, um ihnen zu zeigen, dass nicht wir irgendetwas fabrizieren, sondern dass es in der Bibel geschrieben steht.

Wenn Eltern mithin von ihren Kindern gewisse Verhaltensweisen einfordern und andere verbieten, sind sie lediglich die Vermittler göttlichen Willens. Kinder sollen diese Autorität verinnerlichen, die nicht strafend ausgeübt wird, sondern im Rahmen einer Beziehung wechselseitigen Vertrauens und Wohlwollens.

(2) Die eigenen Kinder «motivieren»

Kindern eine Lehre zu tradieren, scheint für die Eltern weniger wichtig zu sein, als ihnen ein Alltagsverhalten zu vermitteln, Zeugnis einer «*lebendigen*» und «*erfüllenden*» Religiosität. Fragen wir Béatrice (41, Kl, Dolmetscherin), wie ihr Mann und sie vorgehen, um ihren Glauben an ihre kleinen Buben weiterzugeben, antwortet sie wie folgt:

> Wir versuchen, ihn [den Glauben] zu leben, daran glaube ich, denn sonst nützt es nichts. Und dann kommen die Kinder selbst mit Fragen.

Rémi (50, Ch, Lehrer) meint, mit ihrer Einstellung hätten seine Frau und er ihre heute erwachsenen und in verschiedenen Gemeinden engagierten Kinder «*motiviert*»:

> Wir legen davon Zeugnis ab vor unseren Kindern, und die Kinder sehen auch konkret in uns diese starke Vision, die unsere Liebe hat wachsen lassen und die sie doch irgendwie stutzig macht.

Zeugnis ablegen, das bedeutet folglich, «*Vorbild*», «*Modell*» zu sein – konkrete Verkörperung der Wohltaten, die ihnen die besondere Beziehung zum Göttlichen tagtäglich schenkt.[14] Indem die Eltern ihren Kindern ihre Freude am Christsein vermitteln, «*motivieren sie ihre Kinder*» und «*machen sie stutzig*». Die eigene Einstellung und das eigene Verhalten sind wichtige und darüber hinaus effiziente Sozialisierungsinstrumente. Davon zeugt das Beispiel von Catherine und insbesondere die Bekehrung ihres damals vierjährigen Sohns. Ihr Mann hatte es sich zur Gewohnheit gemacht, jeden Tag eine Stunde früher aufzustehen, um in seinem Büro die Bibel zu studieren und zu beten. So sah denn Catherines Sohn, der sich zur gleichen Zeit auf den Weg in den Kindergarten machte, Tag für Tag, wie sein Vater in seinem Sessel betete und die Bibel las. Eines Tages, als er heimkam, erzählte er seiner Mutter von seiner Bekehrung:

> Vincent kam auf mich zu und sagte: «Nun, du weisst, am letzten Freitag, nach dem Chor, da sass ich in Papas Sessel, dort, wo Papa betet, und ich habe Jesus gebeten, in mein Herz einzuziehen.» Das hat mich sehr berührt, auch im Sinne eines Zeugnisses seines Vaters, und dann ist er ja nicht irgendwo gewesen, sondern in Vaters Sessel, in Vaters Büro.

14 Die Evangelisch-Freikirchlichen entwerfen eine eigenständige Auffassung von der Figur Gottes. Sie betrachten Gott als einen Freund und bauen eine innige, enge und, so ihre eigenen Worte, erfüllende Beziehung mit ihm auf. In Kapitel 3 wird diese evangelisch-freikirchliche Besonderheit eingehend analysiert.

Das Bild von Catherines Ehemann, dessen Haltung und dessen religiöses Verhalten waren mithin ein gründendes Vorbild bei der Bekehrung ihres erst vierjährigen Sohnes gewesen.[15] Indem sie ihrem gesamtes Alltagsverhalten einen religiösen Stempel aufdrücken, steigert Catherine wie sämtliche evangelisch-freikirchlichen Eltern die Chance, dass ebendieses Verhalten von den Kindern übernommen wird.

(3) Didaktische Unterweisung

Ergänzt wird diese im Vorbild konkretisierte Unterweisung durch eine stärker didaktisch geprägte Tradierung. Evangelisch-freikirchliche Familien «*beten im Familienkreis*», in der Regel vor dem Essen oder dem Zubettgehen, viele «*singen*», andere «*versammeln sich zu Bibelmomenten*». Dann wird zuweilen einfach aus der Bibel vorgelesen, vielfach aber erfolgt eine eigentliche Unterweisung, wobei die Eltern sich die Zeit nehmen, die Richtigkeit der Werte und Normen zu erläutern, die sie ihren Kindern weitergeben wollen.

Der Alltag evangelisch-freikirchlicher Familien wird akzentuiert, ja, in manchen Fällen geradezu strukturiert von Momenten des Gebets, der Diskussion oder des Singens religiöser Lieder. Diese Momente der Gemeinsamkeit und der Unterweisung werden in manchen Familien als sorgfältig vorbereitete Rituale gestaltet. Sie nehmen dann Form und Funktion eines «*Familiengottesdienstes*» an, der immer zur gleichen Zeit stattfindet: «*jeden Sonntag*» bei Rémi (50, Ch, Lehrer), «*alle zwei Wochen*» bei Patricia (47, Ch, kaufmännische Angestellte), «*jeden Abend*» in der Familie von Catherine (63, K, Rentnerin). Gerade der Fall von Catherine ist aufschlussreich. Catherine ist in einer vom evangelischen Glauben «*durchdrungenen*» Familie aufgewachsen. Sie scheint dieses Schema mit ihren vier Kindern wiederholt zu haben, indem sie deren Alltag mit Momenten religiöser Ein-

15 Selbstverständlich stellt Catherine selbst dieses Ereignis als den Augenblick dar, in dem ihr Sohn sich bekehrt. Wir können nicht beurteilen, ob der damals erst Vierjährige diese Episode wirklich als veritable Bekehrung erlebt hat. Wie dem auch sei, dieser Bericht führt uns die Wichtigkeit des Vorbilds vor Augen oder, in unserem Fall, des Zeugnisses und der Nachahmung in den Lernprozessen, aber auch den Wert, den die Eltern der Bekehrung ihrer Kinder beimessen.

kehr strukturierte. So nahmen sie und ihr Ehemann sich jeden Abend während zwanzig Minuten Zeit für ihre Kinder: Sie setzten sich, nach Alter getrennt, in zwei verschiedene Zimmer, die Grossen im Wohnzimmer, die Kleinen in ihren Zimmern. Dann fand eine jedem Kind angemessene Unterweisung statt: Im Wohnzimmer «*las jeder eine kurze Stelle [aus der Bibel] und anschliessend erklärte ihnen mein Mann zwei, drei Dinge oder stellte Fragen*»; im Zimmer lasen die Jüngeren die Bibel, sangen und beteten mit ihrer Mutter. So gestalteten Catherine und ihr Ehemann einen jedem ihrer Kinder angemessenen didaktischen Rahmen. Diese religiös geprägten gemeinsamen Momente, während der Gehalt ihrer Überzeugung verbalisiert, gesungen, gelehrt wird, nehmen die Form von Ritualen an, die sich bei den Kindern allmählich zu Gewohnheiten festigen. Die Kinder lernen dann Gesten, Worte, Auffassungen, die sie verinnerlichen und integrieren.[16] In diesem Prozess mit pädagogischer Zielsetzung werden Bibel und Bibellektüre in der Regel zum bevorzugten Werkzeug des Lernens.

So beteiligen sich evangelisch-freikirchliche Eltern direkt an der religiösen Erziehung ihrer Kinder. Sie sehen je nach Familie mehr oder weniger ausgedehnte und mehr oder weniger vorbereitete und reflektierte Momente vor, um ein Ensemble von Werten, Normen, Praktiken und religiösen Glaubensüberzeugungen zu erklären und zu lehren. Was die Eltern in anschaulicher Weise als legitim und richtig darstellen, soll von den Kindern verinnerlicht werden.

(4) Die eigenen Kinder in eine Gemeinschaft integrieren

Für die Eltern ist es wichtig, dass die religiöse Erziehung den strikt familiären Rahmen übersteigt. Die Eltern suchen Orte sekundärer Sozialisation für ihre Kinder aus, um die innerhalb der Familie vermittelte religiöse Identität zu stützen und zu bekräftigen.

16 Die Gewohnheit entsteht aus der Wiederholung, und gerade diese Wiederholung ermöglicht die Vernatürlichung der Praktiken (vgl. Lahire, 2007). Inskünftig werden die Kinder nicht mehr auf einen externen Auslöser – in diesem Fall ihre Eltern – angewiesen sein, um eine religiöse Handlung zu beginnen (Gebet, Bibellektüre ...).

In der Regel begleiten Kinder von Evangelisch-Freikirchlichen ihre Eltern schon sehr früh in die Kirche.[17] Laut den befragten Eltern nehmen 70,7 % der über Zehnjährigen «ein- oder mehrmals pro Woche» an religiösen Aktivitäten ihrer Gemeinde teil. Evangelisch-freikirchliche Eltern bemühen sich um ausserfamiliäre religiöse Sozialisierung. Diese erweist sich folglich als kanalisiert, begleitet und reflektiert. Einige Eltern wechseln, wie Rémi, die Kirche, um ihren Kindern mehr religiöse Aktivitäten bieten zu können. Rémi erklärt seinen Entschluss, aus der reformierten Kirche aus- und in die Apostolische Kirche einzutreten, mit dem Wunsch, seinen Kindern «*die Gelegenheit zu bieten, sich in dynamischeren Jugendgruppen zu entfalten*». Zuweilen legen die Eltern im Unterricht eine Pause ein, damit ihre Kinder die Vielzahl der ihnen von ihrer Gemeinde angebotenen religiösen Aktivitäten «*verdauen*» können.

Die Kirche wechseln, um die religiösen Überzeugungen ihrer Kinder zu «*pushen*» oder ihre Einbeziehung hinauszuzögern, um nicht «*etwas zu zerstören*» – darüber denken Eltern nach, wenn es um die Aktivitäten ihrer Kinder in der Gemeinschaft geht. Dieser ausdrückliche Wille im Verein mit dem grossen Angebot ist ein Erklärungsgrund für den hohen Grad der Einbeziehung evangelisch-freikirchlicher Kinder in deren Gemeinde und, allgemeiner, für die Stabilität ihrer religiösen Identität.

(5) Schlechte Ausseneinflüsse filtern

Auch wenn die evangelisch-freikirchlichen Gemeinden ein Milieu mit sichtbaren Aussengrenzen darstellen, bewegen sich ihre Mitglieder doch nicht ausserhalb der Gesellschaft. Eltern und Kinder sind in ständigem Kontakt mit der «Aussenwelt», mit anderen Sozialisierungsmodi, anderen Weltanschauungen, die den Fortbestand der evangelisch-freikirchlichen Überzeugungen gefährden könnten. Die Eltern werden mithin versuchen, für die Kinder als schädlich empfundene Ausseneinflüsse zu «filtern».

17 Den Eltern steht in der Regel eine breite Palette von Sozialisierungsakteuren und -orten zur Verfügung. Die Kinder können sie für die Zeit des Gottesdiensts beim Hütedienst lassen, aber es werden auch weitere altersgerechte und der Lernfähigkeit angemessene Aktivitäten mit pädagogischer Zielsetzung angeboten: Sonntagsschule, Kinderversammlung oder -club, Jugendgruppe usw.

Kinderwoche 2010, FEG Ennenda, Foto: Website der Kirche

Bibellesung, Église évangélique Action Biblique de la Servette (Genf),
Foto: J.-C. Rochat (2012)

Schuld am unzulänglichen religiösen Engagement eines ihrer Kinder ist für Patricia, Katja, Justine und Louis der Umgang mit nichtchristlichen Freunden, besonders während der Adoleszenz. Den Gefahrenherd verorten Marc und Marianne in der Musik, Fritz in Drogen oder Alkohol, Dominik im Kino und Anja in der Schule. Diesen Gefahren gegenüber fühlen sich die Eltern oft ohnmächtig. Ihre Lösung sehen sie dann im regelmässigen Gespräch mit ihren Kindern, wobei sie insbesondere die Richtigkeit bestimmter Werte und Normen unterstreichen, die zuweilen im Gegensatz zu den von der Mehrheit der Gesellschaft propagierten stehen.

Als Symbol und Verkörperung dieser äusseren Gefahr gelten in der Regel die Medien und insbesondere das Fernsehen mit einem permanenten Angebot an Novität und Wandel. Die Alternativangebote der neuen Kommunikationsmittel stellen jeden Lebensentwurf infrage. Deshalb beschliessen viele Eltern, auf Fernsehen zu verzichten. Als Träger von Gewalt vermittele das Fernsehen, so Justine, Werte, die denjenigen, die sie ihren Kindern vermitteln wolle, «*zuwiderlaufen*». Dank Fernsehverzicht können Rémi und Catherine die in der Familie gemeinsam verbrachten «*wesentlichen Momente*» bewahren. Für Béatrice käme der Besitz eines Fernsehers dem Risiko gleich, «*eines Vorteils verlustig zu gehen*».

Demnach vermittelt das Fernsehen bestimmte Sichten der Wirklichkeit; diese könnten den Kindern vor dem Fernseher wahr, ja, wahrer als die Sicht ihrer Eltern erscheinen. So argumentiert auch Fritz. Er und seine Ehefrau wollten, dass ihre fünf Kinder «*die wirkliche Welt*» kennenlernen. Fernsehen wurde verboten, da dessen Konsum, falls nicht von den Eltern kontrolliert, als gefährlich eingestuft wurde. Um ihre Kinder über echte Gefahren wie Drogen, Alkohol oder Kriminalität zu informieren, zogen sie die Lektüre und die Diskussion mit ihren Kindern vor. Kein Fernsehgerät zu haben ist für Fritz letztlich eine Strategie, um die Kohärenz des innerfamiliären Sozialisierungsmodells dadurch zu gewährleisten, dass das Einbrechen der Aussenwelt in seinen Familienkokon eingeschränkt wird. Ein Verhalten, das ihn schliesslich den Schluss ziehen lässt: «*Meine Familie ist inzwischen so etwas wie eine heile, intakte Welt.*»[18]

18 Wir wissen durchaus, dass alle Eltern, ob evangelisch-freikirchlich oder nicht, dem Fernsehen gegenüber Zurückhaltung zeigen und Regeln zum Fernsehkonsum aufstellen können. Einschränkungen des Fernsehkonsums sind im

Aus der Analyse der verschiedenen Strategien geht hervor, dass evangelisch-freikirchliche Familien einen reflektierten und kohärenten Überlieferungsrahmen aufbauen. Transfer ihrer Autorität auf Gott, permanentes Zeugnis einer religiösen Haltung, Umsetzung eines Ritual mit aktivem Einbezug der Kinder, Versuch, die Versuchungen der Aussenwelt einzudämmen – mit diesen Elementen schaffen die Eltern eine geeignete Familiensphäre mit dem Potenzial zum Aufbau einer soliden religiösen Identität.

Was wird mit diesen Strategien erreicht?

Doch welches sind die konkreten Effekte der verschiedenen von den Eltern eingesetzten Techniken? Grafik 7.1 quantifiziert Misserfolg und Erfolg der Tradierung religiöser Identität innerhalb der Familie. Gemäss unseren Berechnungen werden in unserer Stichprobe 1431 Kinder von über 16 Jahren genannt; laut den Eltern sind 1056 dieser Kinder bekehrt, also ein Total von 73,8 %. Folglich hätten 26,2 % das Milieu verlassen. Die letzten beiden Zahlen sind indes mit Vorsicht zu interpretieren. Zumal einige in den quantitativen Fragebögen auf die Frage: «Wie viele Ihrer Kinder über 16 sind bekehrt?» nicht anstelle ihrer Kinder antworten konnten und vermerkten «*das geht nur sie etwas an*», «*sie allein wissen es*» usw.

Aus den qualitativen Gesprächen zu dieser Thematik geht hervor, dass Erfolg und Misserfolg der Weitergabe je nach Individuum anders interpretiert wird. Für manche ist die Bekehrung ein wichtiger Indikator, während für andere die Teilnahme am Gottesdienst, die persönliche Gottesbeziehung, das Engagement in der Gemeinschaft signifikantere Kriterien sind.

evangelisch-freikirchlichen Milieu jedoch eine deutlich häufigere Praxis als in der Gesamtgesellschaft. Zudem nennen Evangelisch-Freikirchliche ganz spezifische Argumente, um ihre Haltung dem Fernsehen gegenüber zu rechtfertigen. Sie sind überzeugt von der Feindseligkeit der Medien gegenüber dem christlichen Glauben (vgl. Anm. 13). Bedeutsam ist weiter, dass das Thema Internet und dessen Wahrnehmung von den Interviewten nie angesprochen wurde. Es ist indes anzunehmen, dass die Ansichten über das Internet und dessen Konsum bei manchen Evangelisch-Freikirchlichen Gegenstand derselben Befürchtungen und Einschränkungen ist. Dass das Thema nicht angeschnitten wurde, hat auch mit den Spezifika unserer Stichprobe zu tun. Die von uns befragten Eltern hatten entweder Kinder im Kleinkindalter, oder ihre Kinder waren zur Welt gekommen, als das Internet noch nicht existierte.

Davon zeugen die Antworten von Catherine (63, K, Rentnerin) auf unsere Frage, ob ihre inzwischen erwachsenen Kinder bekehrt seien:

> Nun, ja. Alle vier sind dort [in der Gemeinde] engagiert: Jugendgruppe [lacht], Sonntagsschule, nein sie sind wirklich engagiert, auch ihre Ehepartner ... Wirklich, sie sind super, meine Kinder bereiten mir sehr viel Freude.

Catherine ist also glücklich über das Engagement ihrer Kinder, sagt aber wie die meisten unserer Interviewten eigentlich nichts über deren Bekehrung. Selbst nach mehrmaligem Nachhaken waren klare und eindeutige Antworten selten. Die Bekehrung wird als intime und persönliche Entscheidung verstanden und ist ein Thema, worüber Eltern nur mit Schwierigkeiten sprechen können. In den quantitativen Fragebögen hingegen geben die meisten trotz der bereits erwähnten Vorbehalte die Zahl der bekehrten Kinder in ihrer Familie an. Dieser Widerspruch verweist letztlich auf zwei Normen oder zumindest Anforderungen, die im Lauf der gesamten religiösen Erziehung in einem Spannungsfeld zueinander stehen können: die Bedeutung der Entscheidung und des persönlichen Engagements und der starke Wunsch, die Kinder würden eine Bekehrung erleben und so echte Christen werden.[19] Dass dieser Wunsch existiert, dafür gibt es einen zweifachen Beleg: das enthusiastische Vokabular, falls die Kinder bekehrt oder engagiert sind, und die Tendenz zur Umgehung des Themas, wenn das nicht zutrifft. Rémi (50, Ch, Lehrer) etwa ist glücklich, dass seine Kinder «*im Glauben wachsen und von derselben Hoffnung getragen sind*» wie er und seine Frau; Louis (58, Ch, Bibliothekar) wiederum freut sich über das religiöse Engagement seiner Tochter:

19 Zwar wird die Bekehrung als Folge der persönlichen Entscheidung verstanden, sich auf eine Beziehung mit Jesus Christus einzulassen, gleichwohl entspricht sie gewissen eher strukturellen Kriterien. Im konservativen Milieu, genauer: in der Gemeinde für Christus, gleicht die Bekehrung einem Übergangsritus; dieser findet zu einem präzisen Zeitpunkt im Laufe eines von der Gemeinde aufgebauten Bibelkurses statt. Dieser Parameter erklärt teilweise den signifikanten Unterschied innerhalb der drei Submilieus hinsichtlich der Bekehrung der über 16-jährigen Kinder (vgl. Grafik 7.1).

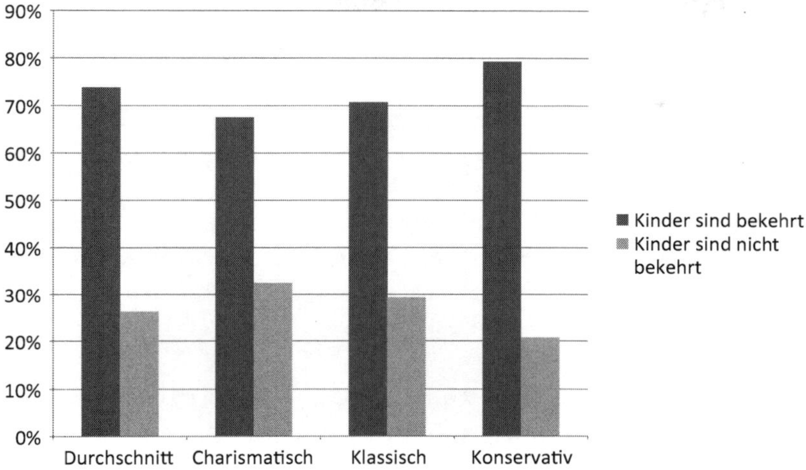

Grafik 7.1: Bekehrung der über sechzehnjährigen Kinder, nach Submilieus

> Also meine Tochter, die ist eine Lokomotive, die ist [lacht] ... Sie geht viel weiter als wir. Sie ist die Anführerin der Familie. Nun, sie singt im Chor, sie hat sogar ein Krippenspiel geleitet, sie ist Mitglied in einem Chor von mehreren Gemeinden, sie geht die ganze Zeit beten, schon frühmorgens. Nun, sie ist wirklich sehr engagiert.

Wenn Louis über seinen Sohn spricht, der sich wegen seiner Beziehung zu einer Nichtchristin der Gemeinde entfremdet, versteckt er seine Enttäuschung nicht und hebt zu langen Reden an, wobei er mit dem «*toxischen*» Aspekt dieser Frau argumentiert:

> Wir finden, sie hat alle Mängel der Schöpfung, nicht wahr. Vor allem ist sie sehr egoistisch, egozentrisch, nur ihre Person zählt [...] und dann ist sie sehr possessiv, eifersüchtig, nun ja, alles dreht sich um sie. Und ausserdem ist sie ziemlich grob und gibt viele Banalitäten von sich, schliesslich schaut er, schaut er mit ihr eine Menge dummer, moderner TV-Serien, und dann reden sie die ganz Zeit darüber, schliesslich ist sie modern, nicht.

Später gibt Louis zu, für seinen Sohn «*mehr erhofft*» zu haben. Viele aber blocken ab, gehen auf das Thema nicht ein. So etwa Justine (45, Ch, auf

Arbeitssuche), die vom mangelnden Engagement ihrer Kinder spricht und nur präzisiert: «*Ich höre nicht auf zu hoffen.*» Josiane (65, Ch, selbständig) sagt uns, sie bete für ihren Sohn, der nicht gläubig sei. Ihre Enttäuschung wird manifest, wenn sie mit uns über die Heirat ebendieses Sohnes mit einer Buddhistin spricht:

> Was soll ich tun? Soll ich heulen, schreien? Dann trenne ich mich von meinem Sohn [...] Das ist nicht die Rolle einer Mutter, definitiv nicht, ich muss die Situation vordergründig akzeptieren, ich, nun ich bete, und dann, dann haben wir weiterhin gute Beziehungen. Sehen Sie? So ist es.

Obwohl die Bekehrung Ausfluss einer persönlichen und intimen Entscheidung ist, obwohl die Eltern ihre Kinder dazu weder zwingen wollen noch können, ist es für sie doch eine grosse Enttäuschung, wenn ihre Kinder sich vom Glauben abwenden oder sich nur mässig engagieren. Dieses Gefühl von Traurigkeit, aber auch grosser Freude im umgekehrten Fall offenbart einmal mehr, wie wichtig für die Eltern die Weitergabe des Glaubens, aber auch der Einsatz für die religiöse Erziehung ihrer Kinder ist. Wenn sie also von freier Entscheidung der Kinder in Sachen Religiosität sprechen, ist das als Resultat einer besonderen Wahrnehmung des Bekehrungsvorgangs zu verstehen, der unter allen Umständen persönlich sein muss und folglich nicht erzwungen werden kann. Religionsfreiheit bedeutet für evangelisch-freikirchliche Kinder demnach nicht totale Entscheidungsfreiheit für oder gegen eine Religionszugehörigkeit.

7.2 Erzogen werden

Kontroverse religiöse Erziehung

Im zweiten Abschnitt dieses Kapitels wenden wir uns der religiösen Überlieferung aus der Sicht der sozialisierten Akteure zu, nämlich der Individuen, die in einer evangelisch-freikirchlichen Familie aufgewachsen sind.[20] Mit Blick auf die innerfamiliale Sozialisierung ergibt sich aus unse-

20 Die Zeugnisse der «Spätbekehrten», also derjenigen, die nicht in einer evangelisch-freikirchlichen Familie aufgewachsen sind, werden nicht eigens unter-

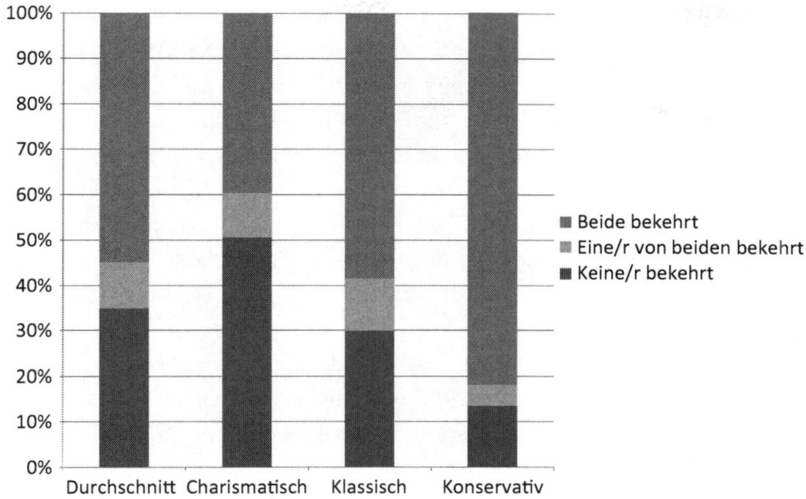

Grafik 7.2: Bekehrung der Eltern, nach Submilieus

ren quantitativen Daten (Grafik 7.2) Folgendes: Erstens sind mehr als die Hälfte der Interviewten, 54 %, in einer «*durch und durch*» evangelisch-freikirchlichen Familie aufgewachsen und hatten als 15-Jährige bekehrte Eltern. 34,9 % der Befragten wiederum sind nicht im evangelisch-freikirchlichen Milieu aufgewachsen, bei einer Minderheit schliesslich, 10,3 %, war nur ein Elternteil bekehrt. Dieses Phänomen lässt sich damit erklären, dass Evangelisch-Freikirchliche festen Willens sind, ihre Ehe auf christlichen Werten zu gründen.

Zwischen den Milieus besteht ein signifikanter Unterschied, was aus unseren Daten ebenfalls hervorgeht. Die charismatischen Interviewpartner sind, anders als die klassischen und die konservativen, mehrheitlich mit nichtbekehrten Eltern aufgewachsen. Mithin kommen die aus dem charismatischen Milieu stammenden Evangelisch-Freikirchlichen, ver-

sucht, aber zum besseren Verständnis unserer Globalproblematik herangezogen. Ihre Lebensläufe implizieren die Analyse von spezifischen Herausforderungen und Mechanismen, die in Kapitel 2 behandelt worden sind.

glichen mit ihren Glaubensgenossen aus den beiden anderen Submilieus, tendenziell häufiger von aussen und nehmen die verschiedenen religiösen Normen und Werte vermehrt in einem ausserfamilialen Sozialisierungsrahmen auf. Umgekehrt verfügen Evangelisch-Freikirchliche aus dem konservativen Milieu über einen stark familial geprägten Hintergrund. 82 % dieser Interviewpartner hatten als 15-Jährige konvertierte Eltern. Die dem klassischen Milieu zugehörigen Individuen schliesslich stammen mehrheitlich aus evangelisch-freikirchlichen Familien; der Anteil der von aussen hinzugestossenen Individuen liegt indes höher als bei den Konservativen.

In Wirklichkeit erweisen sich die Barrieren jedoch als weniger klar. Die Mehrheit der Evangelisch-Freikirchlichen ohne evangelisch-freikirchliche Eltern (34,9 %) ist, erstens, in gläubigen und/oder praktizierenden katholischen oder reformierten Familien aufgewachsen; diese haben ihnen auch die grundlegenden religiösen Strukturen vermittelt: das «*Wissen über den Herrn*», den «*Respekt vor dem, was in der Bibel geschrieben steht,*» usw. Keinen bekehrten Elternteil zu haben bedeutet mithin nicht zwingend das Fehlen religiöser Sozialisierung.

Aus einer evangelisch-freikirchlichen Familie zu stammen impliziert indes, das geht zweitens aus unseren Gesprächen hervor, nicht zwingend eine qualitativ und quantitativ vergleichbare Erziehung. Manche sind in religiöse Überzeugungen «*eingetaucht*» worden, haben sie «*mit der Muttermilch*» aufgenommen. Für sie «*drehte sich alles darum*», die christlichen Überzeugungen prägten jede Sekunde des Alltags. Für andere wiederum wurde der Glauben gelebt, «*ohne allzu sehr in Einzelheiten zu gehen*». Wenn es drittens gilt, die empfangene Erziehung zu qualifizieren, bauen die Evangelisch-Freikirchlichen ihre Erzählung auf denselben Termini auf wie ihre Eltern. Diese Erziehung war «*lebendig*», «*fröhlich*», «*aufrichtig*», «*natürlich*». So wird die Vorstellung einer natürlichen Freiheitsnorm gestützt, die die Erziehung im evangelisch-freikirchlichen Milieu steuert. Doch gewisse Interviewpartner nuancieren diese Einmütigkeit, verweisen auf einen eher einengenden und bedrückenden Aspekt dieses Prozesses. Es ist nämlich nicht einfach, sich im Alltag stets an die eingeübten Verhaltensweisen zu halten und ständig die verinnerlichten Werte anzuwenden. Den Interviewten macht zuweilen die Forderung zu schaffen, ständig «*auf der Höhe*», «*immer nett*», «*immer hilfsbereit*», «*guter Laune*» sein zu müssen, obwohl sie sich in ihrem Alltag «*ganz anders*» fühlen.[21] Andere berichten uns von einer als «*belastend*», «*bedrückend*» empfundenen, mit vielen Verboten durchsetzten religiösen Erziehung. Die in einer charismatischen Familie aufgewachsene Fanny (21, Kl, Studentin) beurteilt die strenge Erziehung ihrer Eltern mit kritischem Blick:

> Ich bin wie im luftleeren Raum, in einem Ding aufgewachsen, in dem man nicht unbedingt sagt, wie das Leben wirklich ist [...] Ihnen [Fannys Eltern] ging das Experimentieren des Glaubens im Erleben weitgehend ab. Letztlich haben sie mir Dinge aller Art eingetrichtert.

Während Fanny die Überzeugungen ihrer Eltern schliesslich so verinnerlicht hat, dass es heute ihre eigenen sind, haben Charlotte (27, K, Lehrerin), Alain (35, K, Ökonom) und Mélissa (24, Ch, Studentin) das evangelisch-freikirchliche Milieu verlassen. Ihnen ist es nicht gelungen, die von ihren Eltern vermittelten religiösen Inhalte als sinnhaltig zu erfahren. Charlotte berichtet, sie sei «*gezwungen*» worden, in die Kirche zu gehen. Alain wiederum erklärt, in seiner früheren, konservativen Gemeinde habe er «*25 Jahre Indoktrinierung*» erlebt. Die Freiheitsnormen und die Entscheidungsfreiheit, die das Milieu propagiert, scheinen von den Ausgetretenen eher als Strategien der «*Manipulation*» und «*Konditionierung*» wahrgenommen zu werden. Symptomatisch sind die Ausführungen von Melissa, die sich vor ihrem Austritt stark in der Gemeinde engagiert hatte:

> Du stehst dermassen unter Druck. Was die persönliche Freiheit betrifft, so hast du keine Wahl [...] Sie [die Mitglieder des Milieus] sind höchst subtil, weil sie den Begriff der Willensfreiheit einbringen, wenn sie dir sagen, dass Gott dir das Bewusstsein von Gut und Böse geschenkt hat und dass es nun an dir liegt, in welche Richtung du gehen willst. Aber du hast keine Wahl, weil du dermassen, zu 100 % eingebunden bist, dass du nicht denkst, dass du keine Vorstellung von einer Alternative hast.

21 Diese Diskrepanz entsteht oft aus einem Schuldgefühl heraus, das zuweilen in veritables psychisches Unbehagen führt, was dann den definitiven Bruch mit dem evangelisch-freikirchlichen Milieu auslöst. Kapitel 11 kommt eingehend auf diese Prozesse zurück.

Dazu gehört auch, dass der von den Ausgetretenen beschriebene Erziehungsmodus nicht mehr der von den Eltern propagierten erklärenden Pädagogik entspricht. Dann wird die Lehre als «*diffus*» empfunden, in der nichts «*explizit gesagt wird*» und alles «*auf ganz indirekte Art hergeleitet*» wird. Zwar gibt es, insbesondere hinsichtlich der Tradierungsmodi, im evangelisch-freikirchlichen Milieu tatsächlich Freiheit; diese aber ist für einige nicht mehr als eine «*subtile*» Illusion.

Die Gemeinschaft: «ein starkes Fundament»

In einem zweiten Schritt wenden wir uns der ausserfamiliären Sozialisierung zu, um deren Einfluss auf die Identitätsbildung zu verstehen. Die evangelischen Freikirchen bieten ihren Mitgliedern mehr an als nur Gottesdienste. Sie organisieren eine Vielzahl von Aktivitäten, dank deren die Mitglieder nicht bloss ihr religiöses Wissen erweitern und vertiefen, sondern vor allem ihre Überzeugungen gemeinschaftlich leben können.

Ein Teil der von den Kirchen angebotenen Aktivitäten richtet sich ganz besonders an Jugendliche, zielt mithin auf die kritische Zeit der Adoleszenz. So ist es praktisch selbstverständlich, dass Evangelisch-Freikirchliche in diesem Alter einer Jugendgruppe beitreten. 31,6 % der Schweizer Wohnbevölkerung haben einmal in einer Jugendgruppe mitgemacht, bei den Evangelisch-Freikirchlichen sind es 68,5 % der Jugendlichen.[22]

Die Jugendgruppe übernimmt dann die Rolle des Sozialisierungsagenten und wird so zum Lernfeld der Normen und Regeln des Milieus. Doch mehr noch als ein Ort des Lernens ist sie der Ort, wo das Individuum seine Identität in eine Gemeinschaft integrieren kann, in der die Mitgliederbeziehungen affektiv geknüpft werden. Dank Lagern und gemeinsa-

22 52,1 % der konservativen, 57,5 % der charismatischen und 77,9 % der klassischen Evangelisch-Freikirchlichen waren im Alter von 16 bis 20 Jahren Mitglied einer christlichen Jugendgruppe oder einer religiösen Jugendbewegung. Die Unterschiede zwischen den Submilieus lassen sich erstens damit erklären, dass in den konservativen Kirchen erst seit kurzem Jugendgruppen existieren. Zweitens ist die Hälfte der Charismatiker, wie bereits erwähnt, nicht in einem evangelisch-freikirchlichen Familienumfeld aufgewachsen, sondern hat sich später bekehrt. Für diese Kategorie stellt sich die Frage der Jugendgruppe nicht, war sie doch zum Zeitpunkt der Bekehrung für eine Mitgliedschaft bereits zu alt.

men Aktivitäten an Wochenenden und in den Ferien werden diese Mitglieder anderen Gläubigen zu Freunden und, in manchen Fällen, zu Lebenspartnern.[23] Dann werden die Gemeinde und deren Mitglieder «*eine Familie*». Bei zwei Drittel der befragten Evangelisch-Freikirchlichen (63,5 %) sind die drei besten Freunde bekehrt, bei 25,2 % sind es zwei der drei besten Freunde.[24]

Diese Freundschaftsbeziehungen werden die evangelisch-freikirchliche Identität stützen und festigen und so das Austrittsrisiko mindern. So meint Victor (28, Kl, Student) wie andere Gläubige: «*das motiviert dich*», «*das trägt zum Austausch bei und ermutigt*». Für Cécile (21, Ch, Studentin) bilden die Freunde, mit denen sie in der Jugendgruppe zusammen war, «*ein starkes Fundament*». Alice (20, Ch, Studentin) führten diese Begegnungen vor Augen, «*nun ja, dass du nicht als Einzige an Gott glaubst*». Fanny (21, Kl, Studentin) wiederum besucht den Gottesdienst, weil sie dort freundschaftliche Unterstützung findet; weniger wichtig ist ihr die Unterweisung:

> Also, am Sonntagmorgen, da gehe ich von Zeit zu Zeit, ich gehe nicht immer, aber ich gehe von Zeit zu Zeit, nicht unbedingt wegen der Unterweisung, sondern vor allem, um Leute zu sehen; schliesslich ist es, wie ich bereits sagte, so

23 Christian (50, Evangelisch-Freikirchlicher in einer reformierten Kirche, Schreiner), der seine Ehefrau im Rahmen solcher Aktivitäten kennengelernt hat, sagt dazu: «*Nun, diese Gruppen, eigentlich lustig, sind [lacht], sind nicht selten Heiratsagenturen. Mehrere Paare haben sich so gefunden.*»

24 Konservative Evangelisch-Freikirchliche haben mehr Freunde aus dem gleichen Milieu als klassische und charismatische. Dieser Unterschied erklärt sich nicht primär mit dem Familienumfeld. Tatsächlich ist der Zusammenhang zwischen der Anzahl konvertierter Freunde und der Konversion der Eltern zwar signifikant, aber nicht sehr stark. Nicht weil sich konservative Evangelisch-Freikirchliche seit ihrer Kindheit im evangelisch-freikirchlichen Milieu bewegen, tendieren sie stärker dazu, Freundschaften mit Menschen aus demselben Milieu zu schliessen. Vielmehr ist es das Submilieu, sind es die portierten Normen und Werte, die diesen stärker in sich selbst «geschlossenen» Freundeskreis erklären. Wer um die Wichtigkeit von Peer-Groups in Identitätsbildung und -erhalt weiss, den erstaunt die starke endogene Reproduktion im konservativen Milieu nur wenig (79,3 % der über 16-Jährigen mit konservativen Eltern sind, wie bereits erwähnt, bekehrt, was den höchsten Anteil in den drei Submilieus darstellt).

> etwas wie eine Familie, also das ist das Erlebnis. [...] Sie wissen, was man erlebt, sie ermuntern uns, ja, all das ist eine Art Fundament.

Zu einer Zeit, da religiöses Lernen eher Erlebnis ist und Identitäten eher aufgebaut denn tradiert werden, zeichnen sich die verschiedenen Sozialisierungsagenten des evangelisch-freikirchlichen Milieus letztlich durch bemerkenswerte Effizienz aus. Evangelisch-freikirchliche Eltern erhoffen sich für ihre Kinder eine Bekehrung, damit sie «echte Christen» werden. Sie sind sich bewusst, dass sie sich in einer Gesellschaft bewegen, in der ihr Lebensentwurf minoritär ist, ja, gar dem allgemeinen Trend zuwiderläuft; deshalb und um ihre Kinder dauerhaft ins evangelisch-freikirchliche Milieu einzubinden, investieren sie in deren religiöse Erziehung. Ihr Ziel ist es, den Kindern religiöse Überzeugungen zu tradieren, diese Überzeugungen mithilfe unterschiedlicher Strategien plausibel zu machen und plausibel zu erhalten – wie etwa durch die Errichtung von Grenzen: didaktische Unterweisung, Filtern von Ausseneinflüssen, Kinder in eine Gemeinde einschreiben ... Unsere Resultate legen den Schluss nahe, dass die religiöse Sozialisierung innerhalb des Milieus äusserst wirksam bleibt und dass sich dieses Milieu in unseren Gesellschaften genau deshalb behaupten kann, weil evangelisch-freikirchliche Familien nicht in einem Strategie- und Sinnvakuum leben: Sie wissen, *was* sie weitergeben wollen und *wie* sie es weitergeben wollen.

Kapitel 8

«Hoffnung weitergeben»: Evangelisieren im evangelisch-freikirchlichen Milieu

Jörg Stolz

In Mt 28,19 wendet sich Jesus mit folgenden Worten an die Jünger: «Geht nun hin und macht alle Völker zu Jüngern: Tauft sie auf den Namen des Vaters und des Sohnes und des heiligen Geistes». Während viele liberale Richtungen des Christentums diesem Aufruf nur noch in einem sehr beschränkten Sinne (oder gar nicht mehr) folgen wollen und gegenüber anderen Religionen auf «interreligiösen Dialog» umgestellt haben, nehmen evangelisch-freikirchliche Christen den «Missionsbefehl» äusserst ernst. Dank schützender Grenzen vermag sich das evangelisch-freikirchliche Milieu in unserer Gesellschaft zu halten, gleichzeitig verdankt es seine Resistenz einer gewissen Öffnung, die die Evangelisierungspraxis erst ermöglicht.[1] Ein Drittel aller Bekehrungen in der Schweiz – 34,9 % – betrifft Menschen, die nicht im evangelisch-freikirchlichen Milieu aufgewachsen sind. Bei diesen Menschen waren die von Evangelisch-Freikirchlichen umgesetzten Bekehrungsstrategien mithin erfolgreich. Das Milieu versteht es, sich wettbewerbsstark zu zeigen und ein Produkt zu präsentieren, das selbst in den Augen derjenigen attraktiv ist, die nicht in diesem Milieu aufgewachsen sind. Um die Widerstandfähigkeit des evangelisch-freikirchliche Milieus zu erklären, befassen wir uns in diesem Kapitel mit dem Phänomen der Evangelisierung: Wie gehen die Mitglieder konkret vor beim Evangelisieren? In welchem Umfeld, mit welchen Mitteln und mit welcher Wirkung?

1 Laut der Studie *National Congregations Study in Switzerland (NCSS)* können sich diejenigen religiösen Gemeinschaften in der Schweiz am besten halten, die Rekrutierungstechniken entwickeln (vgl. Stolz/Chaves/Monnot/Amiotte-Suchet, 2011).

8.1 Der Status der Evangelisierung

Evangelisierung als Teil und Norm des «Christseins»

Für viele Evangelisch-Freikirchliche ist Evangelisierung ein integraler Bestandteil der Definition des «Christseins». Die bekehrten Christen fühlen sich in der Tat mit einer «*göttlichen Mission*» betraut. Anja (40, Ch, Hausfrau)[2] spricht von einer Verantwortung den Nichtchristen gegenüber, damit diese «*nach dem christlichen Leben dürsten*». Für Martin (52, Kl, Pharmakologe) haben die Christen den Auftrag, «*Hoffnung weiterzugeben*». Laut Victor (28, Kl, Student) ist es sich ein Christ schuldig, «*ein Zeuge zu sein*»; es ist seine Mission, diejenigen mit «*Gott vertraut zu machen*», die ihn nicht oder kaum kennen. Gerechtfertigt wird die Norm, die die Evangelisierung vorschreibt, einerseits mit ihrem Status als göttlicher, mit Berufung auf den Bibeltext legitimierter Auftrag, andererseits eher pragmatisch mit dem Hinweis, dass nicht konvertierte Menschen Gefahr laufen, nicht in den Himmel zu kommen. So drückt etwa Justine (45, Ch, auf Arbeitssuche) ihr Bedauern darüber aus, dass es ihr nicht gelungen sei, ihre vor kurzem verstorbene Nachbarin zu bekehren, was ihr die Aufnahme ins Himmelreich garantiert hätte:

> Nun, vielleicht schockiere ich Sie, ich weiss nicht, aber ich habe die Vorstellung, dass man, wenn man sein Leben hingibt, das ewige Leben hat. Wenn man es nicht richtig hingibt, nun, dann gelangt man nicht dorthin [ins Himmelreich].

Die Norm, wonach Evangelisierung für den Christen Pflicht sei, wird von den Befragten nie infrage gestellt. Ganz im Gegensatz zu der in unseren Gesellschaften herrschenden Meinung wird aufdringliche Evangelisierung positiv bewertet. Josiane (65, Ch, selbständig) findet es «*ziemlich genial*», wenn sich Menschen dazu berufen fühlen, in den Strassen zu missionieren. Gleicher Meinung ist Anja (40, Ch, Hausfrau): «*Super, wenn man das tun kann.*» Alle Befragten sehen die Evangelisierung positiv, räumen aber ein,

2 In Klammer steht das Alter der Befragten, deren Zugehörigkeit zu einem bestimmten Submilieu (Ch = charismatisch, Kl = klassisch, K = konservativ) sowie deren Beruf.

dass nicht alle die Fähigkeit dazu besitzen. Evangelisierung muss einem persönlichen Anliegen und Wollen entsprechen; wer «*nicht das Herz eines Evangelisten hat*», kann nur «passiv» evangelisieren, nämlich in seinen Beziehungen «Zeuge sein» für die segensreiche Wirkung seiner Überzeugungen. Innerhalb der evangelischen Freikirchen und auch innerhalb einer Gemeinde wird die Frage nach dem Ausmass und den Mitteln der Evangelisierung indes zuweilen höchst kontrovers diskutiert.[3] Sam (28, Ch, Pastor) beispielsweise verlässt seine konservative Kirche, wobei er ihr unter anderem vorwirft, sie setze sich nicht genügend für die Praxis der Evangelisierung ein. Martin (52, Kl, Pharmakologe), der von seiner Kirche einen höheren Einsatz für die Evangelisierung erwartet, gerät darob in Konflikt mit Mitgliedern seiner Gemeinschaft, die er schliesslich verlässt. Yvan (39, Kl, Erzieher) hat das evangelisch-freikirchliche Milieu verlassen; er wird von den Vorstandsmitgliedern seiner klassischen Kirche seines Predigeramts enthoben unter dem Vorwand, er sei zu sehr «*Evangelist*» und er besitze irgendwie nicht «*das Herz eines Hirten*».

Evangelisierung und die anderen Religionen

Für die von uns Befragten muss Evangelisierung sich auch an die Gläubigen nichtchristlicher Religionen richten. Bekehrungen dieser Gläubigen gelten als etwas besonders Spektakuläres. «*Man fühlt, dass es mehr Sinn*

3 Zwar ist diese Evangelisierungsnorm für das gesamte Milieu charakteristisch, doch findet sie sich innerhalb der verschiedenen Tendenzen in unterschiedlichem Ausmass. Die charismatischen Kirchen neigen eher zu militanter Evangelisierung mit Ständen oder Theater in der Öffentlichkeit oder an wichtigen Kulturevents. Es werden Gruppen zur Verbreitung dieser Praxis gebildet. Mélissa (24, Ch, Studentin) war in einer solchen Gruppe, bevor sie das Milieu verliess. Dazu meint sie: «*Zuerst hielten wir Evangelisierungssessionen ab. Ich befasste mich damals bereits mit Tanz; wir entwarfen Choreografien. Das ist ein Medium, um mit den Leuten in Kontakt zu kommen. Wir tanzten auf einem Platz in [Ortsname]; wir tanzten, und dann sprachen wir die Leute an, wir versuchten eine kleine Botschaft zu vermitteln und auch einige gute Werte weiterzugeben.*» Erwähnt sei, dass Evangelisierung im charismatischen Milieu auch als Gabe verstanden wird, als etwas, wofür gewisse Mitglieder eine angeborene Eignung haben. Dann werden sie Fachleute für Evangelisierung – Evangelisten – und werden aufgrund ihrer Rednerqualitäten und ihres anerkannten Charismas häufig zu Veranstaltungen eingeladen, um Bekehrungsprozesse auszulösen.

macht, als wenn ein Christ sich bekehrt», beginnt Catherine (63, K, Rentnerin), bevor sie uns erzählt, wie sie einem muslimischen Studenten empfahl, die Psalmen zu lesen, und wie ihre jüdische Kollegin sich während eines christlichen Camps bekehrte, zu dem sie diese eingeladen hatte. Rémi (50, Ch, Lehrer) wiederum hat ein Evangelisierungsprogramm für benachteiligte Kinder in der Schweiz, unter ihnen viele Muslime, auf die Beine gestellt. Er entschied sich, die Botschaft zu vereinfachen, indem er insbesondere «*mehr über Gott als über Jesus*» sprach. Veronika (46, Ch, Kosmetikerin) beschreibt uns, wie ihr die Bekehrung einer Muslimin gelang, indem sie mit ihr insbesondere über deren kurz zuvor verstorbenen Sohn sprach:

> Also eindrücklich für mich war auch eine Mutter, deren Kind gestorben ist, in Ägypten [...] Und da konnte ich dieser Mutter sagen, schau, tief innen weiss ich, dass das Kind bei Jesus ist. Und da sie Muslimin war, hatte sie keine Chance. Und ich glaube, jetzt für mich, dass die Kinder Gott gehören, auch wenn sie sich nicht selber entscheiden können, weisst du, sie sind klein. Und nachher habe ich ihr gesagt, [...] sie könne das Kind wiedersehen, ich sei ganz sicher, und sie könne sich für das Leben entscheiden, dort, wo das Kind jetzt ist. Und die Mama hat sich auch, da das Kind doch dort geblieben ist, und sie hat sich entschieden. Und das war schon sehr eindrücklich.

Von aussen betrachtet mag Veronikas Vorgehen verletzend erscheinen und als Versuch gewertet werden, Leiden um einer zusätzlichen Bekehrung willen auszubeuten. Aber wie Veronika sind die Evangelisch-Freikirchlichen von ihrem Diskurs überzeugt: Es ist erwiesen und nicht zu bestreiten, dass die Kinder – auch die muslimischen Kinder – nach dem Tod in den Himmel des christlichen Gottes kommen. Allein eine Bekehrung gibt dieser Frau die Möglichkeit, ihr Kind eines Tages wiederzusehen. Veronika bietet mithin einen Trost an, an den sie zutiefst glaubt.[4]

4 Es ist die tiefe innere Überzeugung der Evangelisch-Freikirchlichen, dass das Heil durch die Bekehrung zu erlangen ist. Für 85,3 % von ihnen, «ist es ohne die Erfahrung einer Bekehrung nicht möglich, ein echter Christ zu sein». Die Rechtfertigung für die Verbreitung ihrer Botschaft fusst mithin prioritär auf

Genau deshalb sind die anderenorts zuweilen vorhandenen ethischen Skrupel gegenüber der Evangelisierung, insbesondere wenn es um nichtchristliche Religionen geht, den Evangelisch-Freikirchlichen fremd.

8.2 Der Status Gottes in der Evangelisierung

Die Evangelisierung und deren Wahrnehmung durch die Befragten sind Teil jener fundamentalen Überzeugung, dass Gott und Jesus «*zu jeder Zeit in den Prozess eingreifen können*». Erstens kann Gott seine «*Evangelisten*» aussuchen, also jene Evangelisierungsspezialisten, die sich mit vielfältigen Aktivitäten dieser Tätigkeit widmen werden (Alphalive-Kurse, Predigt, Mission, Seminar ...). Für Jack (53, Ch, Missionar), derzeit weltweit als Missionar tätig, ist es Gott, der ihn zur Ausübung dieser Tätigkeit berufen hat. Zweitens kann Gott seinen Evangelisierenden auch angeben, auf welche Personen sie zugehen sollen. Das gilt insbesondere für Bruno (73, K, Buchbinder), der uns sagt, er lasse sich «*im Gebet führen*», um zu erkennen, wer missioniert werden sollte:

> [...] und dann muss man sich auch führen lassen, auch im Gebet und von Gott, denn Gott kann uns angeben, welche Personen irgendwie danach suchen oder vielleicht Probleme haben und wissen wollen, wie sie sie lösen können. Gott kann bewirken, dass man solchen Personen begegnet, dass man ihnen etwas geben oder zumindest auf sie eingehen kann.

Anthony (55, Ch, Verkäufer) hört die Stimme Gottes, die ihm sagt, er solle sich bei einer bestimmten Coiffeuse die Haare schneiden lassen, obwohl er gar keinen Haarschnitt benötigt. Diesem Befehl gehorcht er, und es stellt sich heraus, dass die Coiffeuse ihn fragt, wie sie zum Glauben kommen könne:

einer persönlichen Überzeugung, und nicht auf einer externen Norm, die die evangelisch-freikirchlichen Mitglieder dazu zwingen würde, möglichst viele Personen zu bekehren.

> […] und wissen Sie, es gibt nichts Schöneres, als wenn der heilige Geist irgendwo jemandem erscheint. Dann gibt es nichts mehr zu tun, dann ist alles getan; ich muss ihr nur noch sagen, was sie tun muss, um einen starken Glauben zu empfangen.

Lässt sich jemand trotz Evangelisierungsbemühungen nicht bekehren, betrachten die Evangelisch-Freikirchlichen dies nicht als persönliches Scheitern. Das Ergebnis wird als Gottes Werk interpretiert. Wenn sich die Mitglieder der Familie von Josiane (65, Ch, selbständig) nicht bekehren, dann «*muss Gott Gründe dafür haben, die nur er verstehen kann*». Doch zu dieser göttlichen Allmacht gesellt sich auch die Vorstellung der «Willensfreiheit». Obwohl Gott im Prinzip oberste und letzte Ursache allen Geschehens ist, hat auch der Evangelisierte das letzte Wort. Er oder sie kann Ja oder Nein sagen. Für Victor (28, Kl, Student) übt Gott keinen Zwang aus. Ähnlich äussert sich Barbara (50, Kl, Hausfrau) bezüglich der Konversion:

> Man kann das ja gar nicht selber machen. Man kann nur darüber reden, die Entscheidung muss nachher jeder Mensch selber treffen.

Die Bekehrung – sie wird im evangelisch-freikirchlichen Milieu als das Ergebnis individuellen Handelns begriffen – impliziert auch das Bild eines Menschen, der über eine gewisse «Willensfreiheit» verfügt. Die Evangelisierung gelingt nur, wenn Gott es will, aber auch nur, wenn die Person es will und einen Akt setzt, für den sie sich bewusst und innerlich entschieden hat.

8.3 Individuelle Evangelisierung

Mit welcher Häufigkeit evangelisieren die Evangelisch-Freikirchlichen? Auf den ersten Blick gibt es grosse Unterschiede zwischen den einzelnen Individuen. Die eine Hälfte der Evangelisch-Freikirchlichen spricht «ungefähr einmal im Monat» mit nicht bekehrten Personen über ihren Glauben, 15,8 % sogar «mindestens einmal pro Woche» oder häufiger, die andere Hälfte evangelisiert sehr viel seltener. Nur 5,7 % der Evangelisch-Freikirchlichen sagen allerdings, sie würden niemals missionieren. Diese Daten ent-

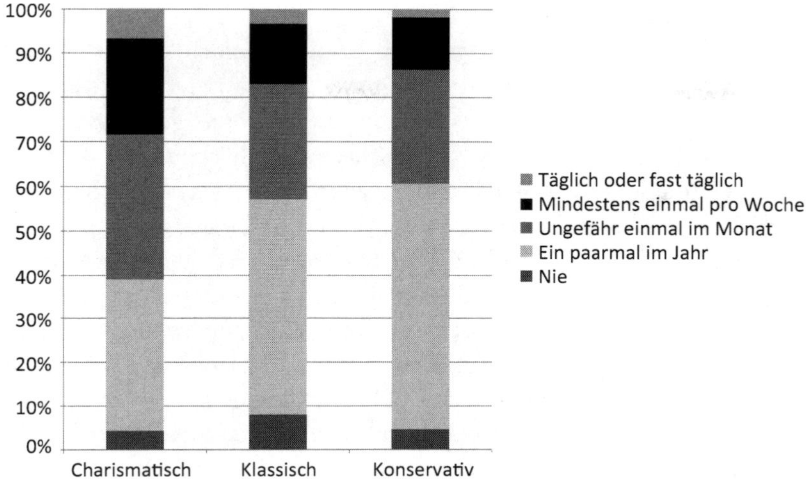

Grafik 8.1: Evangelisierungshäufigkeit, nach Submilieus

sprechen den weiter oben erwähnten normativen Vorstellungen durchaus: Der Christ empfängt grundsätzlich einen Missionsauftrag, und er ist es sich schuldig, in gewissen, vielleicht seltenen Situationen die Gute Nachricht zu verkündigen. Aber ob man häufig oder selten missionieren soll, die Antwort auf diese Frage muss der Evangelisch-Freikirchliche zwischen sich und Gott aushandeln. Grafik 8.1 zeigt insbesondere die Unterschiede innerhalb des evangelisch-freikirchlichen Milieus. Die charismatischen Evangelisch-Freikirchlichen missionieren markant häufiger als ihre klassischen und konservativen Glaubensgeschwister.[5]

5 50,9 % der Mitglieder von charismatischen Kirchen sind nicht im evangelisch-freikirchlichen Milieu aufgewachsen (kein Elternteil war bekehrt). Die Reproduktion dieses Submilieus beruht zu einem grossen Teil auf der Evangelisierung nach aussen, und zwar in weit höherem Mass als bei den klassischen und den konservativen Evangelisch-Freikirchlichen, von denen nur 29,9 % bzw. 13,5 % nicht in einem evangelisch-freikirchlichen Familienumfeld aufgewachsen sind.

Eine (oftmals) schwierige Ausgangslage

In der Öffentlichkeit zu evangelisieren ist nicht einfach, darin sind sich alle einig, die darüber sprechen. Wer unter Nichtchristen evangelisiert, erntet viel Unverständnis, Gleichgültigkeit, ja, offene Ablehnung. Die negativen Reaktionen reichen vom «*missbilligenden Blick*» bis hin zu Spott, Beschimpfung oder gar Handgreiflichkeiten. Bruno (73, K, Buchbinder) verteilt an seinem Arbeitsort die Zeitschrift seiner Kirche, was ihm, wie er sagt, «*böse Blicke*» einträgt. Wenn Marc (49, Ch, Pastor) mit seinen Arbeitskollegen über seine religiösen Überzeugungen spricht, signalisieren diese in der Regel grosses Desinteresse und denken, Marc gehöre einer Sekte an. Isaac (35, Ch, Magaziner) erntet oft Unverständnis, wenn er zuweilen im Zug versucht, über Jesus zu sprechen: «*Die Welt hält uns für verrückt*», meint er. Wenn Louis (58, K, Bibliothekar) in seinem Umfeld missionieren will, machen sich seine Kollegen über ihn lustig, und seine Familie reagiert unwirsch und befiehlt ihm, «*aufzuhören, ihnen mit seinem Jesus auf die Nerven zu gehen*». Georges wiederum (44, Kl, Verantwortlicher in seiner Kirche) erklärt uns, manchmal würden die Mitglieder der Heilsarmee beim Missionieren in «*heikle Situationen*» geraten, einem seiner Kollegen sei sogar die Krawatte abgeschnitten worden. Béatrice (41, Kl, Dolmetscherin) berichtet uns, sie habe seitens der Leute niemals Ablehnung, sondern eher Gleichgültigkeit erfahren: «*Das ist schön für dich*», sagen sie, «*aber es betrifft mich überhaupt nicht.*»

Die von den Befragten erzählten Evangelisierungsversuche bleiben mehrheitlich fruchtlos. Diese negativen Reaktionen, so ihre Einschätzung, hätten unterschiedliche Gründe: Die Leute haben keine Zeit; sie haben andere Werte oder Präferenzen; in unserer Gesellschaft sind Wissenschaft, Technik, Materialismus und der Glaube an den Menschen wichtiger als Gott; die Fragen rund um Jesus, den Glauben und die Kirche stossen unmittelbar auf Ablehnung; in unserer Gesellschaft ist die Religion ein Tabu, über das man in der Öffentlichkeit nicht gerne spricht; für die Jüngeren ist der Glaube etwas «*Uncooles*». Davon abgesehen zeichnen die Befragten kein einheitlich düsteres Bild der Evangelisierung. Anja und Jack beispielsweise meinen, viele Menschen seien auf der Suche und signalisierten Interesse für Spiritualität. Paul (50, K, Buchhalter) und Laurence (57, Ch, Musiklehrerin) erzählen, in einem durchaus positiven Sinn, trotz allem hätten viele Menschen – noch – immer einiges an Grundwissen über das Christentum, worauf man beim Missionieren aufbauen könne. Für Georges (44, Kl, Verantwortlicher in seiner Kirche) «*verläuft die Evangelisierung in der Regel relativ gut*». Seiner Meinung nach sind die Leute heute äusserst tolerant – solange man sich auf Diskussionen philosophischer Natur beschränke. Die Evangelisierungstätigkeit wird im Milieu in der Regel als positives Handeln wahrgenommen, dessen Umsetzung indes schwierig sei. Nun stellt sich die Frage, wie die Personen, die sich dafür entscheiden, vorgehen.

Die direkte Konfrontation

Eine von den Befragten erwähnte mögliche Methode ist die «*konfrontative*» oder «*aggressive*» Evangelisierung. Bei dieser Methode ergreift der Evangelisierende die Initiative, bringt das Thema Glauben in die Diskussion ein, erklärt die Vorteile des christlichen Glaubens und die Nachteile des Nicht-bekehrt-Seins, hört nicht auf, die Personen anzusprechen und Einladungen zu wiederholen.[6]

Konfrontative Evangelisierung lässt sich auf Unbekannte anwenden. Marianne (65, K, Röntgenassistentin) verteilt Gideon-Bibeln; Nicole (24, K, Studentin) bietet an der Haustüre Kalender an; Louis (58, K, Bibliothekar) hat während des Militärdiensts viel von Gott gesprochen und parallel

6 Die aggressive Missionierung ist seit den Anfängen das Wichtigste für Campus für Christus (interdenominationelle Missionsbewegung): «One important element in that methodology, and a hallmark of the movement as a whole, is aggressive evangelism. In Bill's words, ‹Aggressive evangelism is simply taking the initiative to share Christ in the power of the Holy Spirit and leave the results to God. We make a special point that aggressive evangelism does not mean being offensive; it does mean taking the offensive. Everywhere we go we tell everyone who will listen about Christ. And I assume when I'm alone with a person, even for just a few minutes, I am there by divine appointment. I have the privilege, not out of a sense of legalism, but out of a sense of gratitude and love for Christ, as a matter of obedience, to share the good news. In fact, my role is not to make converts at all – that's the Holy Spirit's responsibility. The Spirit uses committed followers of Christ as a vehicle to proclaim and demonstrate the gospel. If people don't want to listen, I don't press. We teach those whom we train never to argue, never to badger, never to press for a decision. We want to talk with those who will listen, trusting the Holy Spirit to change their lives›» (Quebedaux, 1979, S. 91).

dazu Von-Tür-zu-Tür-Evangelisation betrieben. Anja (40, Ch, Hausfrau) berichtet, dass es Gruppen gibt, die sich in Pubs begeben und dort Gespräche über Gott anfangen. Die Kinder von Paul (50, K, Buchhalter) organisieren in Dörfern eigens Musikveranstaltungen zu Evangelisierungszwecken.

Manche ergreifen aber auch Initiativen gegenüber Arbeitskollegen, Bekannten, Freunden oder Familienangehörigen. An seinem Arbeitsort verteilt Bruno (73, K, Buchbinder) Einladungen für die von seiner Kirche organisierten Evangelisierungsveranstaltungen. Die Freunde des Ehemanns von Patricia (47, Ch, Büroangestellte) kreuzten ständig auf, um mit ihm über ihre Überzeugungen zu sprechen. Schliesslich bekehrten sich beide, Patricia und ihr Ehemann. Martin (52, Kl, Pharmakologe) lud seine Eltern immer wieder ein, an einem Alphalive-Kurs teilzunehmen.[7] Schliesslich liessen sie sich überreden: «*Einverstanden, wir werden einmal kommen.*» Anthony (55, Ch, Verkäufer) versucht seine Schwiegertochter zu evangelisieren, und zwar ganz direkt mit den Worten: «*Weisst du, es ist ganz einfach, wenn du morgen stirbst, dann ist es zu spät, und du wirst zur Hölle fahren.*»

Zuweilen wird die konfrontative Evangelisierung positiv beschrieben, die grosse Mehrheit indes distanziert sich davon und stellt sie als jene Art des Evangelisierens dar, die sie eben *gerade nicht* einsetzen. Dazu Fritz (59, Ch, Heilpädagoge):

> Ich gehe doch nicht zu meinem Nachbarn, um ihm zu sagen: «Du müsstest wie ich Christ werden.»

Oder auch Josiane (65, Ch, selbständig):

> Ich schnappe mir doch nicht jemanden und sage ihm: «Sehen Sie, ich bin Christin, wissen Sie eigentlich, dass Jesus für Sie gestorben ist?» Sie verstehen, was ich meine.

Vermutlich distanzieren sich die Befragten deshalb sehr rasch und dezidiert von der konfrontativen Evangelisierung, weil sie damit negative Erfahrungen gemacht haben. Die Methode löst bei den evangelisierten

7 Für eine Beschreibung vgl. unten.

Leuten nämlich in der Regel Abwehrreaktionen aus. Oft bewirkt die konfrontative Evangelisierung nur, dass der Gesprächspartner wütend wird oder davonläuft. Dessen sind sich die Mitglieder bewusst und greifen schliesslich auf andere, «indirektere» Methoden zurück.[8] Diese unterscheiden sich insofern von der konfrontativen Methode, als die Evangelisierenden das Thema Glaube nicht explizit angehen, sondern es so einrichten, dass die zu evangelisierenden Personen das Thema selbst ansprechen oder wenigstens – explizit oder implizit – um eine Diskussion bitten. In diesem Fall ist in gewisser Weise die zu evangelisierende Person für den Dialog verantwortlich. Sie tut den ersten Schritt, und sie kann auch entscheiden, bis zu welchem Punkt sie das Gespräch weiterführen will.

Zeichen setzen und auf eine Reaktion warten

Eine erste «indirekte» Technik besteht darin, gut beobachtbare Zeichen zu setzen, die die zu Evangelisierenden zum «Nachfragen» bringen.[9] Ziel ist es dann, dass die Neugierde eine Diskussion auslöst, die im besten Fall mit der Bekehrung der Person endet. Im Hinblick darauf geben sich zahlreiche Befragte betont positiv, glücklich und im Dienste des Nächsten. Dahinter steckt die Idee, mit dem eigenen Verhalten «*Lust zu machen*», sich als Zeuge der Wohltaten der Bekehrung darzustellen.[10] So gibt sich Justine (45, Ch, auf Arbeitssuche) immer ausgeglichen und fröhlich; Anja (40, Ch, Hausfrau) sagt, sie wolle «*ihren Glauben offen leben*», grüsst ihre Nachbarn herzlich, bietet ihnen an, ihre Kinder zu hüten, und lädt sie oft auf einen Kaffee ein. Victor (28, Kl, Student) versucht in seinem Umfeld

8 Gerade Neubekehrte müssen oft diese Erfahrung machen. Nach ihrer Bekehrung sind sie in der Regel voller Enthusiasmus und wollen ihr Erlebnis mit ihrem Umfeld teilen. Ihr Anliegen wird dann oft brüsk zurückgewiesen, und schliesslich wird ihnen bewusst, dass es nichts bringt, sich «*wie ein Elefant im Porzellanladen*» zu benehmen (Anthony, 55, Ch, Verkäufer).

9 Wir verwenden den Begriff Technik; dieser ist allerdings nicht im Sinne einer kalten und kalkulierten Strategie zu verstehen. Einmal mehr gibt die Überzeugung, im Besitz der wahren Heilsbotschaft zu sein und folglich seinem Nächsten helfen zu können, den Anstoss für den Evangelisierungsprozess.

10 Es ist dieselbe Technik, die auch im religiösen Tradierungsprozess innerhalb der Familie zum Zuge kommt. Mit ihrem Verhalten wollen die Eltern ihre Kinder «*motivieren*» (vgl. Kapitel 7).

Gutes zu tun, den anderen zu helfen und «*ein Licht zu sein*». Veronika (46, Ch, Kosmetikerin) erzählt uns, ihr ruhiger und fröhlicher Charakter sei ihren Kunden Anlass zu Fragen; diese wollten wissen, was «*das Geheimnis dieser ständig guten Laune*» sei. So ergebe sich die Gelegenheit, offen über ihren Glauben und ihre Überzeugungen zu reden.

Andere Befragte wecken die Aufmerksamkeit ihres Umfelds, indem sie *Askese* praktizieren, *explizit gewisse in der Gesellschaft übliche Verhaltensweisen ablehnen*. Claire (25, Ch, Studentin) verzichtet ausdrücklich auf voreheliche Sexualbeziehungen und auf das Konkubinat mit ihrem Freund, was die Leute in ihrer Umgebung «*super space*» finden. Auch Isaac (35, Ch, Lagerist) löst bei seinen Arbeitskollegen Fragen aus, wenn er sich weigert, mit ihnen in einen Club zu gehen. Veronika vertritt auch im Modemilieu ihre eigene Meinung, insbesondere wenn sie behauptet, Homosexualität sei, ihrer Auffassung nach, eine Krankheit. Derartige Verzichte oder das Bekenntnis zu Überzeugungen, die zuweilen als kaum zeitgemäss wirken, wecken Neugierde. Das wiederum nehmen manche Evangelisch-Freikirchliche zum Anlass, über ihren Glauben zu sprechen.

Eine dritte Weise, über evangelisch-freikirchliche Überzeugungen ins Gespräch zu kommen, besteht schlicht darin, über kürzlich besuchte, *von den Gemeinden organisierte Aktivitäten* zu sprechen. Wenn Catherine (63, Ch, Rentnerin) in ihrem Umfeld erzählt, was sie am Wochenende unternommen hat, dann erwähnt sie selbstverständlich die christliche Stiftung, für die sie sich engagiert. Werden Béatrice (41, Kl, Dolmetscherin) und Tamara (37, Kl, Hausfrau) gefragt, was sie am Wochenende gemacht hätten, sagen sie die «*Wahrheit*», nämlich, dass sie den Sonntagsgottesdienst besucht hätten. Martin (52, Kl, Pharmakologe) und Anthony (55, Ch, Verkäufer) senden Geburtstags- und Weihnachtskarten mit Segenswünschen und Bibelversen.

Den Glauben als Problemlösung anbieten

Eine weitere «indirekte» Technik besteht darin, Menschen mit Problemen den Glauben als Lösung anzubieten. Wenn sich einem solche Menschen anvertrauten, so die Befragten, habe man das Recht und wohl auch die Pflicht, ihnen etwas zu raten, was einem selbst geholfen hat: auf Jesus Christus zu bauen. Dazu Katja (55, K, Pflegefachfrau):

> Ja, das tue ich, wenn ich mit einer Person zusammen bin, und ich sehe oder spüre etwas, oder sie erzählt mir von ihren Problemen oder von ihrem Unglück. Dann ist es eine Chance, wenn sie sich entschliesst, Jesus zu begegnen.

Auch diese Art der Evangelisation kann man «indirekt» nennen, weil sie erst vorkommt, wenn der andere mit einem ernsthaften Problem kommt und gewissermassen um Rat bittet. Dies scheint eine der häufigsten und wirkungsvollsten Methoden zu sein. In sehr vielen Bekehrungs- und Evangelisierungsgeschichten wird über den Weg von Menschen berichtet, die, wie auch immer, mit gewissen Problemen zu kämpfen hatten, sich deshalb Christen anvertrauten und schliesslich *«deren Rezepte»* zur Problembewältigung ausprobierten. Mitten in ihrer Depression wird die Mutter von Justine (45, Ch, auf Arbeitssuche) regelmässig von einer Christin eingeladen; schliesslich wird sie sich bekehren (später auch ihr Ehemann und ihre Tochter Justine). Catherine (63, K, Rentnerin) rät einem Muslim, dessen Vater depressiv ist, ihm Psalmen vorzulesen. Marc (49, Ch, Pastor), der mit gravierenden Alkoholproblemen zu kämpfen hat und in dessen Ehe es kriselt, nimmt die ihm von einem Pastor angebotene Hilfe an. Nach dieser Begegnung konvertiert Marc und ändert sein Verhalten radikal. Bei Josiane (65, Ch, selbständig) ist es ihr Arzt, den sie während ihrer Depression konsultierte, der ihr den Weg in eine evangelische Freikirche weist, obwohl sie dem Milieu nicht angehört. Louis (58, K, Bibliothekar) versucht einen depressiven Freund, der ihn besucht, zu bekehren. Katja (55, K, Pflegefachfrau) und ihr Ehemann evangelisieren in ihrer Nachbarschaft und helfen einem Paar mit Eheproblemen. Laurence (57, Ch, Musiklehrerin) schenkt einer Bekannten mit vielen Problemen ein christliches Buch; dieses Buch wird für die Bekannte ein Schlüsselelement auf dem Weg der Bekehrung sein.

In all diesen Situationen präsentiert sich der Evangelisierende gewissermassen als «Befreier». Er hat die Lösung, dank der die Personen ihre Probleme bewältigen können: die Bekehrung zu Jesus Christus. Kann sich der Evangelisierende, aus welchem Grund auch immer, nicht als Befreier präsentieren, ist die Evangelisation kaum Erfolg versprechend. Das zeigt das Beispiel von Louis (58, K, Bibliothekar). Seine Arbeitskollegen machen sich lustig über ihn mit der Bemerkung, Gott helfe ihm offensichtlich nicht, habe er doch in seinem Leben viele Probleme:

> Schwierig ist es, wenn man eine Botschaft verkündet, so etwa Jesus sei das Beste für uns, er helfe uns, er liebe uns und so weiter. Und wenn man dann selbst einige Probleme hat, weil es für mich am Arbeitsplatz nicht ganz einfach ist und in unserem Privatleben auch nicht – also dann ist es eher schwierig, den Leuten zu sagen: «Seht, alles ist gut», wenn man selber im Schlamassel ist.

Hier geht es um die Vorstellung, ein Zeuge zu sein, der lebendige Beweis für die Wohltaten, die die Bekehrung und der Aufbau einer personalen Gottesbeziehung mit sich bringen. Aus blosser Neugierde oder aber aus gezieltem Interesse kann dieses Verhalten zu echten Gesprächen führen und den Boden für eine künftige Bekehrung vorbereiten.

Dauerhafte Freundschaften knüpfen

Eine dritte «indirekte» Technik besteht darin, dauerhafte Beziehungen zu knüpfen. Die Befragten sprechen von «*Evangelisierung aus Freundschaft*», eine auch bei den eigenen Angehörigen eingesetzte Technik. Zu diesem Zweck knüpft der Christ dauerhaft Freundschaft mit einem Nichtchristen, ohne vom Glauben zu sprechen. Er lässt sich Zeit, er pflegt diese beginnende Freundschaft, er ist für den anderen da und interessiert sich für dessen Welt. Auf dem Fundament dieser Beziehung – so die Theorie – wird der Glaube irgendwann unweigerlich zur Sprache kommen. Dank der bereits bestehenden Vertrauensbasis wird es der vom Evangelisierenden ausgewählten Person leichter fallen, über den Glauben zu sprechen und Einladungen, beispielsweise zum Gottesdienst, anzunehmen. In gewisser Weise ist die «*Evangelisierung aus Freundschaft*» eine Kombination der beiden bereits erwähnten Techniken: jener der Zeichen und jener der Problemlösung. Eine Fülle von Beispielen in unseren Daten zeigt, dass die meisten erfolgreichen Evangelisierungen das Resultat einer starken Freundschaft zwischen dem Bekehrten und einem Evangelisch-Freikirchlichen sind. Der Ehemann von Patricia (47, Ch, Büroangestellte) beispielsweise bekehrte sich nach der neuerlichen Begegnung mit einem Schulfreund im Militärdienst (für die damals noch nicht bekehrte Patricia eine eher unangenehme Situation):

> Ein Schulfreund meines Mannes besuchte uns öfters. Einmal kam er und sagte: «Mein Leben hat sich völlig verändert, ich bin Gott begegnet, und es ist super!»

> Genau so, und mein Mann hörte interessiert zu. Für mich, nun für mich war es nicht der Zeitpunkt in meinem Leben, wo mich das interessierte [...] Mein Mann hat seinen Militärdienst immer in der Romandie absolviert, und genau damals musste er [...] einrücken. Das tat er denn auch, und während dieser Zeit traf er seinen Bekannten mehrmals; in diesen drei Wochen hat er sein Leben Gott geschenkt, und er rief mich ganz glücklich an, aber ich, nun, ich war davon nicht sehr angetan.

Als Student wurde Jack (53, Ch, Missionar) von einem Freund in eine Bibelgruppe eingeladen, die in seiner Bekehrung eine grosse Rolle spielen sollte. Tamara (37, Kl, Hausfrau) wiederum begegnet Gott dank ihrer Mitbewohnerin. Justine (45, Ch, auf Arbeitssuche) kann ein Familienmitglied zur Konversion bewegen, doch das passierte nicht von einem Tag auf den anderen:

> Das ging nicht mit einem Schlag. Erst als ich eine echte Beziehung zu dieser Person hatte, hat sie eines Tages eingewilligt.

Für Christen, die auf Evangelisierung durch Freundschaft setzen, gibt es zwei Möglichkeiten. Sie können entweder «dort arbeiten, wo sie sind», das heisst, sie können einfach bereits bestehende Freund- und Bekanntschaften intensivieren und vertiefen – die meisten Befragten entscheiden sich für diese Lösung. Sie knüpfen, wo immer möglich, starke Beziehungen: zu Nachbarn, Arbeitskollegen und Bekannten. Oder aber sie begeben sich in neue soziale Felder mit dem Ziel, dort Leute kennenzulernen und zu bekehren. Das Beispiel von Rémi (50, Ch, Professor) ist insofern interessant, als er diese beiden «Taktiken» einsetzt. Auf die Frage, was er unter «*Evangelisierung aus Freundschaft*» verstehe, erklärt er uns, er organisiere vor Weihnachten zusammen mit seiner Frau einen Glühwein-Abend für die Nachbarn, die mit der Zeit Freunde geworden seien. Er beendet seine Erklärung mit dem Satz: «*Voilà, das ist eine der Lösungen, um Freundschaften einzugehen.*» Zudem traten Rémi und seine Frau bewusst in einen nichtchristlichen Chor ein, um Leute kennenzulernen und dort Freundschaften zu schliessen.[11] Zur Evangelisierung aus Freundschaft gehört es denn

11 Es sei eigens hervorgehoben, dass der Eintritt in eine reformierte Kirche zuweilen dazu dient, dank den in dieser Kirche geknüpften Kontakten die

auch oftmals, dass die zu missionierenden Personen «*nach Hause eingeladen werden*». Die Einladung nach Hause unterstreicht und symbolisiert die enge Freundschaftsbeziehung. Laurence (57, Ch, Musiklehrerin) lädt ihren Arbeitskollegen einige Male zu sich nach Hause ein; schliesslich wird er sich bekehren. Louis (58, K, Bibliothekar) lädt mehrmals einen Mann ein, den er bekehren möchte; dieser zieht es jedoch schliesslich vor, sich in der katholischen Kirche zu engagieren.

Die Evangelisierung durch Freundschaft *wird zuweilen von der Gemeinde unterstützt*, indem sie für diese Praxis den Rahmen bietet. So kennen gewisse Gemeinden das «*VIP-System*» *(Very Important Person)*. Die Mitglieder der Gemeinschaft suchen sich bestimmte nichtchristliche Personen als VIP aus – meist wissen die Betreffenden nichts davon – und versuchen, mit ihnen enge Freundschaften zu schliessen, um sie in der Folge zu einem Alphalive-Kurs einzuladen. Anja (40, Ch, Hausfrau) und ihr Ehemann etwa haben ein nichtchristliches Paar als VIP ausgewählt; sie begleiten dieses Paar, beraten es und beten für die beiden. Die Gemeinde von Sam (28, Ch, Pastor), die ebenfalls über ein VIP-System verfügt, schreibt jedem ihrer Mitglieder ausdrücklich vor, Freundschaften mit Nichtchristen zu schliessen, um sie, falls möglich, zu bekehren.

Ein interessantes Merkmal der Evangelisierung aus Freundschaft ist, dass den zu evangelisierenden Personen häufig gar nicht bewusst ist, dass ihr neuer Freund sich *auch* in der Absicht, sie zu bekehren, plötzlich so intensiv um sie kümmert. Es handelt sich mithin um eine «implizite» Evangelisierung. In unseren Daten wird dieser verborgene Aspekt der Evangelisierung aus Freundschaft nicht kritisiert, auch nicht aus der Aussenperspektive. Freundschaft als Mittel der Evangelisierung einzusetzen läuft in gewisser Weise darauf hinaus, den Freund über die Beweggründe des Evangelisierenden zu täuschen. Dass dies ethisch fragwürdig ist, wird überhaupt nicht thematisiert. Vermutlich deshalb, weil für die Evangelisch-Freikirchlichen die Bekehrung zu Jesus in Wahrheit auch im Interesse des Freundes liegt – selbst wenn er sich dessen nicht bewusst ist oder eine Bekehrung vorläufig ablehnt. Unter den Befragten dominiert die Auffassung, die Evangelisierung durch Freundschaft sei die wichtigste Methode –

evangelisch-freikirchliche Auslegung der christlichen Botschaft zu verbreiten. Vgl. dazu Kapitel 10.

viel effizienter als die «klassische Evangelisierung». Diese in einem gewissen Sinn korrekte Feststellung vernachlässigt indes, dass die auf engen Beziehungen beruhende Evangelisierung in fast jedem Fall *auch* der logistischen Hilfe durch die Gemeinde bedarf. Mehr dazu weiter unten in diesem Kapitel.

Beten

Eine vierte «indirekte» Technik der Evangelisierung ist das Gebet. Auch sie richtet sich nicht unmittelbar an die zu evangelisierenden Personen und kann folglich ebenfalls als «indirekt» bezeichnet werden. Im Gebet bittet der Evangelisierende Gott, diese oder jene Person zu Jesus zu führen; weiter bittet er, die betreffende Person möge sich auf einen eigentlichen Glaubensprozess einlassen. Catherine (63, K, Rentnerin) betete viel für eine befreundete Jüdin, die sich schliesslich zum Christentum bekehrte. Anja betet darum, dass ihr Vater zum Glauben finde, und Josiane (65, Ch, selbstständig) betet um die Bekehrung ihrer Angehörigen. Soziologisch gesehen wirkt das Gebet nicht in einem transzendentalen Sinn. Aber es kann in unserer Perspektive «kausale» Wirkung haben. Einerseits kann das Gebet das Verhalten des Evangelisierenden verändern: Zum Beispiel wird er selbstsicherer, wenn er sich von Gott getragen und unterstützt weiss. Andererseits kommt es vor, dass die für die Evangelisierung ausgesuchten Personen wissen, dass für sie gebetet wird. Als Folge davon werden sie sich vielleicht dem Evangelisierenden öffnen, ihm ihr Vertrauen schenken. So wie bei jenen Personen, denen Jack (53, Ch, Missionar) zu helfen versucht:

> [...] und wenn ich von schwierigen, schmerzlichen Dingen im Leben der Leute erfahre, dann biete ich immer das Gebet an. [...] Aber ich gehe zu ihnen, klopfe an die Tür und sage: «Nun, wie steht es mit diesem Problem?» Ich bete, und ich will wissen, ob meine Gebete wirksam sind. Und ich bete, und ich habe erlebt, dass Gebete erhört werden. Dann sage ich: «Herr, ich danke dir dafür». Das berührt die Leute; einigen hilft das, zu begreifen, dass Gott ein personaler Gott ist, der sie kennenlernen will, der sich für ihr Leben interessiert.

Innerhalb der Familie evangelisieren

Eine letzte «indirekte» Methode ist die Evangelisierung innerhalb der Familie, die in mancher Hinsicht der Evangelisierung aus Freundschaft gleicht. In dieser Konstellation bestehen die Beziehungen bereits seit Langem, und in der Regel sind die Bande zwischen den Familienmitgliedern solide und stabil. Es handelt sich also um ein für die Evangelisierung und Bekehrung günstiges Umfeld. Dazu einige Beispiele: Anthony (55, Ch, Verkäufer) und Thomas (36, Kl, Techniker) bekehren ihre Brüder; Barbara (50, Kl, Hausfrau) wird von ihrer Tante zur Heilsarmee mitgenommen und wird sich bekehren; bei Katja (55, K, Pflegefachfrau) spielt der Bruder eine entscheidende Rolle in ihrem Glaubensweg. Eine Vielzahl von Befragten hat sich in der Folge der Bekehrung ihres Partners, ihrer Partnerin bekehrt. Familien- und vor allem Partnerevangelisation scheint deshalb so erfolgreich, weil die Überbringer der Botschaft hier aus strukturellen Gründen zu den «wichtigsten Anderen» gehören, die die zu Evangelisierenden haben. Gleichzeitig geht oft ein starker, wenn auch indirekter Druck vom bekehrten Ehepartner aus, sich zu bekehren.

Auf der anderen Seite kann Familienevangelisation auch eine der schmerzlichsten Erfahrungen für alle Beteiligten sein – nämlich dann, wenn sie abgelehnt wird. Notgedrungen sieht man die Familienangehörigen – und natürlich vor allem den Ehepartner – ständig wieder. Die Tatsache, dass er oder sie sich nicht bekehrt, wird ständig neu bewusst. Anders als bei nichtfamiliärer Evangelisation können sich die Beteiligten hier oft kaum ausweichen, und so kommt es häufig zum Konflikt. Als Anthony seiner zukünftigen Schwiegertochter eröffnet, sie komme wahrscheinlich in die Hölle, wenn sie sich nicht bekehre, kommt es zu schweren Familienkonflikten; Louis' (58, K, Bibliothekar) Familie reagiert allergisch, wenn er sie «*mit Jesus nervt*»; Tamara (37, Kl, Hausfrau) und ihr Mann geraten in grosse Konflikte mit ihren Familien, als sie gleich nach ihrer Bekehrung enthusiastisch vom Glauben erzählen. Als besonders negativ wird die Situation letztlich innerhalb der Paarbeziehung erlebt – der eine bekehrt sich, die andere nicht. Mehrere Jahre wird Bruno (73, K, Buchbinder) unter dem Austritt seiner Ehefrau aus ihrer Kirche leiden. Ganz offensichtlich ist es für viele Befragte schwierig zu akzeptieren, dass ihre Nächsten nicht bekehrt sind und dies auch bleiben. Die Befragten lassen nicht locker, für ihre unbekehrten Nächsten zu beten, an ihnen zu arbeiten und – vielleicht in einer Art *wishful thinking* – kleine Fortschritte in ihrem Verhalten zu entdecken. Josiane (65, Ch, selbständig) hofft noch immer, der Herr «*sei in ihrem Ehemann am Werk*». Inzwischen bete ihr Ehemann «*auf seine Art*», sagt sie uns.

Gestützt auf solch kleine Indizien will Josiane glauben, dass ihr Ehemann auf dem richtigen Weg ist. Anja (40, Ch, Hausfrau) klammert sich an eine ähnlich Hoffnung und betet mit Brüdern und Mutter seit zwanzig Jahren darum, ihr Vater möge zum Glauben finden. Voller Freude bemerkte Martin (52, Kl, Pharmakologe), dass seine Eltern, nachdem er sie zu einem Alphalive-Kurs eingeladen hatte, begannen, «*ihre eigenen Gebete zu formulieren*». Für Martin sind seine Eltern eindeutig auf dem richtigen Weg. Für die Evangelisch-Freikirchlichen ist und bleibt die Missionierung speziell der nächsten Angehörigen in der Regel eine Priorität. Dahinter steht der Wunsch, die Angehörigen mögen gerettet werden, aber auch das Unbehagen, das Leben mit Menschen zu verbringen, die die evangelisch-freikirchlichen Überzeugungen nicht teilen, wobei der totalisierende Charakter dieser Überzeugungen jedes Zusammenleben mit anderen Weltanschauungen stark erschwert.

8.4 Organisierte Evangelisierung

Einladung zu Veranstaltungen

Ist die Evangelisierung – aus der Sicht der Evangelisierenden – von Erfolg gekrönt, ist dies in den allermeisten Fällen nicht bloss auf individuelle Interaktion zurückzuführen. Fast immer werden die zu evangelisierenden Personen zu einer Veranstaltung eingeladen und dadurch, zumindest teilweise, in eine Gemeinde eingeführt. Wenn die Befragten evangelisieren, laden sie zu einer von ihrer Gemeinde organisierten christlichen Aktivität ein, sei es ein Gottesdienst, ein Alphalive-Kurs, eine Zeltmission, ein Gesprächs- und Gebetskreis, ein Vortrag oder ein Lager. Nachstehend stellen wir die wichtigsten dieser Angebote vor.

Evangelisierungskampagne/Zeltmission

Eine organisierte Evangelisierungsmethode, die oft erwähnt wird, ist die sogenannte Evangelisierungskampagne. Sie kann in einem grossen Saal, einem Zelt oder auch im Freien stattfinden. Solche Kampagnen können einen halben Tag, aber auch mehrere Wochen dauern; angeboten werden Musik- und Theateraufführungen, Zeugnisse, Workshops und Vorträge von Evangelisierenden. Herzstück solcher Veranstaltungen sind die Auftritte der Evangelisierenden; sie wenden sich an eine grosse Hörerschaft und versuchen diese auf höchst emotionale und dramatische Weise zu begeistern; sie drängen das Publikum «*vorwärts zu machen*», «*den Schritt zu wagen*», um «*sich zu bekehren*».[12] Tamara (37, Kl, Hausfrau) und ihr Ehemann etwa haben sich im Rahmen einer Vortragsreihe über Evangelisierung bekehrt. Louis (58, Ch, Bibliothekar) empfängt den entscheidenden Impuls während des Vortrags eines Evangelisten. Béatrice (41, Kl, Dolmetscherin) lernt an einem Evangelisierungskongress jemanden kennen, den sie bekehren wird. Bruno, Marianne, Nicole und Katja werden – als Mitglied der Gemeinde für Christus – jedes Jahr eingeladen, sich an der Organisation von Saal- oder Zeltmissionen zu beteiligen.[13] Jedes Jahr organisiert Marc (49, Ch, Pastor) mit seiner Gemeinde eine Saalmission. Anja, Thomas, Barbara und Marc haben sich an evangelisch-freikirchlichen Grossveranstaltungen bekehrt.

Derartige Evangelisierungsveranstaltungen klassischen Typs sind eigens darauf angelegt, bei den Teilnehmenden intensive Emotionen zu wecken, die dramatische und sichtbare öffentliche Bekehrungen zu Jesus Christus auslösen. In dieser der Entscheidungsfindung förderlichen Situation wird das Individuum vor die Wahl gestellt und ihm die Möglichkeit geboten, seinen Entscheid öffentlich zu bezeugen. Meist haben diese Menschen, so auch Barbara, Tamara und Anja, sich bereits während einer gewissen Zeit auf das christliche Leben vorbereitet und warten auf den Moment, wo sie sich schliesslich bekehren werden. Der Evangelisierungsvortrag ist dann lediglich der willkommene Auslöser oder die gute Gelegenheit, sich zu entscheiden. Genau aus diesem Grund können unsere Gesprächspartner denn auch die Frage nach dem Evangelisierenden und

12 Die Geschichte der Evangelisierungskampagnen reicht weit zurück. Ihren Anfang nahmen sie im 18. Jahrhundert in den USA mit den grossen Erweckungsbewegungen. Bedeutende Prediger, die solche Evangelisierungen leiteten, waren George Whitefield (1714–1770), Charles G. Finney (1792–1875) oder später Billy Graham (*1918).

13 Die wöchentlichen Evangelisierungen finden abends in einem Saal oder in einem Zelt statt. Die Evangelisierenden gehen am Tag selbst singend durch die Stadt und verteilen Einladungen. Die Veranstaltung wird auch mit Plakaten in Strassen und Bussen öffentlich angekündigt.

dem genauen Inhalt seiner Ausführungen oft nicht beantworten. So etwa Barbara (50, Kl, Hausfrau):

> Und nachher hat der Prediger über die Offenbarung gesprochen, wenn Jesus an die Tür klopft [...] und er hat ganz konkret darüber geredet und uns gesagt, wir selber müssten die Tür persönlich öffnen. Er nötigt uns nicht, er zwingt uns nicht. Es hängt von uns ab, ob wir auf dieses Angebot eingehen wollen, wenn er kommt und an die Tür klopft und man ihm die Tür öffnet und ihn eintreten lässt. So ist es geschehen, das hat mir geholfen, und danach habe ich mich klar für den Glauben entscheiden können.

In den meisten Fällen nehmen diese Personen aus eigenem Antrieb an solchen Veranstaltungen teil. Die Predigten sind dann Auslöser für einen bereits in Gang gebrachten Bekehrungsprozess. In gewissen Situationen allerdings, so etwa bei Marc, kann auch die emotionale Predigt des Evangelisten eine Konversion bewirken, obwohl der Betroffene im Milieu völlig neu ist:

> Und in dem Moment, da dieser Prediger sprach, da fühlte ich plötzlich etwas über mich kommen, heute weiss ich, dass es der heilige Geist war, vielleicht wusste ich es damals nicht. Ich fühlte so etwas wie Schuldgefühle in meinem Herzen, weil ich meine Frau derart schlecht behandelte, weil ich meine Ehefrau schlug [...] und ich habe meine Kinder geschlagen, ich war ein sehr schlechter Mensch und ich trank viel [...] Und genau in dieser Situation habe ich das Evangelium vernommen und bin in dem Moment zu Jesus gekommen, als der Prediger rief: «Jene, die wirklich wollen, dass man für sie betet, jene, die den Herrn Jesus Christus in ihrem Herzen aufnehmen, als Herr und Retter», da bin ich nach vorne gegangen. Und dort habe ich geweint, habe vor allen geweint. [...] Und so hat man für mich gebetet, und ich bin zu dieser Kirche gekommen und bin hier an Gottes Wort gewachsen.

Hier könnte man – aus soziologischer Sicht – schon eher sagen, dass es die «manipulierende» Überzeugungskraft des Evangelisten ist, die im Moment die Bekehrung hervorbringt. Allerdings zeigen unsere Daten umgekehrt, dass Individuen auch nach einer Bekehrung nie «in einer Gruppe gefangen» sind, sondern dass sie immer wieder vor der Entscheidung stehen, weiterzumachen oder den Glauben fallenzulassen. Wenn ein relativ unvorbereites Individuum sich bekehrt, so muss das Erlernen der Normen und Praktiken des Christen eben nachher statt finden – und hier kann sich das Indviduum immer noch ständig umentscheiden.

Alphalive-Kurse

Eine weitere organisierte Evangelisierungsstrategie taucht in unseren Daten noch häufiger auf als die Evangelisierungskampagnen: die Alphalive-Kurse (auch Alpha-Kurse genannt).[14] Ziel der Alphalive-Kurse ist es, mit dem Christentum kaum vertraute Menschen in ein christliches Leben einzuführen oder die Überzeugungen bereits engagierter Mitglieder zu stärken. Im Fokus liegen namentlich drei Gruppen von Personen: a) Personen, die überhaupt keine oder geringe Kenntnisse über den christlichen Glauben besitzen, sich aber dafür interessieren oder sich unverbindlich informieren wollen; b) Personen, die vor Kurzem Christen geworden sind und die in einem strukturierten Rahmen über die Grundlagen ihres Glaubens nachdenken möchten; c) Mitglieder der Gemeinschaft, die ihre Grundkenntnisse auffrischen möchten. Die Alphalive-Kurse sind, laut offizieller Beschreibung, «eine zeitgemässe Möglichkeit, sich mit dem christlichen Glauben auseinanderzusetzen – für Menschen unserer Zeit, fundiert und gleichzeitig locker und unkonventionell»[15]. Der Kurs erstreckt sich über zehn Wochen, mit einer Sitzung pro Woche und einem Wochenende. Jede Begegnung beginnt mit dem gemeinsamen Essen, es folgt der Vortrag (Input) und nach der Kaffeepause schliesslich die Diskussion in Kleingruppen über den Input.[16]

14 Die Idee der Alphalive-Kurse geht auf Pfarrer Charles Marnham der anglikanischen Kirchgemeinde Holy Trinity Brompton in London zurück. Weltweit bekannt wurde das Kursmodell 1990 durch Nicky Gumbel.

15 Alphalive-Kurs: Eine Entdeckungsreise zu Gott in 10 Abenden, http://de.alphalive.ch, (05.08.13). Mehr zu diesen Kursen bei Baumann-Neuhaus, 2008.

16 Alphalive-Kurse sind interkonfessionell, haben aber ein typisch evangelisch-freikirchlich-charismatisches Profil. Es kommt vor, dass sie von Katholiken oder Reformierten unterstützt werden, häufig aber werden sie als «vormodern» oder zu evangelisch-freikirchlich/charismatisch kritisiert. Es gibt mehrere Typen von Alphalive-Kursen mit unterschiedlichen Zielgruppen (Familie, Arbeitswelt) oder spezifischen Alterskategorien.

In unseren Interviews wird der Alphalive-Kurs fast immer erwähnt. Die Gemeinden von Patricia, Marc, Anja, Claire, Tamara, Thomas und Georges organisieren solche Kurse. Josiane arbeitet bei einem Alphalive-Kurs mit; als Verantwortlicher in seiner Gemeinde organisiert Martin solche Kurse, Jack wiederum ist der Verantwortliche für Alphalive in der Schweiz.

Der Alphalive-Kurs wird von allen Befragten positiv bewertet; Kritik wurde nicht vorgebracht. Für Martin ist gerade das Vorhandensein eines Alphalive-Kurses das wichtigste Kriterium, wenn es darum geht, eine «*gute Gemeinschaft*» zu finden. Diese sehr positive Bewertung geht zum Beispiel aus dem nachstehenden Interviewauszug hervor, in dem Josiane (65, Ch, selbständig) der Interviewerin vorschlägt, einen Kurs zu besuchen:

> Josiane: Haben Sie bereits einen Alphalive-Kurs besucht?
> Interviewerin: Nein.
> Josiane: Nun, Sie sollten aber [lacht]. Es ist ganz sympathisch, ich finde, es ist wirklich nett, wie es dargelegt wird, wie man es den Leuten erklärt, das ist wirklich sympathisch. Und dann gibt es ein Abendessen und dann ein Wochenende. Falls Sie die Gelegenheit haben, einen Alphalive-Kurs in [Name des Wohnorts der Interviewerin] oder in einer Kirche zu besuchen – es ist wirklich sehr gut.[17]

Gemäss unseren Daten werden Alphalive-Kurse in den klassischen und charismatischen Freikirchen, nicht aber in den konservativen Gemeinden organisiert. Das hat vermutlich damit zu tun, dass Letztere das eindeutig charismatische Element der Alphalive-Kurse ablehnen (Organisation des Heilig-Geist-Wochenendes). Der Erfolg der Alphalive-Kurse hält sich anscheinend in Grenzen. Laut Jack (53, Ch, Missionar), Verantwortlicher für die Alphalive-Kurse in der Schweiz, gibt es pro Kurs eine oder zwei Bekehrungen. Gemäss Martin (52, Kl, Pharmakologe) haben bisher nur

17 Ganz allgemein wurden die Interviewer und Interviewerinnen häufig eingeladen, an einem Gottesdienst oder an einer Veranstaltung der Gemeinde des befragten Mitglieds teilzunehmen. Nicht selten wurden ihnen bei den Interviews Auszüge aus Psalmen oder Flyer für verschiedene im Milieu angebotene Veranstaltungen zugesteckt.

wenige Personen die Kurse besucht, und trotz grossem Angebot haben nur wenige Personen ausserhalb des Kreises der Kirchenmitglieder daran teilgenommen. Zentral ist auf jeden Fall, dass der Alphalive-Kurs interessierten Personen einen organisierten und gänzlich neuen Rahmen anbietet. Dank dem Alphalive-Kurs können Menschen sich bekehren, den heiligen Geist erfahren, ihre Glaubenskenntnisse auffrischen oder in eine neue Gemeinde eintreten.

Der Gottesdienst und die von den Gemeinden organisierten weiteren Veranstaltungen

Es existiert ein weiteres wichtiges Gefäss mit evangelisierender Wirkung. Es wird von den Befragten zwar erwähnt, aber nicht als eine Form von «Evangelisierung» wahrgenommen: der Gottesdienst. Oftmals laden die Befragten ihre Freunde und Bekannten dazu ein. Die Mutter von Justine, Sam und Anthony, von Tamara und ihrem Ehemann sowie von Isaac – sie alle werden zum Gottesdienst eingeladen. Marc lädt sogar die Interviewerin zum Gottesdienst ein. Louis erzählt, wie Personen, deren Glaube ins Wanken geraten ist, von Mitgliedern eigens eingeladen werden. Sam (28, Ch, Pastor) wiederum möchte, dass der Gottesdienst so attraktiv ist, dass die Leute ihre Freunde spontan zu einer Teilnahme überzeugen können:

> Ich will die Gemeinde so gestalten, dass die Leute, die zur Kirche gehen, dort automatisch auf den Gedanken kommen, ihre Freunde einzuladen, verstehst du? Das heisst, dass sie es derart cool finden, dass sie sich sagen, mein Freund, der kommen wird, wird den Stil sympathisch finden.

Oftmals organisieren die Gemeinden besondere Veranstaltungen, zu denen die Mitglieder ihre nichtchristlichen Freunde und Bekannten mitbringen sollen. In den Gemeinden von Katja und Louis werden Vorträge und Themenabende für Personen organisiert, die der Gemeinschaft nicht angehören. Claire (25, Ch, Studentin) spricht von den von ihrer Gemeinde organisierten Verbindungsgruppen, die, so der Pastor, auch «*coole Orte*» sind, um Leute von aussen einzuladen. Vor seinem Austritt aus dem Milieu organisierte Yvan (29, Kl, Erzieher) mit seiner Kirche Weindegustationen – als Aufhänger, um Leute von aussen einzuladen.

Evangelisierung an der Dorfchilbi 2009, FEG Ennenda, Foto: Website der Kirche

Weitere Gefässe organisierter Evangelisierung

Neben den bereits erwähnten gibt es andere organisierte Evangelisierungsgefässe, die wir mangels Platz nur streifen können: Evangelisierung von Tür zu Tür, evangelisch-freikirchliches Strassentheater, Evangelisierung von Zielgruppen – ältere Menschen, Motorradfahrer, Sportler, Behinderte –, öffentliches Singen usw. Auch für Benachteiligte (Bettler, Drogenabhängige) werden Aktionen organisiert, so etwa Suppenküchen. Letztere bieten die Gelegenheit, mit der Verbreitung der Botschaft des Evangeliums gewisse Personen zu unterstützen.

8.5 Die Interaktion zwischen individueller und kollektiver Evangelisierung

Der wichtigste theoretische Punkt besteht, laut unseren Daten, darin, dass aus der Sicht der Evangelisch-Freikirchlichen eine «erfolgreiche» Evangelisierung immer auf der Kombination von individueller und kollektiver

Evangelisierung beruht. Voraussetzung ist eine starke und vertrauensvolle Beziehung zu einem schon bekehrten Christen. Dieser *«lädt ein»* zu einer gemeinsamen christlichen Veranstaltung, sei es Gottesdienst, Vortrag, Alphalive-Kurs, Wochenende usw. Bei dieser Gelegenheit lernt die zu evangelisierende Person die kollektive Seite des *«Christseins»* kennen und kann sich entscheiden, ob sie zur Gruppe gehören will oder nicht. Damit eine Evangelisierung gelingt, geht es – immer aus der Sicht der Evangelisch-Freikirchlichen – nicht so sehr darum, jemanden intellektuell zu überzeugen, vielmehr darum, aufzuzeigen und vor Augen zu führen, *«wie es ist, Christ zu sein»*, was am leichtesten und am überzeugendsten in einer starken freundschaftlichen Beziehung, aber auch in der Gemeinschaft geschieht. Dort kann der Freund zeigen, dass er sich selbst an jene Regeln hält, die er der zu bekehrenden Person anbietet. Gute Erfolgschancen hat die Evangelisierung immer dann, wenn freundschaftliche Beziehungen entstehen und wenn die zu evangelisierende Person darüber hinaus das Gefühl hat, dass die Mitglieder der Gemeinschaft *«etwas haben, das er oder sie gerne hätte»*. Erfolgreiche Evangelisierung ist im Übrigen normalerweise klar zu erkennen. Sie kommt – im für den Evangelisierenden besten Fall – darin zum Ausdruck, dass die evangelisierten Personen sich bekehren, einen Beweis für ihre Bekehrung liefern, sich gegebenenfalls taufen lassen und einen dem Christentum entsprechenden Lebensstil zur Schau stellen.[18]

Evangelisierung ist für die Evangelisch-Freikirchlichen nach wie vor eine zentrale Praxis. Die Bekehrung eines neuen Mitglieds wird von allen positiv aufgenommen, doch ob aktiv missioniert wird, hängt gleichwohl von den Fähigkeiten und Wünschen eines jeden, einer jeden ab. Die Gewissheit, im Besitz der wahren Botschaft zu sein, lädt jedes Mitglied ein, zwingt

18 Die Bekehrung kann auf ganz unterschiedliche Art erfolgen. Für Evangelisierende ist sie dann besonders evident, wenn die evangelisierte Person einwilligt, mit ihm/ihr die eigene Bekehrung zu vollziehen. Dieser Schritt wird dann im Rahmen eines sogenannten Bekehrungsgebets vollzogen. Zuweilen ereignet sich die Bekehrung anlässlich einer grossen Evangelisierungsveranstaltung; dann gehen die Personen *«nach vorn, stellen sich vor die Menge»* und bekehren sich vor Ort – auch hier meist in Form eines Bekehrungsgebets. Siehe hierzu schon Kapitel 2.

es aber nicht, ebendiese Botschaft zu verbreiten. Die Praxis der Evangelisierung stösst indes an Grenzen, erweist es sich doch als schwierig, eine ganz andere als die der modernen Gesellschaft eigene Weltsicht und Lebensform zu kommunizieren und zu tradieren. Grossveranstaltungen und das direkte, «aggressive» Zugehen auf eine Person machen mehr und mehr der sogenannten Evangelisierung «aus Freundschaft» Platz. Die charismatische Tendenz identifiziert sich besonders stark mit dieser Praxis und unterscheidet sich in diesem Punkt von den beiden anderen Submilieus. Evangelisierung kann insbesondere auch Angelegenheit von Spezialisten sein, also von Personen, die eine entsprechende Gabe empfangen haben. Zudem wird eine Vielzahl von Aktionen und Techniken eingesetzt mit dem erklärten Ziel, die biblische Botschaft zu vermitteln und Bekehrungen zu erwirken. Wie wir gesehen haben, zahlt sich dieses Vorgehen aus, kommt doch mehr als die Hälfte des charismatischen Submilieus von aussen, ist also nicht in einem evangelisch-freikirchlichen Umfeld aufgewachsen. Die Wettbewerbsstärke des Milieus liegt nicht zuletzt auch in seiner Evangelisationsbereitschaft.

Kapitel 9

«Auf der Suche nach der idealen Kirche» oder Kirchenwechsel

Caroline Gachet

Laut Bibby und Brinkerhoff[1] lässt sich die Expansion des evangelisch-freikirchlichen Milieus in den USA nicht so sehr mit der Rekrutierung neuer Anhänger oder der Binnensozialisierung der Kinder von Mitgliedern erklären; vielmehr ist sie darauf zurückzuführen, dass die Evangelisch-Freikirchlichen auch bei einem Ortswechsel an ihrer Glaubenspraxis festhalten. Während die Mitglieder von reformierten protestantischen Kirchen sich nach einem Ortswechsel oftmals keiner Kirche mehr anschliessen, hat für die Evangelisch-Freikirchlichen die Suche nach einer Kirche hohe Priorität. So sind denn Kirchenwechsel der Vitalität des evangelisch-freikirchlichen Milieus nicht abträglich und ermöglichen die Weitergabe religiöser Zugehörigkeit an neue Generationen. Der interdenominationelle Charakter des evangelisch-freikirchlichen Milieus,[2] der zentrale Platz der Kirche im religiösen und sozialen Leben sowie die seit einigen Jahrzehnten anhaltende Expansion des Markts für «religiöse Güter» innerhalb des evangelisch-freikirchlichen Milieus[3] sind einige Elemente, anhand derer sich diese «Zirkulation der Heiligen»[4] erklären lässt. Wie steht es um Kirchenwechsel innerhalb des evangelisch-freikirchlichen Milieus in der Schweiz? Aus welchen Gründen, unter welchen Umständen und mit welchen Strategien wechseln die Evangelisch-Freikirchlichen die Kirche? Existieren soziale Normen und Zwänge, die dieses Phänomen steuern? Und schliesslich, inwiefern sind Kirchenwech-

1 Vgl. Bibby/Brinkerhoff, 1973, 1983.

2 Der Bekehrungsakt wird höher gewichtet als die Zugehörigkeit zu dieser oder jener Denomination (Ammerman, 2004, S. 228; Willaime, 2004a, S. 170).

3 Vgl. Smith, 1998.

4 Anspielung auf den Titel der beiden Artikel von Bibby/Brinkerhoff (1973, 1983).

sel daran beteiligt, dass sich das Milieu in unserer modernen Gesellschaft zu behaupten vermag? Bislang hat unseres Wissens noch keine Studie versucht, diese Fragen – wie wir es tun – unter Beizug qualitativer und nicht nur quantitativer Daten zu beantworten.[5]

9.1 Weshalb ein Kirchenwechsel? Angeführte Gründe und Situationslogiken

Aus welchen Gründen wechseln Evangelisch-Freikirchliche die Kirche?[6] Aus den Aussagen der Interviewten lassen sich zwei Kategorien von Gründen herausschälen. Es gibt, erstens, Kirchenwechsel als Folge neuer Lebensumstände (etwa Ortswechsel oder neue Liebesbeziehung). In diesen Fällen hat die verlassene Kirche wenig oder gar nichts mit dem Austrittsentscheid zu tun. Es gibt, zweitens, Kirchenwechsel, die mit der Kirche selbst zusammenhängen. Hauptmotive für derartige Austritte sind Unzufriedenheit, Probleme mit anderen Mitgliedern oder das Finden einer passenderen Kirche.

5 Seit Ende der 1960er Jahre ist religiöse Mobilität in den USA Gegenstand zahlreicher quantitativer Studien. Einige Studien vertreten die Hypothese, die Verschiebung von Gläubigen innerhalb des Protestantismus verlaufe entweder von den konservativen Kirchen (zu denen in der Regel auch die evangelischen Freikirchen gezählt werden) zu den liberalen Kirchen (vgl. Stark/Glock, 1968) oder aber in umgekehrter Richtung (vgl. Kelley, 1972; Iannaccone, 1994); sie halten mithin die Lehre für den entscheidenden Faktor der Mobilität. Um dieses Phänomen zu erklären, legen andere Studien den Fokus auf den Einfluss von Sozialisierung (vgl. Sherkat, 1991; Hadaway/Marler, 1993; Sullins, 1993), Eheschliessung (vgl. Roof, 1989; Sherkat, 1991; Hadaway/Marler, 1993), gewissen soziodemografischen Faktoren wie Bildungsniveau (vgl. Roof, 1989), Alter, Geschlecht oder auch Einkommen (vgl. Sandomirsky/Wilson, 1990). Für aktuellere Daten zur Mobilität der Amerikaner siehe auch http://pewforum.org/docs/?DocID= 409 (01.03.12). Zum Abschluss dieses kurzen Überblicks über den Stand der Forschung noch der Hinweis auf einige Studien mit Listen über die von den Befragten angeführten Erklärungsgründe für Austritt und/oder Kirchenwechsel (vgl. Hodge/Dinges/Johnson/Gonzales, 2002; Dixon, 2007).

6 Wir schätzen, dass rund drei von vier Evangelisch-Freikirchlichen mindestens einmal im Leben einen Kirchenwechsel vollziehen.

Ortswechsel und Wiederanschluss: eine neue Kirche anderswo

Hauptgrund für den Kirchenwechsel ist ein Ortswechsel. Eine Vielzahl von Personen in unserer Stichprobe ist mindestens einmal im Leben umgezogen. Die Gründe für den Umzug sind vielfältig, doch die Lebenswege dieser Evangelisch-Freikirchlichen gleichen sich im folgenden Punkt: Einmal am neuen Wohnort, ob Dorf oder Stadt, bemühten sich alle, sich einer Kirche anzuschliessen oder, genauer, wieder anzuschliessen.

So haben beispielsweise Justine (45, Ch, auf Arbeitssuche) und ihr Ehemann nach einem Kantonswechsel eine neue Kirche gesucht. Jack (53, Ch, Missionar), Isaac (35, Ch, Lagerist) oder Fritz (59, Ch, Heilpädagoge), die aus dem Ausland zugezogen sind, haben nach ihrer Ankunft in der Schweiz eine Kirche gesucht. Bei mehr oder weniger langen Aufenthalten an einem bestimmten Ort suchen manche Evangelisch-Freikirchliche ebenfalls den Kontakt zu einer Kirche. So etwa Béatrice (41, Kl, Dolmetscherin), die studienhalber in verschiedenen Schweizer Städten wohnte, oder auch Vincent (24, Ch, Student), der erklärt, bei seinen mehrmaligen Auslandaufenthalten habe er sich jedes Mal eine Kirche gesucht:

> Ich lebte sieben Monate in den USA und später neun Monate in Grossbritannien. Soeben bin ich von einem einjährigen Aufenthalt in Deutschland zurückgekehrt. Bei all diesen Aufenthalten bin ich in andere Kirchen gegangen und war wirklich froh, dass ich andere Kirchen, andere Gemeinschaften kennenlernen konnte.

In diesen wenigen Beispielen zeichnet sich einer der Unterschiede zwischen Reformierten und Katholiken einerseits und Evangelisch-Freikirchlichen andererseits ab, wobei zugleich das Spezifische des evangelisch-freikirchlichen Milieus in Sachen Kirchenwechsel klarer hervortritt. Bei einem Umzug, so unsere Hypothese, ist ein «Wiederanschluss» bei Evangelisch-Freikirchlichen wahrscheinlicher als bei Reformierten und Katholiken. Die Grundlage für diese Hypothese ist die starke Kirchenbindung der Evangelisch-Freikirchlichen, verbunden mit einem bestimmten Verständnis von religiöser Praxis, was in der regelmässigen Teilnahme an Gottesdienst in und kirchlichen Aktivitäten zum Ausdruck kommt.[7]

7 Die unter Evangelisch-Freikirchlichen weit verbreitete Vorstellung, ein echter Christ müsse regelmässig zur Kirche gehen, um Gott zu begegnen und dessen

Diese beiden Faktoren sind bei Reformierten und Katholiken viel weniger stark ausgeprägt.[8] Wir können weiter annehmen, dass die den Evangelisch-Freikirchlichen gewährte Freiheit bei der Wahl des Gottesdienstorts[9] zu solchen Wiederanschlussprozessen beiträgt. Ein nach einem Ortswechsel erfolgter Kirchenwechsel, der in erster Linie auf Lebensumstände (oder Verpflichtungen), und nicht auf die Option für eine Kirche zurückzuführen ist, unterstreicht sehr schön diese evangelisch-freikirchliche Besonderheit.

Neue Liebesbeziehung oder Eheschliessung: das Bedürfnis nach einem Neubeginn anderswo zu zweit

Als Grund für den Kirchenwechsel wird neben Ortswechseln regelmässig die Eheschliessung angeführt. Mehr als die Hälfte der für die Studie befragten Evangelisch-Freikirchlichen haben ihren Partner, ihre Partnerin innerhalb ihrer Jugendgruppe oder ihrer Kirche kennengelernt. Die Frage nach der Wahl der Kirche stellt sich dann, wenn beide nicht der gleichen Kirche angehören.

Da ist einmal das Beispiel von Claire (25, Ch, Studentin) und deren Freund. Als sie heiraten wollten, begannen sie sich auch darüber Gedanken zu machen, ob sie eventuell derselben Kirchen angehören könnten:

Wort zu hören, ist nur ein Aspekt der starken Bindung an die Kirche und des hohen kirchlichen Engagements (vgl. Kapitel 4).

8 Die Hypothese fusst auf der beobachteten Diskrepanz auf der Ebene der Kirchenzugehörigkeit und, spezifischer, bezüglich des Gefühls der Zugehörigkeit zur Kirche und der Tendenz zum Kirchenaustritt in den drei Gruppen. Lediglich 43,2 % der Reformierten und 45,2 % der Katholiken fühlen sich ihrer Kirche verbunden, gegenüber 96,5 % der Evangelisch-Freikirchlichen. 34,9 % der Reformierten und 25 % der Katholiken ziehen einen Austritt aus ihrer Kirche in Erwägung, aber nur 15 % der Evangelisch-Freikirchlichen.

9 Anders als im schweizerischen reformierten Protestantismus oder im Katholizismus mit dem noch immer geltenden «Territorialprinzip» (Reformierte und Katholiken sind Mitglied der Kirchgemeinde ihres Wohnorts) beruht der evangelisch-freikirchliche Versammlungsmodus nicht auf gemeindlichen und folglich territorialen Grundlagen. Das mag Kirchenwechsel begünstigen (Fath, 2004, S. 9); das Individuum ist nicht an eine Kirchgemeinde gebunden und kann folglich seine Kirche frei wählen.

> Zu einem bestimmten Zeitpunkt haben wir uns gesagt, es wäre cool, in dieselbe Kirche zu gehen, weil [...] ich weiss nicht, nur schon weil du gemeinsamen Freunden begegnest. Es ist auch ein Ort des sozialen Lebens [...] Wir wollten das gemeinsam tun und uns auch gemeinsam engagieren.

Claire schliesst den Eintritt ihres Freundes in ihre Kirche nicht aus, aber beide ziehen die Option einer neuen Kirche vor, in der weder sie noch er Spuren hinterlassen haben. Die Aussage der jungen Frau unterstreicht zwei wichtige konstitutive Elemente evangelischer Freikirchen: soziale Netze und kircheninterne Aktivitäten. In dieser Konstellation kann ein Kirchenwechsel als Instrument der Weiterentwicklung der Partnerschaft in für beide Parteien neuen Strukturen betrachtet werden. Die aktive Teilnahme beider in der Kirche ermöglicht den Aufbau eines starken und langfristigen Freundeskreises. Simon (33, Kl, Arbeiter) vertieft die Vorstellung von der Entfaltung des Paares innerhalb der Kirche. Er und seine Ehefrau waren Mitglieder einer evangelischen Freikirche, der auch ein grosser Teil der Familie der Ehefrau angehörte. Allmählich verspürten sie das Bedürfnis nach einem grösseren Entwicklungsspielraum:

> Wir wollten wechseln, wegen der Familie [...] Viele Familienangehörige meiner Frau waren in dieser Kirche. [...] Wir fanden es belastend, ständig mit der Familie zu sein. Wir hatten das Bedürfnis, unsere eigene Familie zu leben, als Paar [...] Wir haben eher gewechselt, weil wir anders leben wollten.

In diesem Fall soll der Kirchenwechsel kein Distanzproblem lösen, vielmehr zeugt er vom Bedürfnis, in der Kirche *«als Paar zu leben»*, und zwar ohne als störend empfundene Faktoren (Druck, immer mit der ganzen Familie zusammen zu sein). Auch hier kann die Kirche als Ort der Harmonisierung und gegenseitigen Anpassung des Paars wahrgenommen werden, dies namentlich mit Blick auf das Gemeinschaftsleben und die Übernahme von Verantwortung. Gelegentlich ist deshalb ein Kirchenwechsel angesagt, der den Rahmen zur Erfüllung dieser Funktionen abgibt.

Anders als für Autoren, die den Kirchenwechsel nach einer Eheschliessung einzig und allein mit vorhandener Unzufriedenheit erklären – wer mit der eigenen Kirche zufrieden ist, verlässt sie nicht –,[10] zeichnet sich für

10 Vgl. Hoge/Dinges/Johnson/Gonzales, 2002.

uns eher die Vorstellung ab, dass die Entfaltung des Paars für gewisse Evangelisch-Freikirchliche einen neuen Ort bedingt, wo das Paar im Einklang mit dem sozialen Leben der Kirche seine Beziehung aufbauen wird.[11]

Eine sich wandelnde Gemeinde verlassen

Austritte, die direkt mit der Kirche zu tun haben, ereignen sich am häufigsten in der Folge von Änderungen, ja, Umwälzungen in der theologischen Ausrichtung der Kirche. Jede evangelisch-freikirchliche Gemeinde hat ihre eigene theologische Ausrichtung. Festgelegt wird diese unter anderem durch den Pastor (oder die Abwesenheit eines Pastors), durch die Art der Bibelauslegung und des Glaubensvollzugs oder auch durch die Option für eine bestimmte Liturgie. Kommt es auf diesen Ebenen zu Modifikationen, beschliessen manche Evangelisch-Freikirchlichen, die unzufrieden sind oder sich am falschen Ort wähnen, «*sich anderswo umzusehen*».

Ein Pastorenwechsel kann für die Gemeinde ein ausgesprochen kritischer Moment sein und Mitglieder zum Austritt bewegen. Je nach Submilieu nimmt der Pastor dank seines Wirkens und seiner Führungsarbeit in der Gemeinde einen herausragenden Platz ein. Er ist mit vielen Erwartungen konfrontiert: theologische Ausrichtung, Gesprächsbereitschaft, Unterstützung usw. Ihm, der oftmals als nachzuahmendes Vorbild gilt, obliegt es, bibelgetreue «*Botschaften*» zu verkünden und die Gemeinde auf bestmögliche Art und Weise zu leiten.[12] Ein Pastorenwechsel kann diese Aspekte infrage stellen und dazu führen, dass das Individuum im Gottesdienst nicht mehr genügend «*Nahrung*» findet. So ist denn nicht selten zu vernehmen, nach einem Pastorenwechsel habe diese oder jene Gemeinde die Hälfte ihrer Mitglieder verloren, seien diese doch dem Pastor an seine neue Stelle gefolgt oder hätten sich einer ganz anderen Gemeinde ange-

11 Hinsichtlich der Entwicklung der Paarbeziehung ist Heirat ein Faktor für den Kirchenwechsel, weshalb wir annehmen können (obwohl solche Fälle in unserer Stichprobe fehlen), dass auch Scheidung sehr wohl ein Element sein kann, das den Austritt begünstigt. Da Scheidung in der Mehrzahl der evangelischen Freikirchen noch immer nicht akzeptiert wird, können Pressionen seitens des Umfelds das Individuum dazu bewegen, die Kirche zu wechseln. Eingehend mit dieser Frage befasst sich Kapitel 5.

12 Zu verstehen sind diese Bemerkungen in Funktion der Submilieus, der Definition der Bibelauslegung oder auch des Organisationsmodells usw.

schlossen. Im Zusammenhang mit diesen gehäuften Kirchenaustritten spricht Louis (58, Ch, Bibliothekar) von «*Aderlass*». Ganz konkret: Nachdem ein neuer Pfarrer in der reformierten Kirche von Jack (53, Ch, Missionar) seine Stelle angetreten hatte, änderte sich, so seine Aussage, deren Ausrichtung diametral:

> Der Pfarrwechsel [...] brachte auch einen Wandel im Amtsverständnis, in der Sicht auf das Evangelium – einen sehr viel weniger evangelisch-freikirchlich geprägten Zugang. Für mich entsprach das nicht mehr unbedingt meinem Verständnis, meinen Kriterien der Mitgliedschaft in einer Gemeinde.

Auch Justine (45, Ch, auf Arbeitssuche) rang sich nach dem Stellenantritt eines neuen Pastors, der in ihren Augen nicht wirklich ein Pastor war, zu einem Kirchenwechsel durch:

> Er war jemand, der die Bürde des Evangelisten empfangen hatte [...] das heisst, in die Städte zu gehen und in der Öffentlichkeit von Gott zu reden [...] Mein Mann und ich, wir wissen, dass es für die Leitung einer Kirche kein solches Herz braucht – es braucht das Herz eines Lehrers, eines Hirten.

Da sie mit dem Wechsel auf der Ebene der seelsorglichen Leitung in ihrer Gemeinde nicht einverstanden waren, sind sowohl Jack als auch Justine einer anderen Gemeinde beigetreten.

Aber auch ohne Pastorenwechsel kann es zu markanten theologischen Veränderungen kommen. Etwa dann, wenn eine Gemeinde von einer der verschiedenen «Bewegungen» oder «Strömungen» erfasst wird, die sich im evangelisch-freikirchlichen Milieu zuweilen verbreiten. Als die als Toronto-Segen[13] bekannte Bewegung in der Schweiz Fuss fasste, begannen einige evangelisch-freikirchliche Gemeinden ganz anders zu funktio-

13 In den Vordergrund stellt die zu Beginn der 1990er Jahre in Kanada entstandene Bewegung die individuelle, aber in der Regel kollektiv ausgelebte Erfahrung der Gegenwart Gottes in intensiven körperlichen Manifestationen (Trance, Lachanfälle, Spasmen, Visionen usw.) – alles begleitet von Worten, Gesängen und Tänzen.

nieren.[14] Das wirkte sich auf die Mitglieder aus, insbesondere auf deren «*Zufriedenheit in Sachen Lehre*». Louis gehört zu denjenigen, die die von der Bewegung ausgelösten Veränderungen nicht ertrugen. Wie bei Jack und Justine liess der Eindruck, in den Gottesdiensten nicht mehr genügend «*Nahrung*» zu erhalten, allmählich den Entschluss reifen, sich zusammen mit seiner Familie einer anderen Gemeinde anzuschliessen:

> Die Predigt wurde etwas sehr kurz, kurz und kürzer. Und dann [...] wurde viel gesungen, manche Leute tanzten, und schliesslich gab es andere, die zu Boden fielen und dort blieben. Da fanden wir, das sei etwas übertrieben, nicht wahr.

Schliesslich wird oft Musik als ein Element erwähnt, das die Gemeindeleitung zu erschüttern vermag, was sich ebenfalls auf Zufriedenheit und Erwartungen der Mitglieder auswirkt. Als die Gemeinde von Victor (24, Ch, Student) mit der Einführung des Schlagzeugs liebäugelte, war dies einigen Mitgliedern nicht genehm und sie drohten, so Victor, die Gemeinde an jenem Tag zu verlassen, da das Instrument Einzug halten sollte. Auch Catherine (63, K, Rentnerin) vermutet, dass manche Austritte mit der Musik zu tun haben. Das «Musikproblem» verweist auf einen weiteren Spannungsbogen innerhalb der Gemeinden, nämlich den Gegensatz der Generationen. So zumindest Catherines Interpretation: «*Es stimmt, die Musik spaltet nicht wenige Gemeinden und vor allem die Generationen.*» Zwischen der Offenheit für neue Formen des Feierns und dem Willen, nichts zu ändern, kann es zu Spannungen zwischen der jungen und der älteren Generation kommen.

Wie der Glaube zu leben und die biblische Botschaft zu tradieren sei – genau dieses eher emotional oder doktrinal gefärbte Verständnis spiegelt sich in der Musik, aber auch im Pastor oder in der theologischen Ausrichtung einer bestimmten Gemeinde.[15] Veränderungen auf diesen Ebenen

14 Es kam vor allem zu Umwälzungen auf der Ebene des Gottesdienstablaufs im Zusammenhang mit einem neuen Verständnis von der individuellen Erfahrung der Gegenwart Gottes.

15 Kapitel 4 geht detailliert auf diese evangelisch-freikirchlichen «gemeinschaftlichen Kulturen» mit je nach Submilieu unterschiedlicher Prägung ein.

können mithin die Grundlagen der Zugehörigkeit und das Ausmass der mit ihr verbundenen Zufriedenheit tiefgreifend infrage stellen.

Weggehen, um sich den Druckversuchen seitens der Gemeinde oder den Blicken der anderen Mitglieder zu entziehen

In anderen Fällen sehen gewisse Mitglieder den Kirchenwechsel als die einzige Lösung für Beziehungsprobleme innerhalb ihrer Gemeinde. Unter Beziehungsproblemen verstehen wir Pressionen, seien sie explizit oder nicht, seitens einiger kirchlicher Akteure, die bestimmte Verhaltensweisen oder Ansichten von Mitgliedern missbilligen. In einer solchen Situation passt sich das Mitglied entweder der Mehrheit an oder verlässt die Gruppe, wie dies Katja und Victor taten.

Schon seit einigen Jahren gehörten Katja (55, K, Pflegefachfrau) und ihr Ehemann derselben Kirche an. Zwischen dem Ehemann von Katja, die Mitglied des Rates ihrer Gemeinde war, und den übrigen Mitgliedern begannen sich Spannungen bemerkbar zu machen. Die dogmatische wie organisatorische Aspekte betreffenden Differenzen nahmen im Lauf der Zeit zu. Katjas Ehemann wurde mehr und mehr aus der Gruppe ausgeschlossen, was schliesslich zum Austritt führte. Auch Victor (24, Ch, Student) und seine Familie hatten in ihrer früheren Gemeinde Spannungen erlebt. Er erklärt, seine Familie sei sehr irritiert gewesen, als der Pastor eines Tages auftauchte und sie vor ein Ultimatum stellte: Entweder jeden Sonntag am Gottesdienst teilnehmen und die Abgabe bezahlen oder «*sich anderswo umzusehen*». Hinzu kam, dass der Kleiderstil von Victors älterem Bruder das Missfallen der Gemeinde erregte.[16]

Das Gefühl, allein gegen alle zu sein, mit manchen von der Mehrheit oder dem Ältestenrat akzeptierten Dingen nicht einverstanden zu sein oder bestimmten, von der Gemeinde propagierten Modellen nicht zu entsprechen – dies alles sind Elemente, die den Zusammenhalt mit den anderen Mitgliedern, den Wunsch, sich in der Gemeinde zu engagieren, aber auch das Wohlbefinden des Individuums generell untergraben können. Dann ist die Zugehörigkeit ernsthaft infrage gestellt, und zwar sowohl sei-

16 Zwar ist das Beispiel nicht für sämtliche evangelischen Freikirchen repräsentativ, gleichwohl unterstreicht es die Tatsache, dass die Kirchen Verhaltensweisen vorgeben, die es wohlweislich einzuhalten gilt.

tens des Individuums als auch seitens der Gruppe. Und tatsächlich signalisieren die anderen Mitglieder den «im Unrecht befindlichen» oder «schuldigen» Personen mehr oder weniger klar, sie hätten sich gemäss den von der Gruppe festgelegten Kriterien zu verhalten. In unserer quantitativen Umfrage meinen 60,2 % der Evangelisch-Freikirchlichen, in ihrer Gemeinde «*würden alle einander kennen und viel übereinander wissen*». Zwar wird das Gefühl, einer verschworenen Gemeinschaft anzugehören, in der Regel positiv gewertet, kann sich aber, sobald das Individuum auf Distanz zur «offiziellen Linie» der Gemeinde, geht rasch in unerträglichen Druck verwandeln.[17]

Die Gelegenheit, sich einer «besseren» Gemeinde anzuschliessen

Schliesslich wechseln einige die Gemeinde, weil sie eine ihren Sensibilitäten oder Erwartungen besser entsprechende Gemeinde gefunden haben. So etwa Sam (28, Ch, Pastor), der seinen Kirchenwechsel mit der Attraktivität seiner neuen Gemeinde erklärt. Er gehörte seit je einer darbystischen Gemeinde an, fühlte sich aber mit zwanzig Jahren zunehmend frustriert über das, was er als mangelnde Attraktivität interpretiert. Als er an einem von einer charismatischen Gemeinde organisierten Hauskreis teilnahm, war er sogleich eingenommen von der dynamischen Art der jungen Mitglieder dieses Hauskreises:

> Unglaublich, wie sie über alles redeten, was sie erlebten, es war ganz konkret, sie freuten sich, neue Gaben zu entdecken, die sie in der Gemeinde gebrauchen konnten. Nun, sie entdeckten neue Dinge über Gott, sie waren überglücklich, weil sie ihrer Gemeinde neue Mitglieder zugeführt hatten. Bei mir, in meiner früheren Gemeinde, da gab es nie jemand Neuen, es war schrecklich. [...] Plötzlich realisierte ich, dass ich das, wovon ich vorher geträumt hatte, vor mir hatte.

17 Kapitel 5 macht deutlich, dass die gemeinschaftliche Regulierung grossteils über die Sozialkontrolle aller über jeden und jede verläuft. So wird jedes Mitglied zum «Polizisten» und «Wächter der Regel».

Anja (40, Ch, Hausfrau) entdeckt ihre neue Gemeinde, als sie einen Bekannten dorthin begleitet; sofort fühlt sie sich angezogen, weil diese Gemeinde stärker auf die Gaben des heiligen Geistes fokussiert als ihre bisherige:

> Die Vision unserer Gemeinschaft hat mich wirklich stark beeindruckt, glaube ich, und für mich war es gut, etwas Neues zu entdecken. Für mich war es wirklich der richtige Moment, nun, etwas wirklich Neues zu entdecken.

Davon abgesehen ergibt sich aus unseren Interviews, dass die Begegnung mit einer neuen Gemeinde nicht die einzige Grundmotivation für einen Weggang ist. Die Attraktivität des Neuen wird verstärkt durch Probleme, mit denen das Individuum innerhalb der bisherigen Gemeinde konfrontiert ist. In diesem Sinne äussert sich etwa Sam:

> Ich versuchte die Leute dort bei den Darbysten, wo ich aufgewachsen bin, zu motivieren, aber es war megafrustrierend, weil ich realisierte, dass es sich viele Leute in ihren kleinen Strukturen megabequem eingerichtet hatten. [...] Dann, also dann versuchte ich, die Leute aufzurütteln und all das – aber es war megaanstrengend und megafrustrierend.

So ist denn das Gefühl, anderswo etwas Besseres gefunden zu haben, in der Regel mit Frustrationen und/oder Unzufriedenheit in der bisherigen Gemeinde verbunden. Fanny (21, Kl, Studentin) fasst dieses Gefühl wie folgt zusammen:

> Jetzt, mit der Eröffnung der [Name der Gemeinde] [...] da geschieht einiges an Kirchenwechseln. Ich will damit sagen, dass es noch immer dasselbe ist: Es wird eine neue Gemeinde gegründet, sie ist jünger, dynamischer, schöner [...] Alle, die mit ihrer Gemeinde unzufrieden sind, zieht es dorthin. Aber für die neue Gemeinde ist das irgendwie eine Plage, denn hier versammeln sich die Stänkerer, nun, nicht die Stänkerer, aber diejenigen, die vorher nicht zufrieden waren und voller Erwartungen sind.

Dieser erste Abschnitt lässt sich mit einer aus den quantitativen Daten gewonnenen Erkenntnis zusammenfassen: Nur 16,8 % der Evangelisch-Freikirchlichen meinen, falls sie ihre Gemeinde verliessen, könnten sie eine ihren Bedürfnissen besser entsprechende Gemeinde finden.[18] Die bisher vorgestellten Beispiele gehen in diese Richtung. Wenn Evangelisch-Freikirchliche ihre Gemeinde verlassen, dann eher, weil sie dort nicht mehr zurechtkommen. Ihre Gemeinde, der sie einen hohen Stellenwert zuschreiben, ist ein eigentlicher Lebensort (dort haben sie solide Freundschaften geknüpft, dort verbringen sie viel Zeit, und dort haben sie ihre Gewohnheiten).[19] Ist nun die Zufriedenheit bezüglich Lehre, Emotionalität, Beziehung beeinträchtigt, dann ist der Anschluss an eine neue Gemeinschaft dringlich. Die persönliche Entfaltung des Bekehrten verläuft über das Leben in der Gemeinde.

9.2 Eine passende Gemeinde finden, aber wie?

Was unternimmt jemand, der sich zu einem Wechsel entschieden hat, um eine neue Gemeinde zu finden? In der Regel kommen drei Strategien – in Kombination oder nicht – zum Einsatz: soziales Netz der Evangelisch-Freikirchlichen, Besuch von Gemeinden sowie Gebet.

Die Bedeutung sozialer Netze

Für eine gewisse Anzahl Personen in unserer Stichprobe ergibt sich der Entscheid für eine neue Gemeinde aus mehr oder weniger direkten Kontakten mit dieser Gemeinde und/oder mit Leuten aus dieser Gemeinde. Insofern sind die sozialen Netze der Evangelisch-Freikirchlichen (Eltern, Freunde, Bekannte, Pastoren usw.) eine kapitale und kostbare Informationsquelle über die religiösen Güter, die eine Gemeinde anzubieten hat.[20] Der Anteil der Interviewten, die sich dank des Mund-zu-Mund-Prinzips

18 Diese relativ tiefe Zahl ist das Pendant zum sehr hohen Anteil der mit ihrer Kirche/Gemeinde Zufriedenen: 92 % der Evangelisch-Freikirchlichen sind mit ihrer Gemeinde «eher zufrieden» oder «sehr zufrieden».

19 Die Gemeinde ist für viele Evangelisch-Freikirchliche in vielerlei Hinsicht ein lebenswichtiger Ort, obwohl es auch Evangelisch-Freikirchliche gibt, die nicht zur Kirche gehen (virtuelle Gemeinschaften, versammelt in Fernsehgottesdiensten, in den USA oder einfach Evangelisch-Freikirchliche, die keiner Kirche angehören wollen, um ihren Glauben zu leben [Favre, 2006, S. 261]).

20 Ammerman, 1998, S. 147–166; Ellison, 1995, S. 91; Sherkat/Wilson, 1995, S. 998.

für eine Gemeinde entschieden haben, ist relativ hoch: Fritz (59, Ch, Heilpädagoge), der sich nach seiner Rückkehr aus Deutschland jener Gemeinde anschliesst, in der sein Schwiegersohn eine Zeit lang tätig gewesen war; Victor (24, Ch, Student), der für die Gemeinde seines Bruders optiert; Béatrice (41, Kl, Dolmetscherin), die sich für jene Gemeinde entscheidet, der mehrere ihrer engeren Bekannten angehören.

«Shoppen gehen»

Church Shopping[21] ist ebenfalls eine der Strategien, die auf der Suche nach einer neuen Gemeinde eingesetzt werden. Der englische Begriff steht für die Praxis, mehrere Gottesdienstorte zu besuchen, um anhand eines Kriterienkatalogs schliesslich die «ideale» Gemeinde auszuwählen. So gingen Katja (55, K, Pflegefachfrau) und ihr Ehemann vor, bevor sie ihre frühere Gemeinde verliessen. Sie erkundigten sich bei nahen Bekannten und liessen sich über ihnen bekannte Kirchen informieren. Aber ihre neue Gemeinde sollte auch ganz präzisen Kriterien entsprechen: Unerlässlich waren eine Sonntagsschule für die Kinder und ein Chor für Katjas Ehemann. Ausserdem sollte die Lehre in etwa der bisherigen entsprechen: Die Bibel sollte «*ganz*» und «*korrekt*» gelesen werden: «*Für uns war es wichtig [...] dass wirklich die ganze Bibel und nicht bloss ein Teil gelehrt wird.*» Bei seiner Kirchensuche stellt das Paar die für die Integration in die Gemeinschaft elementaren Parameter in den Vordergrund. Auf die Praxis des *Church Shopping* stossen wir im Lebenslauf mehrerer Interviewpartner. Alle stellen persönliche Kriterien bezüglich der Wahl einer neuen Gemeinde auf (Nähe, Grösse, Lehre usw.); entscheidender Indikator beim endgültigen Entscheid ist indes häufig das Gefühl, «*am richtigen Ort zu sein*» oder «*sich*

21 Ein in der amerikanischen Presse häufig verwendeter Begriff, um das konsumistische Verhalten in Sachen Kirchen- oder Religionswahl zu bezeichnen. Siehe etwa den Titel in der *Time U.S.*: «Church-Shopping: Why Americans Change Faiths» http://www.time.com/time/nation/article/0,8599,1894361,00.html (13.08.2013). Oder der Titel eines Artikels im *CNN-Belief-Blog*: «How Church Shopping is Polarizing the Country» http://religion.blogs.cnn.com/2010/05/24/how-church-shopping-is-polarizing-the-country/ (13.08.2013).

wohlzufühlen». Erwähnt sei schliesslich, dass die Wahl in der Regel auf eine Gemeinde innerhalb des bisherigen Zugehörigkeitssubmilieus fällt.[22]

Mit Gottes Hilfe eine Gemeinde finden

Eine dritte «Methode» ist das Gebet. Dabei handelt es sich um einen unter Evangelisch-Freikirchlichen üblichen Handlungsmodus. Diese Praxis – sie begleitet Entscheidungen jeder Art und jeder Wichtigkeit – soll dem Evangelisch-Freikirchlichen (in dem Fall, der uns hier interessiert) die Gewissheit verleihen, dass die Wahl der neuen Gemeinde richtig ist, das heisst, dass es sich um eine zuvor von Gott eigens für ihn getroffene Wahl handelt.[23] Das trifft etwa auf Jack (53, Ch, Missionar) und dessen Ehefrau zu, die zu beten begannen, um zu wissen, welcher Gemeinde sie sich anschliessen sollten, nachdem sie einige Jahre lang einer reformierten Kirche angehört hatten. Jack erklärt den Entscheid, seiner heutigen Gemeinde beizutreten, wie folgt:

> Wir [seine Frau und er] haben gebetet und den Herrn gefragt; uns schien es wichtig, in einer Gemeinde zu sein, die [...] keine grosse Tradition, nicht viele Jahre hinter sich hat. Wir fühlten das im Gebet, und als wir in Frankreich zu einem Vortrag [...] gingen, war da jemand, [...] der eine prophetische Gabe

22 In unserer qualitativen Stichprobe sind Personen, die einen Kirchenwechsel vollzogen haben, mehrheitlich ihrem ursprünglichen Submilieu oder dem Milieu ihrer bisherigen Kirche treu geblieben. Erklären lässt sich das hauptsächlich mit Sozialisierungsprozessen. Gleichwohl kann ein Kirchenwechsel auch Anlass für den Übertritt in ein anderes Submilieu, ja, den Eintritt oder Wiedereintritt in die reformierte Kirche sein (vgl. Kapitel 10). Die mehr oder weniger grossen theologischen Unterschiede zwischen den evangelischen Freikirchen, aber auch zwischen dem evangelisch-freikirchlichen und dem reformierten Milieu stellen für Evangelisch-Freikirchliche, die auf der Suche nach einem Gottesdienstort sind, nicht unbedingt unüberwindbare Hindernisse dar.

23 Es entsteht eine Verbindung zwischen der hinter der Gebetspraxis stehenden Vorstellung und der Gebetserhörung in Gefühlen wie «am richtigen Ort zu sein» oder «sich wohlzufühlen»; solche Gefühle wurden oben kurz gestreift, als wir die Auswahlkriterien der neuen Gemeinde thematisierten. Diese Gefühle scheinen jene Indikatoren zu sein, die die von Gott getroffene Wahl bestätigen.

> hatte. Er kam auf uns zu, nur um zu sagen, «der Herr will, dass Ihr in einer Gemeinde seid, die keine grosse Tradition hinter sich hat, das ist alles, was ich Euch zu sagen habe» [lacht]. Für uns war es eine echte Bestätigung unserer Gebete und [genau] das, was wir gesucht haben.

Angesichts der Vielfalt der zur Auswahl stehenden Gemeinden zogen es Simon (33, Kl, Arbeiter) und seine Ehefrau vor, sich Gott anheimzustellen:

> Wo willst du uns haben? In welcher Gemeinde, in welcher Kirche? Und dann sagte er uns, wir sollten dorthin gehen, und wir gingen dorthin.

Wie Bahr und Albrecht bemerken, ist «changing churches [...] a little like moving to a new country»[24]. Ein Kirchenwechsel will organisiert sein. In Anbetracht der Bedeutung, die der Kirche im Leben der Evangelisch-Freikirchlichen zukommt, aber auch in Anbetracht der Vielzahl der Gemeinden[25] und ihrer theologischen Vielfalt kann es nützlich sein, den Ratschlag von Bekannten einzuholen oder direkt vor Ort einige nach spezifischen Kriterien ausgewählte Gemeinden zu besuchen. Und noch ein Letztes zum Gebet: Den Entscheid für den Anschluss an eine bestimmte Gemeinde in der sprachlichen Form dem «Willen Gottes» – mithin der in den Augen der Evangelisch-Freikirchlichen unumstrittenen Autoritätsfigur – zu unterstellen, kann eine Wahl legitimieren, die je nach Kirchenkontext und/oder Submilieu für das Umfeld problematisch sein kann (vgl. Kapitel 4.3).

9.3 Ist ein Kirchenwechsel legitim?

Was geschieht, wenn Evangelisch-Freikirchliche beschliessen, ihre Gemeinde für eine andere zu verlassen? Die Frage kann sich stellen, denn ein Kirchenwechsel ist hauptsächlich Effekt individueller Entscheidungen –

24 Bahr/Albrecht, 1989, S. 180.

25 Das gilt im Wesentlichen für die urbanen Zonen der Schweiz; hier sind die evangelischen Freikirchen im Vergleich zur Agglomeration oder zu ländlichen Gebieten stärker vertreten (vgl. Stolz/Chaves/Monnot/Amiotte-Suchet, 2011).

also von Logiken, die dem Funktionieren der Kirchen und den in ihnen entwickelten sozialen Normen zuweilen direkt zuwiderlaufen.

Kirchentreue als Norm

Wie sich bisher gezeigt hat, scheuen Evangelisch-Freikirchliche den Kirchenwechsel nicht, wenn sie ihre Lage als «im Widerspruch zum eigenen Glauben stehend» einstufen oder wenn sie sich nicht mehr «am richtigen Ort» fühlen. Eine derartige Mobilität scheint umso legitimer, als sich die Evangelisch-Freikirchlichen, so ihre Aussage, in erster Linie als Christen und erst in zweiter Linie als Mitglieder einer bestimmten Kirche verstehen.[26] Sam (28, Ch, Pastor) beteuert, er «*lebe allererst für Gott und nicht für irgendeine Denomination*», und auch Matthias (29, Ch, Informatiker) versichert: «*Für mich ist nicht die Gemeinschaft zentral, sondern die Beziehung zu Jesus.*» Gleichwohl bekräftigen 59,2 % der Evangelisch-Freikirchlichen unserer quantitativen Stichprobe, dass «*es nicht legitim ist, die Kirche zu wechseln, wenn man in der eigenen Kirche Probleme hat oder wenn man sich unwohl fühlt*». Wie diesen – scheinbaren – Widerspruch erklären zwischen hoher Mobilität, die hauptsächlich auf die Suche nach persönlicher Entfaltung zurückzuführen ist, und Verantwortungspflicht gegenüber dem eigenen kirchlichen Engagement? Im Folgenden wird sich herausstellen, dass die freie Kirchenwahl zwar als allgemeines Prinzip anerkannt ist, dass der allzu lockere Gebrauch dieser Freiheit hingegen als sehr viel weniger legitim erscheint.

Zunächst stossen wir in unseren Interviews auf eine relativ ausgeprägte Ablehnung von Kirchenwechseln. Sie gelten als das, was häufig als konsumistische Logiken bezeichnet wird. So erklärt beispielsweise Fanny (21, Kl, Studentin):

> Ich will nicht in jener Art von Dynamik sein [, die besagt]: Ich werde am Sonntag konsumieren, und wenn es mir nicht passt, gehe ich nicht.

Laut Cécile (21, Ch, Medizinische Praxisassistentin) erleichtert die grosse Auswahl an evangelischen Freikirchen die Mobilität der Individuen und

26 Ammerman, 2004, S. 228.

schwächt deshalb die individuelle Verantwortung der eigenen Gemeinde gegenüber:

> Es stimmt, meine Freunde wechseln häufiger, weil du viel mehr Auswahl hast ... das ist nicht unbedingt super. Wenn es dir an einem Ort nicht gefällt, wenn du ein Problem hast, dann sagst du «Tschüss» und gehst in eine andere Gemeinde. Das ist nicht unbedingt gut, du regelst nichts, du gehst nur den Konflikten aus dem Weg. Du gehst, und ich glaube, so wird es immer häufiger ablaufen: Je mehr Auswahl du hast, umso unbeschwerter gehen die Leute weg.

Vincent (24, Ch, Student) zeigt sich übrigens relativ kritisch gegenüber den Evangelisch-Freikirchlichen, die er für allzu konsumistisch einstuft:

> Ich meine, es gibt eine Tendenz – ich halte sie für schlecht –, wie eine Hummel von Blume zu Blume zu fliegen, von einer Gemeinde zur andern zu wechseln. Dann kannst du nicht echt wachsen, denn sobald du mit jemand oder mit etwas konfrontiert bist, was dir missfällt, wechselst du. Das ist nicht gut.

Andere Interviewte sprechen, genauso kritisch, von «*Flatterhaftigkeit*» oder von «*Kirchentourismus*». Wie auch immer der Vergleich ausfällt, die Feststellung bleibt sich gleich: Wer sich so verhält, «*lässt sich nicht ein*» auf das kirchliche Leben, «*engagiert sich nicht*» und, um es in Vincents Worten auszurücken, «*wächst nicht in der Beziehung mit Leuten, die zur Kirche gehen*».[27]

Neben dieser Kritik wird etwas erwähnt, was mit der Strukturierung der sozialen Beziehungen innerhalb der evangelischen Freikirchen zu tun hat. Die meisten evangelischen Freikirchen werten gruppeninterne Bindung und Kommunikation hoch. Die Evangelisch-Freikirchlichen sind mit ihrer Gruppe verbunden, und daraus ergibt sich ein Gefühl der Treue, und

27 Wie im theoretischen Teil dargelegt (vgl. Kapitel 1.3), stigmatisiert das Milieu nicht den Kirchenwechsel an sich, sondern weit mehr das damit möglicherweise implizierte laxe Engagement – daher Begriffe wie «*Flatterhaftigkeit*» oder «*Kirchentourismus*». Erneut scheint uns demnach die Aussage zutreffend, die evangelischen Freikirchen würden nicht die *freeriders* oder das *freeriding* verurteilen – wie es die *strictness theory* festsetzt –, sondern den Laxismus, das laue Engagement der Mitglieder für die Gemeinschaft.

zwar unabhängig von möglichen glücklichen oder unglücklichen Ereignissen. Dazu meint Jack (53, Ch, Missionar):

> Es entsteht eine gewisse Loyalität, [sei es] zu einer Gruppe, zu einer Gemeinde [...] Loyalität besagt, dass man bleibt, dass man weitermacht.

Zur Loyalität oder Treue gesellt sich das Verantwortungsprinzip, das das Individuum an seine Gemeinschaft bindet. Bei Schwierigkeiten sollte die als Beispiel erwähnte (und vom Kollektiv erwartete) Reaktion darin bestehen, das Problem zu lösen – so wie es Vincent (24, Ch, Student) nahelegt:

> Wenn ich in der Gemeinde auf ein Problem stosse, dann sage ich mir, dass es an mir liegt, es zu lösen. Ich bin verantwortlich, denn letztlich bin ich diese Gemeinde, ich bin Mitglied der Gemeinde.

Treue und Verantwortung erweisen sich demnach als Werte, die jeder und jede Evangelisch-Freikirchliche gegenüber der eigenen Kirche hochhalten sollte. Neben der mit der grossen Auswahl an Gemeinden gegebenen Problematik sind die gruppeninternen Beziehungen ein Erklärungsfaktor für die Existenz dieser Sozialnorm[28], die sich aus der bereits erwähnten hohen Prozentzahl herauslesen lässt. Um zu überleben, müssen sich die Gemeinden vor Kirchenwechseln schützen, die durch das Aufkommen eines attraktiven religiösen Markts befördert werden. Sie müssen mithin die als konsumistisch geltenden Verhaltensweisen regulieren und dabei namentlich auf die eigenen Strukturierungsmodi der Beziehungen zwischen Individuen bauen.

28 Eine Sozialnorm lässt sich wie folgt definieren: «Das einer sozialen Gruppe oder einer Gesellschaft eigene Verhaltensprinzip oder -modell. Sozialnormen entsprechen dem, was durch das jeder Gesellschaft oder sozialen Gruppe eigene Wertesystem gemeinhin anerkannt ist. Sozialnormen werden von den Individuen im Laufe ihrer Sozialisierung verinnerlicht [...]» (Alpe/Beitone/Dollo/Lambert/Parayre, 2010, S. 227). Die Sozialnorm unterscheidet sich von der von der Gesellschaft offiziell anerkannten und beispielsweise im Recht verankerten Rechtsnorm. Die Sozialnorm ist impliziter, wird aber für das Individuum, das sie im Sozialisierungsprozess integriert hat, zur zweiten Natur.

Bemerkenswerterweise variiert diese Norm kirchlicher Treue und Verantwortung je nach Submilieu. Das konservative Submilieu unterscheidet sich vom charismatischen und vom klassischen Submilieu. In der Tat befürworten nur 14,2 % der konservativen Evangelisch-Freikirchlichen unter den gegebenen Bedingungen einen Kirchenwechsel, hingegen 17,7 % der charismatischen und 24,7 % der klassischen. Die doch geringen Differenzen lassen sich damit erklären, dass die konservativen Gemeinden auf noch engeren, ja, gar geschlossenen Beziehungen zwischen Individuen aufgebaut sind. Oft handelt es sich um Familienkirchen, der mehrere Generationen derselben Familie angehören. Meist handelt es sich um kleine Gemeinden, die sich, entsprechend der Typologie der drei Submilieus, durch einen höheren Grad an Misstrauen gegenüber ihrem gesellschaftlichen Umfeld auszeichnen. In solchen Gruppen verstärken die engen Beziehungen zwischen den Individuen die Sozialkontrolle: Austritte, seien es Kirchenwechsel oder definitive Austritte, werden weniger toleriert als in den beiden anderen Submilieus.

Wie die Evangelisch-Freikirchlichen die Legitimität eines Kirchenwechsels wahrnehmen, hängt nicht nur vom Submilieu, sondern auch vom Alter ab. Je höher das Alterssegment, umso weniger wird ein Kirchenwechsel als legitim erachtet. Dieses Resultat entspricht demjenigen früherer Studien, wonach religiöse Mobilität im Leben von Jugendlichen und jungen Erwachsenen gehäuft auftritt. Eheschliessungen und/oder Ortswechsel finden in der Regel in diesem Lebensabschnitt statt, schwächen frühere Beziehungen und lassen zugleich neue soziale Netze, neue Bekanntschaftskreise entstehen.[29] Die Hypothese, es handle sich auch um generationelle Veränderungen, ist durchaus vertretbar: Die junge Generation der 2000er Jahre, seien sie evangelisch-freikirchlich oder nicht, sind in einer Mobilitätskultur (Studium, Arbeit, Ehepartner usw.) und der multiplen Opportunitäten aufgewachsen, was das Pflicht- und Treuegefühl gegenüber Gruppen, etwa Kirchen, verringern kann. Davon einmal abgesehen, hat der Faktor Alter keinen Einfluss auf das konservative Submilieu: Unabhängig vom Alter wird ein Kirchenwechsel im Fall von Problemen als kaum legi-

29 Vgl. Stark/Finke, 2000.

tim betrachtet. Dieses Resultat stützt die These von der Aufwertung der gruppeninternen Bindungen, eine Aufwertung, die im Kontext eines attraktiven Markts noch an Glaublichkeit gewinnt.

9.4 Verluste durch Kirchenwechsel

Obwohl Kirchenwechsel also durchaus möglich ist, geniesst gerade Treue zur eigenen Gemeinde im evangelisch-freikirchlichen Milieu eine hohe Wertschätzung, und zwar unabhängig von der Situation der Gemeinde oder des Individuums. Wer die Kirche wechselt und die Treue bricht, kann unter Umständen von gewissen Sanktionen betroffen sein; hier geht es vor allem um die Ebene der sozialen Beziehungen, die das Individuum innerhalb seiner ehemaligen Gemeinde geknüpft hatte.[30]

Der Verlust von Anerkennung und Freundschaften

Evangelisch-Freikirchliche sprechen oft davon, wie viel ihnen ihr Engagement in der Gemeinde auf der Beziehungs- und Gefühlsebene bringt. Das hat mit der Aufwertung der gruppeninternen Beziehungen zu tun; es wird ein Umfeld geschaffen, das nicht selten mit demjenigen einer Familie vergleichbar ist. So erwirbt der Evangelisch-Freikirchliche im Lauf der Zeit innerhalb seiner Gemeinde ein eigentliches soziales Kapital.[31] Folglich

30 Normen regeln das Verhalten der Individuen. Im Fall von Abweichungen (Übertretung oder nichtkonformes Verhalten) sieht die soziale Gruppe oder die Gesellschaft Sanktionen vor: negative (positive bei exemplarischem Verhalten), formelle (zum Beispiel Exkommunikation) oder informelle (missbilligende Blicke, Bemerkungen). Mit solchen Sanktionen soll dem Individuum signalisiert werden, dass es den Erwartungen nicht entspricht (Alpe/Beitone/Dollo/Lambert/Parayre, 2010, S. 227).

31 Nach Bourdieu ist soziales Kapital «die Teilhabe an einem dauerhaften Netz von mehr oder weniger institutionalisierten Beziehungen gegenseitigen Kennens und Anerkennens»; dieses Kapital konkretisiert sich in der Zugehörigkeit zu einer Gruppe, deren gegenseitige Beziehungen der Person «materielle» (verschiedene Dienstleistungen) oder «symbolische Profite» (Zugehörigkeit zu einer angesehenen, «auserwählten» Gruppe) verschaffen (1980, S. 2–3). Doch die Teilhabe an diesem Netz währt nicht ewig; die Existenz sozialer Bindungen erfordert vom Individuum Engagement, Einsatz und Pflege (Zeit, Energie,

kann ein Kirchenwechsel die vom Individuum in seiner bisherigen Gemeinschaft geknüpften freundschaftlichen und sozialen Beziehungen beeinträchtigen. Auf die Frage, was der Kirchenwechsel für sie bedeutet habe, antwortet Katja (55, K, Pflegefachfrau), wegen dieses Ereignisses habe sie Bekannte und Freunde «*verloren*». In den Gesprächen taucht, unabhängig vom Submilieu, mehrmals der Gedanke auf, die in einer bestimmten Gemeinde geknüpften Beziehungen könnten verloren gehen; zum Ausdruck gebracht wird dies namentlich, wenn die Gesprächspartner aufgefordert werden, aufzuzählen, was sie beim Verlassen ihrer Gemeinde am meisten vermissen würden: Man müsste «*einen Schlussstrich unter das Erlebte ziehen*», es wäre «*herzzerreissend*» oder wäre, «*als würde man [eine] Familie verlassen*». Die Aussagen dieser Personen geben zu verstehen, dass die geknüpften Freundschaftsbeziehungen ausserhalb der Gemeinde nicht oder nicht mehr existieren können; Katjas Erfahrungen bestätigen diesen Sachverhalt.

Grafik 9.1 zeigt ganz deutlich, dass sich die Evangelisch-Freikirchlichen aller drei Submilieus am meisten vor dem Verlust der Freundschaften beim Austritt aus einer Gemeinde fürchten. Wer eine Gemeinde verlässt, verliert ganz konkret die Gelegenheit, die eigenen Freunde regelmässig zu treffen, und dies im Rahmen eines vorgegebenen Wochenrhythmus. Ohne Präsenz verschwinden diese Gelegenheiten von selbst. Solche Verluste können auch als informelle Sanktionen[32] interpretiert werden; das gilt für alle drei Submilieus, am stärksten indes, einmal mehr, für das konservative Submilieu, das den Verlust sozialen Kapitals am

Geld) im Hinblick auf den Fortbestand des materiellen und symbolischen Austauschs. Als Zeichen der Anerkennung begründet dieser Austausch die Gruppe, begrenzt sie aber auch.

32 In unseren Interviews gibt es keine Beispiele von Sanktionen, die als formell bezeichnet werden könnten – wie etwa die im Katholizismus mögliche Exkommunikation. Hingegen gibt es eine Person, Rémi (50, Ch, Lehrer), der von der Kanzel aus seinen Entschluss, die Kirche zu wechseln, erklärt hat. Er hat sich mithin den möglicherweise missbilligenden Blicken seines kirchlichen Umfelds ausgesetzt. Charlotte (27, K, Lehrerin) erinnert sich ebenfalls an Personen, die in ihrer früheren Gemeinde von der Kanzel herab erklärt haben, weshalb sie die Gemeinde verlassen. Es handelt sich hierbei um blosse Hinweise, denn sonst hat dies keiner der befragten Evangelisch-Freikirchlichen getan, die die Gemeinde gewechselt haben.

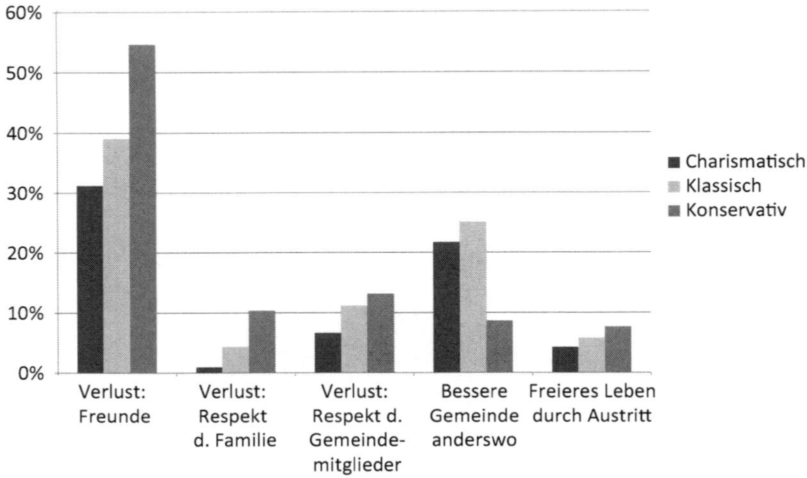

Grafik 9.1: Hypothetische Verluste und Gewinne bei Austritten, nach Submilieus

meisten fürchtet. Erklären lässt sich das mit den engen zwischenmenschlichen Beziehungen innerhalb dieser Gruppen, aber auch mit der Symbolik des Weggangs. Für die Menschen, die bleiben, bedeutet der Austritt eines Mitglieds wegen einer anderen Gemeinde zuweilen sehr viel mehr als ein simpler Gruppenwechsel. Ein Austritt kann als «*Verrat*» an der Gruppe, als Absage an sie interpretiert werden.

Unter anderen Umständen kann das soziale Kapital eine starke Quelle persönlicher Befriedigung sein und somit zum Faktor werden, der das Individuum trotz Spannungen oder Ortswechsel in der Gemeinde verbleiben lässt. Manche, so etwa Fanny (21, Kl, Studentin), zogen es nach einem Umzug vor, ihrer Gemeinde treu zu bleiben, um ihr soziales Kapital nicht zu «*verlieren*»:

> Ich hätte [die Gemeinde] wechseln können, aber ich glaube, nach und nach ist sie mir zur Familie geworden [...] Hier bin ich aufgewachsen, und hier habe ich Beziehungen zu Menschen geknüpft. Danach gibt es nicht wirklich Gründe zu gehen. Hier habe ich meine besten Kollegen, Menschen, mit denen ich viel erlebt habe. Hier habe ich meine Nahrung erhalten [...] Es ist so etwas wie ein Netzwerk entstanden, ziemlich familiär, und es gibt Bindungen.

Dieses Gegenbeispiel belegt die möglichen sozialen Verluste, die ein Kirchenwechsel mit sich bringen kann.

Die Gemeinde wechseln: das Unverständnis der Familie, der vormaligen Gemeinde

Wenn Evangelisch-Freikirchliche über ihren Kirchenwechsel sprechen, erwähnen sie ihre Freunde, kaum aber oder überhaupt nicht ihr direktes familiales Umfeld oder die anderen Mitglieder der Gemeinde. Laut den Daten in Grafik 9.1 machen sich die Evangelisch-Freikirchlichen kaum Gedanken über die Möglichkeit, die Achtung dieser beiden Kategorien von Individuen zu verlieren, viel stärker ist die Angst vor dem Verlust ihrer Freundschaften. Einmal mehr stellen wir fest, dass sich die konservativen Evangelisch-Freikirchlichen von den anderen beiden Submilieus abheben. Zwar handelt es sich lediglich um «geschätzte» Verluste im Falle eines Austritts, gleichwohl spiegeln sie die Vorstellungen einer Gruppe über Weggang von Mitgliedern.[33] Sams Weg ist erhellend, aber auch beispielhaft für die Austritte, die sich in diesem Submilieu ereignen können. Dass so viel Zeit verstrichen ist zwischen dem Moment, da Sam (28, Ch, Pastor) seine neue Gemeinde entdeckt, der Ankündigung seiner Entscheidung und dem eigentlichen Wechsel, hat vermutlich auch mit der Angst vor den Blicken der anderen Mitglieder seiner Gemeinde zu tun. Während vier Monaten wird er seine kirchliche und familiäre Situation infrage stellen – vier Monate des Hin-und-Hers zwischen der «*Pflicht*», in seiner Gemeinde zu bleiben, der praktisch seine ganze Familie angehört, und dem Wunsch, sich einer Gemeinde anzuschliessen, die er für dynamischer hält. Nachdem Sam seinen Entschluss kommuniziert hatte, sah er sich mit den Bemerkungen seines Umfelds konfrontiert:

> Zu Beginn sagten mir einige [Mitglieder der früheren Gemeinde], ich solle meinen Trip mit Jugendgruppe und so vergessen. Dann versuchte ich ihnen zu

33 Es sei darauf hingewiesen, dass in der Perspektive des Austritts aus der Gemeinde, der Eindruck, so ein «*freieres Leben*» zu führen, bei den konservativen Evangelisch-Freikirchlichen ausgeprägter ist. Dieses Resultat unterstreicht, welcher Typ von Beziehungen in den Gemeinden dieses Submilieus vorherrscht und welche Sozialkontrolle sich daraus ergibt.

> erklären, dass es eine Gemeinde ist, und heute reden sie anders, weil sie sehen, dass wir Erfolg haben.

Diese Aussagen signalisieren Unverständnis, wenn nicht gar unüberwindbare Hürden; es sind Druckmittel, die einen Wechsel erschweren. Zwar löst ein Kirchenwechsel keine Exkommunikation aus, doch kann er zuweilen von Sanktionen begleitet sein, die je nach Submilieu mehr oder weniger stark sind, etwa durch Druckversuche und Unverständnis seitens des familialen Umfelds, vor allem aber Verlust des Kontakts mit Leuten, die zuvor als beste Freunde gegolten hatten. Alles Elemente, die den Evangelisch-Freikirchlichen zu bedeuten geben sollen, dass sie, obwohl in der Wahl frei, ihre Gruppe nicht einfach so verlassen können.

Wird in Betracht gezogen, wie viel Zeit Evangelisch-Freikirchliche in ihre Gemeinde investieren, wie viel praktische, geistige und gesellschaftliche Bedeutung sie in ihrem Leben hat, dann erweist sich die Gemeinde als ein äusserst wichtiger Ort; er kann Quelle enormer Befriedigung sein, vermag aber zuweilen den Erwartungen und Ansprüchen der Individuen nicht mehr zu genügen. Bei Problemen mit ihrer Gemeinde verzichten die Evangelisch-Freikirchlichen nicht auf die Kirche als Institution; vielmehr ziehen sie es vor, sich allen möglichen Folgen zum Trotz «anderswo umzusehen». Mit Blick auf unsere Kernfrage erweist sich die Thematik des Kirchenwechsels letztlich als ein wichtiger Faktor, um die Entwicklung des evangelisch-freikirchlichen Milieus zu verstehen und zu erklären; allerdings gilt es weder den Sozialisierungsprozess der Kinder noch das Phänomen der exogenen Bekehrungen zu unterschätzen. Angesichts der Bedeutung, die die Evangelisch-Freikirchlichen der Wiederanschluss an eine Gemeinde beimessen – was sämtliche in diesem Kapitel präsentierten Glaubenswege unterstreichen –, ist die Aussage zulässig, das Phänomen trage, unabhängig von den Gründen für den Wechsel, zum Fortbestand dieses Milieus bei. Ob diese Verschiebungen innerhalb desselben Submilieus, innerhalb des evangelisch-freikirchlichen Milieus oder gar in reformierte Kirche oder aus ihr heraus stattfindet – dank ihnen wird das «evangelisch-freikirchliche Ethos» verbreitet und tradiert. Will man diese Bewegung verstehen, gilt es auch den lebendigen und vielfältigen Markt innerhalb des Milieus zu berücksichtigen. Angesichts der Vielfalt der Angebote können Evangelisch-Freikirchliche immer einen in ihren Augen befriedigerenden Ort finden; die häufige Gründung neuer Gemeinden und damit von Angeboten alimentiert den Markt und sorgt in dieser Weise dafür, dass die Individuen im Milieu bleiben. Dieser Markt verhindert indes nicht die Selbstregulierung der einzelnen Gemeinden. Das bezeugen die möglichen Sanktionen im Fall von Kirchenwechseln. Zwischen der Suche nach dem individuellen Wohlbefinden und der Treue zu einer Gemeinde, der zweiten Familie, lotet die Problematik des Kirchenwechsels sehr präzis die Spannungen innerhalb des heutigen evangelisch-freikirchlichen Milieus aus.

Evangelisch-methodistische Kirche Adelboden, Foto: Website der Kirche

Gebäude der Eglise Lazare, Eglise évangélique de Réveil de Bussigny/Lausanne, Foto: Website der Kirche

Eglise évangélique Action Biblique de Meinier, Foto: J.-C. Rochat (2012)

Gebäude der Eglise évangélique de l'Action Biblique de la Servette (Genève), Foto: J.-C. Rochat (2012)

Kapitel 10

Evangelisch-Freikirchliche in einer reformierten Kirchgemeinde

Caroline Gachet

In diesem Kapitel soll eine noch kaum erforschte, aber wohlbekannte Realität analysiert werden: die aktive Präsenz einer Minderheit mit evangelisch-freikirchlichem Frömmigkeitsstil in den reformierten Kirchgemeinden der Schweiz.[1] Die Anfänge dieser Präsenz gehen auf die mehr oder weniger gemeinsamen historischen Wurzeln der reformierten Kirchen und der evangelischen Freikirchen zurück, aber auch auf den interdenominationellen Charakter des evangelisch-freikirchlichen Milieus.[2] Wer einen evangelisch-freikirchlichen Frömmigkeitsstil pflegt, muss nicht zwangsläufig einer evangelischen Freikirche angehören. Möglich ist das wegen der Vielfalt der Theologien und der der protestantischen Welt eigenen «weichen» Zugehörigkeit. Diese beiden Faktoren können aber auch den Zugang und die Analyse erschweren. Dieses Kapitel soll mithin Verständnis- und Erklärungsansätze liefern für die Zugehörigkeit und das Engagement von Personen evangelisch-freikirchlicher Tendenz in den reformierten Kirchgemeinden der Schweiz. Ausgangspunkt ist die Analyse von Gesprächen mit einer Gruppe von dreizehn Personen.[3] Es geht zuallererst darum, die verschiedenen Ausdrucksformen dieser evangelisch-freikirchlichen Sensibilitäten zu verstehen (Art des Engagements

1 «Reformiert» wird hier im Sinne der zwinglischen und der calvinischen Reformation in der Schweiz und in Süddeutschland verstanden (vgl. Artikel «Die Evangelisch-reformierten Kirchen», *Historisches Lexikon der Schweiz*, www.hls-dhs-dss.ch/textes/d/D11430.php, 16.08.13). Für umfassendere Ausführungen zu den reformierten Kirchen in der Schweiz, ihrem Ursprung, ihrer aktuellen Lage oder auch ihrer Organisation vgl. Bernhardt, 2009; Stolz/Ballif, 2010.

2 Das Verständnis des «Evangelisch-freikirchlich-Seins» hängt nicht zwangsläufig von der Zugehörigkeit zu einer bestimmten Kirche dieser Richtung, vielmehr vom Akt der Bekehrung ab (vgl. Kapitel 2).

3 Für mehr Informationen zur Stichprobe vgl. Methodischer Anhang.

und Selbstverständnis). Anschliessend untersuchen wir die Verknüpfungen, die diese Personen zwischen ihrem Glaubensverständnis und ihrem reformierten Engagement herstellen. Schliesslich reflektieren wir die Gründe für diese Zugehörigkeit und das Verhältnis dieser Individuen zu ihrem reformierten Umfeld. Im Hintergrund zeichnet sich auch ab, dass dieser Typ von Zugehörigkeit in einem gewissen Mass zum Fortbestand des evangelisch-freikirchlichen Milieus in unserer Gesellschaft beiträgt.

10.1 Evangelisch-Freikirchliche als Mitglieder in reformierten Kirchgemeinden

Wie präsentiert sich die Art der Zugehörigkeit von Personen mit evangelisch-freikirchlichem Frömmigkeitstypus in reformierten Kirchen? Welche – evangelisch-freikirchlichen oder reformierten – Merkmale eignen sie sich an, um ihr Engagement zu definieren und zu signalisieren? Wir nehmen die sozialen Gruppen[4] als Sammelbecken von Eigenschaften wahr, aus denen Individuen ihre je eigene Selbstdefinition erarbeiten.[5] Folglich legen wir den Fokus auf die soziale Seite der Identität.[6] Ziel ist

4 Der Begriff Gruppe verweist auf ein Kollektiv von Individuen, die untereinander durch eine «reelle oder symbolische Beziehung verbunden sind, in der Aktions- und Denkgemeinschaften geschmiedet werden, welche das Verhalten in einem sozialen Feld orientieren, in dem andere Gruppen existieren. [... Diese Gruppen] verweisen auch auf eine mentale Form, durch die sich die individuellen und kollektiven Identitäten strukturieren und die als ‹Gruppalität› bezeichnet werden könnte» (Aebischer/Oberlé 2007, S. 5).

5 Als Effekt der mit der Moderne verknüpften Prozesse sind Gruppenzugehörigkeiten mehr und mehr das Ergebnis einer Wahl und immer weniger eines Erbes. Das Individuum ist frei, sich auf das einzulassen, was eine gegebene Gruppe anzubieten hat, und es ist nicht mehr den durch die Gesellschaft, durch seine Zugehörigkeitsgruppe(n) «auferlegten Rollen [strikt] unterworfen». Gruppen sind dann Ressourcen, die einen «signifikanten Inhalt», Lebenssinn, anbieten (Kaufmann, 2004, S. 74 und 122).

6 Der Zugang zu dem breit angelegten, oft schwer zu handhabenden oder auch nicht angemessen eingesetzten Begriff Identität erfolgt in der Regel auf zwei Verständnisebenen: Die erste Ebene betrifft den subjektiven Anteil an der Identitätsbildung eines Individuums, die zweite verweist auf soziale oder kollektive Bezugspunkte, die am Aufbau ebendieser Identität beteiligt sind. Wir

die Analyse der Beziehung, die sich zwischen Zugehörigkeits- und/oder Referenzgruppen und Selbstdefinition etabliert.

Mehrere Spielarten des Engagements

Wenn wir die Problematik von Personen evangelisch-freikirchlicher Tendenz in reformierten Kirche angehen, stossen wir schon bald auf eine erste Schwierigkeit: deren Anzahl. Wie die Grösse dieser Population schätzen, deren Konturen so schwer erkennbar sind?[7] Laut den Zahlen der NCSS-Studie weisen 16 % der regelmässig praktizierenden Mitglieder von reformierten Kirchen der Schweiz einen evangelisch-freikirchlichen Frömmigkeitsstil auf.[8] Erwähnt sei auch, dass 29,9 % der im quantitativen Teil befragten Mitglieder von evangelischen Freikirchen angeben, sie gehörten einer weiteren, sogenannten offiziellen Kirche an: 93,8 % von ihnen einer reformierten, 6,2 % einer katholischen Gemeinde. Mit einem Fragebogen dieses Typs lässt sich indes nicht eruieren, ob das Phänomen der Doppelzugehörigkeit auf eine nur offizielle Bindung an die reformierte Kirche verweist oder ob es ein wirklich aktives Engagement widerspiegelt. Im vorliegenden Kapitel schenken wir diesem letztgenannten Aspekt unser besonderes Augenmerk.

gehen von der Identitätsbildung als einem aktiven, dynamischen, konstanten Prozess aus, der sich auf der Basis von sozialen Interaktionen, Einflüssen des sozialen Milieus und des Gewichts der sozialen Determinanten aufbaut (Aebischer/Oberlé, 2007, S. 44–46; vgl. Kaufmann, 2004).

7 Die Schwierigkeiten liegen bei den statistischen Instrumenten wie bei den Antworten der Akteure. Zum Beispiel bieten die Umfragen zuweilen konfessionell begrenzte Antwortpaletten an oder aber gewisse Individuen stehen mehr oder weniger zu ihrer theologischen Positionierung und sind beim Ankreuzen der Antworten nicht ganz «ehrlich». Aber auch sonst gibt es tausenderlei Arten Protestant zu sein oder sich als Protestant zu bezeichnen. Genau darin liegt denn auch die Herausforderung dieses Kapitels: Erfassen, wie diese Personen sich definieren, und dies trotz der durch die Selbstbezeichnung der Akteure herbeigeführten Komplexität und der Kategorisierung der Forschenden (Willaime, 2011, S. 377). Davon einmal abgesehen, passt unsere Definition von «evangelisch-freikirchlich» (bzw. «evangelisch-freikirchlicher Frömmigkeitstypus», «évangélique») auf sämtliche Personen dieser Stichprobe: persönliche Bekehrung, Zentralität Jesu Christi, Zentralität der Bibel, Interkonfessionalität, Evangelisierung.

8 Vgl. Stolz/Chaves/Monnot/Amiotte-Suchet, 2011.

Tabelle 10.1 präsentiert das Engagement und die Zugehörigkeit der dreizehn Personen, deren Aussagen diesem Kapitel zugrunde liegen. Die Tabelle baut auf der Art des Engagements (Zugehörigkeit zu reformierter Kirchgemeinde – Zugehörigkeit zu reformierter Kirchgemeinde mit Gottesdienstbesuch im evangelisch-freikirchlichen Milieu – Doppelzugehörigkeit) und der Tendenz der reformierten Kirchgemeinde auf. Zu präzisieren ist, dass alle reformierten Gemeinden der Stichprobe indirekt dem Schweizerischen Evangelischen Kirchenbund SEK[9] angeschlossen sind. In diesem Zusammenschluss sind mehrere protestantische Richtungen präsent.[10] Das bedeutet, dass sich jede Gemeinde an die vom Pfarrer oder von der Kirchenpflege gewählte Richtung hält. So gibt es denn einerseits von der charismatischen Erneuerung[11] mehr oder weniger beeinflusste reformierte Kirchgemeinden, die versuchen, die unterschiedlichen Vorstellungen und Zugänge bezüglich Glaube und Frömmigkeit zu kombinieren – eine Kirchgemeinde der Stichprobe entspricht dieser Konstellation. Andererseits gibt es Kirchgemeinden, die zu derartigen Strömungen absichtlich auf Distanz gehen und den stärker an charismatisch geprägten Erfahrungen interessierten Mitgliedern empfehlen, diese ausserhalb der Gemeindestrukturen zu leben.

Unsere Stichprobe repräsentiert (visualisiert in Tabelle 10.1) die im Protestantismus generell[12] tolerierten unterschiedlichen Formen von Zugehörigkeit und theologischer Tendenz. Die in der Stichprobe Vertrete-

9 Der SEK ist der Zusammenschluss von 26 Kirchen in der Schweiz (24 reformierte Kantonalkirchen, Evangelisch-methodistische Kirche und Église évangélique libre de Genève). Er repräsentiert die Schweizer Protestanten auf nationaler und internationaler Ebene. Er fungiert auch als wichtiges «Relais» zwischen diesen verschiedenen Kirchen und den Bundesbehörden sowie profanen oder religiösen Organisationen. Weitere Informationen auf der offiziellen Website: www.sek-feps.ch/ (29.11.2011). Siehe auch Bernhardt, 2009, S. 1–132.

10 Erbe der Reformation von Calvin, Zwingli oder auch Bullinger. Die reformierten Kantonalkirchen verfügen nicht über ein gemeinsames verbindliches Glaubensbekenntnis.

11 Aufwertung der charismatischen Erfahrungen (In-Zungen-Reden, Heilung, Prophetie usw.).

12 Béraud, 2011, S. 209.

Tabelle 10.1: Tendenz der reformierten Kirche und Art des Engagements

		Art des Engagements		
		Zugehörigkeit zu reformierter Kirchgemeinde	**Zugehörigkeit zu reformierter Kirchgemeinde mit Gottesdienstbesuch im evangelisch-freikirchlichen Milieu**	**Doppelzugehörigkeit (reformierte Kirchgemeinde und evangelische Freikirche)**
Tendenz der reformierten Kirchgemeinde	**Reformierte Kirchgemeinde reformierter Tradition**	Rosemarie (59)	Christian (50) Erich (45) Hermann (86) Pierrette (62) Romana (29) Sonja (55)	Michel (49) Priska (25)
	Reformierte Kirchgemeinde evangelisch-freikirchlicher Tendenz	Aline (28) Aude (35) Elisabeth (76) Nicolas (51)		

nen gehören einer reformierten Kirchgemeinde an, können aber zu gewissen evangelischen Freikirchen mehr oder weniger enge Beziehungen haben, deren Bandbreite vom unregelmässigen Gottesdienstbesuch zur Doppelzugehörigkeit geht. Alle diese Personen hatten oder haben Kontakt zu einer evangelischen Freikirche oder Gruppe; einige erhielten ihre religiöse Unterweisung in einer evangelischen Freikirche. Diese Personen gehören, wie Tabelle 10.1 zeigt, mehrheitlich einer reformierten Kirchgemeinde reformierter Tradition an und besuchen von Zeit zu Zeit den Gottesdienst einer evangelischen Freikirche. Die zweitgrösste Gruppe der Stichprobe gehört einer reformierten Kirchgemeinde evangelisch-freikirchlicher Tendenz an. Sie hat keinen Kontakt zu anderen Kirchen. Es gibt auch das Phänomen der Doppelzugehörigkeit: Mitgliedschaft in einer reformierten Kirchgemeinde und in einer evangelischen Freikirche, was die Frequentierung zweier Gottesdienstmilieus bedeutet. Zur letzten Gruppe (Zugehörigkeit zu einer reformierten Kirchgemeinde reformierter Tradition, ohne Teilnahme an evangelisch-freikirchlichen Gottesdiensten, gehört nur eine Person. Solche Gruppenzugehörigkeiten bieten Personen, die danach suchen, unterschiedliche identitäre Prägungen und Bezugspunkte.

Eine Vielfalt von Merkmalen zur Selbstdefinition

Wie definieren sich diese Individuen ganz spontan selbst?[13] Dazu greifen sie auf verschiedene Ausdrücke zurück. Die Wendung «*Christin/Christ sein*» («*chrétien*») wird sehr häufig herangezogen, ebenso die Vokabel «*gläubig sein*» («*croyant*»), dies vor allem bei Personen deutscher Muttersprache. Im Französischen wird einige Male der Ausdruck «*evangelisch-freikirchliche Tendenz*» («*tendance évangélique*») erwähnt, von «*evangelikal*» wird indes nur zweimal spontan gesprochen. Was die Identifikation mit weiteren Merkmalen betrifft, so verwenden interessanterweise nur drei Personen das Wort «*reformiert*», um sich selbst zu definieren. Ausserdem wird die Bezeichnung entweder mit dem Ausdruck «*évangélique*» verbunden, wie dies Christian (50, Müller)[14] tut: «*Also ich, ich definiere mich als Reformierten evangelisch-freikirchlicher Tendenz [‹de tendance évangélique›]*», oder aber er wird, wie von Aude (35, Christliche Lebensberaterin) aus spezifischen Gründen verwendet:

13 Unter dem Ausdruck «spontan» fassen wir sämtliche Momente während des Interviews zusammen, in denen die Interviewten sich selbst definieren, ohne dass der Interviewer sie direkt nach ihrer Selbstwahrnehmung gefragt hätte. In der Theorie der sozialen Identität wird dieser Prozess als *self-categorization* oder Selbstkategorisierung bezeichnet – ein Prozess, durch den sich das Individuum als Mitglied einer bestimmten sozialen Gruppe definiert, indem es sich deren Merkmale aneignet (Stets/Burke, 2000, S. 224). Die Selbstkategorisierung erfolgt über die Absetzung von anderen sozialen Gruppen («Ich bin Mitglied der Gruppe X und nicht der Gruppe Y») und hängt auch vom Umfeld ab («Ich bin eine Frau/ein Mann»; «Ich bin Journalist/Spengler») (Aebischer/Oberlé, 2007, S. 54). Sie impliziert weiter, dass das Individuum die innerhalb der Gruppe erlaubten, positiv bewerteten oder verbotenen Normen und Modelle erfasst hat. Im Übrigen sind wir uns der Verzerrungen in der Selbstdarstellung bewusst, Verzerrungen, die durch den Gesprächskontext selbst erzeugt werden (vgl. Methodischer Anhang).

14 Wie dieses Kapitel zeigt, ist die Selbstbeschreibung und -einordnung der Evangelisch-Freikirchlichen in reformierten Gemeinden eine komplexe Angelegenheit. Wir haben diese Personen daher nicht standardmässig einem der drei Submilieus (klassisch, charismatisch, konservativ) zugeordnet, sondern ihnen dieses spezielle Kapitel gewidmet. In der Kurzbeschreibung der Personen in Klammern fehlt daher der Verweis auf das Submilieu.

> Wenn ich darüber spreche, ist meine erste Identität stets reformiert, eher, weil ich keine Lust habe, mich mit derartigen Bemerkungen [Kritik an den Evangelisch-Freikirchlichen] herumzuschlagen.

Bei der Frage, ob sie sich als evangelisch-freikirchlicher Tendenz oder evangelikal definieren, ergaben sich mehrere Konstellationen. Sehr oft verwenden die Personen mehrere Bezeichnungen/Demoninationen für sich. Michel sagt: «*Ich betrachte mich als evangelisch-freikirchlichen [évangélique] Christen mit reformiertem Engagement*»; Erich (45, Landwirt) meint: «*In gewisser Weise bin ich, wie soll ich mich ausdrücken, ein Gemisch aus Landeskirche und einer Freikirche von irgendwo*»; Pierrette (62, Rentnerin) meint: «*Ich bin engagierte Christin.*» Einige bitten um eine Präzisierung dieser Begriffe, wüssten sie doch nicht genau, wie sie zu verstehen seien oder welchen Sinn sie ihnen verleihen sollten. Andere distanzieren sich klar davon, so wie Aude und Priska (25, Lehrerin für Religionsgeschichte). Die junge Frau erzählt, sie vermeide diese Definition besonders in reformierten Kirchgemeinden, sei doch dort ihrer Erfahrung nach die Meinung über die Evangelisch-Freikirchlichen nicht allzu positiv:

> Ich würde mich selbst nicht als evangelikal bezeichnen, für mich ist das echt eher ein Schimpfwort. Mir ist bereits aufgefallen, dass das Wort in reformierten Kirchgemeinden nicht verwendet wird.[15]

15 Diese Distanzierung ist darauf zurückzuführen, dass die Bezeichnung evangelikal für gewisse Personen sozial negativ konnotiert ist, was im Deutschen stärker zum Ausdruck kommt als im französischen évangélique. Historisch ist der Begriff dem Vernehmen nach an einem Missionskongress in Berlin im Jahr 1966 erstmals verwendet worden; organisiert worden war der Kongress von Theologen und Kirchenverantwortlichen aus dem «klassischen» evangelisch-freikirchlichen Milieu im Gefolge des Amerikaners Billy Graham. Mit der Aneignung dieses Begriffs wollten sie die Zielsetzungen der «wahren Christen» neu definieren (Evangelisierung, Notwendigkeit des Bekennertums oder auch Zentralität der heiligen Schrift usw.) und sich zugleich von jenen Personen absetzen, die in ihren Augen den Grundsätzen der Bibel nicht treu sind. Dieser Kongress ist im Kontext des theologischen Liberalismus der damaligen Zeit zu verstehen. Obwohl die Atmosphäre in dem von Billy Graham präsidierten Kongress eher missionarisch als polemisch war, ist es durchaus plausibel,

Wieder stimmen schliesslich einige dahingehend überein, dass es «die anderen», das heisst ihr hauptsächlich kirchliches Umfeld, sind, die ihnen diese Etikette verpassen. Pierrette hat eine Meinungsverschiedenheit mit ihrem Pfarrer über das von ihr abgelehnte Feiern von Halloween, Nicolas vertritt eine andere Theologie als die Gnadentheologie, Rosemarie ist Mitglied eines Hauskreises, Michel spricht in seinem Umfeld über seinen Glauben – das sind nach Meinung aller die Gründe, weshalb sie vom Pfarrer oder von den Mitgliedern ihrer Kirche als Evangelisch-Freikirchliche wahrgenommen werden.

Es zeigt sich, dass die hier interviewten Personen in der Tat gut als Mitglieder reformierter Gemeinden mit evangelisch-freikirchlicher Tendenz bezeichnet werden können.[16] Einerseits sehen sie sich klar als Mitglieder reformierter Gemeinden. Mit Ausnahme von zwei Personen[17] sprechen sie alle von «*wir*», wenn sie die reformierte Kirche erwähnen und von «*sie*» bei den evangelischen Freikirchen.[18] Die Identifikation mit der reformierten Gruppe verläuft mithin wesentlich über das offizielle Band der Mitgliedschaft, über das finanzielle Engagement und die aktive und häufige Präsenz in der Kirche. Andererseits fühlen sie sich doch auch «evangelisch-freikirchlicher Tendenz», oder, wie sie häufiger sagen, als «*Christ*». Keine der befragten Personen nimmt Anstoss daran, als evangelisch-freikirchlich bezeichnet zu werden, keine lehnt die Bezeichnung ab.

dass das negative Image des Ausdrucks evangelikal, ja, die mit ihm verbundenen Vorurteile, auf diese Veranstaltung zurückgehen (vgl. Gerber, 1966).

16 Vermutlich hat auch das nähere Umfeld Einfluss auf die Art und Weise der Selbstdefinition. Die evangelischen Freikirchen verschaffen ihren Mitgliedern eine relativ starke und klar abgegrenzte Identität, während die reformierten Kirchen sehr viel flexibler und für Diversität offener sind (Bruce, 1990, S. 132).

17 In den auf Französisch geführten Interviews bezeichnet sich ausser Michel niemand als Teil des evangelisch-freikirchlichen Milieus. Michel sagt «*on*» (man/wir), wenn er von den Evangelisch-Freikirchlichen spricht, während die anderen von «*den Evangelisch-Freikirchlichen*» sprechen. Gleiches gilt für Priska in der deutschsprachigen Gruppe. Das könnte mit der Art der Zugehörigkeit zusammenhängen, denn Michel wie Priska sind Mitglied beider Kirchen mit einem stärkeren Gefühl der Zugehörigkeit zur Gruppe der Evangelisch-Freikirchlichen (vgl. Tabelle 10.1).

18 Sie sprechen oft von «*der reformierten Kirche*» und den «*evangelisch-freikirchlichen Kirchen/Gemeinden*» im Plural.

Die reformierte Gruppe ist die Zugehörigkeitsgruppe, die evangelisch-freikirchliche Gruppe hingegen ist die Bezugsgruppe,[19] wie sich im Folgenden herausstellen wird.

10.2 Ein reformiertes Engagement mit stärker bekenntnisorientierten Einstellungen

Auf welcher Ebene und wie konkret kommt die evangelisch-freikirchliche Sensibilität dieser Individuen, alle Mitglied einer reformierten Kirchgemeinde, zum Ausdruck? In welchen Aspekten nimmt sie Form an? Soziale Identität wird nicht nur im Prozess der Selbstkategorisierung und der Kategorisierung aufgebaut. Sie impliziert auch, dass das Individuum sich mit Praktiken und Vorstellungen identifiziert und diese integriert – Elemente, denen es Wert und Bedeutung zuspricht und die ihm im Gegenzug Sinn zuschiessen.[20] In der Identifikation mit gewissen spezifischen Elementen und deren Integration spiegeln sich folglich die evangelisch-freikirchlichen, aber auch die reformierten Sensibilitäten dieser Personen.

Immersionstaufe

Bei der Lektüre der Gespräche fällt auf, dass für einige Personen dieser Gruppe die in den evangelischen Freikirchen verbreitete Immersionstaufe als Praxis mit starkem Engagement einen hohen Stellenwert hat. In den Augen dieser Personen steht sie für ein «*Zeugnis*», eine «*persönliche*»,

19 Von Zugehörigkeitsgefühl wird ab jenem Zeitpunkt gesprochen, da die Individuen sich als Mitglieder der Gruppe wahrnehmen und zugleich von anderen als Mitglieder ebendieser Gruppe bezeichnet werden (es geht hier um «soziale Sichtbarkeit», einen Begriff, der auf die Anerkennung von aussen verweist; vgl. Brown, 1988). Den Bezugsgruppen wiederum kommt eine vergleichende und zugleich normative Funktion zu. Sie dienen der (positiven oder negativen) Einschätzung der Zugehörigkeitsgruppe und bieten zugleich andere Normen und Modelle an, mit denen sich das Individuum symbolisch oder konkret identifizieren kann (Aebischer/Oberlé, 2007, S. 47). Die Bezugsgruppen ermöglichen, ohne dass man ihnen angehören möchte, Selbstevaluation und Selbstbeurteilung, und je nach Thematik vermitteln sie eventuell ein besseres Selbstbild, als es die Zugehörigkeitsgruppe täte.

20 Tajfel, 1972, S. 292.

«bewusste Entscheidung», ein *«Zugehörigkeitszeichen»* oder auch ein *«Engagement»*. Einige definieren sich dank dieser Art von Taufe als evangelisch-freikirchlich (*«évangélique»*) – so etwa Christian (50, Müller) und Pierrette (62, Rentnerin); beide erklären, sie fühlten sich *«stärker evangelisch-freikirchlich»* (*«évangélique»*), weil sie sich entschieden hatten, ihre Kinder nicht taufen zu lassen, sondern sie als Erwachsene selbst entscheiden zu lassen. Zwei als Kind in der reformierten Kirche Getaufte (Christian und Michel, 48, Winzer) haben nach ihrem Eintritt in eine evangelische Freikirche um die Immersionstaufe gebeten. Beide taten es als Zeichen für ihr Engagement.

Die Identifikation mit dieser Praxis ist gerade deshalb so hoch, weil sie der in den meisten reformierten Kirchen praktizierten Taufe entgegengesetzt wird. Es ist eine Unterscheidung, ja, Distanzierung von der reformierten Taufe, vermittle diese doch (Besprengen des Säuglings mit Wasser) ein passives Bild des Individuums. Zudem wohne der Immersionstaufe eine in der reformierten Taufe abgeschwächte Symbolik inne. Pierrette erklärt:

> Es ist wahr, in der reformierten Kirche tröpfelt man drei Tropfen Wasser auf den Kopf [...] Ich finde, die Taufe durch Eintauchen stellt besser dar, was es bedeutet. Man sagt doch, taufen heisse tauchen. Ich finde, dass man die Person durch die Immersion wirklich eintaucht, es ist, als würde sie ihr altes Leben hinter sich lassen und ein neues beginnen. Die drei Tropfen Wasser – das ist vielleicht eher im Sinn der Reinigung gedacht oder was weiss ich. Ich finde, es ist weniger das Symbol dessen, was die Taufe wirklich bedeutet.

Klare Positionierung gegenüber Jesus Christus

Ein zweiter Aspekt, in dem sich ein Grossteil dieser Personen wiedererkennt, ist das dem Individuum von den evangelischen Freikirchen abverlangte Verhältnis zu Gott und Jesus Christus. Für Hermann (86, Rentner) versucht man in den evangelischen Freikirchen

> [...] wirklich, Jesus Christus zu kennen und ihn als seinen Herrn und Meister zu anerkennen. Das wird unmissverständlich gesagt, und [es] ist ein Befehl.

Jesus kennen und anerkennen verlangt danach eine Entscheidung, wie Pierrette (62, Rentnerin) betont:

> In den evangelischen Freikirchen muss wirklich jeder zu einem bestimmten Zeitpunkt diesen Schritt tun und sich Gott gegenüber positionieren.

Pierrette, die in ihrer Jugend in evangelisch-freikirchlichen Gruppen verkehrte, konnte aus diesem Umfeld heraus einen «*persönlichen Glauben*» entdecken, den sie einem «*traditionellen Glauben*» gegenüberstellt. Zur reformierten Kirche meint sie:

> Man wird getauft, wenn man noch ein Baby ist, dann die Unterweisung, im Prinzip die Konfirmation, aber das ist ziemlich traditionell. Aber ich, ich erkannte, dass man an einem bestimmten Punkt im Leben, nun, dass man ... Es stimmt, man kann diesen Weg wählen, wenn man konfirmiert wird, aber manchmal war die Tradition, jedenfalls damals, derart dominant, dass man es eher aus Tradition denn aus Überzeugung tat.

Interessanterweise sprechen unsere Interviewpartner lieber von «*Stellungnahme*», von «*Positionierung*» oder «*Engagement*», um das zu bezeichnen, was die Mitglieder evangelischer Freikirchen eher «*Bekehrung*» nennen würden. Selbst wenn sie den Begriff Bekehrung für adäquat halten, um ihre je eigene Erfahrung zu definieren,[21] stufen sie ihn zugleich als «*problematisch*», als zu «*extrem*» oder auch «*irgendwie als Falle*» ein. In den Aussagen von zwei Interviewten zeichnet sich auch eine gewisse Distanz zum Modell der radikalen und genau datierbaren Bekehrung ab. Generell treffen wir auf die Vorstellung, die Bekehrung sei nicht zwingend eine Evangelisch-Freikirchlichen vorbehaltene Erfahrung. Diese Hypothese stützt sich namentlich auf die Ausführungen von Christian (50, Müller), wonach viele «*Protestanten*» – der Begriff bedeutet für ihn «*Reformierte*» – eine «*evolutive*» und nicht eine plötzliche Bekehrung erlebt haben. In diesem Sinne äussert sich auch Pierrette, wenn sie der prozesshaften reformierten die plötzliche evangelisch-freikirchliche Bekehrung

21 Die Frage «Haben Sie eine Bekehrung erlebt?» wird von allen mit Ja beantwortet, ausser von Sonja, die erklärt, sie könne sich nicht als bekehrt bezeichnen. Manche präzisieren, wie Pierrette: «*Es ist das, was man als Bekehrung bezeichnet*», oder Aude: «*Ich verwende das Wort, weil es kategoriell dem am nächsten kommt, was ich erlebt habe.*»

gegenüberstellt. Nicolas (51, reformierter Pfarrer) schliesslich trennt zwischen der evangelisch-freikirchlichen Bekehrung, die «*einem strikten Verfahren*» folge, und dem, was er als «*Weg der Annährung an den Glauben im Vertrauen auf Gott*» bezeichnet – einen Weg, den er bei seinen Gemeindegliedern wahrnimmt und denen er sich am nächsten fühlt. Was in den Augen dieser Personen die «evangelisch-freikirchliche Bekehrung» von der «reformierten Bekehrung» unterscheidet, wäre demnach eher der Modus – plötzlich oder prozesshaft –, nicht aber der Inhalt des zwingend die Glaubenspraxis beeinflussenden Akts: der Entschluss, Christus nachzufolgen, ihn zum Vorbild zu nehmen.[22] Einer der Gründe dafür ist sicherlich, dass diese Art von Erfahrung nicht eine Sozialnorm ist, die in der Mehrzahl der reformierten Gemeinden Standard wäre.[23] Mehrere Inter-

22 Vgl. Kapitel 2 zur Bekehrung.

23 Eine mögliche Erklärung liegt darin, dass die reformierten Kirchen der Schweiz vom theologischen Liberalismus geprägt sind, der im 19. Jahrhundert in Deutschland unter dem Einfluss von Denkern wie Friedrich Schleiermacher, Adolf von Harnack oder auch Ernst Troeltsch aufkommenden Denkströmung. Diese Strömung fokussiert auf die Aufwertung des Menschen, seiner Erfahrungen und seines Engagements innerhalb der Gesellschaft. Dabei steht sie in Übereinstimmung mit Techniken und Entdeckungen der Wissenschaft (namentlich mit der Übernahme der historisch-kritischen Methode in der Bibelauslegung), ist zugleich den Hauptbestrebungen des Jahrhunderts verhaftet (Fortschritt, Entwicklung) und passt sich den Säkularisierungsprozessen und dem kulturellen Pluralismus an. Für eine vertiefte Betrachtung der Grundlagen des deutschen theologischen Liberalismus und seiner Entwicklung in unterschiedlichen soziohistorischen Kontexten vgl. Willaime, 1992, S. 77–90. Hilfreiche Analyse der sozialen Wirkungen einer solchen Strömung auf die Kirchen, die sich in ihr wiedererkennen, bei Bruce, 1990, S. 119–154, oder Willaime, 1992, S. 91–94. Sämtliche Merkmale des theologischen Liberalismus laufen darauf hinaus, das religiöse Engagement im Modus von Freiheit, Öffnung und Relativismus zu begreifen. Deshalb kommt dem Bekehrungsakt, so wie er von den Evangelisch-Freikirchlichen verstanden und praktiziert wird, in dieser liberalen Strömung weder dieselbe Bedeutung zu noch zeitigt er die gleiche Wirkung. Angesichts der Rolle, die diese Strömung in den 1960er Jahren insbesondere in Frankreich spielte, wird immer mehr Kritik laut und bildet sich allmählich eine Opposition heraus. Zu verstehen ist diese Kritik «als *orthodoxe* Reaktion auf der Ebene der Lehre wie auf der Ebene der Ekklesiologie: Beharren auf den grundlegenden Glaubensartikeln und präzise Begrenzung der Kirche als Versammlung derjenigen, die Jesus Christus gehören, das

viewpartner unterstreichen denn auch, dass das Thema im Diskurs der Pfarrer kaum auftaucht.

Stellenwert von konkretem Engagement und Zeugnis in der eigenen Gemeinde

Vorhanden ist, drittens, die Vorstellung vom konkreten Engagement in der eigenen Gemeinde (beispielsweise Übernahme der Verantwortung für eine oder mehrere Aktivitäten). Motiviert wird das Engagement durch zwei Faktoren: den Mangel an Dynamik und an Engagement der Reformierten für die eigene Gemeinde und die Möglichkeit, «*eine evangelisch-freikirchliche Stimme*», so Michel (48, Winzer), in das eigene reformierte Umfeld einzubringen.

Alle treffen sich in der ähnlich formulierten Kritik an die Adresse der eigenen reformierten Kirchgemeinde: Ihr mangle es an «*Dynamik*», sie sei «*altmodisch*», «*zu traditionell*», mit «*zu viel Ritualen*» usw. Einmal mehr wird mit den evangelischen Freikirchen verglichen.[24] Diese seien «*dynamisch*», «*jung*», «*begeisternd*», voller «*Spontanität*». Hinter dieser Kritik steht letztlich eine ziemlich rigide Meinung über reformierte Kirchgemeinden. Diese sind in ihrer Tradition gefangen und erzeugen die Passivität ihrer Mitglieder; die in der Moderne verwurzelten evangelischen Freikirchen hingegen verleihen ihren Mitgliedern Dynamik. Das Engagement wird als Möglichkeit dargestellt, die eigenen Vorstellungen einzubringen, also das, was wir als ihre evangelisch-freikirchliche Sensibilität bezeichnen könnten. Pierrette (62, Rentnerin) beispielsweise versteht ihr reformier-

heisst der Konvertierten [...] es geht darum, die Kirche erneut auf ihre Botschaft und ihre Gläubigen zu fokussieren, auf diejenigen, die echte Glaubenserfahrung haben» (Willaime, 1992, S. 52, Hervorh. d. A.). An dieser Opposition lassen sich die unterschiedlichen Auffassungen von reformierten Kirchen einerseits und evangelischen Freikirchen andererseits sehr schön ablesen.

24 Anhand sozialer Kategorien lässt sich gesellschaftliche Komplexität reduzieren. Die Identifikation mit einer gegebenen Gruppe (sie wird das «Wir» – die Endogruppe oder die Zugehörigkeitsgruppe) ist nur im Vergleich mit und in der Absetzung von anderen Gruppen möglich (diese sind dann die «anderen», «sie», die Exogruppen oder die Nichtzughörigkeitsgruppen) (Tajfel, 1972, S. 274–275; Aebischer/ Oberlé, 2007, S. 79).

tes Engagement als Möglichkeit, neue Elemente in ihre Kirchgemeinde einzubringen:

> Ich habe diesen Reichtum erfahren, meinen Glauben in der Begegnung mit verschiedenen Gemeinden wachsen zu lassen. Meine Vorstellung ist, dass man das, was man empfangen hat, einbringen soll, anstatt die [reformierte] Kirche ständig zu kritisieren mit dem Hinweis, sie sei kalt.

Sie glaubt, dass sie mit dem Erteilen von Unterricht «*etwas*» geben konnte, wie sie erläutert:

> In jeder Stunde konnte ich jemanden einführen, der Zeugnis ablegt über sein Leben. Darunter ganz starke Zeugnisse. Das behalten die Kinder am besten. Es ist wichtig, aber leider nicht das biblische Fundament, aber es ist das Zeugnis vom Leben der Menschen.

Die «evangelisch-freikirchliche Prägung» verläuft mithin über das den Kindern vermittelte Zeugnis. Christian (50, Müller) setzt das Zeugnis ähnlich ein und will damit «*etwas für seine Kirchgemeinde tun*». Auch er gibt Unterricht und zögert nicht, für die Kinder zu beten. Lieber spricht er seine «*aus dem Herzen kommenden persönlichen Gebete*»,[25] als sie einem Buch zu entnehmen und zu rezitieren. Er erklärt den Kindern auch, wie wichtig es ist, eines Tages einen Entscheid zu fällen, redet mit ihnen über Bekehrung. Als Pfarrer in einer reformierten Kirche glaubt Nicolas (51, Pfarrer), dass er die christliche Botschaft einer breiteren Bevölkerung, d.h. allen Gemeindegliedern, näherbringen kann. Auch er «*vermittelt die Botschaft*» im Unterricht, aber auch bei Haus- oder Spitalbesuchen. Letztlich versteht Michel, der sich – auch in seiner Funktion als Kirchenpfleger – lange vergeblich für die Einführung der Alphalive-Kurse in seiner Kirchgemeinde einsetzte, sein reformiertes Engagement als Möglichkeit, «*das Evangelium einzubringen*» oder auch andere Gottesdienstformen. Das kirchliche Engagement dieser Personen erschöpft sich nicht in der Teilnahme am Sonntagsgottesdienst vor Ort, es muss umfassender, stärker im Kollektiv verankert sein.

25 Er bezieht sich hier auf das Beten, das er mit Zungenreden gleichsetzt.

Die Evangelien und deren Lesarten

Bezüglich Lesart und Lehre der Bibel schliesslich zeigt sich bei der Mehrheit dieser Personen eine gewisse Offenheit für reformierte Auffassungen. Vielfach werden evangelisch-freikirchliche und reformierte Unterweisung einander gegenübergestellt: Erstere vermittelt einfache, klare und stärker bibelzentrierte Botschaften, Letztere hingegen setzt auf intellektuell und vor allem theologisch fundierte Verkündigung. Dieser Tiefgang der Botschaften wird als enormes Plus wahrgenommen. Wenn Ramona (29, Pädagogin) einen evangelisch-freikirchlichen Gottesdienst besucht, vermisst sie diesen Aspekt in vielen Fällen. Damit steht sie nicht allein da. Aude (35, Christliche Lebensberaterin) meint, dass «*in der reformierten Kirche etwas tiefer gegraben wird als in gewissen [evangelisch-freikirchlichen] Kirchen*», und Christian (50, Müller) formuliert: «*Bei den [reformierten] Protestanten gefällt mir, dass die Texte, der Kontext reflektiert werden. Das Wort wird vertieft.*» Und er ergänzt, in den evangelisch-freikirchlichen Versammlungen habe er die Bibel lange wörtlich genommen:

> In den sieben Jahren, seit denen ich wieder dort [in der reformierten Kirche] bin, habe ich gelernt, den Text zu vertiefen und zu lesen, ihn auf profundere Art zu bedenken und zu meditieren.

In den Augen von Nicolas (51, Pfarrer) hat die Einfachheit der evangelisch-freikirchlichen Botschaften damit zu tun, dass in der Bibellektüre der Kontext nicht immer berücksichtigt wird:

> In manchen evangelischen Freikirchen kommt es zu Verkürzungen: Man nimmt irgendwo aus der Bibel einen Vers und verbindet ihn mit einem anderen Vers, ohne dass es […] reflektiert oder bewusst wäre […] Das stört mich insofern etwas, als die evangelischen Freikirchen deklarieren und sagen, sie wollten der Bibel treu sein. Gewisse Arten, Bibeltexte zu lesen oder zu vermitteln, zu erklären, sind … Sagen wir, ich habe eine andere Vorstellung, eine andere Art, es zu tun.

Die Mehrheit betont die Notwendigkeit einer Kontextualisierung der biblischen Erzählungen, in Anlehnung an die in reformierten Kirchen gängige Tendenz des kritischen, interpretativen oder auch symbolischen Textzugangs.[26] Indes variiert, so unsere Feststellung, der Grad der «Kontextualisierung» oder Auslegung je nach individuellen Ansprüchen. Bemerkenswerterweise greifen drei Personen auf das Wort «*fundamentalistisch*»[27] zurück, um ihr Verhältnis zur Bibel zu benennen. Aber selbst das Verständnis dieses Begriffs variiert. Aude (35, Christliche Lebensberaterin) etwa definiert ihre reformierte Kirchgemeinde als fundamentalistisch:

> [Sie ist] insofern fundamentalistisch, als man dem Wort für das anhangen kann, was es sagt und was es ist […] und zugleich den Kontext sucht, in dem es geschrieben wurde, und auch, was es gemäss der Kultur der damaligen Zeit sagt.

Pierrette gibt in ihren Bibelauslegungen dem Kontext Raum, allerdings innerhalb bestimmter Grenzen. Die Extremposition nimmt Michel (49, Winzer) ein, der erläutert:

> Aufgrund meiner Lektüre des biblischen Worts wird man mich für fundamentalistisch erklären, denn für mich ist die Bibel ganz klar Gottes Wort, aber damit habe ich kein Problem.

Die evangelisch-freikirchliche Sensibilität dieser Personen verläuft über die Aufwertung und Integration der Vorstellung eines gewählten, gewollten und im Glauben verankerten Engagements. Einerseits fühlen sie sich dem evangelisch-freikirchlichen Frömmigkeitstypus nahe – Immersions-

26 Die evangelischen Freikirchen wiederum treten stärker für eine «direkte» Lesart der Texte ein. Für weitergehende Informationen zu diesem Typ von Lektüre vgl. Gachet/Stolz (2011). Historisch ist die in einem Grossteil der reformierten Kirchen praktizierte Bibelauslegung auf den Einfluss zurückzuführen, den die liberale protestantische Bewegung auf ebendiese Kirchen ausgeübt hat. Anm. 23 geht näher auf diesen Punkt ein.

27 Ein in der Regel von den Evangelisch-Freikirchlichen herangezogener Begriff. Er verweist auf die «Fundamentals» des christlichen Glaubens, also jungfräuliche Empfängnis Jesu, Jesu Auferstehung, Jesu Gottheit, Sühneopfer sowie Irrtumslosigkeit der heiligen Schrift (Willaime, 1992, S. 65). Historisch ist dieser Begriff zu Beginn des 20. Jahrhunderts in evangelisch-freikirchlichen Zirkeln in den USA entstanden, und zwar zur Verteidigung der Unfehlbarkeit der Bibel gegenüber dem als Bedrohung empfundenen theologischen Liberalismus (vgl. Anm. 23) (Willaime, 1992, S. 61–75).

Tabelle 10.2: Zugeschriebene Merkmale von reformierten Kirchen und evangelischen Freikirchen[28]

	reformierte Kirchen	**evangelische Freikirchen**
Form – Strukturen	Tradition	Modernität
Atmosphäre in der Kirche (Gottesdienst und Aktivitäten)	Erstarrung altmodisch	Dynamik jugendlich
Einstellungen	Öffnung Universalität Respekt «Jede und jeder hat die Wahrheit»	Enge Elitedenken Pression «Wir besitzen die Wahrheit»
Unterweisung	theologisch, intellektuell Tiefe Gottesfurcht	legalistisch, einfach, klar Emotion personale Gottesbeziehung
Auswirkung auf das Engagement Individuum	keine klare Positionierung Pflicht passiv	Positionierung Überzeugung aktiv

taufe, persönliche Beziehung zu Jesus Christus, Übernahme von Verantwortung in der Gemeinde, Zeugnis – andererseits erkennen sie sich in einem offeneren Rahmen wieder, den ihnen die reformierte Kirche insbesondere in Sachen Bibellektüre und -unterricht bietet. Tabelle 10.2 enthält eine Synthese der Vorstellungen der Befragten über die reformierten Kirchen einerseits und die evangelischen Freikirchen andererseits – Vorstellungen, die ihr eigene Positionierung und Identifikation beeinflussen.

28 Diese Tabelle fasst die am häufigsten von den Befragten erwähnen Themen (Strukturen, Gottesdienste, Unterweisung, Einstellungen) zusammen.

10.3 Gründe für die Mitgliedschaft in einer reformierten Kirchgemeinde

Aus welchen Gründen sind diese Personen Mitglied einer reformierten Kirchgemeinde?[29] Zur Erklärung dieser Art der Zugehörigkeit sind mehrere Elemente zu berücksichtigen: theologische Nähe und Sensibilität, Familientradition, symbolische Bindung, Entscheidung oder nicht, «*Auftrag*», Eheschliessung, geografische Erreichbarkeit usw.

Durchlässigkeit der Grenzen

Die Durchlässigkeit der Grenzen innerhalb der protestantischen Welt ist ein erster Erklärungsgrund. Historisch und soziologisch «*gehören die Evangelisch-Freikirchlichen aufgrund ihrer Herkunft und ihrer Art, das Christentum zu bezeugen, der protestantischen Welt an*»[30] – genauso wie die Reformierten. Diese Tatsache erlaubt Kirchenwechsel zwischen reformierten und evangelischen Freikirchen, auch ohne zwingend grössere Umwälzungen hervorzurufen. Dies, obwohl Auffassungen und Praktiken gelegentlich doch eher unterschiedlich sind.

So widerspiegelt der «Transfer» zwischen reformierten Kirchen und evangelischen Freikirchen den Lebensweg mehrerer Personen unserer qualitativen Stichprobe generell, und das gilt auch für die in diesem Kapitel interviewten Personen. Die Wege von Christian (50, Müller) und Pierrette (62, Rentnerin) sind in etwa vergleichbar: Nach einer reformierten Erziehung sind sie als Jugendliche einer evangelisch-freikirchlichen Jugendgruppe beigetreten, um dann, «*gesetzter geworden*», in die reformierte Kirche zurückzukehren. Dazu die Ausführungen von Christian:

> Ich meine, für die Jungen sind die evangelisch-freikirchlichen Versammlungen wirklich super. Ich, als ich achtzehn war, da wollte ich Musik, wir wollten Musik, wir wollten etwas Lebendigeres als den Gottesdienst, den sie dort [in

29 Wir sprechen lieber von «Gründen» als von «Entscheid» für die Mitgliedschaft in einer reformierten Kirche: Der Forschende bringt den Interviewpartner, der sich die Frage noch gar nie in diesen Begriffen gestellt hat, dazu, über diese Zugehörigkeit nachzudenken. Mithin ein Diskurs, der auf dem Nachdenken über diese Art der Zugehörigkeit aufgebaut ist.

30 Willaime, 2011, S. 377.

> der reformierten Kirche] feiern. Ich meine, heute brauche ich das alles nicht mehr, um meinen Glauben zu leben. Das ist auch eine Entwicklung ... Tatsache ist, wenn die Atmosphäre gut ist und du bist achtzehn, das hilft. Übrigens, hier treffe ich Junge, die zum Gottesdienst kommen, aber für sie ist es ziemlich ältlich [lacht] – für Junge ist es schwierig, keine Frage.

Diese «Logik des Zirkulierens» wird häufig in Begriffen von Bedürfnissen erklärt; diese Bedürfnisse entsprechen gewissen Lebensphasen. In der Jugend in einer evangelischen Freikirche oder in einer evangelisch-freikirchlichen Gruppe zu sein oder ihr beizutreten bedeutet dann, den eigenen Glauben mit motivierten Leuten gleichen Alters innerhalb eines attraktiven Rahmens zu festigen. Mit den Jahren kommt dann in diesen Leuten das Gefühl auf, einen «*besser verankerten*» Glauben zu haben, was sie dazu bringt, sich jenen Strukturen zuzuwenden, in denen sie aufgewachsen, mit denen sie vertraut sind und in denen Tiefe und Reflexion stärker gewichtet werden als die Emotionalität und Orthodoxie der Botschaften (Pierrette, Christian).

Wie bereits erwähnt, bezeichnen sich manche reformierten Kirchgemeinden, obwohl in den SEK eingebunden, als Kirche evangelisch-freikirchlicher Tendenz. Das kann dann der Fall sein, wenn ein Pfarrer und die Gemeinde beispielsweise beschliessen, für Personen, die es wünschen, die Immersionstaufe zu vollziehen, oder auch wenn sie zugunsten von längeren Lobpreissequenzen der Liturgie weniger Gewicht beimessen. Diese Art Gemeinde kann sich für evangelisch-freikirchlich erzogene, aber dem reformierten Funktionsmodus stärker verbundene Personen als Plus erweisen. Nicolas (51, Pfarrer) etwa bezeichnet sich als evangelisch-freikirchlicher Tendenz, obwohl er Pfarrer in einer reformierten Kirchgemeinde ist. Über seine Kirchgemeinde sagt er:

> Ich würde sagen, die Kirchenpflege ist offen, engagiert [...] Sie ist offen für Dinge, die vielleicht nicht ... nicht so selbstverständlich sind [...] Unsere Kinder beispielsweise, wir haben sie nicht getauft, als sie klein waren, aber die beiden ältesten Kinder haben dann, sie waren so sechzehn oder siebzehn Jahre alt, auf einmal beschlossen, sie wollten sich als Erwachsene taufen lassen. Ich habe darüber mit der Kirchenpflege gesprochen, und wir haben im Sonntagmorgengottesdienst eine Immersionstaufe durchgeführt ... Das ist nicht gerade

> üblich in den reformierten Kirchen [...] Ich glaube, der Zweck oder die Stärke ist es, dass die Gottesdienste allen offenstehen [...] aber dass auch andere Gottesdienste angeboten werden, ich meine traditionelle Gottesdienste in Anführungszeichen mit einem Organisten und älteren Liedern und so weiter, aber auch gemeinschaftliche Gottesdienste mit der Lobpreisgruppe und mit lebendigeren Liedern [...] sowie eine Bibelanimation, in der unter der Woche ein Bibeltext behandelt wird.

Für Personen, die in eine Kirche dieses Typs gehen, ein guter Kompromiss; in ihren Augen können so die positiven Punkte beider Strömungen miteinander verbunden werden oder, wie Aude (35, Christliche Lebensberaterin), die ihre Kirche «*weder zu viel noch nicht genug*» findet. Im Übrigen sind wir auf ein interessantes und wahrscheinlich aufschlussreiches Element dieses Kompromisses gestossen. Aus Tabelle 10.1 geht hervor, dass Personen, die in eine reformierte Kirchgemeinde evangelisch-freikirchlicher Tendenz gehen, sich nicht anderswo umsehen, während all diejenigen, die einer reformierten Kirchgemeinde reformierter Tradition angehören, mehr oder weniger intensive Verbindungen zum evangelisch-freikirchlichen Milieu pflegen. Aus denselben Gründen gehören Generationen von evangelisch-freikirchlichen Familien oder Familien evangelisch-freikirchlicher Tendenz der reformierten Kirche an, wie etwa die Familie von Aline (28, Erzieherin), die in dieser Kirche, die ihr ein Gleichgewicht zwischen beiden Tendenzen bietet, ist und bleibt.

Sozialisierung und Eheschliessung

Ein weiterer Erklärungsfaktor für das aktuelle Engagement unserer Gesprächspartner ist deren primäre Sozialisierung.[31] Die Mehrheit der Befragten (9 von 13) hat reformierte Eltern und hat eine entsprechende Sozialisierung genossen. Fortgesetzt wurde diese Erziehung in der Regel mit einer Beteiligung und einem Engagement innerhalb einer reformierten Kirchgemeinde, und zwar vom Unterricht bis zur Konfirmation. Mehrere soziolo-

31 Berger/Luckmann, 2012, S. 139–148.

gische Studien[32] belegen, dass das Einüben von Verhaltensnormen und -modellen in der Kindheit grossen Einfluss auf Verhaltensweisen und Entscheidungen im Erwachsenenalter hat. Lediglich Nicolas (51, Pfarrer) und Priska (25, Lehrerin für Religionsgeschichte) sind evangelisch-freikirchlich erzogen worden, obwohl sie Eltern mit doppelter Kirchenzugehörigkeit hatten. Ramona (29, Pädagogin) wurde evangelisch-freikirchlich erzogen und Rosemarie (59, Hausfrau) katholisch. Wohl haben sich manche ab einem bestimmten Zeitpunkt mehr oder weniger lang in einer evangelisch-freikirchlichen Gemeinde engagiert – ein Transfer, der oft in der Jugendzeit stattfindet –, aber mit Ausnahme von Michel (48, Winzer) und Priska (25, Lehrerin für Religionsgeschichte) haben sich alle entschlossen, in eine reformierte Kirchgemeinde zurückzukehren. Der Gedanke, (wieder) einer evangelisch-freikirchlichen Gemeinde beizutreten, ist selten oder überhaupt nicht aufgekommen. Aber auch die Konfession des Ehepartners, der Ehepartnerin kann diesen Typ von Kirchenzugehörigkeit beeinflusst haben, so etwa bei Hermann, Elisabeth (76, Rentnerin) oder auch Aude. Gehören beide Partner derselben Kirche an, erleichtert das die Homogenisierung des Paars.

«Den Glauben lokal leben»: der Stellenwert des lokalen Engagements

Aufgrund unserer Analyse des konkreten Engagements und des Zeugnisses in der Kirche (vgl. Abschnitt 3.3) stellen wir fest, dass die Eingliederung in eine reformierte Kirchgemeinde auch mit dem Stellenwert zu tun hat, die dem lokalen Engagement zugeschrieben wird. Das gilt in besonderem Mass für Personen, die in kleinen Dörfern leben, ist doch dort die Auswahl an Kirchen begrenzt. Pierrette (62, Rentnerin) erläutert:

> Als wir [sie und ihre Familie] hierher zogen, hatte es nur eine reformierte Kirchgemeinde. Für uns war es sehr wichtig, Mitglied einer lokalen Kirchgemeinde zu sein […] auch wenn wir vielleicht ein bisschen evangelisch-freikirchlicher Tendenz sind [«de tendance évangélique»] […] Als wir hierher zogen, sagten wir uns, wir gehen dorthin [in die reformierte Kirche], wir ver-

32 Zum Forschungsstand siehe Kapitel 7, das sich mit der religiösen Tradierung in der evangelisch-freikirchlichen Familie befasst.

> suchen nicht, an einem anderen Ort eine evangelisch-freikirchliche Versammlung zu finden, weil es wichtig ist, unser christliches Zeugnis vor Ort zu leben.

Aber auch Michel (49, Winzer), der sich zwar in einer evangelisch-freikirchlichen Gemeinde engagiert, die er als seine «*Basis*» bezeichnet, hat sich als Kirchenpfleger engagiert, um «*zu dienen und Zeuge zu sein auf lokaler Ebene*». Zwischen begrenzter Kirchenauswahl einerseits und Missionsgedanke andererseits wird das lokale Engagement als eine Entscheidung präsentiert, die einem präzisen Zweck dient: Zeugnis ablegen im eigenen Umfeld. Zwar mag die begrenzte Kirchenauswahl bis zu einem gewissen Grad erklären, weshalb bestimmte Personen in einer reformierten Kirche sind, es wäre aber auch denkbar, dass jemand sich die Mühe macht, anderswo einer Gemeinde beizutreten, die seinen Erwartungen oder Sensibilitäten entspricht. Das aktive Engagement dieser Personen entspricht demjenigen der Mehrheit der Evangelisch-Freikirchlichen, obwohl ihm das spezifisch Lokale anhaftet. Ein Aspekt, der in den Ausführungen und Lebensläufen der Mehrheit der Evangelisch-Freikirchlichen fast gänzlich fehlt. Lokales kirchliches Engagement scheint folglich gerade für diese bestimmte Gruppe von Personen besonders wichtig zu sein.

10.4 Verhältnis zum reformierten Umfeld

Laut Steve Bruce verstehen sich die reformierten Kirchen weitgehend als liberal; ihr Liberalismus steht in Opposition zu Orthodoxien evangelisch-freikirchlichen Typs.[33] Sind die Personen dieser Stichprobe aufgrund ihres von reformierten Auffassungen und Engagements doch etwas abweichenden Standpunkts und Engagements mit besonderen Schwierigkeiten und Problemen konfrontiert?

Das Problem: die grenzenlose Offenheit der reformierten Kirchen

Konkret gibt es in dieser Frage zwei relativ eindeutige Ansichten. Die erste wird vertreten durch Hermann (86, Rentner), Sonja (55, Hausfrau), Aude (35, Christliche Lebensberaterin) oder auch Ramona (29, Erzieherin).

33 Bruce, 1990, S. 123.

Angesichts der Koexistenz von unterschiedlichen Standpunkten funktioniert in ihrer Kirchgemeinde, so ihre Meinung, alles relativ gut; grössere Probleme sind bislang nicht aufgetaucht. Die zweite Ansicht verfechten Pierrette (62, Rentnerin), Nicolas (51, Pfarrer), Michel (48, Winzer), Erich (45, Landwirt) und Priska (25, Lehrerin für Religionsgeschichte). In dieser Gruppe wird eine gewisse Anzahl Schwierigkeiten aufgezählt. Kritisiert wird in dieser Gruppe mehrheitlich die allzu grosse Offenheit der reformierten Kirchen: Offenheit auf der Ebene des Amts (insbesondere die Möglichkeit der Ordination von homosexuellen Pfarrern und Pfarrerinnen); Offenheit auf der Ebene der Toleranz gegenüber anderen Religionen; Offenheit schliesslich auch auf theologischer Ebene. Gerade diesen letzten Punkt sieht Pierrette (62, Rentnerin) kritisch:

> In der [reformierten] Kirche vertritt man nicht mehr die klare evangelische Botschaft. Man hat derart Angst, Leute zu verletzen oder dass etwas als Verurteilung wahrgenommen wird, dass die Botschaft des Evangeliums letztlich ganz stark verwässert wird.

Die Problemlösung

Diese Personen haben nicht das Gefühl, eine Minderheit an sich zu bilden. Gleichwohl stellt sich die Frage nach ihren Einstellungen. Wie positionieren sie sich gegenüber ihrem sozialen Umfeld, wenn sie sich anderen Verhaltensweisen näher fühlen, wenn sie mehr oder weniger von den allgemeinen Richtlinien abweichen oder mit diesen nicht einverstanden sind? In der sozialwissenschaftlichen Literatur werden zwei hauptsächliche Reaktionsformen genannt: entweder Anpassung an die Mehrheit oder Radikalisierung und Absetzung der Minderheit.[34]

34 Hammond/Hunter (1984) gehen davon aus, dass die Plausibilität des religiösen Systems einer Gruppe dort stärker vertreten und verteidigt wird, wo sich diese Gruppe in der Minderheit befindet. Der Plausibilitätsgrad des religiösen Systems einer Gruppe hängt mithin vom Kontext ab, in dem sich diese bewegt. In ihrer Analyse der religiösen Werte von evangelisch-freikirchlichen Studierenden an christlichen oder an säkularen Universitäten haben Hammond und Hunter Folgendes gezeigt: Je mehr Personen «im Widerspruch» zum allgemeinen Umfeld standen (also die Gruppe Evangelisch-Freikirchlicher an profanen Universitäten), desto stärker versuchten sie, ihre Werte, ihre Weltanschau-

Trotz den bereits erwähnten Meinungsverschiedenheiten ergibt sich aus unseren Daten eine generelle Tendenz zum Dialog. Im permanenten Dialog wird der Kompromiss angestrebt. Konsequenterweise ist, explizit oder implizit, oft von Offenheit die Rede, wenn es darum geht, sich selbst oder das allgemeine Klima in der Kirche zu qualifizieren. So etwa bei Pierrette (62, Rentnerin), wenn sie von der Meinungsverschiedenheit mit ihrem Pastor bezüglich der Vermietung eines Gemeindesaals für Yoga-Kurse und den zahlreichen Diskussionen darüber berichtet:

> Ich schlage die Tür nicht zu, ich bin offen. Würde ich mich auflehnen, dann würde ich beispielsweise keinen Fuss mehr in das Kirchgemeindehaus setzen, weil dort Yoga-Kurse erteilt werden. Aber es ist wahr, ich bemühe mich, nicht dorthin zu gehen, wenn Yoga stattfindet [lacht]. Aber ich sage nicht, weil es dort Yoga gibt, werde ich nicht mehr hingehen. Irgendwie tut es mir weh, dass die Räume dafür benutzt werden, aber was soll's.

Als Beispiel zieht Nicolas (51, Pfarrer) die Organisation eines Gottesdiensts heran. Seiner Kirchenpflege hatte er vorgeschlagen, ihn in einer evangelischen Freikirche abzuhalten. Aber das stiess auf Ablehnung, namentlich weil der Ort «*zu spezifisch*» sei. Dann fährt er fort:

> Wir machten weitere Vorschläge und fanden dann eine andere Lösung. Nun ja, ich habe verstanden ... Wir versuchen miteinander zu diskutieren.

ung usw. zu verteidigen. Hingegen ist die Notwendigkeit, die Plausibilität eines Wertesystem zu erhalten, immer dann geringer, wenn dieses von der Mehrheit (wiederum die Gruppe der Evangelisch-Freikirchlichen an christlichen Universitäten) geteilt wird. So erweist sich denn der Kontext als zentral, wenn es um die «Festlegung» von Einstellungen und Verhaltensweisen der Individuen geht.

Zu einer Debatte, die vor wenigen Jahren in der Schweiz geführt wurde, vgl. Harry Rosenbaum: Auf diese Schule will ich meine Kirche bauen, in: Saiten. Ostschweizer Kulturmagazin 206 (Nov. 2011), 14–17, online unter: http://issuu.com/saiten/docs/206_saiten_november_2011/14; vgl. auch Hugo Stamm: 15 Prozent aller künftigen Lehrer gehören einer Freikirche an, in: Tagesanzeiger vom 17.10.2011, online unter http://www.kindgerechte-schule.ch/v0910/docs09/ta_171011_15prozent_freikirche.pdf.

Aus Angst, mit ihren als «*zu evangelisch-freikirchlich*» eingestuften Praktiken «*zu stören*», ja, «*zu schockieren*», vermeiden diese Personen jedes Verhalten, das sie gegenüber der Mehrheit in eine heikle Situation bringen könnte. Pierrette etwa betet nicht laut, seit sie erfahren hat, dass das einige stört:

> Einige Leute störte es, dass nicht nur der Pfarrer betet, das ist nun mal Tradition. Die Jungen denken nicht so, nein, eher ältere Menschen. Ich kann sie verstehen, und genau deshalb bete ich manchmal nicht, selbst wenn ich möchte. Aber ich sage mir, nun der Herr, er weiss.

Es findet sich auch der Gedanke, das reformierte Umfeld dadurch «*zu beruhigen*», dass die eigene Vergangenheit in evangelischen Freikirchen thematisiert wird, so etwa bei Christian (50, Müller):

> Ich will keine falschen Vorstellungen wecken. Sicher, sie wissen, diejenigen, mit denen ich darüber gesprochen habe [andere Gemeindeglieder], sie wissen, dass ich mehr als zwanzig Jahre im evangelisch-freikirchlichen Milieu gelebt habe. Ich schäme mich dessen nicht, und nun möchte ich, nun, es ist nichts, was ich verbergen will. Ich bin aber auch nicht bei den Reformierten, um sie zu bekehren ... Ich bin hier, um meinen Glauben dort zu teilen, wo ich bin. Und dann ist es halt so, dass wir fünfzig Meter neben einer reformierten Kirche wohnen. Und mir liegt daran, dort zu sein, hier Wurzeln zu schlagen.

Nicolas verfolgt eine andere Strategie, nämlich «*die eigene Position klar zu kommunizieren*» und zugleich die verschiedenen in seiner Kirchgemeinde vorhandenen Sensibilitäten zu respektieren, wobei seiner Meinung nach die evangelisch-freikirchliche Sensibilität stärker präsent ist. Er erklärt:

> Da ich meine Position klar kommunizierte, bevor ich [in meine heutige Kirche] kam, sehe ich vorläufig keine grösseren Schwierigkeiten. Nun, ich passe auf, wie ich etwas sage, nicht dass ich es nicht sagen würde, sondern wie ich es sage [...] Wenn ich von gewissen Dingen glaube, dass sie wesentlich oder wahr sind und auch in der Bibel stehen, dann sollte ich sie nicht umgehen, ja, gewisse Themen nicht umgehen. Dazu gibt es keinen Grund. Die Frage ist dann, wie man sie angeht, was man daraus macht usw. Doch ich glaube, es wäre nicht

> gut, aus Angst, Leute vor den Kopf zu stossen, manche Themen zu umgehen. Das wäre nicht klug; vielleicht bin ich etwas nuancierter als einige Pastoren in der evangelischen Freikirche, als einige sicher.

Letztlich finden diese Personen zu einer versöhnlichen Haltung und ziehen es vor, sich in ihrer reformierten Kirchgemeinde anzupassen und sich zu integrieren. Die Situation in den meisten reformierten Kirchen könnte einer solchen Position förderlich sein. Tatsächlich vermuten wir, dass gerade der religiöse Relativismus[35] dieser Kirchen solche Personen dazu bringt, zu bleiben oder für diese Art von Zugehörigkeit zu optieren; derselbe Relativismus bietet ihnen auch die Strukturen, innerhalb derer sie ihre eigene Vorstellung von Glaube und christlichem Engagement in hohem Masse ausleben können. Davon abgesehen sind alle gefordert, um das Aufkommen von allzu radikalen Forderungen zu vermeiden, die diesen religiösen Relativismus gefährden könnten. Die Mehrheit dieser Personen hat diese «Spielregel» akzeptiert und hält sich daran.[36] Michel (48, Winzer) ist das Beispiel, das die Regel bestätigt: Nachdem er über sein Kirchenpflegeramt versucht hatte, eine «*evangelisch-freikirchlichere Stimme*» in seine reformierte Gemeinde einzubringen (mittels Alphalive-Kursen) und damit scheiterte, beschloss er, nicht mehr für die Kirchenpflege zu kandidieren und sich hauptsächlich in seiner evangelischen Freikirche zu engagieren. In seiner reformierten Kirchgemeinde wird er wieder schlicht Mitglied und Zuhörer. Im Übrigen ist er der Meinung, ausserhalb der Kirchepflege, der Entscheidungsebene also, sei er freier, wenn er weniger direkt agiere.

Diese Personen ziehen demnach etliche Vorteile aus ihrer Zugehörigkeit zur reformierten Kirche, wobei ihre Praktiken zugleich in Vorstellungen und Bedeutungen wurzeln, von denen sie mehr oder weniger poin-

35 Die Anerkennung, dass es mehrere religiöse Wahrheiten gibt.

36 «Konformismus ist eine Modalität sozialen Einflusses und zeigt sich darin, dass das Individuum [...] seine Verhaltensweisen, seine Einstellungen, seine Meinungen ändert, um sie in Einklang mit dem zu bringen, was es als die Verhaltensweisen, Einstellungen und Meinungen einer Gruppe wahrnimmt, in die es eingebunden ist oder in der es anerkannt werden möchte» (Aebischer/Oberlé, 2007, S. 55).

tiert beanspruchen, sie seien evangelisch-freikirchlich. Ihr reformiertes Engagement verstehen sie als aktiv und ihre Haltung als bekennend; dies wiederum bedeutet Nähe zum Verhalten von Mitgliedern evangelischer Freikirchen. Gleichwohl schätzen die meisten von ihnen die Toleranz der reformierten Kirche. Sich evangelisch-freikirchlich oder evangelisch-freikirchlicher Tendenz zu fühlen, gibt diesen Personen letztlich einen Sinn und eine Aufwertung der Art und Weise, wie sie ihr religiöses Engagement verstehen und in die Praxis umsetzen. Ihre Zugehörigkeit zu einer reformierten Kirchgemeinde liefert ihnen ein beruhigenderes soziales Image und bietet ihnen zugleich jenen offenen Rahmen, in dem sie sich flexibler und freier ausdrücken können. Schliesslich, und um auf die Frage der Entwicklung des evangelisch-freikirchlichen Milieus zurückzukommen, trägt dieser Typ von Zugehörigkeit zur Vitalität und Verbreitung des Milieus jenseits der eigenen Grenzen bei. Darüber hinaus bestätigt sich mit der Analyse dieser Lebensläufe unsere Hypothese, wonach das evangelisch-freikirchliche Milieu eine Palette von attraktiven Gütern anbietet und so den Mangel an Angeboten kompensiert, den manche innerhalb des reformierten Milieus wahrnehmen.

Kapitel 11

Das evangelisch-freikirchliche Milieu verlassen

Caroline Gachet

Bis hierher beruht unsere soziologische Analyse des evangelisch-freikirchlichen Milieus auf quantitativen Daten und auf den Aussagen von Evangelisch-Freikirchlichen, die Freikirchen oder reformierten Kirchen angehören. In diesem Kapitel wird sich der Blick auf das Milieu radikal verändern: Es ist der Blick von Personen, die beschlossen haben, dem evangelisch-freikirchlichen Lebensstil den Rücken zu kehren. Das Thema Austritt wird in den Studien über das evangelisch-freikirchliche Milieu kaum behandelt.[1] Es wirft indes ein interessantes Schlaglicht auf das Milieu, indem es dieses spiegelbildlich auf sein normatives System, die Strukturierung seiner gruppeninternen und externen Bindungen oder auch seinem Weltbild hin befragt. Das Individuum, das beschliesst, «das Milieu zu verlassen», wird mit einer Reihe von mentalen und sozialen Hürden konfrontiert – Wegmarken im Loslösungsprozess. Ein Austritt impliziert eine Serie von Abschieden und Verhandlungen: Es geht darum, die Kirche und deren Aktivitäten zu verlassen, die kirchenintern geknüpften sozialen Bande zu lösen, die identitären Bezugspunkte, aber auch das bisherige evangelisch-freikirchlich codierte Denksystem aufzugeben; es geht aber auch darum, sich ausserhalb des evangelisch-freikirchlichen Milieus zurechtzufinden. Erstens wird es in diesem Kapitel darum gehen, die «religiöse Lage» der 17 Personen unserer Stichprobe zu präzisieren. Dann werden die Gründe oder Ereignisse herausgearbeitet, die sie dazu gebracht haben, sich vom evan-

1 Schon ein kurzer Blick auf den Stand der Forschung über das evangelisch-freikirchliche Milieu macht klar, dass Studien dominieren, die dessen Entwicklung beschreiben oder erklären. Die Thematik des Austritts ist gewissermassen das Stiefkind dieser Forschung, aber auch der Literatur, die sich mit religiösen Absetzbewegungen im Allgemeinen befasst. Letztere fokussiert im Wesentlichen auf den Niedergang der historischen Grosskirchen (vgl. Dobbelaere, 1981) und auf die Austritte aus Neuen Religiösen Bewegungen (vgl. Bromley, 1988).

gelisch-freikirchlichen Milieu zu distanzieren. In einem dritten Schritt untersuchen wir, wie diese Distanznahme konkret umgesetzt wird. Viertens geht es uns darum, wie diese Personen ihren Austritt und ihre frühere Erfahrung innerhalb des evangelisch-freikirchlichen Milieus einschätzen. Wenn es darum geht, die Resistenz und die Entwicklung des evangelisch-freikirchlichen Milieus im Kontext der Moderne zu erklären, eröffnet sich mit dem Zugriff über den Austritt von Evangelisch-Freikirchlichen die Möglichkeit, jene Bedingungen zu reflektieren, die das Engagement derjenigen aufrechterhalten, die bleiben. Dieses Kapitel wird auch zusätzliche Elemente zur Literatur über das evangelisch-freikirchliche Milieu und über religiöse Absetzbewegungen im Allgemeinen beisteuern.[2]

2 Aus der Forschung über freiwillige religiöse Absetzbewegungen (und bis zu einem gewissen Grad über die Distanzierung von politischen Organisationen, vgl. etwa die Arbeiten von Fillieule, 2005) lassen sich mehrere wichtige Ansatzpunkte zur Analyse dieses Phänomens herausschälen. Absetzbewegungen sind als individuelle, dynamische und graduelle Prozesse zu behandeln (Sandomirsky/Wilson, 1990, S. 1212; vgl. Wright, 1987). Angesichts der unterschiedlichen Ebenen eines Engagements – verhaltensmässig, affektiv oder kognitiv (Albrecht/Cornwall/Cunningham, 1988, S. 79–80) – kann es auch unterschiedliche Ebenen des Desengagements geben. Ein Austritt ist folglich multidimensional (Albrecht/Cornwall/Cunningham, 1988, S. 79–80). Eine Absetzbewegung kann sich über eine gewisse Periode erstrecken und unterschiedliche Intensitätsgrade mit einer Reihe von «Hin-und-Hers» innerhalb und ausserhalb der religiösen Gruppe erreichen. Diese Merkmale unterscheiden sich je nach dem Lebenslauf der Individuen, ihrem intellektuellen Weg, ihrer sozialen Verwurzelung, sie können aber auch unter dem Einfluss verschiedener gesellschaftlicher Zwänge stehen. So kommt denn in den individuellen Absetzprozessen und in den Austrittsmodalitäten gewissen Faktoren eine mehr oder weniger grosse Bedeutung zu. Diese Faktoren sind Alter, primäre oder sekundäre Sozialisierung oder auch Typ der Gruppe, aus der man austritt (Kirche oder Sekte), deren Organisation, deren Denksystem oder auch deren Eintrittsmodalitäten (vgl. Roozen, 1980; Bahr/Albrecht, 1989; Sandomirsky/Wilson, 1990; Te Grotenhuis/Scheepers, 2001).

11.1 Religiöse Situation der Ausgetretenen

Was lässt sich generell über die religiöse Situation und Befindlichkeit der Ausgetretenen sagen? Alle haben keinen Kontakt mehr mit ihrer evangelischen Freikirche. Damit ist aber noch nicht alles über die aktuelle[3] «religiöse Situation und Befindlichkeit» gesagt. Um beschreibende, aber auch erklärende Elemente für den Austritt aus dem evangelisch-freikirchlichen Milieu beizubringen, gilt es als Erstes den Weg dieser Ausgetretenen innerhalb und ausserhalb des Milieus zu präzisieren.[4]

Alle diese Personen wurden aufgrund eines Hauptkriteriums ausgewählt und interviewt: Sie sind nicht mehr mit einer evangelischen Freikirche verbunden (Verhaltens- und Zugehörigkeitsdimension).[5] Einige von ihnen brachen die Kontakte plötzlich ab, andere schrittweise und liessen sich immer seltener und schliesslich gar nicht mehr blicken. Paral-

3 Unter «aktuell» verstehen wir die Situation, wie sie uns das Individuum im Gespräch beschrieben hat. Darin wird implizit nicht ausgesschlossen, dass diese Personen nicht eines Tages in eine evangelische Freikirche zurückkehren werden. In unserer Stichprobe «Mitglieder einer evangelischen Freikirche» finden sich drei Personen, die sich über Jahre vom evangelisch-freikirchlichen Milieu distanziert hatten, bevor sie wieder einer evangelischen Freikirche beitraten.

4 Ein Austritt aus dem evangelisch-freikirchlichen Milieu kann durch die verschiedenen Aspekte religiöser Zugehörigkeit motiviert sein, aber auch nur durch einen einzigen oder einige wenige. Zu diesen Aspekten gehört die Verhaltensdimension; sie bezieht sich auf die Teilnahme an den Aktivitäten der religiösen Gruppe. Die affektive Dimension verweist auf das Zugehörigkeitsgefühl, auf das Knüpfen gesellschaftlicher Beziehungen und auf die Identifikation mit der Gruppe. Die kognitive Dimension betrifft die Zugehörigkeit zum Repräsentationssystem der Gruppe. Der Anschluss an eine religiöse Gemeinschaft kann über alle diese Komponenten oder nur über die eine oder andere erfolgen. Ein Austritt kann über den gleichen Weg erfolgen, allerdings in umgekehrter Richtung: Das Individuum kann den Kontakt mit seiner Gruppe abbrechen, indem es seine Teilnahme an Gottesdiensten oder seine Engagements reduziert (Desengagement) und/oder sich nicht mehr mit der Gruppe identifiziert (Desidentifikation) und/oder sich von deren Repräsentationssystem distanziert (Apostasie) (Albrecht/Cornwall/Cunningham, 1988, S. 79–80).

5 Wir entschieden uns für dieses Kriterium, um die Suche nach Ausgetretenen zu vereinfachen. Näheres zu den Selektionskriterien und den Merkmalen dieser Stichprobe im Methodischen Anhang.

lel zum Abbruch des meist sonntäglichen Gottesdienstbesuchs wurden auch die übrigen Engagements innerhalb der Kirche aufgegeben. Alle diese Personen brachen den Kontakt freiwillig ab; es handelt sich mithin um individuelle Entscheidungen.[6] Präzisiert sei ein weiteres Hauptelement, nämlich die in der Kindheit durchlaufene religiöse Sozialisierung. Alle 17 Personen wurden religiös erzogen: Dreizehn wuchsen in einer evangelisch-freikirchlichen, drei in einer reformierten Familie und eine Person in einem katholischen Umfeld auf. Demzufolge erfuhr die grosse Mehrheit eine primäre Sozialisierung evangelisch-freikirchlichen oder wenigstens religiösen Typs.

Das Zugehörigkeitsgefühl zur «evangelisch-freikirchlichen Gruppe» taucht in den Aussagen dieser Personen nicht auf (affektive Dimension der Zugehörigkeit); eher ergibt sich eine Tendenz zur Distanzierung davon. Die Identifikation mit der Gruppe, mit einigen ihrer Codes und Normen ist in den Augen dieser Personen nicht oder nicht mehr sinnvoll. Ein weiteres, ihnen gemeinsames Merkmal: Alle haben die Verbindungen mit ihrer früheren Gemeinde, Pastoren wie Mitglieder, abgebrochen, nicht aber mit ihrer Familie.

Aus den Gesprächen geht deutlich der Wille hervor, sich von Elementen des Repräsentationssystems[7] der evangelisch-freikirchlichen Welt zu distanzieren, ja, sie abzulehnen (kognitive Dimension der Zugehörigkeit), ohne dass dies für die Mehrheit dieser Individuen die Grundlagen ihres «christlichen Glaubens» beeinträchtigen würde – hauptsächlich der Glaube an die Existenz Gottes und Jesu. Fünf Personen sind einer reformierten Kirche beigetreten, acht leben ihren Glauben ausserhalb jeder religiösen Institution, und vier sagen, sie würden nicht mehr glauben – drei von diesen bezeichnen sich allerdings nicht als «Atheisten».

Mit dem «Verlassen des Milieus» geben diese 17 Personen ein gottesdienstliches, soziales und symbolisches Leben auf, mithin die wichtigsten

6 Den Austritt beschliessen oder aus der Gruppe ausgeschlossen zu werden, verändert den Ausgangspunkt der Analyse in hohem Mass.

7 Unter «Repräsentationssystem» verstehen wir ein Paradigma, eine durch eine soziale Gruppe angebotene Weltanschauung. Darunter fallen Glaubensüberzeugungen und Werte, dank derer sich das Individuum, das sie übernimmt, in der Realität verorten und bewegen kann.

konstitutiven Aspekte eines «evangelisch-freikirchlichen Lebens».[8] Das wird die Analyse der *Gründe, Prozesse* und *Folgen* einer Distanzierung vom evangelisch-freikirchlichen Milieu bestätigen.

11.2 Auslösende Faktoren

Was hat diese Personen dazu bewogen, sich vom evangelisch-freikirchlichen Milieu zu distanzieren, ihr Engagement infrage zu stellen? In Austrittsprozessen wird sich die Person eines Tages bewusst, dass ihr etwas nicht oder nicht mehr passt. Diese oft als unangenehm beschriebenen, mehr oder weniger langen Bewusstwerdungsprozesse lösen erste Zweifel am eigenen Engagement aus.[9] Sie können als auslösende Faktoren der Distanzierung analysiert werden. Aufgrund der Gespräche unterscheiden wir drei «Hauptsituationen», die diese Infragestellungen hervorrufen: sich unter Druck fühlen und/oder das Gefühl einer Kluft zwischen sich und dem Rest der Gruppe haben und/oder mit anderen Realitäten als denjenigen des Milieus konfrontiert sein.[10]

8 Der Begriff «Verlassen des evangelisch-freikirchlichen Milieus» drückt, in der Umkehrung, sehr wohl aus, was ein «evangelisch-freikirchliches Leben» sein kann. «Evangelisch-freikirchlich sein» beschränkt sich nicht darauf, zu glauben und in die Kirche zu gehen. Vielmehr handelt es sich um eine globale Sicht, die sämtliche privaten und öffentlichen Sektoren des Individuums umfasst. «Evangelisch-freikirchlich sein», das ist eine bestimmte Art, sich zu verhalten, zu denken und zu interagieren. Die gesamte Studie versucht denn auch, die als Entscheidung gelebten Eigentümlichkeiten dieses Lebens herauszuarbeiten. Auf intellektueller und sozialer Ebene kann das «Verlassen des Milieus» mithin grosse Auswirkungen auf das Individuum haben.

9 Die folgende Analyse stützt sich auf die Lebenswege der 17 Personen unserer Stichprobe. Nicht alle haben dieselben Erfahrungen in derselben Intensität gemacht, doch geht aus ihren Aussagen ein mehr oder weniger starkes Ressentiment gegenüber dem evangelisch-freikirchlichen Milieu hervor. Dabei soll nicht vergessen gehen, dass andere Evangelisch-Freikirchliche das Milieu verlassen, ohne dass dies solche Emotionen hervorruft.

10 Die Interviewten bringen nicht bloss einen einzigen Grund vor, um ihre ersten Zweifel zu erklären. Vielmehr handelt es sich um eine Kombination dieser drei Situationen.

Unter Druck sein

Wenn es darum geht, die wichtigsten auslösenden Faktoren für den Austritt zu erkennen, erwähnen die 17 Personen oft die Erinnerung daran, dass sie sich hinsichtlich der Art und Weise, wie sie ihren Glauben als evangelisch-freikirchliche Christen lebten, allzu sehr «*in die Pflicht genommen*» oder «*unter Druck gesetzt*» fühlten.

In den Augen der Ausgetretenen ist das evangelisch-freikirchliche Milieu auf der Ebene der Einstellungen allzu fordernd und neigt dazu, ein schwer erreichbares, als ideal beurteiltes christliches Modell zu konstruieren. Dieses Modell umfasst eine Vielzahl von Aspekten: Umsetzen des eigenen Glaubens in die Praxis (tägliche Bibellektüre, häufiger Gottesdienstbesuch, personale Gottesbeziehung); Werte leben (seinen Nächsten lieben, nicht lügen); Verwirklichen eines bestimmten Lebensstils im Alltag (einen christlichen Partner finden, eine Familie gründen und die Kinder im Glauben erziehen, ein bestimmtes Verhalten vermeiden, etwa Rauchen oder den Konsum gewisser Filme). Sabine (32, Kl, Sekretärin) beispielsweise lehnt dieses Modell vehement ab:

> Es ist dieser Vollkommenheitsfimmel: Monsieur und Madame sind vollkommen mit ihren drei vollkommenen Kindern; alle gehen Sonntag für Sonntag [in die Kirche ...] Aber diese Leute sind nicht besser als anderswo.

Weitere Kritik betrifft die Schwierigkeiten bei der Umsetzung des Modells. Für Mathilde (26, Ch, Lehrerin) waren die Vorschriften des Milieus und die Erwartungen ihrer Umgebung zu einem bestimmten Zeitpunkt ihrer Adoleszenz eine zu grosse Last geworden:

> Als Kind wurde mir immer gesagt: «Ach, das darfst du nicht, stell dir vor, was die anderen denken». [...] Und ich fand das belastend. [...] Alle versuchen möglichst gut zu sein [...] Wenn man dann vorgeben muss, man mache noch bessere Dinge und man sei absolut vollkommen [...] Schon vor einiger Zeit, seit ich zwanzig war, wurde mir bewusst, dass das nicht funktioniert. Ich glaube, das ist einer der Gründe, weshalb ich nicht mehr zur Kirche ging. Das heisst, ich hatte es satt, wirklich satt, weil ich glaube, dass man immer versuchen soll, die Dinge aufrichtig zu machen, die Dinge mit möglichst viel gutem Willen zu machen, mit der Liebe als Motivation usw. Aber ich glaube auch aufrichtig,

> dass wir alle unsere Grenzen haben, dass wir Menschen sind. Wenn wir dann tun, als sei das nicht so – dann leben wir in der Lüge und überhaupt nicht in der Demut, also in jenen Werten, die von Gruppen dieser Art eher portiert werden ... Für mich gibt es da eine Diskrepanz.

Ein solcher Druck führt zuweilen zu gänzlicher Entzauberung oder Desillusionierung. Yvan (39, Kl, Erzieher) etwa verspürte grossen Druck während seiner Zeit als Pastor in einer evangelischen Freikirche. Da er nicht wusste, wie er den zahlreichen Anforderungen der Mitglieder gerecht werden konnte – Anforderungen, die seiner Meinung nach mit ihrer Vorstellung von der Rolle des allgegenwärtigen Pastors zusammenhängen –, wurde er zunehmend desillusioniert. Sein Bild von der Kirche, das auf der Idee der Achtung der «*göttlichen Prinzipien*» beruhte, veränderte sich, und schliesslich verstand er das Funktionieren der Kirche als «*rein dogmatisch [und] menschlich*». Für Mathilde basiert die Desillusionierung auf der Diskrepanz zwischen dem, was ihr Umfeld predigte, nämlich einen bestimmten evangelisch-freikirchlichen Lebensstil, und dessen Nichteinhalten im Alltagsleben. Lügen wurde in ihrer strengen Erziehung heftig verurteilt. In der Adoleszenz stellt sie diesen Wert infrage, nachdem sie erfahren hat, dass ihr Vater eine aussereheliche Beziehung unterhält:

> Du kannst dir gar nicht vorstellen, dass jemand, der dir immer gesagt hat, Lügen sei schlecht, lügt oder Dinge vor dir verbergen will. Das vor allem war für mich ein enormes Problem, der Eindruck, man habe uns an der Nase herumgeführt.

Das evangelisch-freikirchliche Milieu bietet vielfältige religiöse Güter an. Unter anderem bietet es Lebensregeln an, die mit den in der globalen Gesellschaft geltenden kontrastieren oder im Widerspruch stehen.[11] Doch

11 Sébastien Fath nimmt den in der Sozialpsychologie von Serge Moscovici (1996) geprägten Begriff der «nomischen Minderheit» auf, um das zu bezeichnen, was das evangelisch-freikirchliche Milieu im gegenwärtigen Kontext repräsentieren kann: «[...] Räume [...] die andere Normen erzeugen und am Leben erhalten» (2005b, S. 353).

diese andere Art zu leben, dieses «*Gegen-den-Strom-Schwimmen*», wie mehrere es ausdrücken, fordert dem Individuum einiges ab. Für die Mehrheit der befragten Evangelisch-Freikirchlichen werden solche Anforderungen, eingebettet in eine globale Sicht des «Christ-Seins», als selbstverständlich wahrgenommen; für andere indes können sie sich immer dann in ein Gefühl von Zwang oder Druck verwandeln, wenn sie ihren Sinn verlieren oder Anlass für Desillusionierung sind.

Sich anders fühlen

Das Gefühl, den Normen der Gruppe nicht oder nicht mehr zu entsprechen, ist – ob mit Druck und Desillusionierung verbunden oder nicht – ein weiterer wichtiger auslösender Faktor für Austritte. Einige der Interviewten hatten zu einem bestimmten Zeitpunkt den Eindruck, es entstehe eine Kluft zwischen den Empfehlungen des Milieus und ihrem Verhalten, ihrem Empfinden oder auch ihrem Willen. Dieses Gefühl rührt von persönlichen Überlegungen her, aber auch (und vor allem) vom Blick der anderen.

Das Gefühl, anders zu sein, sich nicht wie alle anderen zu verhalten oder Falsches zu tun, wird mehrmals erwähnt. Da die Individuen die Verhaltensmodelle ihrer Gruppe verinnerlicht haben, haben sie die Codes gelernt und vermögen zu beurteilen, ob das, was sie denken und tun, den Normen der Gruppe entspricht oder nicht. Einige fühlten zum Beispiel eine Diskrepanz bezüglich der Art und Weise, wie sie ihren Glauben leben. Das irritierte etwa Elisa (27, K, Studentin), die vermutete, sie lebe ihren Glauben anders als die übrigen Evangelisch-Freikirchlichen:

> Man hatte mir immer gesagt, durch Jesus, durch die Kirche wirst du frei, wirst du befreit werden; aber ich, ich fühlte das nicht. Da sagte ich mir, es gibt da etwas, was nicht stimmt, entweder habe ich nicht verstanden, oder ich mache etwas falsch [...] So hat man es uns gesagt, es ist so etwas wie die evangelisch-freikirchliche Sprache: Ist man erlöst, dann hat man diese tiefe persönliche Überzeugung, dass man erlöst ist, dass man das Richtige tut. Ich aber, ich sagte mir, ich sei nicht erlöst, obwohl ich nie scheinheilig war, wenn ich in meiner Bibel las, ich tat es nicht, um die Leute anzulügen.

Das Gefühl, anders zu sein, entsteht auch dann, wenn das Individuum von der Gruppe wenig geschätzte Verhaltensweisen an den Tag legt. Dazu gehört die aussereheliche Beziehung wie bei Elisa oder auch Freude an einem Discobesuch wie bei Charlotte (27, K, Lehrerin). Sie erklärt:

> Ich ging immer gerne in eine Disco, ab und an ein Glas trinken. Dann hörte ich in meiner Umgebung: «Ah, du gehst in die Disco, dort herrscht ein schlechter Geist.» Schliesslich gibt es eine Kluft, man erlaubt uns nicht wirklich, zu tun, was ein junger Mensch gerne täte [...] Es ist doch nicht so, dass man nicht in die Disco gehen kann, weil man Christ ist. Diese Dinge verstehe ich nicht – diese Trennung zwischen in Anführungszeichen christlichen Menschen und weltlichen Menschen.

In anderen Fällen gibt das Umfeld der Ausgetretenen diesen mehr oder minder deutlich zu verstehen, dass sie sich von den Gruppennormen entfernen. Zum Ausdruck kommen kann dies in beredtem Schweigen oder in bedeutungsschweren Blicken, wie dies Mathilde (26, Ch, Lehrerin) erleben musste, nachdem sie ihren evangelisch-freikirchlichen Freunden Intimitäten aus ihrem Liebesleben erzählt hatte. Als Mélissa (24, Ch, Studentin) zu rauchen anfing, musste sie die Anspielungen der Leute aus ihrer Kirche über sich ergehen lassen:

> Die Zigi, als man mich erstmals mit einer Zigarette sah, da tönte es «oh mein Gott», du warst verbannt. Die Zigi an sich, das ist der erste Schritt in die Abhängigkeit, also in die Abhängigkeit von etwas anderem als Jesus, und darüber hinaus vermasselst du das dir geschenkte Leben.

Für andere hatte die Abweichung von einer Norm konkretere Folgen. Nach der Trennung von seiner Ehefrau realisiert Yvan (39, Kl, Erzieher), dass seine Situation im evangelisch-freikirchlichen Milieu nicht wirklich toleriert wird. Er sieht es ein – auf Kosten einiger Freundschaften:

> Ich glaube, dass mich, den in Trennung lebenden Mann, die Sicht der Christen auf Scheidung und Trennung ziemlich verstört hat. Ich habe keinen Ort gefunden, wo man mich aufgenommen hätte. Einige Freunde sind mir geblieben, einige haben mir den Rücken gekehrt [...] Mir ist klar geworden, dass das Thema Trennung die Kirchen ziemlich stark betrifft; statistisch gesehen bleibt auch Christen die Trennung oder Scheidung nicht erspart, aber es ist ein echtes Tabu-Thema, mit dem Nimbus der Ablehnung.

Um genau diese Situation zu vermeiden, bedient sich Elisa der Strategie der Lüge, nämlich in Bezug auf ihre Beziehung zu einem Nicht-Christen, die sie ihren Eltern verschweigt:

> Meine Eltern – ich hatte das Gefühl, sie würden mich ablehnen – sagten mir: «Du hast die Wahl, entweder du bleibst zu Hause oder du bleibst mit ihm zusammen, dann kannst du nicht mehr bei uns leben.» Nun, ich bin nie ausgezogen, ich sagte, ich hätte ihn verlassen, aber ich habe ihn nicht verlassen – ich habe sie ziemlich belogen.

Wie jede soziale Gruppe begründet auch das evangelisch-freikirchliche Milieu das, was es für «normal» und «anormal» – oder «abweichend» – hält, im Kontext des eigenen Werte- und Repräsentationssystems.[12] Blicke, Schweigen, Kommentare oder Ablehnung geben dem Individuum zu verstehen, dass es von den hochgehaltenen Werten abweicht, und bekräftigen zugleich das, was erwartet wird. In der Perspektive der Evangelisch-Freikirchlichen geht es bei diesen Versuchen, jemanden zur Ordnung zu rufen, weniger darum, das Individuum zu verbannen, als ihm die eigenen «Fehler» bewusst zu machen, damit es die nötigen Korrekturen vollziehen kann. Für die Individuen dieser Stichprobe indes wird die Wirkung eine ganz andere sein: Sie werden sich noch stärker als Aussenseiter fühlen und ihr Engagement als evangelische Christen infrage stellen.[13]

12 Für Becker «erzeugen soziale Gruppen Abweichungen, indem sie Normen aufstellen, deren Überschreiten die Abweichung ist» (1981, S. 32). Mithin ist «die Abweichung unter anderem eine Folge der Reaktionen der anderen auf das Handeln einer Person» (S. 33).

13 Genau das bemerkt Fillieule: «[Ein Austritt] hängt weitgehend von der Art und Weise ab, wie die anderen reagieren» (2005, S. 30). Die Studie von Brinkerhoff/Burke (1980) berücksichtigt den interaktionistischen Charakter der Heranbildung der Rolle des Ex und vermutet, dass Kategorisierungsprozesse in den Loslösungsprozessen katalysatorische Wirkung entfalten. Die soziale Gruppe legt fest, was positiv und was negativ ist, und steckt das Individuum je nach dessen Einstellungen und Verhaltensweisen in spezifische Schubladen. Ein Individuum zu kategorisieren kann bei diesem zwei Effekte haben: (1) die Erwartungen gegenüber der Gruppe modifizieren; (2) eine der zugewiesenen Kategorie entsprechende Neudefinition der eigenen Person herbeiführen. Im Falle eines Austritts kann das Individuum Anzeichen von Nicht-Glauben ver-

Mit anderen Realitäten konfrontiert sein

Schliesslich setzen bestimmte Kontakte mit der Gesellschaft den Austrittsprozess in Gang. Beziehungen zu Menschen ausserhalb des Milieus aufbauen, mit anderen Weltanschauungssystemen konfrontiert werden – dies alles kommt selbstverständlich nicht nur bei den hier beschriebenen Individuen, sondern bei allen Evangelisch-Freikirchlichen vor. Für die hier beschriebenen Personen aber wird die Konfrontation mit der Aussenwelt zum auslösenden Element der Infragestellung ihres evangelisch-freikirchlichen Engagements.

Soziale Interaktion ausserhalb des Milieus ist unterschiedlich gestaltet: Sich in anderen sozialen Kreisen bewegen, etwa unter Akademikern oder Arbeitskollegen, sich auf die Partnerschaft mit einem Nichtevangelisch-Freikirchlichen einlassen. So unterstreichen etwa Alvaro (28, Ch, Student), Mélissa (24, Ch, Studentin) oder auch Mathilde (26, Ch, Lehrerin) die wichtige Rolle, die ihr Studium bei der Distanznahme von ihrem evangelisch-freikirchlichen Engagement spielte; Charlotte (27, K, Lehrerin) und Elisa (27, K, Studentin) wiederum prägte ihre Beziehung zu einem nichtevangelisch-freikirchlichen Partner. Die Entdeckung solch neuer sozialer Interaktionen konfrontiert das Individuum mit anderen, konkurrierenden Denksystemen, die dann mit dem eigenen System verglichen werden.[14] Mélissa interpretiert den Vorgang wie folgt:

raten oder gewisse Normen verletzt haben. Im Gegenzug wird die Gruppe es negativ kategorisieren und stigmatisieren. Die soziale Realität der Person verändert sich und modifiziert dann deren Identität. Die Person wird die Glaubensüberzeugungen, die Werte und die Normen ihrer Gruppe verwerfen und schliesslich die Kategorie und den Status übernehmen, den ihr die Gruppe zugewiesen hat (ein Beispiel für die Schaffung der Rolle des Ex bei Fuchs-Ebaugh, 1988).

14 In gewisser Weise schwächen die Interaktionen mit anderen gesellschaftlichen Realitäten die Plausibilitätsstrukturen der evangelisch-freikirchlichen Wirklichkeit. Um sich vor konkurrierenden oder bedrohlichen Denksystemen zu schützen und um die Glaubwürdigkeit des eigenen Repräsentationssystems aufrechtzuerhalten, entwickelt das Milieu Plausibilitätsstrukturen. Dies geschieht beispielsweise über den Aufbau von starken Sozialstrukturen (Vielfalt und Wichtigkeit der von jeder Kirche angebotenen Aktivitäten, vgl. Kapitel 4), was die Beziehungspflege innerhalb der Gruppe befördert. Dank solcher

> Was mich vermutlich beeinflusst oder mir den Austritt ermöglicht hat, ist letzten Endes die Begegnung mit Leuten, die [...] anders leben. Da sagst du dir: «Das ist interessant. Weshalb kann ich das nicht machen, weshalb kann ich nicht in diese Richtung gehen?» Vermutlich hat das eine fundamentale Rolle gespielt. Wenn alle deine Freunde im Milieu sind, dann kannst du dich dem nicht wirklich entziehen.

Ob Auslöser oder Katalysator der Infragestellung evangelisch-freikirchlicher Strukturen – solche Interaktionen ausserhalb der Gruppe können Austrittsprozesse stark beeinflussen.[15] Das wird der nächste Abschnitt zeigen.

11.3 Die Etappen des Austritts

Wie verläuft ein Austritt konkret? Welche Etappen durchlaufen die Ausgetretenen? Die im vorigen Abschnitt hervorgehobenen Infragestellungen finden sich auch in den Ausführungen einiger Evangelisch-Freikirchlicher,[16] für die dann allerdings das Verlassen des Milieus kein Thema war. Bei diesen 17 Personen ist mithin *etwas anderes geschehen*, etwas, was wir in Verbindung bringen mit verschiedenen Abschnitten oder Etappen, die fast alle

Strategien kann die Glaubwürdigkeit der «Wirklichkeit» dieser Gruppe bewahrt werden (vgl. Berger, 1967; Berger/Luckmann, 2012, S. 168–169).

15 Besonders bedeutsam ist das bei einem jungen Menschen. Das geht aus unseren Gesprächen ganz klar hervor. Die Jungen werden von dieser Art von sozialer Interaktion, die ausserhalb des evangelisch-freikirchlichen Milieus erfolgt, am meisten «betroffen». In der Jugend geschehen zahlreiche Umwälzungen sozialer, affektiver und psychischer Ordnung. Die (alten oder neuen) gesellschaftlichen Bande verändern sich mehr oder weniger stark, weit mehr als diejenigen der Erwachsenen, die sich oft in einem stabileren beruflichen und gesellschaftlichen Umfeld bewegen. Unsere Gespräche belegen diese Tendenz und bestätigen die Spezifizität der Jugendzeit (vgl. Galland, 2007). Vgl. dazu Kapitel 7; dort wird die Bedeutung der Sozialisierung über Peergroups in diesem Lebensabschnitt thematisiert.

16 Auch in den Aussagen der Evangelisch-Freikirchlichen werden gewisse Tendenzen des evangelisch-freikirchlichen Milieus, etwa dessen Dogmatismus oder Ausschliesslichkeit, kritisiert.

von ihnen durchlaufen haben.[17] Dank diesen Etappen kann das Individuum, das sie durchlebt, zu einem neuen Gleichgewicht ausserhalb des evangelisch-freikirchlichen Milieus gelangen.

Anders denken

Die 17 Personen unserer Stichprobe haben sich nicht bloss entschieden, nicht mehr in die Kirche zu gehen; sie haben auch und vor allem versucht, sich vom evangelisch-freikirchlichen Repräsentationssystem zu lösen. Damit diese Loslösung geschehen konnte, mussten die meisten von ihnen kognitive und psychische Mechanismen aktivieren, dank derer sie einige ihrer kognitiven Inhalte zu überwinden vermochten.[18]

In der Tat kommt der Prozess der «Distanznahme» bei Personen in Gang, denen das Repräsentationssystem der evangelisch-freikirchlichen Welt nicht mehr entspricht. Die Person löst sich willentlich von dem Pflichtcharakter gewisser religiöser Praktiken; dazu gehört etwa der regelmässige Gottesdienstbesuch oder die tägliche Bibellektüre. Sie desolidarisiert sich zudem mit gewissen Auffassungen über allgemeinere Lebensoptionen wie etwa Freundschafts- und Liebensbeziehungen, voreheliche Enthaltsamkeit oder Rauch- und Alkoholabstinenz. Mathilde (26, Ch, Lehrerin) erklärt, sie habe sich in einem bestimmten Moment entschieden, ihre negative Meinung über Ausgang und Alkohol zu überwinden. Alvaro (28, Ch, Student) beschloss, die Trennung von seiner Frau zu akzeptieren und seine Lage nicht gemäss dem ihm in der Erziehung vermittelten Ehebild zu interpretieren. Oder auch Mélissa (24, Ch, Studentin), die nicht mehr in Kategorien wie Einfluss des «*Bösen*» denken will, wenn sie Lust hat, Veranstaltungen, etwa Konzerte, zu besuchen.

17 Den Begriff «Etappe» verwenden wir, um so die Fluktuationen anzudeuten, die jedem Austrittsprozess innewohnen. Ein Austritt ist indes nicht als rein mechanischer Prozess mit klar definiertem Anfang, Mittelabschnitt und Endpunkt aufzufassen (vgl. Fuchs-Ebaugh, 1988; Fillieule, 2005, S. 28–31).

18 In der Kognitionspsychologie sind kognitive Schemata, kurz gesagt, abstrakte mentale Vorstellungen, mit denen Ereignisse, Objekte oder Erfahrungen anhand des vom Individuum Gelernten und seinem Wissen behandelt und klassiert werden können. Dank ihnen können neue Informationen interpretiert werden. Es handelt sich um Modelle oder um automatisch ausgeführte Routinehandlungen (vgl. Norman/Shallice, 1980).

Für diese Personen geht es mithin darum, ihre Gedanken oder ihr Verhalten nicht mehr mit einem evangelisch-freikirchlichen Raster zu lesen oder zu interpretieren.

«Sich in die Welt wagen»

Neben diesen psychischen und kognitiven Mechanismen werden Ausseneinflüsse auf das Individuum bei dessen Austritt eine eminente Rolle spielen. Diese ausschlaggebenden Einflüsse kommen von aussen, von seiner Konfrontation mit der Welt, aber auch und vor allem von seiner Integration in die Welt.

Der ganz konkrete Stellenwert der Aussenwelt im Loslösungsprozess lässt sich an der Mehrzahl der Lebensläufe ablesen. Wer sich in anderen gesellschaftlichen Räumen bewegt, interagiert mit anderen Individuen und macht sich mit anderen Weltanschauungen vertraut. Die «anderen» sind zugleich Motor – Auslöser – und Stütze für die Ausgetretenen, indem sie neue «signifikante Andere» werden.[19] Ihnen kommt auch die Funktion von Sozialisierungsagenten zu. Das gilt für Mélissa (24, Ch, Studentin), die von sich sagt, sie habe dank ihrem Freund gelernt, *«sich in die Welt zu wagen»*:

> Er hat mich in die Welt hineingebracht, er hat mich in ihr geführt. Das alles war neu für mich.

Diese sekundäre Sozialisierung brauchen manche unbedingt, da für sie die vom Milieu aufgebaute gruppeninterne/-externe Strukturierung problembehaftet war. Charlotte (27, K, Lehrerin) etwa hatte es sich lange verboten, mit nichtevangelisch-freikirchlichen Leuten Kontakte zu knüpfen:

> Dass man uns letztlich Angst macht vor den Menschen – genau das habe ich dem christlichen Milieu nach einiger Zeit vorgeworfen. [...] Es gibt das Gute, es gibt das Böse, es gibt den Teufel, und um die Leute, die nicht Christen sind, da lauert der Teufel. Und selbst wenn man Beziehungen zu solchen Leuten haben

19 Berger/Luckmann, 2006, S. 168–169.

> will, nun letztlich, zumindest mir, ist es nicht gelungen, mich im Kopf freizumachen, weil diese Leute zwangsläufig einen schlechten Einfluss auf uns haben, sie bringen uns vom richtigen Weg ab.

Ihre Liebesbeziehung zu einer nichtevangelisch-freikirchlichen Person, der sie während ihres Austrittsprozesses begegnet war, half ihr, Vertrauen in ihre neuen Bekannten zu schöpfen.

Noch eine weitere Ähnlichkeit in den Lebensläufen von Mélissa, Alvaro, Sabine oder auch Mathilde fällt auf: Alle sagen, zu einem bestimmten Zeitpunkt hätten sie die Welt «*testen*» oder «*ausloten*» wollen. In ihrem Fall war auch eine gewisse Aufsässigkeit, ja, Aggressivität im Spiel. Nachträglich beurteilen sie ihre Haltung gegenüber dem evangelisch-freikirchlichen Milieu als «*provozierend*»: Alvaro (28, Ch, Student) wird Model, weil dies seiner Meinung nach im Milieu als «*oberflächlich*» gilt; Sabine (32, Kl, Sekretärin) «*probiert Dinge aus*», rasiert sich die seitlichen Kopfhaare im Bewusstsein, dass dies für die Menschen in ihrer Kirche einer «*totalen Rebellion*» gleichkommt; Mélissa (24, Ch, Studentin) beschliesst, sich ins Nachtleben zu stürzen, «*mit einem grossen Partygänger, Haschzüchter, auszugehen, mit jemand, der mir diese Welt zeigt*». Mathilde (26, Ch, Lehrerin) ihrerseits geht relativ weit mit Experimentieren und gefährdet ihre physische Gesundheit:

> Ich hatte so etwas wie eine persönliche Krise, war es satt, all die mir aufgezählten Regeln anhören zu müssen. [...] Ich ging überhaupt nicht mehr [in die Kirche]. Ich beschloss, eine Auszeit zu nehmen. [...] Es gab eine schreckliche Zeit, da konsumierte ich viele Drogen, ging mit mehreren Typen zugleich aus. [...] Ich war an einen Punkt gelangt, wo ich es richtig satt hatte. Mir schien, ich hätte immer das gemacht, was man von mir verlangte, und das machte mich fertig. Da bin ich ausgerastet und habe Dinge getan, die mir verboten waren.

Dieser letzte, keineswegs repräsentative Lebenslauf zeigt, wie sich in einigen Fällen die symbolischen, aber gleichwohl durchaus konkreten Grenzen auswirken können, die das Milieu errichtet, um sich von der Gesellschaft generell zu distanzieren.

Das Gleichgewicht finden (der «Entschluss»)

Die Veränderung gewisser Denk- und Handlungsweisen erzeugt, gepaart mit der Eingliederung in neue Orte und soziale Gruppen, zwei Mechanismen, die in unseren Augen für das Verständnis und die Deutung eines Austritts aus dem evangelisch-freikirchlichen Milieu entscheidend sind:[20] die Lockerung sowohl der vom Individuum über es selbst ausgeübten Kontrolle (Selbstkontrolle) als auch der von der Gruppe auf das Individuum ausgeübten Kontrolle (Sozialkontrolle).[21]

In erster Linie verliert die mit den Gruppenanforderungen verbundene und in das individuelle Verhalten integrierte Selbstkontrolle an Bedeutung. «*Schuldgefühle ablegen*», «*wagen*», «*sich das Recht geben*», «*relativieren*» – diese Termini werden verwendet, um den intellektuellen Prozess anzudeuten, durch den sich die Person die Erlaubnis erteilt, gewisse Verhaltensweisen oder Einstellungen zu integrieren, obwohl diese ihrer Erziehung oder evangelisch-freikirchlichen Normen scheinbar zuwiderlaufen. Verspürt wird diese Freiheit auch in der Art und Weise, wie der Glaube gelebt wird. So meint etwa Mathilde (26, Ch, Lehrerin):

> Ich glaube noch immer an Gott, ich bete noch immer, aber ich setze mich nicht mehr derart unter Druck wie früher. Will sagen, zuvor verspürte ich wirklich den Befehl: «Mein Gott, wenn du nicht jeden Tag betest, dann bist du wirklich schlecht.» Wenn du keine persönliche Beziehung zu Gott hast [...] bist du schlecht [...] Ich stelle mir eigentlich nicht so viele Fragen. Verspüre ich das Bedürfnis, zu beten, dann tue ich es. Denke ich nicht daran, nun, dann denke ich nicht daran und habe deswegen keine Schuldgefühle.

20 «Finalität» ist vielleicht eine starke Formulierung, doch handelt es sich um eine Etappe, in der die Person ihren kognitiven Konflikt löst. Sie findet Lösungen, um ihren neuen Lebensstil zu akzeptieren; zugleich hört sie auf, diesen Lebensstil anhand von ihm zuwiderlaufenden kognitiven Gegebenheiten zu interpretieren.

21 Selbstkontrolle und Sozialkontrolle sind die beiden hauptsächlichen Regulierungsformen, dank deren der Zusammenhalt der evangelisch-freikirchlichen Gemeinschaften gewährleistet wird, und zwar weit mehr als durch die Präsenz einer konkreten Autoritätsfigur (vgl. Kapitel 5).

Alvaro (28, Ch, Student) seinerseits erklärt:

> Meine Gottessuche hat sich in die Kunst verschoben. Und selbst wenn ich mich dort verliere, nehme ich mir die Freiheit, folge ich dem eigenen Begehren, ich gebe mich meinem körperlichen Begehren hin. Dieser Suche fühle ich mich näher.

Wird die neue Verhaltensweise zur Gewohnheit, wird sie verinnerlicht. Dazu gesellt sich die physische Distanznahme[22] von den «signifikanten Anderen», die Träger der evangelisch-freikirchlichen Wirklichkeit, aber auch Garanten der Sozialkontrolle über das individuelle Verhalten sind. Mit den Kontakten zu neuen Gruppen und Orten sinkt die im evangelisch-freikirchlichen Milieu verbrachte Zeit. Dank weniger häufigen Kontakten mit seiner Gemeinde entzieht sich das Individuum den Blicken jener Mitglieder, die sich über seine Einstellungen auslassen könnten. Das Familienzuhause kann, was nicht unwichtig ist, mit einer Plausibilitätsstruktur gleichgesetzt werden, die eine in den Eltern verkörperte Form religiöser Autorität gewährleistet. Mélissa (24, Ch, Studentin) verbindet ihren Austritt aus dem Milieu mit dem Wegzug von zuhause:

> Ich musste mich ausserhalb dieses Milieus bestätigen können. Deshalb musste ich von den Eltern wegziehen. Und ich denke, dank diesem Wegzug konnte ich mich einigermassen emanzipieren.

Distanzierung von den Plausibilitätsstrukturen des evangelisch-freikirchlichen Milieus, Relativierung des eigenen Repräsentationssystems, Reduktion der Sozialkontrolle von Verhaltensweisen sowie Sozialisierungsprozesse in neuen Kreisen: Die Loslösungsprozesse aus dem evangelisch-freikirchlichen Milieu verlaufen auf mehreren Ebenen.

22 Berger und Luckmann erklären, der Mensch, der in einer neuen Welt eine Resozialisierung durchlebe, müsse die Verbindungen zu seinen früheren «signifikanten Anderen» kappen: «Der sich verwandelnde Mensch gliedert sich aus der früheren Welt und der Plausibilitätsstruktur, die sie stützt, aus, wenn möglich körperlich, in jedem Falle geistig» (2006, S. 264).

11.4 Das Nachher

Wie haben diese Personen ihren Austritt erlebt? Und wie beurteilen sie ihre frühere Erfahrung im evangelisch-freikirchlichen Milieu? Es wird sich herausstellen, dass der «Weg» der Ausgetretenen, obwohl Ausfluss einer persönlichen Entscheidung, mit Schwierigkeiten mentaler wie gesellschaftlicher Art gepflastert ist. Zudem hinterlässt die Austrittserfahrung bei mehreren Ausgetretenen einen bitteren Nachgeschmack, was sich in den Aussagen über ihre evangelisch-freikirchliche Vergangenheit niederschlägt.

Der Austritt, ein langer mentaler Prozess

Trotz dem scheinbar mechanischen Verlauf der oben beschriebenen Etappen darf nicht vergessen gehen, dass ein religiöser Loslösungsprozess lang und wechselvoll sein kann und dass im betroffenen Individuum zuweilen der Eindruck aufkommt, es könne seinen Verlauf nicht steuern. Schwierig wird die Loslösung wegen der im evangelisch-freikirchlichen Milieu erlebten Sozialisierung und wegen deren Gehalt.

Gewisse evangelisch-freikirchliche Auffassungen infrage stellen und sich von ihnen lösen wollen, das kann mehr oder weniger tiefgreifende kognitive Umwälzungen zur Folge haben: Die Person bejaht das bislang Integrierte nicht mehr, vermag sich aber gleichwohl nicht ausserhalb jenes vertrauten Rahmens zu situieren, der ihr als Bezugspunkt diente.[23] Nicht nur ist es, kognitiv betrachtet, nicht selbstverständlich, Jahre des Lernens zu vergessen, noch schwieriger aber ist es, sich von einem Repräsentationssystem wie dem im evangelisch-freikirchlichen Milieu normalerweise tradierten zu lösen. Mehrere Gesprächspartner erklären, sie hätten versucht, «*sich zu lösen*», «*anders zu denken*» oder auch «*den Rahmen zu zerstören*», um so eine evangelisch-freikirchliche Lesart ihrer neuen Lebenssituation zu vermeiden. Mehrere von ihnen wie Charlotte (27, K, Lehrerin) haben mentale Konflikte durchlebt:

23 Für die meisten Interviewten verlief diese Integration über primäre Sozialisierungsprozesse, und diese sind normalerweise wichtiger als sekundäre (Berger/Luckmann, 2006, S. 225–226).

> Ich war nicht mehr einverstanden mit gewissen Dingen, die im christlichen Milieu gesagt wurden, zugleich aber hatte ich Angst, den anderen Weg einzuschlagen, denn dort, so sagte ich mir, wird mich der Teufel einholen. Es war wirklich ein schweres Dilemma. Ich wagte es nicht, mich von den mir eingetrichterten Vorstellungen zu verabschieden, obwohl ich nicht unbedingt einverstanden war.

Mehrere brauchten denn auch, allen Relativierungsbemühungen zum Trotz, eine gewisse Zeit, sich aus dem evangelisch-freikirchlichen Repräsentationssystem zu lösen. Mélissa (24, Ch, Studentin) sagt, sie habe «*nach und nach alle Brücken hinter sich abgebrochen*», sich zunehmend «*losgelöst*». Sie erzählt, was sie erlebt hat:

> Die anderen [ihre Freunde in ihrer früheren Kirche] haben das eher als plötzlichen Bruch erlebt [...] Ich nicht, für mich gab es zwei Jahre lang diese Sache, dieses flaue Gefühl im Magen, manchmal kam es, manchmal ging es megagut, manchmal ging es gar nicht [...] Für mich war es ein Prozess, ganz auszubrechen [...] und noch heute falle ich ins alte Schema zurück [...] Es braucht Zeit, sich zu ändern, es ist wirklich ein Prozess.

Das «*alte Schema*» verbindet sie mit dem, was sie ihr «*Familienerbe*» nennt; zuweilen kommt es hoch, namentlich die Angst, wenn sie denkt, vielleicht werde sie nicht erlöst. Mit diesem Eindruck steht sie übrigens nicht allein da, was wiederum die Schwierigkeit unterstreicht, mental mit gewissen Verhaltensweisen zu brechen. Das erklärt wohl, weshalb einige Ausgetretene vermuten, sie hätten das evangelisch-freikirchliche Denksystem noch nicht ganz verlassen.

Die gesellschaftlichen Hürden des Austritts

Die Lebensläufe zeigen, dass die Ausgetretenen noch mit Schwierigkeiten ganz anderer Art konfrontiert sind. Deren Ursprung liegt in den sozialen Banden, die die Ausgetretenen an ihr familiales und kirchliches Umfeld ketten.

Wenn die Ausgetretenen ihren Austrittsbeschluss kommunizieren, stossen sie oft auf Unverständnis, Traurigkeit oder auch Versuche, sie umzustimmen. Bei den jungen Ausgetretenen ist oft die Familie Hauptquelle derartiger Druckversuche.[24] Anschaulich werden Traurigkeit und Unverständnis am Beispiel der Reaktion der Eltern von Mélissa (24, Ch, Studentin):

> Noch heute sagt meine Mutter manchmal zu mir: «Aber was habe ich getan, dass du so auf Distanz gehst?» [...] Im Grunde genommen macht sie sich selber Vorwürfe. Sie [ihre Eltern] waren traurig, ein bisschen wütend, wenn sie sich sagten, wir haben unsere Tochter verloren [...] Lange fühlte ich mich irgendwie als schwarzes Schaf der Familie. In ihren Augen bin ich verloren, eine Last, mit der ich mich anfänglich schwertat. Es ist hart, die Eltern unglücklich zu machen [...] Inzwischen gehe ich auf Distanz [...] Ich bin traurig für sie, weil sie diese Last tragen.

Für Elisa (27, K, Studentin) liefen die Dinge mehr oder weniger gleich ab. Sie sagt uns:

> Für sie [ihre Eltern] war es, ganz bestimmt, eine immense Trauer, das hat mir meine Mutter gesagt. Ich war der Grund für ihre intensive Traurigkeit, denn ich wandte mich vom Allerbesten ab.

Mathilde (26, Ch, Lehrerin) fühlte sich seitens ihrer Eltern stark unter Druck gesetzt, weiterhin in die Kirche zu gehen:

> Eine Zeit lang hat meine Mutter mich echt unter Druck gesetzt. Sie sagte: «Du willst doch nicht, dass ich dich holen komme? Du kommst mit mir in die Kirche.» Inzwischen ist es mein Vater. Ich antworte nicht einmal mehr. Es ist nicht einmal so, dass ich keine Lust habe, in diese Kirche zu gehen, es ist nur, dass ich realisiert habe, dass ich aus geringem Anlass gewaltig unter Druck gesetzt worden bin.

24 Das vom evangelisch-freikirchlichen Milieu favorisierte Erziehungsmodell setzt auf die Überlieferung des «religiösen Kapitals» durch die Eltern; dieses Kapital hat das Kind anschliessend zu verinnerlichen. Zu erleben, wie ein Kind sich von dem abwendet, was sie als das Beste für es betrachten, ist für Eltern äusserst schwierig (vgl. Kapitel 7).

Der Druck kann auch vom kirchlichen Umfeld ausgehen, das ebenfalls versucht, die Person, die immer seltener an Gottesdiensten und anderen Aktivitäten teilnimmt, zurückzugewinnen. Als Beispiel führt Mélissa das Verhalten von Mitgliedern ihrer früheren Gemeinde an:

> Sie bemühten sich, mich zu überzeugen, und als sie sahen, dass es nicht funktionierte, da versuchten sie es mit kleinen Tricks, kurzen Bemerkungen [...] Inzwischen tun sie es eher im Gebet, im persönlichen Gebet, denke ich.

Zu den «*kurzen Bemerkungen*» gehörte: «*Mélissa, weshalb kommst du nicht mehr in die Jugendgruppe?*», «*Mélissa, du hast dich aus der Verantwortung gestohlen, dein Engagement, wo ist es?*», «*Ich habe den Eindruck, dass zu nicht mehr oft zum Sonntagsgottesdienst kommst, was ist los?*»

> Mir wurden vor allem Fragen gestellt, so in der Art: Was geht hier vor? Wo stehst du denn nun?

Aus allen Lebensläufen der Ausgetretenen geht hervor, dass sie dazu neigen, rasch die Beziehung zur Gemeinde und folglich auch zu deren Mitgliedern abzubrechen, nicht aber zu den Familienangehörigen. Oft genügt es, den Gottesdienst nicht mehr zu besuchen, um frühere Freunde und Bekannte aus den Augen zu verlieren. Es ist mithin sehr viel einfacher, sich von seiner Gemeinde zu distanzieren als von der eigenen Familie. Obwohl die Pressionen vom kirchlichen wie vom familiären Umfeld ausgehen, überwiegt anscheinend die Angst vor der Verurteilung durch die Gemeindeglieder.

Das geht aus den regelmässig vorgebrachten Vermutungen der Ausgetretenen hervor. Sie nehmen an, obwohl sie es nicht beweisen können, dass sie Gegenstand von Verurteilungen und Kritiken seitens ihres früheren kirchlichen Umfelds sind. Schlechte Erfahrungen hat Mélissa mit ihrem früheren Pastor gemacht:

> Für den Jugendpfarrer habe ich geschuftet, ich hatte ein ziemlich verqueres Verhältnis zu ihm. Dann bin ich einfach weggegangen, ohne etwas zu sagen. Dann trafen wir uns wieder und da sagte er mir: «Was ist los?» Ich habe ihm gesagt, dass ich keine Lust mehr hätte, dass ich etwas anderes ausprobieren

> wolle. Da antwortete er: «Nun, wir werden dir nie mehr vertrauen, solltest du je zurückkehren wollen.» Und du, du stehst da ... Und noch heute, wenn ich ihn sehe, da steigt Hass in mir auf, obwohl ich nicht mehr ... Er war jemand, der mich ziemlich regelmässig anrief, und von einem Tag auf den anderen habe ich nichts mehr von ihm gehört ... Nun, das heisst, dass ich für ihn dann interessant war, wenn er mich einspannen konnte. So sehe ich das ... Es ist wirklich die einzige Beziehung, unter der ich leide ... Die ersten Male, wenn ich die Leute wieder sah, das machte mir, nun, es ging mir nicht gut, weil ich wusste, sie würden mich verurteilen usw. Inzwischen ist es anders, es ist mir egal. Mein Glaube, nun, mein neuer Glaube, wenn du so willst, ist inzwischen gefestigt.

Die in den evangelischen Freikirchen verbreitete Hochschätzung gruppeninterner Beziehungen und die Stärke des normativen Systems übersteigen oft die Logik der Familienbande.

Der Blick auf die eigene evangelisch-freikirchliche Erfahrung

Keiner der interviewten Ausgetretenen bedauert den Schritt. Wenn sie sich über das Milieu generell, über die Evangelisch-Freikirchlichen oder über die durchlaufene Erziehung äussern, dann in scharfem Ton. Die allen Ausgetretenen eigene äusserst kritische Sicht[25] baut weitgehend auf der Erfahrung des Austrittsprozesses selbst auf, der häufig als unangenehme Zeit qualifiziert wird. Grosse Zweifel werden an der dem Individuum zugestandenen freien Wahl laut, letztlich eines der Fundamente des evangelisch-freikirchlichen Milieus, nämlich dessen Aufwertung der individuellen Entscheidung.

Die Ausführungen der Ausgetretenen über das evangelisch-freikirchliche Milieu fallen eher negativ, ja, spöttisch aus:[26] «*geschlossener Raum*», «*Modellform*», «*kleine Herde*», «*sektiererische Tendenz*», «*Konditionierung*»,

25 Jede Sicht ist einzigartig, handle es sich um die Sicht eines Mitglieds oder eines Ausgetretenen. Wir privilegieren keine, sondern interessieren uns für die Diskrepanz zwischen dem Evangelisch-Freikirchlichen, der sein aktuelles Milieu beobachtet, und dem Ausgetretenen, der sein früheres Milieu betrachtet. Dank dieser Diskrepanz lernen wir das evangelisch-freikirchliche Milieu besser kennen.

26 Ihnen ist bewusst, dass sie keinen neutralen Blick auf das Milieu werfen können und nur die negativen Punkte erwähnen.

«*Abschottung*», «*Manipulation*», «*Gehirnwäsche*» sind einige der oft gebrauchten Termini. Um ihren Austritt zu beschreiben, verwenden sie denn auch Verben, die die Idee der Befreiung ausdrücken: «*sich befreien*», «*sich loslösen*» oder auch «*sich emanzipieren*». Das Milieu wird kritisiert, aber mehr noch wird das engere Familienumfeld der Ausgetretenen – mit dem sie noch in Kontakt stehen – mit Trauer und Unverständnis betrachtet. Das gilt etwa für Elisa (27, K, Studentin), die möchte, dass sich ihre Eltern verändern:

> Wenn ich meine Eltern betrachte, dann habe ich den Eindruck, dass sie vollkommen in ihrer Welt eingeschlossen sind, in ihrer Religion; und genau das wirkt sich im Alltag ganz stark aus [...] Bei ihnen gibt es inzwischen nur noch Bücher über Religion, verfolgte Christen, die Missionierung der anderen; an den Wänden hängen Verse. Zu Weihnachten schenke ich ihnen manchmal Bücher ganz ohne Bezug zu solchen Themen [...] Ich sage mir, sie müssen etwas davon wegkommen, ich sehe das wirklich wie Scheuklappen, sie sind konditioniert.

Viele Ausgetretenen haben zudem das Gefühl, sie hätten keine andere Wahl gehabt, als evangelisch-freikirchlich zu sein und so zu denken, wie sie es vor ihren Loslösungsversuchen getan hatten. Es zeichnet sich ein Gefühl der Passivität ab: Ohne es zu wollen, wurden sie im Milieu erzogen, und ohne es unbedingt bewusst herbeizuführen, stellten sie das Milieu infrage. Mehrere haben ein negatives Bild des besuchten Unterrichts, erinnern sich nur an zahlreiche Verbote oder Pflichten. Charlotte (27, K, Lehrerin) fragt sich denn zuweilen auch, ob sie ihrer Mutter böse sei:

> Ich habe mich gefragt, ob ich es meiner Mutter übelnehme, ich weiss nicht. Letztlich ist man dermassen konditioniert, von klein auf, dass man nicht die Wahl hat, daran zu glauben oder nicht. [...] Es wird einem derart gut eingetrichtert; ich würde beinahe sagen, man wird von klein auf manipuliert oder indoktriniert. Es sind etwas harte Worte, und es tut mir weh, solche Worte zu gebrauchen. Aber schliesslich kann ich nicht anders, als mir diese Fragen zu stellen.

Die oft schwierigen Etappen, die einige der Ausgetretenen durchlaufen, bevor sie sich endgültig aus dem evangelisch-freikirchlichen Denk- und

Wertesystem lösen, erklärt in hohem Mass diesen sehr kritischen Blick auf ihre religiöse Erziehung. Anders der Blick von Mélissa (24, Ch, Studentin) auf ihren Austritt: Sie erklärt, bei ihrer Bekehrung habe sie bewusst entschieden, evangelisch-freikirchlich zu sein; genauso musste sie sich entscheiden, es nicht mehr zu sein. Sie ist allerdings die einzige, die sich in diesem Sinne äussert.

Wird die individuelle Wahl infrage gestellt, beeinträchtigt das auch einen wichtigen Teil des evangelisch-freikirchlichen Gehalts überhaupt. Für die jungen Ausgetretenen ist damit das Verständnis von Ehe und Familie radikal infrage gestellt. Mélissa erklärt:

> Es war wirklich mein Wunsch, eine Familie zu gründen, das Modell in etwa umzusetzen. Es war so etwas wie das Ziel des Individuums im Leben. Einen Mann finden, Kinder haben und deine Kinder in dieser Tradition aufwachsen lassen. Heute kann ich mir Familie in diesem Sinn nicht mehr vorstellen.

Oder auch Mathilde (26, Ch, Lehrerin):

> Bis zwanzig, da war die Ehe so ziemlich das grosse Ideal, vor der Heirat wollte ich unbedingt Jungfrau bleiben, ich glaubte fest daran. Eigentlich weiss ich gar nicht, ob ich selber wirklich zutiefst daran glaubte oder ob man mir das derart gründlich eingetrichtert hatte, dass ich mir sagte, man müsse sich in etwa daran halten. Ich übernahm es, ohne wirklich Fragen zu stellen, weil das am einfachsten war, nicht wahr.

Für viele der jungen Ausgetretenen ist die Frage der Erziehung ihrer künftigen Kinder weiterhin aktuell. Oftmals wird die Vorstellung geäussert, den Kindern sei «*die Wahl*» oder «*die Freiheit*» zu lassen, gewissermassen als Gegenpart zum Eindruck, man habe etwas nicht Gewolltes über sich ergehen lassen. So sieht es Charlotte:

> Ich habe mir geschworen, dass ich meine Kinder, falls ich meine Meinung nicht ändere, in keiner Religion grossziehen werde, denn ich finde, das ist ihre Wahl. Ich könnte vielleicht mit ihnen über Gott sprechen, aber ich werde sie nie etwas Geschlossenes, unter der Last von Drohung und Angst, lehren. Gut oder Böse, das ist äusserst beunruhigend, weil man sich jeden Tag fragt, ob

> man gut ist; sobald man einen Fehler macht oder auch nur ein bisschen lügt, kommen Schuldgefühle auf. Die Leute werden gefangen gehalten, ich werde das niemals wiederholen.

Evangelisch-freikirchliches Denken gründet grossenteils auf der Vorstellung der Wahl, die sich in der individuellen Bekehrung konkretisiert. Angesichts der Schwierigkeiten, denen jene begegnen, die sich für eine Distanzierung vom evangelisch-freikirchlichen Milieu entschieden haben, kommt es zu einer starken Infragestellung dieser vermeintlichen Wahl.

In diesem Kapitel befassten wir uns mit dem Lebenslauf von Personen, die sich nach einer kritischen Infragestellung ihres Engagements im evangelisch-freikirchlichen Milieu entschieden haben, dieses zu verlassen. Dank diesem Ausgangspunkt konnten wir nicht bloss die Austritte aus dem evangelisch-freikirchlichen Milieu an sich untersuchen – ein bislang kaum analysiertes Phänomen –, sondern auch das Funktionieren des evangelisch-freikirchlichen Milieus unter einem anderen Blickwinkel betrachten. Es hat sich herausgestellt, dass die individuellen Austrittsprozesse unbedingt mit dem normativen und dem Repräsentationssystem des evangelisch-freikirchlichen Milieus verknüpft werden müssen. Entfernt sich ein Individuum physisch von der Gemeinde, sieht es sich mit Bemerkungen aus seinem Umfeld konfrontiert; löst es sich mental aus dem evangelisch-freikirchlichen System, fängt es an zu zweifeln; weicht es von den Normen ab, wird es auf den «richtigen Weg» zurückgerufen – alles gesellschaftliche Zwänge und persönliche Infragestellungen, die den Austrittsprozess derart kompliziert machen. Die Analyse hat gezeigt, welche kapitale Rolle die Aussenwelt (sich gesellschaftlich neu orientieren), verbunden mit kognitiven Anstrengungen (anders denken), spielt. Diese beiden Mechanismen vermindern die Sozialkontrolle und die Selbstkontrolle des Individuums über das eigene Verhalten und Denken; dann steht ihm der Weg offen, ein neues soziales und kognitives Gleichgewicht zu erlangen. Schliesslich ist der Austritt aus dem evangelisch-freikirchlichen Milieu, aus psychologischer Sicht, ein schwieriger Prozess. Darin verliert man Freundschaften, vor allem aber eine Denkweise und ein Weltverhalten. Anhand der Analyse dieser Lebensläufe konnten wir einmal mehr und unter einem anderen Blickwinkel die umgreifende und totalisierende Dimension evangelisch-freikirchlicher Identitäten aufzeigen – Merkmale, die am Fortbestand des Milieus starken Anteil haben.

Kapitel 12

Die Entwicklung des Milieus: zwischen Kontinuität und Wandel

Caroline Gachet

Im 20. Jahrhundert haben die westlichen Gesellschaften zahlreiche tiefgreifende soziale Umwälzungen erfahren. Wie präsentiert sich im Kontext der «Gesellschaften im Wandel»[1] das evangelisch-freikirchliche Milieu? Ist es vom grossen gesellschaftlichen Wandel betroffen, der das Verhältnis zum Religiösen[2] verändert hat, und wenn ja, auf welcher Ebene? Diesen Fragen werden wir in diesem letzten Kapitel nachgehen. Wir vergleichen einige evangelisch-freikirchliche Praktiken und Werte junger Menschen mit denjenigen älterer Evangelisch-Freikirchlicher. Auf diese Weise wollen wir herausfinden, was sich während der letzten siebzig Jahre innerhalb des evangelisch-freikirchlichen Milieus in der Schweiz verändert hat und wie die entsprechenden Entwicklungen erklärt werden können.[3] Wir wenden uns dieser Fragestellung in zwei Annäherungen zu:

1 Vgl. Bajoit, 2005.

2 Mit der Moderne ergeben sich für das Religiöse drei kapitale Umwälzungen: religiöse Zugehörigkeit als Option, Wettbewerb zwischen religiösen Gütern und weltlichen Gütern, starke Konkurrenz zwischen religiöser und säkularer Sozialisierung (vgl. Kapitel 1).

3 Zur Messung und Analyse bestimmter quantitativer gesellschaftlicher Veränderungen setzen die Sozialwissenschaften auf die Kohortenanalyse (Glenn, 2005, S. 1); dank ihr lässt sich die Zeitdimension in die Erklärung menschlicher Verhaltensweisen einführen (Attias-Donfut, 1991, S. 3). In diesem Analysetyp werden drei Variablen eingesetzt: (1) die Variable Alter, um den Alters- oder Alterungseffekt zu berechnen; diese setzt voraus, dass gewisse Verhaltensweisen oder Meinungen altersbedingt sind und sich folglich mit dem Alterungsprozess verändern (Galland, 2007, S. 102, S. 112–113); (2) das Geburtsdatum für den Generationen- oder Kohorteneffekt, was die Analyse von grundlegenden Veränderungen erlaubt; dahinter steht die Vorstellung, dass jede Kohorte relativ homogen ist, bestimmte Anschauungen über Welt und Gesellschaft teilt, ähnliche Erfahrungen gemacht hat und sich klar von den vorausgehenden oder nachfolgenden Generationen unterscheidet (Chauvel, 2002, S. 20; Gal-

erstens mit dem Vergleich der verschiedenen Generationen von Evangelisch-Freikirchlichen in den verschiedenen Submilieus, zweitens mit der Analyse der Ergebnisse im Kontext der Gesellschaft generell sowie im Kontext ihres Individualismus, ihres Konsumismus, ihres Desinteresses für das Religiöse oder auch ihrer Permissivität.[4] Diese Annäherungen liefern wichtige Ergebnisse zur Bedeutung des gesellschaftlichen Einflusses auf das Milieu einerseits und auf den Grad der Öffnung von Milieu und Submilieu für diesen Einfluss andererseits.

12.1 Der Gottesdienst auf dem evangelisch-freikirchlichen Markt der religiösen Güter

Oft wird das evangelisch-freikirchliche Milieu über seine Vitalität definiert, die namentlich im häufigen Gottesdienstbesuch zum Ausdruck komme.[5] Zwar ist der Gottesdienst dem evangelisch-freikirchlichen Christen ein wesentliches Fundament, um seinen Glauben zu leben,[6] gleichwohl zeigt die nachstehende Analyse, dass die Teilnahme am Gottesdienst gewissen Einflüssen des heutigen Lebens unterliegt, und zwar besonders bei den jungen Generationen von Evangelisch-Freikirchlichen.

LAND, 2007, S. 104; GLENN, 2005, S. 2; ATTIAS-DONFUT, 1988, S. 144); (3) schliesslich das Beobachtungsdatum für den Periodeneffekt; dieses entspricht dem bei der Erforschung jeglichen sozialen Wandels zu berücksichtigenden soziohistorischen Kontext (ATTIAS-DONFUT, 1988, S. 154–157; GALLAND, 2007, S. 114). Einblick in die Entwicklung des evangelisch-freikirchlichen Milieus gibt uns der Kohortenvergleich, und zwar im Zusammenhang einer Analyse aktueller gesellschaftlicher Tendenzen. Beim Vergleich der Anteile der verschieden Altersgruppen von Evangelisch-Freikirchlichen verlieren wir auch zwei zugleich komplementäre und gegensätzliche Elemente nicht aus den Augen: Die Jugend stellt ein «sensibles Barometer für den Zustand von Meinung und Gesellschaft», aber auch von laufenden sozialen Entwicklungen dar (GALLAND/ROUDET, 2005, S. 9); gleichwohl gilt es Alterungsprozesse nicht zu unterschätzen, die tendenziell Werte, Meinungen und Praktiken der Individuen deutlich machen (GALLAND, 2007, S. 111). In dieser Optik sind die jungen Evangelisch-Freikirchlichen sowohl Träger des Neuen als auch Garanten der Tradition.

4 BAJOIT, 2005, S. 69–77.

5 Nämlich mehrmaliger Gottesdienstbesuch pro Woche.

6 Vgl. auch Kapitel 4.

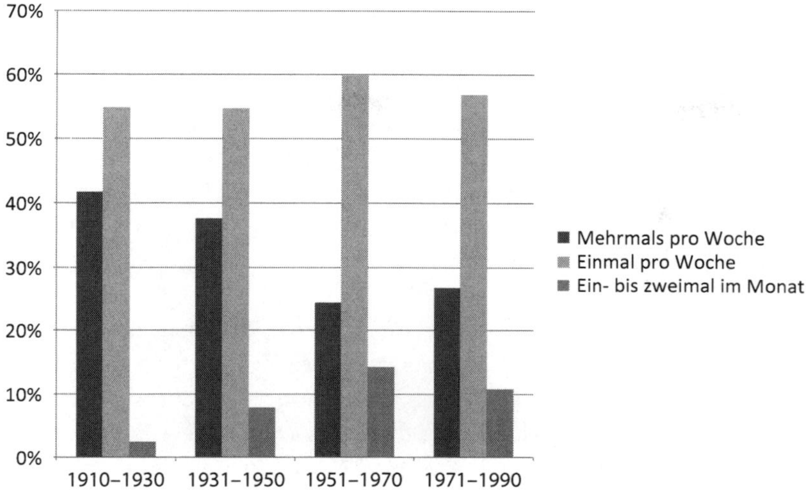

Grafik 12.1: Häufigkeit des Gottesdienstbesuchs, nach Geburtsjahren

Ein Blick auf Grafik 12.1 zeigt, dass die Praxis des wöchentlichen Gottesdienstbesuchs bei Evangelisch-Freikirchlichen stabil bleibt, und zwar für die 20- wie für die 70-Jährigen.[7] Generationenübergreifend festzustellen ist indes ein Rückgang des Gottesdienstbesuchs «mehrmals pro Woche», und zwar zugunsten eines Anstiegs der Frequenz «ein- bis zweimal im

7 Hoch ist sie insbesondere im Vergleich zur Gottesdienstpraxis der Schweizer Bevölkerung insgesamt; nur 8,2 % besuchen einmal in der Woche einen Gottesdienst (Favre, 2006, S. 221). Die wichtigsten europäischen Studien über die religiösen Werte gelangen alle zum gleichen Schluss: Im Zuge der Generationenabfolge werden christliche Zugehörigkeit und Praxis schwächer, Glaubensüberzeugungen und Verhaltensweisen individualisieren, «spiritualisieren» und «internationalisieren» sich. Oft wird die Säkularisierungsthese (Krise der religiösen Institutionen), gekoppelt an die Individualisierung des Verhaltens, bemüht, um diesen Sachverhalt zu erklären: In Europa verlieren die traditionellen Institutionen zunehmend an Einfluss auf die Sozialisierung der Individuen, die dann immer weniger beitreten und praktizieren. Die Folgen davon trifft die Teilnahme am (vor allem reformierten oder katholischen) Gottesdienst mit voller Wucht (zur Schweiz vgl. Stolz/Könemann/Schneuwly Purdie/Krüggeler/Engelberger, 2011; für Europa vgl. Lambert, 2005).

Monat». Während in der Generation der zwischen 1910 und 1930 Geborenen 41,7% der Evangelisch-Freikirchlichen mehrmals pro Woche und nur 2,4% von ihnen ein- bis zweimal im Monat den Gottesdienst besuchen, sind es in der Generation der zwischen 1971 und 1990 Geborenen – in Übereinstimmung mit der progressiven Abnahme unter den zwei vorherigen Generationen – nur noch 26,8%, die den Gottesdienst ein- bis zweimal pro Woche besuchen, gegenüber 10,8%, die dies monatlich tun. Wir sehen in dieser Entwicklung einen Alterseffekt, aber auch und vor allem einen tiefgreifenden Wandel des Gottesdienstbesuchs.

Zum einen lässt sich nicht bestreiten, dass der Rhythmus des heutigen Berufslebens einen Einfluss auf die Häufigkeit des Gottesdienstbesuchs berufstätiger Evangelisch-Freikirchlicher hat. Noch vor fünfzig Jahren war der wöchentlich mehrmalige Gottesdienstbesuch unter der Mehrheit der Evangelisch-Freikirchlichen praktisch die Norm,[8] heute indes erweist sich dies als sehr schwierig, wenn nicht gar unmöglich.[9] Die qualitativen Daten deuten in diese Richtung. Für einige ist bereits die wöchentliche Teilnahme eine Herausforderung, so etwa für Simon (33, Kl, Arbeiter), der zuweilen auch Sonntagsarbeit verrichtet. Neben den beruflichen Zwängen stellt sich das Problem der geografischen Distanz. Obwohl sie zwischen Lausanne und Genf wohnt, hat Cécile (21, Ch, Medizinische Praxisassistentin) beschlossen, weiterhin in der Kirche ihrer Kindheit im Wallis am Gottesdienst teilzunehmen. Angesichts der Wegstrecke fährt sie zwei- bis dreimal im Monat dorthin. Die Mobilität, die manche Evangelisch-Freikirchlichen an den Tag legen, ist Ausdruck der Wahlfreiheit, die mit dem Ausbau der Verkehrsmittel und der steigenden Anzahl an Gemeinden evangelisch-freikirchlichen Zuschnitts in der Schweiz zugenommen hat. Simon analysiert die heutigen Kirchenzugehörigkeiten wie folgt:

> In unserem Dorf gehören wir keiner Gemeinde mehr an. Das hat mit unserem heutigen Leben zu tun, wir können leicht reisen, anderswo hingehen. Deshalb gehen wir dorthin, wo es uns am besten für uns dünkt […] Das hat einen Hauch von Konsumismus an sich, aber sei's drum, wir leben in einer anderen Zeit.

8 Favre, 2006, S. 221.

9 Was auch damit zu tun hat, dass viele evangelischen Freikirchen nicht mehr mehrere Gottesdienste pro Woche anbieten.

Das Element, das die Evangelisch-Freikirchlichen an ihre Gemeinde bindet, ist weniger die Häufigkeit als vielmehr die Affinität mit der Gemeinde. Es ist auch anzunehmen, dass die mit dem ersten Kind steigenden Familienverpflichtungen die Frequenz des Gottesdienstbesuchs vieler Evangelisch-Freikirchlicher negativ beeinflussen.[10] Um dieser Entwicklung Rechnung zu tragen, richten manche Gemeinden in ihren eigenen Lokalitäten Horte ein, um so den Eltern den Gottesdienstbesuch zu ermöglichen. Manche bieten sogar Kindergottesdienste für die verschiedenen Altersstufen an.

Zum anderen sind die Norm des Engagements für die eigene Gemeinde und die vielfältigen Angebote innerhalb des evangelisch-freikirchlichen Milieus zwei weitere Elemente, die, einmal abgesehen von den Zwängen und Verpflichtungen der heutigen Gesellschaft, den Rückgang der wöchentlich mehrmaligen Teilnahme und die Zunahme der monatlichen Teilnahme bei jüngeren Evangelisch-Freikirchlichen erklären. Mehr als zwei Drittel übernehmen eine Aufgabe in ihrer Gemeinde; 55,2 % von ihnen schätzen, dass sie, alle Aktivitäten eingerechnet, mehr als zehn Stunden pro Monat in ihrer Gemeinde verbringen.[11] Die interviewten Evangelisch-Freikirchlichen zählen neben dem Gottesdienstbesuch eine hohe Zahl von Aktivitäten auf, in die sie als Verantwortliche oder als einfache Teilnehmende involviert sind: wöchentlicher Bibelkreis, Familiengottesdienst, Frühstück mit Bibellesung, Kurse für Paare und Familien, Alphalive-Kurse, Lobpreisabende, Lager, Sonntagsschule, Jugendgruppe, Gebetskreis, Vorträge, Chöre, Veranstaltungen mit anderen Gemeinden usw. Diese nicht erschöpfende Liste bestätigt den hohen Rhythmus, in dem sich die Mehrheit der Evangelisch-Freikirchlichen am religiösen Leben beteiligt.

Der Rückgang der wöchentlich mehrmaligen Aktivitäten tangiert die drei Submilieus allerdings recht unterschiedlich. Die konservativen heben

10 Favre stellte die Hypothese vom strukturellen Wandel der Familie auf, um den Rückgang der Gottesdienstteilnahme nach Alterssegmenten zu erklären: Mit der Geburt der Kinder würde der wöchentlich mehrmalige Gottesdienstbesuch vorübergehend sinken (2006, S. 226). Dieses Element gilt es zu berücksichtigen, auch wenn wir aufgrund unserer Kohortenanalysen eher annehmen, dass der Rückgang aufgrund tiefgreifender Veränderungen des Lebenswandels dauerhaft ist.

11 Der Zeitaufwand für Aufgaben in der eigenen Gemeinde ist bei jungen Menschen höher und nimmt mit dem Alter ab.

Abend-Gottesdienst, Freie Evangelische Gemeinde (FEG) Murten, Foto: Website der Kirche

sich stark von den charismatischen und klassischen Evangelisch-Freikirchlichen ab: 68,6 % von ihnen besuchen «mehrmals pro Woche» Gottesdienste, nur 30,6 % resp. 21,6 % hingegen in den beiden anderen Gruppen. Zudem sind nur die beiden letztgenannten Gruppen vom Alterseffekt betroffen: Nur bei den charismatischen und bei den klassischen Evangelisch-Freikirchlichen besuchen die jungen Leute den Gottesdienst weniger häufig als die älteren. Diese Resultate korrelieren mit der Tendenz zum Angebotsausbau; solche Angebote konzentrieren sich hauptsächlich auf die beiden letztgenannten Submilieus, während das konservative Submilieu keine Steigerung von Aktivitäten kennt.[12] Generell ist die Frequenz

12 Die konservativen Evangelisch-Freikirchlichen unterscheiden sich durch ihre Ekklesiologie, die neben Gottesdienst und einigen wenigen Treffen kaum auf Aktivitäten oder Versammlungen setzt. Im Gegensatz dazu werten die charismatischen Kirchen und in geringerem Masse auch die klassischen Kirchen die individuellen Charismen auf und bieten zahlreiche auf die Altersklassen zugeschnittene Aktivitäten an. Diese Angebotsvielfalt verlangt im Gegenzug ein hohes Engagement, was sich in einem höheren Zeitaufwand niederschlägt (vgl. Kapitel 4).

des Gottesdienstbesuchs bei Evangelisch-Freikirchlichen hoch; gleichwohl sehen wir den Rückgang der wöchentlich mehrmaligen Teilnahme und die Zunahme der monatlichen Teilnahme als Anzeichen für eine Lockerung der evangelisch-freikirchlichen Orthopraxis[13], von der die Praxis der Konservativen allerdings unberührt bleibt. Angesicht der Zwänge des heutigen Lebens und der Aktivität der Evangelisch-Freikirchlichen in verschiedene Bereiche ihrer Gemeinde präsentiert sich der Gottesdienst als ein «religiöses Gut» unter anderen.

12.2 Neue Formen des Zusammenseins

Die Analyse der quantitativen Daten verweist auf eine weitere Veränderung in der Gottesdienstpraxis, und zwar hinsichtlich ihrer Funktion und ihres Sinngehalts. Geht man aus von der Aussage: «Ein echter Christ sollte regelmässig in die Gemeinde gehen, um Gott zu begegnen und sein Wort zu hören», wird erkennbar, dass die jungen Generationen der Aussage weniger stark zustimmen als der Rest der Antwortenden. Im Lichte unserer Interviews zeichnet sich eine Hypothese ab: Vermutlich verliert diese Auffassung in den jüngeren Generationen an Wichtigkeit, weil neuen Formen des Zusammenseins wachsende Bedeutung zukommt.

Während 92,2 % der zwischen 1910 und 1930 Geborenen mit dem Satz «Ein echter Christ sollte regelmässig in die Gemeinde gehen [...]» «völlig einverstanden» sind, denken in der Generation der zwischen 1971 und 1990 Geborenen nur noch 64,3 % so.[14] Die qualitativen Interviews unterstreichen diese Tendenz und verhelfen uns so zu einem besseren Verständnis. Die jungen Interviewpartner signalisieren ganz klar eine gewisse Distanzierung vom traditionellen Modus des «Gemeindeseins», nämlich des Sonntagsgottesdiensts, dessen Modalität nicht länger ihren Wünschen und Bedürfnissen entspricht. Ein Teil der Jungen räumt ein, dass sie

13 Orthodoxie verweist auf das, was eine gegebene religiöse Gruppierung als «richtigen» Glauben betrachtet, im Gegensatz zum «falschen» Glauben; Orthopraxis wiederum dient der Unterscheidung von «richtigen» und «falschen» Verhaltensweisen (Simay, 2010, S. 846–850).

14 Ausgeprägter ist diese Tendenz unter den jungen klassischen Evangelisch-Freikirchlichen.

den Gottesdienst am Sonntagmorgen nicht mehr regelmässig besuchen, wobei sie unterschiedliche Argumente vorbringen, um ihre Abwesenheit zu legitimieren. Eine erste Hürde sind die Gottesdienstzeiten. Diese sind mit den Wünschen der Jungen oft inkompatibel, wie Fanny (21, Kl, Studentin) betont:

> Am Sonntag aufstehen und dann um halb zehn aufbrechen, da muss man am Samstagabend irgendwann beschliessen, heimzugehen. Es sind solche Dinge, die zählen für die Jungen, die 30 sind, das ist ganz normal.[15]

Manche jungen Leute erkennen sich weder in der Zuhörerschaft noch in der Gestalt ihrer Gemeinde. Manche Gemeinden weisen ein «Generationenloch» auf. So die Bezeichnung von Fanny, die ihre Kirche wie folgt beschreibt:

> Es gibt ziemlich viele alte Menschen und Leute so um die fünfzig, weniger junge. Zwischen den Dreissig- bis Vierzigjährigen besteht eine Art Generationenloch. Es stimmt, die fehlen irgendwie.[16]

Eine weitere Hürde liegt in der Form des Gottesdienstes, die als «*veraltet*», «*zu weich*» oder auch als «*nicht lebendig genug*» bezeichnet wird, was die Motivation zur Teilnahme am Sonntagsgottesdienst sinken lässt. Die Aussagen von Cécile (21, Ch, Medizinische Praxisassistentin) unterstreichen die Langeweile, die mehrere junge Evangelisch-Freikirchliche in ihrer Gemeinde verspüren:

> Eine gute Sache, die Gemeinde, aber für Junge unserer Generation gibt es meiner Meinung nach anderes, etwas Neues. Den Jungen, denen entspricht diese Form des Feierns vielleicht nicht mehr: sich auf einen Stuhl setzen und zuhören.

15 Kirchen, die im Wesentlichen ein jüngeres Publikum anpeilen, bieten später am Tag oder gar am Abend Gottesdienste an.

16 Die in neun Gottesdiensten in unterschiedlichen Submilieus gemachten Beobachtungen bestätigen die Existenz dieses «Generationenlochs». Je nach Gemeinde fehlten insbesondere jüngere Leute.

Aus den Ausführungen dieser jungen Evangelisch-Freikirchlichen geht hervor, dass sie sich lieber in kleineren Strukturen treffen und dort ihren Glauben teilen. Für Fanny und Cécile ist das Ideal «*die Hausgemeinde*», «*unter Freunden*», wie Cécile präzisiert:

> Du triffst dich zu einem guten Essen, vielleicht gibt es einen kurzen Lobpreis mit einer Gitarre, einer Djembé, du singst einige Lieder, einige Zeugnisse oder eher ein Gebet für die Menschen.

Die verschiedenen Gottesdienstelemente verschwinden nicht aus solchen Strukturen, sind aber in einen intimeren Rahmen mit mehr Nähe eingebettet. Das Bedürfnis, sich im kleinen Kreis zu treffen, wird von mehreren jungen Leuten geteilt. So etwa von Claire (25, Ch, Studentin), die glücklich ist, dass sie einer kleinen Gruppe angehört, die sich am Rande der Sonntagsgottesdienste trifft. Für sie ist das die Gelegenheit,

> [...] sich Zeit zu nehmen, um zu diskutieren, um zu erfahren, wie es den anderen geht. Dann wird die Botschaft des letzten Sonntags zusammengefasst, fünf Minuten darüber diskutiert und gebetet. Die Idee mit diesen Gruppen ist, dass die Leute sich nicht bloss am Sonntag treffen, sondern dass wirklich Freundschaften entstehen, ein Vertrauensklima. Wir diskutieren in kleineren Gruppen, weil die Versammlungen manchmal Grossveranstaltungen sind, in denen du dir etwas verloren vorkommst.

Die Gemeinde von Sam (28, Ch, Pastor) bietet eine solche Gruppe an, «connect group» genannt; diese dient ähnlichen Zielen wie den von Claire (25, Ch, Studentin) beschriebenen: sich im kleinen Kreis treffen, um zu diskutieren, zu reden, zu beten, Gott zu entdecken und ein gutes Gemeinschaftsgefühl aufzubauen. Diese Tendenz findet sich auch in höheren Altersegmenten; auch dort sollen Versammlungen im kleineren Kreis privilegiert werden. Diese sind persönlicher, setzen auf Interaktion, Intimität und Nähe, mithin auf ein Klima, in dem der Glaube umfassend gelebt werden kann. Diese Elemente finden die Evangelisch-Freikirchlichen oft in den verschiedenen nichtgottesdienstlichen Aktivitäten.

ICF Konferenz im Hallenstadion Zürich 2011, Foto: Website der Kirche

12.3 Den Akzent auf die Jugend setzen

Alles in allem räumen die evangelischen Freikirchen ihrer Jugend einen wichtigen Platz ein. Dies fällt besonders auf, wenn man sich die Vielzahl der Aktivitäten vergegenwärtigt, die für diese Kategorie von Personen angeboten wird. Doch nimmt man die Analyse der Jugendgruppe in Funktion der verschiedenen Alterssegmente und der drei Submilieus zum Ausgangspunkt, ist festzustellen, dass diese Entwicklung jüngeren Datums ist.

Für das gesamte evangelisch-freikirchliche Milieu spiegelt die Zugehörigkeit zur Jugendgruppe eine signifikante und tiefgreifende Veränderung. Die Durchschnittskurve «Evangelisch-Freikirchliche» in Grafik 12.2 zeigt klar die Entwicklung dieser Praxis im Lauf der Zeit. Während 62,3% der zwischen 1910 und 1930 Geborenen einer Jugendgruppe angehörten, sind es 89,9% der zwischen 1971 und 1990 Geborenen.[17]

17 Um das Ausmass der Entwicklung der Jugendgruppen in evangelischen Freikirchen zu erfassen, ist das Aufkommen solcher Gruppen im soziohistorischen Kontext des 20. Jahrhunderts und seiner gesellschaftlichen Vorstellungen von

Grafik 12.2: Zugehörigkeit zu einer Jugendgruppe, nach Geburtsjahren[18]

Unsere qualitativen Daten zeigen, dass die Zugehörigkeit zu einer Jugendgruppe mit den nach dem Zweiten Weltkrieg geborenen Generationen zunimmt. Wenn sich die in den 1930er Jahren Geborenen ihre religiöse Erziehung vergegenwärtigen, erinnern sie sich hauptsächlich an häufige Gottesdienstbesuche, an die Sonntagsschule, an Bibelstunden oder auch an den Kirchenchor, nie aber erwähnen sie die Zugehörigkeit zu einer Jugendgruppe. Dazu meint Marianne (65, K, Röntgenassistentin), die seit ihrer Kindheit in der Gemeinde für Christus ist: «*Es ist noch nicht so lange her [, dass es solche Gruppen gibt]; zu unserer Zeit gab es keine.*» Die evangeli-

der Jugend zu betrachten. Die Begleitung Jugendlicher und deren Integration in verschiedene Sozialisierungsinstitutionen (religiöse Institutionen, anfänglich katholische, dann der Staat) haben mit dem Aufkommen des Begriffs des Individuums und mit der Bedeutsamkeit zu tun, die der Bildung als Vermittlungsinstanz von Werten und Emanzipation neu zugeschrieben wird (Galland, 2007, S. 83–97).

18 Die Grafik zeigt den Prozentanteil der Antwortenden (mit bekehrten Eltern), die als 15-Jährige einer Jugendgruppe angehörten.

schen Freikirchen messen mithin der Begleitung Jugendlicher erst seit Kurzem mehr Bedeutung zu und wenden auch mehr Mittel dafür auf.

Doch es gilt weitere Variablen zu berücksichtigen, wenn es darum geht, die zuweilen spät erfolgte Einführung von Jugendgruppen in den Gemeinden zu erklären, nämlich das Gründungsdatum der Gemeinde und deren Grösse. Zur Zeit ihrer Adoleszenz in den 1980er Jahren konnten die beiden Söhne von Josiane (65, Ch, selbständig) keine Jugendgruppe besuchen, weil ihre Gemeinde noch neu war und mangels Zulauf noch keine derartigen Aktivitäten anbieten konnte. Auch Isabelle (28, K, Direktionsassistentin) war in einer zu kleinen Gemeinde, der zudem mehrheitlich ältere Menschen angehörten. Wie wir sehen, üben die Grösse, aber auch die Gemeindeleitung einen wichtigen Einfluss auf die (Nicht-)Einführung von Neuerungen in der Gemeinde aus. In manchen Fällen, so scheint es, veranlasste der Wettbewerb innerhalb des evangelisch-freikirchlichen religiösen Marktes gewisse Gemeinden dazu, Jugendgruppen anzubieten. Dies gibt Victor (28, Kl, Student) zu verstehen. In seiner Region schlossen sich zahlreiche junge Menschen aus verschiedenen Gemeinden einer Jugendgruppe an, aus der dann eine Gemeinde hervorging. Um solchen Verlusten zu wehren, schufen die betroffenen Gemeinden dann ihre eigenen Strukturen für Junge.

Verkauf von CDs mit christlicher Musik, rencontre de jeunesse, le Landeron, Foto: Christophe Monnot (2009)

Neben Unterschieden zwischen den Generationen gibt es auch Unterschiede zwischen den einzelnen Submilieus. Aus Grafik 12.2 geht hervor, dass die Entwicklung der Jugendgruppen nicht in allen drei Submilieus gleich verläuft. Die klassischen Evangelisch-Freikirchlichen, deren Beteiligung an dieser Aktivität über dem evangelisch-freikirchlichen Durchschnitt (über sämtliche Kohorten hinweg) liegt, haben unter dem Einfluss reformierter Kirchgemeinden schneller Jugendgruppen eingeführt. Bezüglich der charismatischen Evangelisch-Freikirchlichen, die derzeit eine Fülle von Aktivitäten für Jugendliche anbieten, lässt sich die relativ geringe Beteiligung damit erklären, dass die meisten von ihnen nicht in einer evangelisch-freikirchlichen Familie oder in einem stark religiös geprägten Umfeld aufgewachsen sind. Die konservativen Evangelisch-Freikirchlichen wiederum haben erst relativ spät Jugendgruppen eingeführt, wahrscheinlich um der Konkurrenz durch die beiden anderen Submilieus zu wehren.

12.4 Die Bibel, eine immer stärker personalisierte Stütze

Noch und noch haben wir in dieser Studie den zentralen Platz der Bibel im Alltag der Evangelisch-Freikirchlichen unterstrichen.[19] Dieser Stellenwert spiegelt sich in der eifrigen Bibellektüre: 75,7 % der Evangelisch-Freikirchlichen geben an, sie würden täglich die Bibel lesen. Doch ist auch hier dieselbe Tendenz zu beobachten wie beim Gottesdienstbesuch: Die Häufigkeit der Bibellektüre nimmt mit den Generationen ab; bezüglich Funktion und Sinn dieser Lektüre für den heutigen Evangelisch-Freikirchlichen zeichnet sich mithin auch hier eine Veränderung ab.

Während 90,4 % der zwischen 1910 und 1930 geborenen Evangelisch-Freikirchlichen täglich die Bibel lesen, sind es bei den zwischen 1971 und 1990 Geborenen nur noch 63,2 %. Im Lichte der qualitativen Gespräche lässt sich folgende Hypothese aufstellen: Die Praxis der täglichen Bibellektüre nimmt mit den jungen Generationen Evangelisch-Freikirchlicher ab, aber nicht etwa deshalb, weil die Bibel an Bedeutung verloren hätte, sondern weil sie für den Verhaltenskodex weniger bestimmend ist. Auch diese Hypothese liegt auf derselben Linie wie die bereits bezüglich der

19 Vgl. insbesondere Kapitel 3.

Gottesdienstpraxis festgestellte Tendenz. Die Gespräche mit älteren Evangelisch-Freikirchlichen legen die Vermutung nahe, dass die Orthopraxis im Lauf der Generationen schwächer geworden ist, parallel zum zunehmend permissiven Charakter der modernen Gesellschaft. So meint etwa Catherine (63, K, Rentnerin), dass die evangelischen Freikirchen, verglichen mit heute, zu ihrer Zeit «*viel abgeschotteter*», «*sehr legalistisch*» und «*weniger offen*» waren. Sie erinnert sich an die Erziehung ihrer Eltern, die sie ermahnten, täglich die Bibel zu lesen: «*Das nervte mich [lacht], aber, nun ja, ich tat es, weil man gehorsam sein musste.*» Noch nie habe ihr die Bibellektüre so viel Freude bereitet wie heute. Sie stösst darin auf Elemente, die sie persönlich stützen, sie für den ganzen Tag ermutigen. Diese Personalisierung der Bibellektüre, diese in der Bibel gefundene individuelle und individualisierte Unterstützung ist auch in den Ausführungen junger Evangelisch-Freikirchlicher stark präsent. Vincent (24, Ch, Student) erklärt, mit der Bibellektüre lerne er Gott kennen, und ihm werde bewusst, was dieser von ihm erwarte. Simon (33, Kl, Arbeiter) wiederum bietet die Bibel eine Struktur und ein Wissen an, das ihm bei der Bewältigung seines Alltags hilft. Das Bibellesen wird nicht so sehr als Orthopraxis verstanden, sondern als inniges und personalisiertes Band. Obwohl die Bibel zumindest als identitärer Bezugspunkt stets präsent ist, ist der Rückgriff auf sie im eigenen Glaubensleben nicht unbedingt Pflicht.

Die statistischen Analysen scheinen unsere Hypothese zu bestätigen, unterstreichen sie doch nicht bloss die Unterschiede zwischen den Alterssegmenten, sondern auch diejenigen zwischen Submilieus. Die jungen klassischen und charismatischen Evangelisch-Freikirchlichen lesen die Bibel weniger oft als ihre Vorgängergenerationen.[20] Bei den konservativen Evangelisch-Freikirchlichen hingegen lässt sich keine signifikante Veränderung feststellen; die tägliche Bibellektüre versteht sich hier noch immer weitgehend als Festhalten an der Tradition unter Respektierung gewisser Verhaltensweisen.

20 87,3 % der zwischen 1910 und 1930 geborenen klassischen und 92,3 % der charismatischen Evangelisch-Freikirchlichen sagen, sie würden die Bibel täglich oder fast täglich lesen; bei den zwischen 1971 und 1990 Geborenen fällt dieser Anteil auf 57,5 % resp. 59,7 %.

Ein Teil der Unterschiede zwischen den Alterskohortenunterschieden ist sicherlich auf je unterschiedliche Konkurrenz durch andere Tätigkeiten zurückzuführen. Die Häufigkeit der Bibellektüre unterliegt genauso wie diejenige des Gottesdienstbesuchs dem Rhythmus und den Zwängen des heutigen Lebens. Für Fanny (21, Kl, Studentin) ist die ihrem Universitätsstudium gewidmete Zeit ihrer Bibellektüre abträglich:

> Eigentlich möchte ich wirklich gerne mehr in ihr [der Bibel] lesen. [...] An der Uni lese ich viele Texte, das verstopft mir insofern den Kopf, als ich mich nachher nicht unbedingt mit [biblischen] Texten befassen will.

Dieselbe Feststellung macht Victor (28, Kl, Student) und meint, seine Glaubenspraxis passe sich an und verändere sich aufgrund seines Lebensrhythmus:

> Wegen meines Studiums habe ich mir jetzt gesagt, ich versuche abzuschliessen – und plötzlich lässt du dich weniger darauf ein. [...] Nicht dass du weniger an Gott glaubst, aber dein Lebensstil verändert sich. Vielleicht verbringe ich auch etwas weniger Zeit mit Gebet und Bibellektüre. Nicht dass ich weniger daran glauben würde, das auf keinen Fall, ich nehme mir nur etwas weniger Zeit dafür.

Anders als der Beginn des Berufslebens kann das Pensionsalter mehr Freiraum für die Bibellektüre schaffen, wie Catherine (63, K, Rentnerin) erklärt:

> Jetzt, wenn ich jetzt in meiner Bibel lesen will, dann lasse ich alles andere sausen! Diese Zeit nehme ich mir.

12.5 Die Bekräftigung der «christlichen Werte»

In Fragen wie Ehe, Scheidung, Homosexualität oder auch Abtreibung hebt sich das evangelisch-freikirchliche Milieu signifikant von der öffentlichen Meinung ab und verteidigt eine als «traditionell» und «konservativ» zu bezeichnende Auffassung. Auch durch die Jungen in den evangelischen

Freikirchen wird diese Positionierung kaum erschüttert. Deshalb ist die Vermutung zulässig, dass es sich um starke, für die «evangelisch-freikirchliche Identität» konstitutive und von Generation zu Generation tradierte Auffassungen handelt. Aus Grafik 12.3 geht hervor, dass das Milieu sich gegenüber diesen Werten relativ homogen und kaum altersbeeinflusst positioniert. Junge wie Ältere treten ein für voreheliche sexuelle Enthaltsamkeit, die Ehe fürs Leben, heterosexuelle Beziehungen und das «Recht auf Leben». Es ist aufschlussreich, einige Aussagen junger Evangelisch-Freikirchlicher zum Ausgangspunkt für unsere Reflexion über diese offensichtliche Unwandelbarkeit zu nehmen:

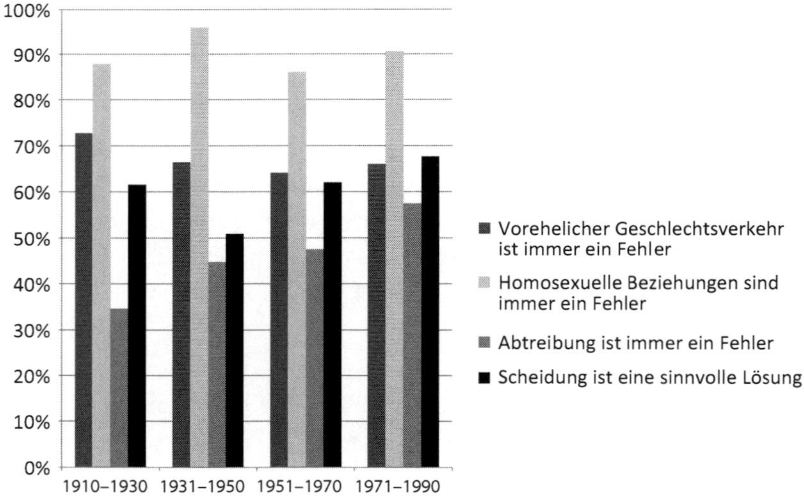

Grafik 12.3: Die Bekräftigung der «christlichen Werte», nach Geburtsjahren

Zum Beispiel gibt es kaum Unterschiede in den Aussagen von jungen und älteren Evangelisch-Freikirchlichen zur vorehelichen sexuellen Enthaltsamkeit, was vermuten lässt, dass das Verhalten sich kaum verändert hat. Fanny (21, Kl, Studentin) erzählt:

> Mein Mann und ich, wir hatten beschlossen, vor der Heirat keine sexuellen Beziehungen einzugehen.

Die Mehrheit der interviewten jungen Evangelisch-Freikirchlichen erklärt auch, sie hätte sich entschieden, vor der Heirat nicht mit ihrem Partner, ihrer Partnerin zusammenzuleben. So etwa Claire (25, Ch, Studentin):

> Die Leute [die Nichtevangelisch-Freikirchlichen] finden es megaseltsam, dass wir nicht zusammenleben, bevor wir heiraten [lacht]. Für uns machte das wirklich Sinn, wir fühlten wirklich, dass eine Etappe auf die andere folgte.

Auffällig ist, dass diese Option für unsere Befragten Teil eines reflektierten Vorgehens, einer Sinnsuche ist. Der Bezug auf die Bibel ist stets gegenwärtig, parallel dazu ist eine Distanzierung von einem gewissen Legalismus oder einem «*Man-Muss, Man-darf-Nicht*», wie Fanny es ausdrückt, am Werk. Die junge Frau ergänzt ihre Ausführungen:

> Es gibt einen ganzen Diskurs, der besagt, dass es das ist, was Gott will [bezüglich voreheliche Enthaltsamkeit] und zum Beweis werden dir Bibelverse gezeigt, obwohl es nie so geschrieben steht [...] Wir haben den Sinn gesucht [...] wir haben auch zu Gott gebetet und um Überzeugungen gebeten.

Die Eheschliessung wird als die Verbindung zwischen einem Mann und einer Frau aufgewertet, die Scheidung wird hingegen – unabhängig vom Alter – mehrheitlich nicht gern gesehen. Für Cécile (21, Ch, Medizinische Praxisassistentin) steht die Bedeutung der christlichen Eheschliessung im Widerspruch zur Scheidung:

> Man vereinigt sich vor Gott. Du kannst dich nach drei Tagen nicht einfach umbesinnen. Wenn man heiratet, dann ist es fürs Leben. Normalerweise sollte man sich nicht scheiden lassen, denn es ist ein Akt vor Gott und in der Bibel.

Angesichts der im evangelisch-freikirchlichen Milieu dennoch vorkommenden Scheidungen zeichnet sich in den Aussagen der Befragten ein gewisser Fatalismus, ja, eine gewisse Enttäuschung ab. Das gilt auch für die Ausführungen von Claire (25, Ch, Studentin):

> Christliche Eltern zu haben, die sich scheiden lassen, das ist echt hart. Es ist für alle hart, für jedes Kind, dessen Eltern sich scheiden lassen. Aber im christli-

> chen Milieu ist Scheidung nicht wirklich die Lösung; dennoch gibt es massenhaft Christen, die sich scheiden lassen.

In einer Zeit, in der jedem Menschen das Recht zugestanden wir, über das eigene Leben, insbesondere bezüglich seiner sexuellen Orientierungen, zu verfügen, fällt der hohe Anteil Evangelisch-Freikirchlicher auf, die sich als Gegner der Homosexualität bezeichnen. Homosexualität wird stark «bekämpft» oder im evangelisch-freikirchlichen Milieu zumindest mit scheelen Blicken betrachtet. Das Alter spielt in dieser Positionierung keine Rolle. So unterscheidet sich die Meinung des 24-jährigen Vincent (Kl, Student) kaum von derjenigen des 49-jährigen Michel (Evangelisch-Freikirchlicher in einer reformierten Kirche, Winzer) oder von derjenigen der 76-jährigen Elisabeth (Evangelisch-Freikirchliche in der reformierten Kirche, Rentnerin). Für Vincent stellt Homosexualität

> [...] eine gewaltige Frage dar. Aber ich habe irgendwie das Gefühl, dass dies in etwa das Ergebnis dessen ist, was unsere Gesellschaft lebt, und zwar insofern unsere Gesellschaft in einem derartigen Mass ohne Werte oder Regeln auf dieser Ebene auskommt, dass wir alle ein bisschen verloren sind.

Und Michel meint:

> Ganz klar, die Botschaft des Evangeliums, Jesus – das haben alle empfangen, Prostituierte usw. Doch man soll gleichwohl versuchen, diese Leute [die Homosexuellen] zu heilen, irgendwie. Ich glaube nicht, dass die Homosexualität, wenn man sie einfach von einem rationalen Gesichtspunkt aus betrachtet, Hand und Fuss hat. Ohne die Debatte über die Frage zu eröffnen, will ich sagen, dass ich für jemanden, der homosexuell ist, hoffe, dass er geheilt werden kann. Und dass er Freude und ein Gleichgewicht in der Alterität wiedergewinnen kann.[21]

21 Mit Blick auf die Abtreibung sei erwähnt, dass in der Schweiz Ende 2010 eine Volksinitiative lanciert wurde, die verlangt, dass Krankenkassen künftig die Kosten eines freiwilligen Schwangerschaftsabbruchs nicht mehr übernehmen. Gestartet wurde die Initiative von Mitgliedern der CVP, SVP, EVP und EDU, denen konservative christliche Werte wichtig waren. Die Initiative wurde am 9. Februar 2014 mit 69,8 % Nein-Stimmen verworfen.

Gleichwohl sei auf den «Submilieu-Effekt» hingewiesen: Die Zugehörigkeit zur konservativen oder charismatischen Gruppe – die beiden Gruppen haben vergleichbar hohe Prozentanteile – erhöht die Wahrscheinlichkeit, dass in diesen Fragen eine striktere Haltung eingenommen wird. Dennoch zeichnet sich in den Meinungen eine gewisse Homogenität ab, und zwar unabhängig von theologischer Richtung oder Generation, was wiederum darauf schliessen lässt, dass das evangelisch-freikirchliche Milieu weiterhin Werte verteidigt, die sich in einem Spannungsfeld zu den Werten der Gesellschaft allgemein befinden; damit eröffnet sich die Möglichkeit, eine präzise, andere und «gegenläufige» Identität für sich zu beanspruchen.

12.6 Verhältnis Mann – Frau: auf dem Weg zur Gleichstellung?

Aufgrund der bisherigen Resultate wäre zu erwarten, dass die evangelisch-freikirchliche Position zur Rolle von Mann und Frau ebenso konservativ ausfällt, eine Position, die einmal mehr im Widerspruch stünde zur der von der Gesellschaft allgemein portierten Position hinsichtlich der «Gleichstellung der Geschlechter». Obwohl sich das Milieu insgesamt leichter mit der sogenannten traditionellen Rollenverteilung arrangiert, lässt sich eine beachtliche und vermutlich nachhaltige Entwicklung ausmachen.

Generell sind 54,8 % der Evangelisch-Freikirchlichen mit der Aussage «Es ist für alle Beteiligten viel besser, wenn der Mann voll im Berufsleben steht und die Frau daheim bleibt und sich um den Haushalt und die Kinder kümmert», «eher» oder «völlig einverstanden». Unterschiede gibt es zwischen den Submilieus, verteidigen doch die konservativen Evangelisch-Freikirchlichen diese Aufgabenverteilung stärker als die charismatischen oder die klassischen Evangelisch-Freikirchlichen – «eher» oder «völlig einverstanden»: 78,2 % gegen 59,3 % resp. 47,7 %. Doch anders als in den Positionen zu moralischen Normen zeigt sich hier unabhängig von der Submilieu-Zugehörigkeit ein eindeutiger Alterseffekt.

Grafik 12.4 zeigt die spektakuläre Abkehr von dieser Position, je jünger die Befragten waren. Aus dem Durchschnittswert der Kurve für die Evangelisch-Freikirchlichen geht hervor, dass 53,7 % der zwischen 1910 und 1930 Geborenen die traditionelle Rollenverteilung verteidigen, wogegen

Grafik 12.4: «Es ist für alle Beteiligten viel besser, wenn der Mann voll im Berufsleben steht und die Frau daheim bleibt und sich um den Haushalt und die Kinder kümmert», nach Geburtsjahren und Submilieus

bloss noch 5,3 % der zwischen 1971 und 1990 Geborenen diese Position vertreten.[22]

Ein egalitäreres Rollenverständnis von Mann und Frau findet sich auch in den Gemeinden. So hat sich beispielsweise die Sicht auf die Verkündigung durch Frauen im Lauf der Generationen verändert. In der Generation der zwischen 1971 und 1990 Geborenen befürworten 71,3 % der Evangelisch-Freikirchlichen die Verkündigung von Frauen in der Kirche, gegenüber 66,3 % der zwischen 1910 und 1930 Geborenen.[23] Doch auch diese Frage trennt die Submilieus einmal mehr signifikant. Die cha-

22 Obwohl das Milieu für Frauen noch immer die Mutterrolle und nicht die Rolle der «Karrierefrau» zu privilegieren scheint (vgl. Kapitel 6), betrifft der Zugang zum Studium und die Länge desselben unbestreitbar auch evangelisch-freikirchliche Frauen; dies wiederum verändert die traditionellen Familienstrukturen oder wenigstens deren Wahrnehmung.

23 Im Segment der zwischen 1931 und 1950 Geborenen sind 59,5 % für die Verkündigung durch Frauen, in jenem der zwischen 1951 und 1970 Geborenen sind es 75,5 %.

rismatischen Evangelisch-Freikirchlichen mit einem Pro-Anteil von 81,6 % unterscheiden sich von den klassischen mit einem Pro-Anteil von 73 % und von den konservativen, von denen nur noch 16,4 % finden, es sei «gut, wenn nicht nur Männer, sondern auch Frauen predigen». Das Alter wirkt sich auf die Meinung charismatischer und klassischer, nicht aber auf die konservativer Evangelisch-Freikirchlicher aus, die treu an der traditionellen Rollenverteilung in der Gemeinde festhalten. Lesen wir die diesbezügliche Analyse von Victor (28, Kl, Student):

> Etwas, was derzeit im Fluss ist, das ist die Stellung der Frau in unserer Gemeinde. Pastoren und Älteste sind dafür, dass auch Frauen predigen können, aber es gibt nicht wenige ältere Leute, die sich dem noch immer verschliessen. Also [...] dann muss man ganz vorsichtig vorgehen, eine Botschaft verfertigen, sie haben eine ganze Reihe von Botschaften über die Stellung der Frau in der Bibel verfasst. Sie nahmen verschiedene Frauen und schauten, was sie getan hatten. Sie versuchen, dies auf die sanfte Tour zu bewerkstelligen. [...] Ich glaube, es wird kommen, dass eine Frau in der Gemeinde predigt.

Bedeutsam ist, dass der Wandel, soll er denn Chancen haben, akzeptiert zu werden, biblisch legitimiert sein muss. Die weiteren Ausführungen des jungen Mannes sind ebenfalls höchst interessant. Sie bieten eine Gesamtschau über die tiefgreifenden Veränderungen, die in den meisten evangelischen Freikirchen allmählich sichtbar werden. So erzählt denn Victor:

> Mir scheint, dass wir, die Jungen, sehr viel offener sind. Es sind eher ältere Menschen, die ein ganzes Leben voller Regeln, voller Grenzen hinter sich haben, und dann treten plötzlich Junge auf, die alles auf den Kopf stellen wollen, da, da kann es dann Probleme geben.

Ausgehend von Kohortenvergleichen konnten wir eine gewisse Anzahl Hypothesen darüber aufstellen, in welche Richtung sich das evangelisch-freikirchliche Milieu heute zu bewegen scheint. Die Werteentwicklung, die in den westlichen Gesellschaften stattgefunden hat und noch immer in Gang ist, hat bis zu einem gewissen Grad auch die evangelischen Freikirchen erreicht. Die Suche nach Intimität, Nähe, privilegierten Interaktionen oder auch nach persönlichem Wohlbefinden stösst innerhalb des evangelisch-freikirchlichen Milieus auf ein positives Echo, sei es mit Blick auf den Aufbau kleiner Strukturen, den Ausbau von altersspezifischen Aktivitäten oder auf die persönliche und individualisierte Sinnsuche in jenem gemeinsamen Bezugspunkt, den die Bibel darstellt. Es sind dies alles nur einige Beispiele. Dieselben Tendenzen nehmen wir auch in anderen Bereichen des evangelisch-freikirchlichen Milieus wahr, etwa bei der Evangelisierung. Hier unterstreicht der Diskurs der Spezialisten den Willen, einen weniger auf die Masse ausgerichteten, also intimeren Austausch und das weniger theologiebezogene, sondern vielmehr im Leben der «Menschen heute» wurzelnde Zeugnis zu fördern. Wir sind zudem der Auffassung, dass die in den 1980er Jahren aufeinanderfolgenden charismatischen Wellen, die die individuellen Charismen in den Vordergrund stellen, vollkommen dem allgemeinen Trend zur Aufwertung des Individuums entsprechen. Gleichwohl gibt es noch Widerstände. Lebendig sind sie vor allem im konservativen Submilieu, was bestätigt, dass dieses Milieu noch immer stark in jene Orthodoxie und Orthopraxis eingebunden ist, die von den beiden anderen Submilieus gelockert worden sind. Diese Widerstände finden sich auch in der Verteidigung des gesamten evangelisch-freikirchlichen Milieus jener Werte, die es für seine sozialen wie seine individuellen Identitäten als konstitutiv betrachtet. Und in diesem Fall dient die Gesellschaft eher als Negativbeispiel, um die eigene christliche Identität zu bekräftigen, jene Identität also, die nach wie vor von Generation zu Generation tradiert wird. So hat es denn das evangelisch-freikirchliche Milieu verstanden, mit der Zeit zu gehen, indem es moderne Dimensionen (Individualisierung) integriert und zugleich an einem harten Kern von Überzeugungen festhält.

Zum Abschluss

Das Phänomen Freikirchen in der «Ich-Gesellschaft»

Jörg Stolz, Emmanuelle Buchard, Caroline Gachet, Olivier Favre

Wie kommt es, dass sich das evangelisch-freikirchliche Milieu im pluralistischen und säkularisierten Kontext der Schweiz zu behaupten vermag? So lautete die zentrale Leitfrage der vorliegenden Studie. Um diese Frage zu beantworten, haben wir die Analyse des evangelisch-freikirchlichen Milieus in die globale religiöse Landschaft der Schweiz eingebettet und auch die Entwicklung der verschiedenen anderen religiösen Gruppen in die Analyse einbezogen. Ebenfalls unerlässlich war es, unsere Reflexion in den zeitgenössischen sozialen Kontext einzuschreiben. Diesen Kontext haben wir als «Ich-Gesellschaft» bezeichnet. Unser anfängliches Rätsel erschien uns in der Folge nur um so relevanter: Wie kann sich in einer individualisierten Gesellschaft, in der Pluralismus, Diversität und Relativismus die Autorität der religiösen Überzeugungen erschüttern – und aus der religiösen Zugehörigkeit eher eine persönliche Option als eine Notwendigkeit oder Pflicht machen –, ein religiöses Milieu heranbilden, behaupten und gar ausbreiten?

Zur Beantwortung dieser Frage haben wir eine soziologische Studie durchgeführt, die auf zwei Hauptdatenquellen basiert: einer repräsentativen quantitativen Erhebung (1100 Fragebögen) und einer qualitativen Untersuchung (95 Interviews) von Mitgliedern evangelischer Freikirchen in der Schweiz, von Pastoren, von Ausgetretenen und von Evangelisch-Freikirchlichen, die sich in reformierten Kirchen bewegen. Dank der Mixed Methods konnten wir das Milieu umfassend ausleuchten und präzise Analysen seiner Funktionsmechanismen vorlegen. Mit anderen Worten, die vorliegende Studie präsentiert ein weites Panorama des evangelisch-freikirchlichen Milieus und seiner Identität in der Schweiz *(Beschreibung)* und bietet zugleich eine *Erklärung* an, weshalb es sich behaupten und entwickeln konnte.

Das evangelisch-freikirchliche Milieu der Schweiz: Beschreibung und eigenständige Elemente

Im Zuge unserer Analysen konnten wir ein detailliertes Bild der evangelisch-freikirchlichen Identität, seiner Komponenten und Merkmale erstellen. Wir werden nicht erneut die Gesamtheit unserer Ergebnisse darstellen; diese sind in den einzelnen Kapiteln entfaltet worden. Hier begnügen wir uns damit, ein Schlaglicht auf einzelne Elemente zu werfen, mit denen sich die Forschung und die Literatur über das evangelisch-freikirchliche Milieu bislang noch kaum oder überhaupt nicht beschäftigt hat.

Mittels quantitativer und qualitativer Daten haben wir in einem ersten Schritt (Kapitel 1) die Existenz eines evangelisch-freikirchlichen Milieus und einer evangelisch-freikirchlichen Identität aufgezeigt. Gegenüber den die aktuellen Zugehörigkeiten prägenden individualistischen Tendenzen kann sich dieses Milieu erfolgreicher behaupten als andere religiöse Gruppen. Laut bisherigen Studien zum Thema lässt sich dessen «Widerstandsfähigkeit» entweder mit seiner Fähigkeit erklären, sich vor dem gesellschaftlichen Umfeld zu schützen, oder aber ganz im Gegenteil mit dessen Vermögen, sich in die Moderne zu integrieren und sich ihr anzupassen. Wir haben eine Theorie präsentiert, die die verschiedenen Mechanismen kombiniert und zugleich die Realität des derzeitigen gesellschaftlichen Kontexts einschliesst. Religiöse Gemeinschaften sehen sich heute mit einer intensiven säkularen Konkurrenz konfrontiert. Dass sich das evangelisch-freikirchliche Milieu im Gegensatz zu anderen religiösen Milieus ausbreiten kann, hat damit zu tun, dass es sich vor dieser Konkurrenz zu schützen weiss, indem es um sich herum Grenzen errichtet und zugleich wettbewerbsfähige Produkte anbietet. In den Folgekapiteln wurden die verschiedenen Erklärungselemente dieser Theorie detailliert präsentiert.

Kapitel 2 hat bestätigt, dass Bekehrung das wichtigste Element des Symbolsystems des evangelisch-freikirchlichen Milieus ist und vor jedem anderen Parameter die Zugehörigkeit zum Milieu kennzeichnet. Während die Mitglieder den persönlichen Charakter des Bekehrungsprozesses betonen, haben wir gezeigt, dass dieser sozialen Regeln und Mechanismen gehorcht. «Orte der Bekehrung», die als eigentliche «Auslöser von Bekehrungen» wirken, werden von den verschiedenen evangelischen Freikirchen eigens eingerichtet. Jenseits der individuellen Erzählungen schälen sich dann «typische Bekehrungen» heraus, und zwar gebunden an das Zugehörigkeits-Submilieu und die religiöse Herkunft des künftigen Mitglieds.

Mit Kapitel 3 sind wir ins Zentrum des evangelisch-freikirchlichen Milieus vorgestossen und setzten uns mit Glauben, Praktiken, Normen und Werten auseinander. In der Öffentlichkeit gilt das evangelisch-freikirchliche Milieu als konservativ und traditionell, wir aber haben auch seine modernen Aspekte aufgezeigt: Das evangelisch-freikirchliche Milieu integriert auch Überzeugungen, die pragmatische und den Fragen des Menschen der «Ich-Gesellschaft» angemessene Antworten anbieten. Diese Dimension gilt es unbedingt zu berücksichtigen, wenn es darum geht, die Widerstandsfähigkeit des Milieus zu erklären.

Kapitel 4 hat die Robustheit der zwischen den Mitgliedern evangelischer Freikirchen geknüpften gemeinschaftlichen Bande bestätigt. Dass diese Beziehungen zur Bewahrung des Zusammenhalts evangelischer Freikirchen wichtig sind, ist in der Forschung bekannt; anhand ethnografischer Beobachtungen konnten wir die Entstehung dieser Bindungen jedoch nicht nur beschreiben, sondern auch erklären. Wir haben die Diversität der Formen gemeinschaftlichen Lebens innerhalb des Milieus herausgearbeitet: Dem Mitglied steht bei der Auswahl der von ihm gewünschten Form gemeinschaftlichen Lebens eine breite Palette von Möglichkeiten zur Verfügung. Es kann sich einer Gemeinde zuwenden, in der es solide Beziehungen aufbauen wird; zugleich aber kann es, beispielsweise, von einem nüchternen Gottesdienst in eine Veranstaltung dynamischer junger Menschen wechseln und auch von einem eigens für Paare organisierten Gebetswochenende profitieren. Zu den soliden sozialen Beziehungen zwischen den Mitgliedern einer Gemeinschaft gesellt sich so ein diversifiziertes Angebot, dank dem sich das evangelisch-freikirchliche Milieu gegenüber der säkularen Konkurrenz zu behaupten vermag.

Aus der Analyse der Autorität (Kapitel 5) geht hervor, dass es innerhalb der evangelischen Freikirchen als legitim anerkannte Wächterfiguren gibt (Pastor als Coach, Pastor als Lehrer, Pastor als Motivator, Älteste). In der Interaktion mit diesen verschiedenen Figuren wird nun aber eine andere Form von Autorität ausgeübt, die die Forschung bislang kaum untersucht hat: Der Zusammenhalt evangelisch-freikirchlicher Gemeinden wird dank Selbstkontrolle und Sozialkontrolle durch die Mitglieder aufrechterhalten. Jedes Mitglied wird für sich selbst und für die anderen zum Wächter der Regel. Diese Form der Kontrolle trägt, in Interaktion mit den traditionelleren Autoritätsfiguren, zum Fortbestehen der evangelisch-freikirchlichen Gemeinschaften insofern bei, als so potenziell abweichende Verhaltensweisen der Mitglieder eingedämmt werden.

Wir haben gezeigt, dass die Evangelisch-Freikirchlichen an einem traditionellen Bild vom Paar und seiner Rollenverteilung festhalten (Kapitel 6). Der hohe Anteil an Homogamie, der Stellenwert der Ehe sowie die Missbilligung von Scheidung und Konkubinat schaffen ein ideales Umfeld, das den Erfolg des Familienprojekts und die Weitergabe der religiösen Identität an künftige Generationen gewährleisten soll. Dieses Familienmodell entspricht einer Vielzahl von Prinzipien, die die Beziehungen im Hinblick auf den Fortbestand des Milieus regeln. Es zeigt sich ausserdem, dass dieses Schema von den Evangelisch-Freikirchlichen vor allem als das Ergebnis göttlichen Willens wahrgenommen wird.

Schon vielfach hat die Forschung über das evangelisch-freikirchliche Milieu die Bedeutung der Sozialisierung für die Reproduktion des Milieus unterstrichen und belegt. Kapitel 7 hat die Thematik um einen zusätzlichen Aspekt bereichert, beschreibt es doch konkret, welche «Erziehungsstrategien» Eltern einsetzen, um ihre Kinder im Milieu zu behalten. Auch die derart Sozialisierten haben wir zu Wort kommen lassen und deren Gesichtspunkt dargestellt. Dieser doppelte Blick hat uns gezeigt, dass Sozialisierung hauptsächlich die Weitergabe und Verinnerlichung symbolischer und physischer Grenzen beinhaltet (sich in eine Gemeinschaft einschreiben).

Für die Experten des evangelisch-freikirchlichen Milieus definiert sich dieses unter anderem durch die Evangelisierungspraxis und die Notwendigkeit für die Mitglieder, die christliche Botschaft zu verbreiten. Kapitel 8 hat uns gezeigt, dass die Evangelisch-Freikirchlichen diese Praxis zwar positiv bewerten, sich aber nur selten «direkt» oder «frontal» für diese Praxis engagieren. Das Mitglied evangelisiert je nach Fähigkeiten und Vorlieben, wenn sich die Gelegenheit dazu bietet. Privilegiert wird dann eine abgeschwächte Form des Evangelisierens, die sogenannte Evangelisierung «durch Freundschaft». Diese Umstellung lässt sich teilweise damit erklären, dass Evangelisch-Freikirchliche sich mit Schwierigkeiten konfrontiert sehen, wenn sie mit milieufremden Individuen über ihren Glauben sprechen wollen, also mit Individuen, die immer öfter areligiös, ja, antireligös sind. In diesem Punkt nimmt das charismatische Submilieu eine Sonderstellung ein: Die Evangelisierung steht nach wie vor im Zentrum seiner Identität. Solche Gemeinschaften organisieren eigens auf diese Praxis ausgerichtete Aktivitäten, wobei Evangelisierung auch zunehmend eine Angelegenheit von Spezialisten wird.

Für einen Teil der Forschung lässt sich der Fortbestand des evangelisch-freikirchlichen Milieus in erster Linie mit dessen Fähigkeit erklären, die eigenen Mitglieder auch im Fall von geografischer Mobilität im Milieu zu behalten. Das dem Kirchenwechsel gewidmete Kapitel 9 bestätigt, dass solche Bewegungen zur Vitalität des Milieus beitragen – öfter als Reformierte und Katholiken suchen Evangelisch-Freikirchliche nach einem Domizilwechsel wieder Anschluss an eine neue Gemeinde –, und es erläutert und erklärt die diesem Phänomen zugrunde liegenden Ursachen, Umstände und Strategien.

Die Präsenz von Evangelisch-Freikirchlichen in reformierten Kirchen ist eine bislang nicht untersuchte Realität, obwohl sie zur Verbreitung des milieueigenen Ethos beiträgt und dergestalt auch zu dessen Widerstandsfähigkeit (Kapitel 10). Diese Doppelzugehörigkeit hängt zuweilen von der Tradition der Kirche (reformiert, aber evangelisch-freikirchlicher Tendenz) ab oder hat mit dem Familienerbe zu tun; wir konnten aber auch zeigen, dass diese Doppelzugehörigkeit für gewisse Mitglieder Anlass ist, die evangelisch-freikirchliche Botschaft im reformierten Milieu zu verbreiten.

Die Analyse der Lebensläufe von Ausgetretenen (Kapitel 11) hat sich in neuer Weise mit dem evangelisch-freikirchlichen Milieu und seinen Normen befasst. Die von Ausgetretenen im Laufe des Loslösungsprozesses erlebten psychischen Schwierigkeiten haben das umfassende und totalisierende Wesen evangelisch-freikirchlicher Zugehörigkeit bestätigt. Das Milieu zu verlassen, bedeutet nämlich nicht bloss eine Gemeinde, einen sozialen Zirkel zu verlassen oder gewisse Praktiken aufzugeben, sondern auch sich eines ganzen Denksystems, einer Weltanschauung zu entledigen und diesen Bruch durchzuziehen.

Das resümierende Kapitel 12 setzt sich mit der Entwicklung des evangelisch-freikirchlichen Milieus auseinander. Obwohl das Milieu sich mit normativen und symbolischen Grenzen von der Gesellschaft abschottet, in die es eingegliedert ist, konnten wir ein durchlässiges und äusseren

Einflüssen zugängliches Milieu beobachten. Das evangelisch-freikirchliche Milieu scheint in der Tat gewisse innerhalb unserer zeitgenössischen Gesellschaften wirksame individualisierende Tendenzen positiv aufzunehmen. Junge Evangelisch-Freikirchliche bekräftigen unter anderem ihren Wunsch, «*Gemeinschaft anders zu leben*», und streben in ihren Praktiken nach mehr Nähe, Intimität, Wohlbefinden und persönlicher Entfaltung. Der Kern evangelisch-freikirchlicher Identität hingegen, nämlich konservative Werte und traditionelle Moral, verändert sich kaum und wird noch immer umfassend an die jungen Generationen tradiert.

Die Widerstandsfähigkeit des evangelisch-freikirchlichen Milieus: Erklärung

Die in den Kapiteln präsentierten Elemente bilden die verschiedenen Teile zur Erklärung unseres Rätsels: der Widerstandsfähigkeit des evangelisch-freikirchlichen Milieus in unseren pluralistischen und säkularisierten Gesellschaften. Im folgenden fassen wir unsere Antwort – die Lösung des Rätsels – kurz zusammen.

Das evangelisch-freikirchliche Milieu kann sich in einer Gesellschaft halten, die stark von der Konkurrenz des Religiösen und des Säkularen geprägt ist, weil es ein *wettbewerborientiertes soziales Milieu* ist. Dieses Milieu distanziert sich von der «Aussenwelt», schützt seine Identität und sichert sein Fortbestehen, indem es um sich herum Grenzen errichtet und sich gleichzeitig in die Realität des aktuellen Markts einbringt. Es bietet attraktive Güter an, die mit säkularen Angeboten konkurrieren können. Dank dieser Doppelbeziehung von Öffnung und Abschottung mit der heutigen Gesellschaft kann sich das evangelisch-freikirchliche Milieu behaupten und entfalten.

Genauer, das evangelisch-freikirchliche Milieu erweist sich zum einen dort als wettbewerbsstark, wo es darum geht, sich vor dem Einfluss der säkularen Gesellschaft zu schützen. Es schützt sich, indem es auf eine starke Identität baut; diese ist durch ein Ensemble von zugleich sehr modernen und sehr konservativen Werten, Normen, Praktiken und Glaubensüberzeugungen klar definiert. Reguliert wird das Milieu durch verschiedene Formen von Autorität (Selbstkontrolle, Sozialkontrolle durch seinesgleichen, Pastoren, Älteste), die auf unterschiedlichen Ebenen am Fortbestand des «evangelisch-freikirchlichen Ethos» mitwirken. Die äusserst wirksame Sozialisierung hat ebenfalls Anteil am Erhalt der Grenzen: Die Kinder verbleiben mehrheitlich im Milieu, und nur wenige von ihnen entscheiden sich, die Freikirche zu verlassen. Die Option für dieses Leben wird durch ein dichtes soziales Umfeld gestärkt und legitimiert, wobei die Evangelisch-Freikirchlichen sich kaum nach aussen orientieren, sei es in ihren Freundschafts- oder Liebesbeziehungen.

Ebenfalls wettbewerborientiert erweist sich das evangelisch-freikirchliche Milieu zum anderen dort, wo es darum geht, attraktive Güter anzubieten, und zwar sowohl den innerhalb des Milieus aufgewachsenen Mitgliedern als auch milieufremden Individuen. Auf spiritueller Ebene hält das Milieu für seine Mitglieder ein vielfältiges Angebot bereit, und zwar bezüglich der Modalitäten des Gemeinde-Seins als auch der Möglichkeiten, die eigenen Überzeugungen zu leben. Es stellt weiter eine Vielzahl von Gütern eher pragmatischen Charakters zur Verfügung, um so das säkulare Angebot direkt zu konkurrenzieren: Freizeit, psychologische Unterstützung, Medien usw. Alle Fragen und Sorgen des modernen Menschen – oder des Menschen der «Ich-Gesellschaft» – lassen sich dann innerhalb des Milieus lösen. Das charismatische Submilieu tut sich in diesem Wettbewerb zwischen religiös und säkular ganz besonders hervor. Während es an einer traditionellen Moral und Werthaltung festhält, integriert es in seine Überzeugungen moderne Trends: persönliche Entfaltung oder auch Aufwertung individueller Charismen. Deshalb erstaunt der Befund nicht, dass sich dieses Submilieu derzeit am besten entwickelt. Jüngere klassische und konservative Evangelisch-Freikirchliche möchten denn auch in die Art und Weise, wie sie ihre Überzeugungen leben, gewisse traditionell an die charismatische Tendenz gebundene Merkmale einbeziehen.

Trotz anderweitiger kursierender Vorurteile und Meinungen ist das evangelisch-freikirchliche Milieu anpassungsfähig. Es hält an einem harten Kern von Überzeugungen fest, übernimmt aber die heutigen gesellschaftlichen Entwicklungen. In diesem Doppelspiel von Öffnung und Abschottung, von Anpassung und Ablehnung, von Moderne und Konservativismus, findet sich unserer Auffassung nach der Schlüssel zum Rätsel der Widerstandsfähigkeit des evangelisch-freikirchlichen Milieus.

Diese Theorie von der Konkurrenz des Religiösen und des Säkularen, auf die wir uns stützen, um das «Phänomen Freikirchen» zu erklären und zu verstehen, wird allgemeiner im Buch *Religion und Spiritualität in der*

Schweiz. Vier Gestalten des (Un-)Glaubens von Jörg Stolz, Judith Könemann, Mallory Schneuwly Purdie, Thomas Englberger und Michael Krüggeler formuliert.[1] Dort wird die Theorie auch auf andere Milieus und «Typen» angewendet. So kann unsere Erforschung des evangelisch-freikirchlichen Milieus als eine vertiefende Fallstudie verstanden werden, die sich in ein breiteres theoretisches Konzept einfügt.

Auswirkungen dieser Resultate

Unsere Studie will das evangelisch-freikirchliche Milieu untersuchen, es so getreu wie möglich beschreiben und eine überzeugende Erklärung für seine Resistenz in einer feindseligen oder gegenüber einer traditionellen Religionszugehörigkeit zumindest negativ eingestellten Gesellschaft vorlegen. Wir hoffen, dass die präsentierten Ergebnisse sowohl für die religionssoziologische Forschung als auch für die Gesellschaft insgesamt nützlich sein werden.

In erster Linie will unsere Studie dem Bereich der Forschung über die evangelischen Freikirchen und über die Religiosität in der Schweiz dienen. Unsere Analyse ermöglicht ein besseres Verständnis der erstaunlichen Entwicklung des evangelisch-freikirchlichen Milieus, indem sie unsere Erklärungen in das globale zeitgenössische religiöse Feld einordnet. Auf methodischer Ebene hat uns diese Studie von der Leistungsfähigkeit der Mixed Methods überzeugt. Anders als mit einer einzigen Methode konnten wir mit diesem Ansatz in unseren Analysen einen höheren Grad an Genauigkeit und Detailwissen erreichen. Unsere Studie könnte mithin Anlass für künftige Studien in anderen Ländern sein, sich beim Vergleich der Entwicklung des evangelisch-freikirchlichen Milieus in unterschiedlichen nationalen Kontexten ebenfalls auf Mixed Methods zu stützen. Wir glauben, dass unsere Fallstudie auf eher nationaler Ebene ein idealer Ausgangspunkt für eine vergleichende Studie mit anderen religiösen Milieus sein könnte. Solche Vergleiche würden zu einem besseren Verständnis der religiösen Szene der Schweiz und ihrer Entwicklung führen. In der Optik einer Analyse der Entwicklung des Religiösen (Verschwinden oder Veränderung) könnte sich unsere Studie auch in eine Längsschnittuntersuchung einschreiben. Dank der Wiederholung derselben Untersuchung

1 Stolz/Könemann/Schneuwly Purdie/Englberger/Krüggeler, 2014.

in einigen Jahren liessen sich einige jener Hypothesen zur Zukunft des evangelisch-freikirchlichen Milieus verifizieren, die wir aufgrund des aktuellen Forschungsstands erarbeiten konnten. Wir können uns vorstellen, dass die christlichen Kirchen immer «evangelisch-freikirchlicher» werden. In diesem Fall käme es zu einer starken Polarisierung zwischen überzeugten Religiösen und entschiedenen Laien. Das Klima könnte ganz im Gegenteil auch tolerant und respektvoll bleiben. Eine weitere Konstellation: Der Säkularisierungsprozess lässt selbst evangelisch-freikirchliche Zugehörigkeiten wegbrechen, nur etwas langsamer. Dann werden wir Zeugen ihrer Abnahme oder gar ihres Verschwindens sein.

Schliesslich hoffen wir, dass unsere Resultate nützlich sind für alle, die sich von nah oder von fern mit Sympathie, Neutralität oder Misstrauen für die Frage des Religiösen in unseren modernen Gesellschaften interessieren. Einerseits denken wir hier vor allem an die Mitglieder der evangelischen Freikirchen sowie an diejenigen, die in ein anderes religiöses (reformiertes oder katholisches) Milieu eingebettet sind. Wir glauben, dass sie dank unserer Resultate ein besseres Verständnis von ihrer Entwicklung, ihrer Stagnation oder ihres Wegbrechens innerhalb der aktuellen Gesellschaft erlangen können. In einem weiteren Sinn hoffen wir, dass die am *Phänomen Freikirchen* interessierten, darüber irritierten oder auch besorgten Leserinnen und Leser mehr Einsicht in die Vielfalt des Milieus gewinnen, ihr Wissen über das Thema differenzieren oder gar gewisse Vorurteile und Stereotypen revidieren können, mit denen das Bild des evangelisch-freikirchlichen Milieus nach wie vor behaftet ist.

Methodischer Anhang

Dieser methodische Teil stellt die verschiedenen Etappen des Datensammelns für dieses Werk vor. Die Daten stammen aus einem Projekt, das ursprünglich den Titel *Evangelical Identity Project*[1] trug und sich zum Ziel gesetzt hatte, dank der Verbindung von quantitativen und qualitativen Methoden die Entwicklung des evangelisch-freikirchlichen Milieus im säkularisierten Kontext der Schweiz der 2000er Jahre zu erklären und zu verstehen. Die beiden Hauptinitianten des vom Schweizerischen Nationalfonds SNF unterstützten Projekts sind Jörg Stolz (Professor an der Université de Lausanne) und Olivier Favre (promovierter Sozialwissenschaftler, SNF-Forscher). Caroline Gachet und Emmanuelle Buchard (Forscherinnen-Doktorandinnen an der Université de Lausanne) waren die beiden wichtigsten Mitarbeiterinnen. Ebenfalls am Projekt beteiligt waren mehrere Studierende und junge Forschende: Daniel Fortin, Markus Naef-Egli, Andrea Niederhauser, Alain Polo, Jeanne Rey-Pellissier und Tobias Sälzer.

1. *Mixed Methods*

Das Projekt stützt sich auf die Methodik der *Mixed Methods*; diese geht davon aus, dass zur Analyse ein und desselben Phänomens quantitative und qualitative Zugänge verbunden werden können.[2] Konkret basiert die Studie auf zwei sukzessiven Erhebungen. Eine erste, quantitative Erhebung erfolgte mit dem Ziel, ein umfassendes Bild der Glaubensüberzeugungen und Praktiken der Evangelisch-Freikirchlichen in der Schweiz zu zeichnen. Diese makrologische Perspektive unterstreicht, wie wichtig es ist, die Theorien des sozialen Milieus und die Theorien des religiösen Markts miteinander zu verbinden, um den «Erfolg» des evangelisch-freikirchlichen Milieus zu *erklären*.[3] In einem zweiten Schritt wurde eine qualitative, teilweise durch den theoretischen Rahmen der quantitativen Ziele der ersten, quantitativen Studie definierte Erhebung durchgeführt.

1 Im Folgenden EIP.

2 Vgl. BERGMAN, 2008; BRYMAN, 1988; KELLE, 2001, 2007; TASHAKKORI/TEDDLIE 1998.

3 Vgl. STOLZ/FAVRE, 2005; FAVRE, 2006.

Es ging darum, genau zu *verstehen*, wie Milieu und Markt in dieser Entwicklung interagieren. Ausgangspunkt war in diesem Fall die mikrologische Ebene, das heisst individuelle Interpretationen und Sinngebungen.

Zur Erweiterung und Vervollständigung der Analyse wurden weitere Daten aus anderen quantitativen Projekten beigezogen. Dank der quantitativen Daten aus dem Projekt *Religion et lien social (RLS)*[4] konnten die religiösen Glaubensüberzeugungen und Praktiken der Evangelisch-Freikirchlichen mit denjenigen der Schweizer Bevölkerung verglichen werden. Die Studie *National Congregations Study in Switzerland (NCSS)*[5] lieferte Informationen darüber, wie die Gläubigen in den verschiedenen evangelischen Freikirchen der Schweiz sich versammeln, Gottesdienst feiern und wie in diesen Kirchen mit der Machtausübung umgegangen wird. Äusserst nützlich waren schliesslich die Daten aus der Masterarbeit von Alain Polo, um die zahlenmässige Entwicklung des evangelisch-freikirchlichen Milieus in der Schweiz, des Milieus im Allgemeinen sowie der Submilieus und Freikirchen im Besonderen aufzeigen zu können.[6]

4 Dieses Projekt war die Grundlage für die Untersuchung *Die beiden Gesichter der Religion* von Roland J. Campiche, 2004. Ziel war es, die Religion im Kontext der späten Moderne begrifflich zu fassen. Die wichtigsten Resultate haben die Individualisierung der Praktiken und der Glaubensüberzeugungen der Schweizer Bevölkerung (N= 1562) unterstrichen.

5 Ausgehend von einer repräsentativen Stichprobe (N= 1040) aller in der Schweiz präsenten christlichen und nichtchristlichen Religionsgemeinschaften (Kongregationen) (N= 5734) versuchte dieses Projekt, Informationen über die von jeder dieser Institutionen angebotenen unterschiedlichen religiösen, gesellschaftlichen, kulturellen, politischen Aktivitäten, aber auch über ihre Strukturen oder auch ihren numerischen Aufschwung oder Niedergang zu sammeln. Diese Untersuchung wurde auch in vergleichender Perspektive mit der Situation in den USA aufgebaut. Zusätzliche Informationen: www.unil.ch/issrc/page77250.html (13.12.11).

6 Diese Arbeit (Polo, 2010) hat die Entwicklung der wichtigsten evangelischen Freikirchen in der Schweiz erfasst; dabei wurde einerseits die Mitgliederzahl jeder Kirche zwischen 1970 und 2008 evaluiert und andererseits die Zu- oder Abnahme der Zahl der Lokalgemeinden im selben Zeitraum festgestellt. Dank Feldarbeit konnten statistische Daten von 12 klassischen, 5 konservativen und 10 charismatischen Kirchen erhoben werden. Herausgearbeitet wurde in dieser Arbeit die Zunahme der Mitgliederzahlen in den evangelischen Freikir-

2. Erster Teil: die quantitative Erhebung

Die quantitativen Daten stammen aus einer ersten, 2003 durchgeführten Fragebogenerhebung.[7]

2003: Sampling und Fragebogen

Da wir hier Neuland betraten, galt es, in einem ersten Schritt sämtliche in der Schweiz präsenten evangelischen Freikirchen zu erfassen, und zwar die in einer Union, einer Föderation oder einem Verein zusammengeschlossenen Freikirchen wie auch die unabhängigen Freikirchen. Ein erstes Total ergab 1500 Gemeinden; aus diesem Total wurden anschliessend 1000 Gemeinden[8] mit insgesamt 136 000 Affiliierten (Mitglieder und regelmässige Sympathisanten, Erwachsene und Kinder)[9] berücksichtigt. Diese Gemeinden wurden anschliessend gemäss Submilieu eingeteilt: «klassisch» (rund die Hälfte), «charismatisch» (rund ein Drittel) und «konservativ» (rund 10 %).

In einem zweiten Schritt wurden auf der Grundlage dieser Erhebung zwei Stichproben (zweistufige Stichprobe) für die Zuteilung der Fragebogen gebildet: (1) eine aus Gemeinschaften gebildete Stichprobe und (2) eine weitere, aus Einzelpersonen gebildete Stichprobe. (1) Die erste Stich-

chen in der genannten Periode, eine Zunahme, die vor allem im charismatischen Submilieu festzustellen ist.

7 Vgl. Favre, 2006.

8 Die 500 ausgeschiedenen Freikirchen bzw. Gemeinden sind nicht föderierte evangelische Freikirchen sowie sogenannte unabhängige ethnische Freikirchen. Letztere sind aus verschiedenen Immigrationswellen hervorgegangene (afrikanische, lateinamerikanische, asiatische) Freikirchen, die hauptsächlich in urbanen Zonen präsent sind; berücksichtigt wurden lediglich diejenigen, die Verbindungen zu schweizerischen evangelisch-freikirchlichen Föderationen unterhalten. Dies aus vorwiegend methodischen und sprachlichen Gründen.

9 Zur Zahl der Affiliierten: Ein Grossteil der Gemeinden führt jährlich aktualisierte Mitgliederlisten, was die Schätzungen erleichtert. Für alle anderen mussten aufgrund von Gesprächen mit Gemeindeverantwortlichen Schätzungen erstellt werden, aber auch Annäherungen in Funktion der Anzahl Gemeinden auf dem gesamten schweizerischen Territorium oder auch in Funktion der Zonen (Kirchen in urbanen Zonen haben in der Regel mehr Mitglieder als Kirchen in ländlichen Zonen).

probe wurde auf der Grundlage von drei Schichten oder Submilieus definiert (Ausgangstypologie), innerhalb derer dann, mit ungleicher Wahrscheinlichkeit[10], Gemeinschaften mit mehr als 100 Affiliierten ausgewählt wurden.[11] 60 Gemeinschaften wurden selektioniert,[12] jede erhielt per Post 30 Fragebogen. (2) In diesem Ensemble von Gemeinschaften erfolgte die Auswahl der Individuen, denen die Fragebogen zugeschickt werden sollten, gemäss gleicher Probabilität.[13] 1100 Fragebögen kamen zurück, was einer Rücksendequote von 61 % entspricht.

Der Fragebogen enthielt eine grosse Anzahl von Indikatoren, die evangelisch-freikirchliche Religiosität messen sollten, Indikatoren für erklärende Konzepte sowie soziodemografische Variablen. Die statistischen bi- und multivariaten Analysen zielten darauf, die für die Entwicklung des evangelisch-freikirchlichen Milieus bestimmenden Kausalitätsverbindungen herauszuarbeiten.

10 Die Einheiten – die Gemeinschaften – wurden nach ihrer Grösse geordnet, denn bei Gemeinden derselben Grösse im selben Submilieu ist anzunehmen, das sie mehr Ähnlichkeiten aufweisen als Gemeinden unterschiedlicher Grösse. Folglich ist die Selektionswahrscheinlichkeit proportional zur Grösse dieser Einheiten.

11 Aus Gründen statistischer Repräsentativität musste jede Gemeinde mindestens 100 Affiliierte, Kinder eingeschlossen, aufweisen.

12 Mit einem Zufallsverfahren wurden 120 Gemeinden selektioniert. Anschliessend wurden die ersten 20 jedes Typs berücksichtigt. Zu erwähnen ist, dass in diesem Verfahren nur eine Tessiner Gemeinde selektioniert wurde. Aufgrund dieses Sachverhalts wurde aus praktischen Gründen beschlossen, den Fragebogen nicht ins Italienische zu übersetzen und so die italienischsprachige Region aus der Erhebung auszuschliessen.

13 Jedes Mitglied einer Gemeinde mit über 100 Affiliierten hatte dieselbe Wahrscheinlichkeit, in die finale Stichprobe aufgenommen zu werden, womit eine solide Repräsentativität des evangelisch-freikirchlichen Milieus gewährleistet war.

3. Zweiter Teil: die qualitative Erhebung

Die zweite, qualitative Erhebung erfolgte in zwei Schritten, ausgehend von mehreren Stichproben von Individuen und auf der Basis von semidirektiven Gesprächen.

2006–2007: Stichprobe und Gespräche (EIP I)

Die erste Stichprobe von Individuen wurde auf der Basis der quantitativen Fragebögen ermittelt. Am Schluss jedes Fragebogens konnten die Befragten ihre Adresse aufführen, um für eine weitere Erhebung erneut kontaktiert zu werden. Dank dieser Technik wurden 265 Adressen[14] gesammelt, aus denen in der Folge 24 Individuen nach der Methode des theoretischen Samplings der Grounded Theory[15] selektioniert wurden. Diese Personen figurieren folglich in zwei Stichproben.

Die Sammlung der qualitativen Daten erfolgte über vertiefende, 60 bis 90 Minuten dauernde Gespräche. Diese wurden semidirektiv[16] auf der Basis eines Gesprächs-Leitfadens durchgeführt; der Leitfaden wurde aufgrund von zentralen Themen der quantitativen Untersuchung, aber auch aufgrund von dem qualitativen Teil eigenen Zielsetzungen erarbeitet. Um die Natur des Aufbaus, der Verbreitung und der Weitergabe der evange-

14 Aus statistischer Sicht unterscheiden sich diese 265 Personen weder auf der Ebene der soziodemografischen noch auf derjenigen der Praktiken und Glaubensüberzeugungen von der quantitativen Stichprobe insgesamt.

15 Das von Glaser/Strauss (2006) entwickelte theoretische Sampling *(theoretical sampling)* stützt sich auf die methodische Konzeption, dass Auswahl der Individuen, Codifizierung und Analyse untereinander verbundene Etappen sind mit dem Ziel, zu einer in der Wirklichkeit verankerten Theorie zu gelangen. Die ersten Feldhypothesen werden mithin die Auswahl der ersten zu befragenden Personen steuern, die ersten Analysen dann ihrerseits neue zu befragende Personen bestimmen und so weiter. Die Stichprobe gilt als gesättigt – theoretische Sättigung –, wenn die Forschenden der Auffassung sind, dass die Analysen keine neuen Elemente mehr generieren können.

16 Dieser Gesprächstyp verbindet eine Anzahl von vordefinierten Hauptfragen und Anschlussfragen. Je nach Verlauf des Gesprächs und bereits erzielten Resultaten konnte der Forschende einige im Leitfaden enthaltene Fragen als überflüssig erachten, während andere zu vertiefen waren. Dank Anschlussfragen konnte der Forschende die interviewte Person dazu bewegen, manche für wichtig erachteten Punkte zu vertiefen (vgl. Rubin/Rubin, 2005).

lisch-freikirchlichen Identitäten zu erfassen, fokussierten die Hauptachsen des Leitfadens auf Identität, Sozialisierung, Evangelisierung, Markt oder auch Milieu. Sämtliche Interviews wurden aufgenommen und von den Forschenden sogleich transkribiert.

Für die Analyse der qualitativen Daten hielten wir uns in einem ersten Schritt an die Inhaltsanalyse, wie sie die Grounded Theory[17] vorsieht. Die Analyse setzte mit der ersten Datensammlung ein, nachdem die ersten Gespräche transkribiert waren; dabei ging es darum, die Aussagen zu codieren. Die zu codierenden Einheiten waren oft Abschnitte oder Sätze, zuweilen bloss Wörter. Doch anders als es die Grounded Theory vorsieht – sie ist darauf angelegt, die Aussagen aus den Codes hervortreten zu lassen, eine als *open coding* bezeichnete Technik –, hatten wir zuvor eine Liste von Kategorien mit den wichtigsten Dimensionen erstellt, die wir in unserer Studie untersuchen wollten.[18] Unsere Kategorien sind in mehrere Achsen *(axial coding)* unterteilt; diese Achsen umfassen für jedes Phänomen dessen Beschreibung, kausale Bedingungen, Kontext, Strategien oder Aktionen und Effekte. Die ersten Resultate oder Hypothesen wurden in die Form von «Memos»[19] gefasst. Um alle diese Analysen durchzuführen, bedienten wir uns des ausgehend von den Prinzipien der *Grounded Theory* eigens erarbeiteten Informatikprogramms ATLAS.ti.

2008–2009: Stichproben und Gespräche (EIP II)

Um festzustellen, wie die verschiedenen Prozesse interagieren, die den «Erfolg» des Milieus ausmachen, schien es uns unerlässlich, die erste, nur aktive Mitglieder enthaltende Stichprobe zu erweitern. Folglich

17 Vgl. STRAUSS/CORBIN, 1988; GLASER, 1978.

18 Zunächst wollten wir folgende Dimensionen untersuchen: Identität, Sozialisierung, Bekehrung, Markt (durch Kirchenwechsel) und Evangelisierung. Weitere Dimensionen kamen im Forschungsverlauf hinzu.

19 Es handelt sich um kurze Texte, die Theorien, Ideen zu Situationsvergleichen, Verbindungen zu bereits vorhandener Literatur über das Phänomen usw. enthalten. Solche Memos finden in der Endredaktion Verwendung. Unsere Memos enthielten beispielsweise Texte mit Parallelen zwischen den Lebensläufen der Interviewten, um daraus allgemein gültige Merkmale abzuleiten. Es konnte sich auch um Kausalitätsschemata handeln, die auf die Erklärung bestimmter Verhaltensweisen fokussierten.

wurden neue Gruppen gebildet: (1) an eine reformierte Kirchgemeinde affiliierte Evangelisch-Freikirchliche, (2) evangelisch-freikirchliche Pastoren, (3) Personen, die sich vom Milieu distanziert oder es verlassen haben, (4) Kinder von Evangelisch-Freikirchlichen, (5) Evangelisierungsspezialisten sowie (6) Personen aus aussereuropäischen Ländern, die Migrationskirchen angehören. Alles Kategorien von Individuen, die nur mit geringer Wahrscheinlichkeit in einer quantitativen Stichprobe auftauchen, aber dank dem Verfahren der qualitativen Erhebung gefunden werden können.

Um diese spezifischen Personenkategorien auszuwählen, wurden verschiedene Sampling-Techniken eingesetzt und oft miteinander kombiniert. Wenn immer möglich gingen wir von bereits bestehenden oder von durch uns erstellten Listen aus, aus denen wir dann nach dem Zufallsprinzip die künftigen Interviewpartner selektionierten. Erwies sich der Zugang zu der zu untersuchenden Gruppe als schwierig, optierten wir einige Male für nichtprobabilistische Sampling-Techniken, so etwa für das «Schneeball-Sampling». Dieses besteht darin, ein Individuum der entsprechenden Gruppe zu finden, das wir dann baten, uns weitere Individuen mit denselben Merkmalen zu nennen. Bei jeder Stichprobe achteten wir darauf, präzise Quoten auf der Grundlage von Submilieu, Geschlecht oder auch Sprachregion zu bestimmen. Diese Vorgehensweise gewährleistet unserer Meinung nach eine solide Repräsentativität des Milieus, was allerdings schwer zu beweisen ist. Schliesslich wurden 71 weitere Interviews durchgeführt.

(1) Evangelisch-Freikirchliche in reformierten Kirchgemeinden

Bei dieser ersten Gruppe ging es darum, einer reformierten Kirche affiliierte Personen zu finden, die die drei folgenden Kriterien erfüllten: (1) Sich als «evangelisch-freikirchlicher Tendenz» oder «evangelikal» zu definieren und/oder (2) eine Bekehrung erlebt zu haben und/oder (3) eine personale Gottesbeziehung zu leben. Um solche Personen zu finden, beschlossen wir, uns an Pfarrpersonen von reformierten Kirchen der Romandie und der Deutschschweiz zu wenden. Die Kirchen wurden nach dem Zufallsprinzip aus einer repräsentativen Stichprobe selektioniert, die aus dem bereits eingangs erwähnten NCSS-Projekt hervorgegangen war.

36 Kirchen wurden mit Hilfe eines Zufallsverfahrens ermittelt (gleiche Anzahl aus der Romandie und aus der Deutschschweiz, also je 18). Kontaktiert wurden jene Pfarrpersonen, deren Adresse am einfachsten zu ermitteln war.[20] Wer von ihnen keine Person dieses Typs kannte, gab uns die Telefonnummer von Pfarrpersonen, die uns vermutlich würden weiterhelfen können. Insgesamt wurden 13 einer reformierten Kirche[21] angehörende Personen (7 französisch- und 6 deutschsprachige) befragt.

(2) Evangelisch-freikirchliche Pastoren

Mit demselben Verfahren wurden auch die zu interviewenden evangelisch-freikirchlichen Pastoren ermittelt. Zwei Stichproben wurden per Losentscheid ermittelt, und zwar aufgrund der Daten des NCSS-Projekts, wobei eine gleiche Zahl evangelischer Freikirchen aus den beiden Sprachregionen berücksichtigt wurde (total 30 Kirchen, also je 15). Die Gemeinden wurden entsprechend ihrer theologischen Richtung kontaktiert – wir hielten uns an die Dreiteilung charismatische, klassische und konservative Kirchen und befragten mindestens zwei Pastoren jedes Submilieus[22] –, aber auch in Funktion ihrer Erreichbarkeit[23]. In der Kategorie «evangelisch-freikirchliche Pastoren», wurden 7 Personen (3 französisch- und 4 deutschsprachige/6 Männer und eine Frau[24]) befragt, unter ihnen 3 charismatische, 2 klassische und 2 konservative.

20 Per Internet im Telefonbuch der Schweiz (www.directories.ch).
21 Zwei von ihnen mit Doppelzugehörigkeit; sie gehören einer reformierten und einer evangelisch-freikirchlichen Gemeinde an.
22 Sogenannte ethnische Kirchen gingen aus dem Losverfahren hervor, wurden aber nicht berücksichtigt.
23 Per Internet über www.directories.ch u. ä.
24 Dieses Geschlechterungleichgewicht entspricht demjenigen im evangelisch-freikirchlichen Milieu, in dem nur wenige Frauen als Pastorinnen tätig sind (vgl. Kapitel 5).

(3) Ausgetretene

Mit keiner evangelischen Freikirche mehr in Kontakt zu sein – das war das Basiskriterium für die Auswahl der sogenannten «Ausgetretenen». Schnell wurde klar, dass es sich hier um eine relativ schwer zu eruierende Gruppe handelt, und zwar deshalb, weil die Ausgetretenen in der Regel jeden Kontakt zu Mitgliedern ihrer vormaligen Kirche abbrechen (ausgenommen Mitglieder aus der eigenen Familie). Verschiedene Mittel wurden eingesetzt, um dieser Schwierigkeit zu begegnen und solche Personen zu finden: Einholen von Informationen bei Pfarrpersonen evangelisch-freikirchlicher, aber auch reformierter Gemeinden (frühere Mitglieder evangelischer Freikirchen wenden sich zuweilen diesem Typ Kirche zu), Kontaktaufnahme mit erwachsenen Mitgliedern, die während des Gesprächs eines ihrer Kinder erwähnt hatten, das das Milieu verlassen hatte; Recherchen in den Kreisen der Interviewer, die möglicherweise Personen dieses Typs kannten usw.[25] Schliesslich wurden Personen (8 französisch- und 9 deutschsprachige/Durchschnittsalter 37, Medianalter 28 Jahre) kontaktiert.

(4) Kinder von Evangelisch-Freikirchlichen

An den «Kindern von Evangelisch-Freikirchlichen» wollten wir die «laufenden» Sozialisierungsprozesse innerhalb des Milieus beobachten. Doch aus praktischen Gründen entschieden wir uns, junge Leute zwischen 18 und 30 Jahren zu kontaktieren.[26] Um diese Gruppe zu finden, mobilisier-

25 Im Einzelnen: 3 Personen gehörten zur Stichprobe von 2003. Sie hatten ihre Adresse im Hinblick auf eine mögliche erneute Kontaktierung hinterlassen und waren bereit, darüber zu sprechen, welche Gründe sie bewogen hatten, das evangelisch-freikirchliche Milieu zu verlassen. Eine ausgetretene Person wurde kontaktiert, weil deren Mutter an einem qualitativen Gespräch teilgenommen und die Distanzierung dieser Person vom Milieu erwähnt hatte. 13 weitere Personen wurden aus den Kontakten der Befragenden selbst ausgewählt (Pastoren, Leute, die sich im Milieu bewegen, usw.).

26 Bei Minderjährigen muss die Einwilligung der Eltern eingeholt werden, was mit organisatorischen Schwierigkeiten verbunden sein kann.

ten wir in einem ersten Schritt die aus unserer eigenen Stichprobe hervorgegangenen Individuen. Wir kontaktierten erneut bereits mit der Stichprobe 2003 erfasste Personen, Eltern von Kindern, die den zuvor festgelegten Alterssegmenten entsprachen, mit dem Hintergedanken, sie würden uns deren Koordinaten übermitteln. In einem zweiten Schritt wurde das Netz der Forschenden selbst mobilisiert.[27] 7 «Kinder von Evangelisch-Freikirchlichen» wurden interviewt (6 französischsprachige und ein deutschsprachiges/Durchschnittsalter 24,8, Medianalter 24 Jahre).

(5) Evangelisten

Hinsichtlich der «Spezialisten» für Evangelisierung wurde beschlossen, diese Akteure in ihrer Gesamtheit zu erfassen. Sämtliche grossen evangelisch-freikirchlichen Denominationen wurden telefonisch kontaktiert, um die Namen der in der Schweiz tätigen Evangelisten zusammenzutragen. Wurde ein Evangelist auf der Liste wegen eines Gesprächs kontaktiert, baten wir ihn, uns die anderen in der Schweiz aktiven Spezialisten zu nennen. Mit diesem Verfahren erreichten wir dann eine «gesättigte Liste» da im Verlaufe des Vorgehens immer wieder dieselben Namen auftauchten. 12 Evangelisten, ausschliesslich Männer,[28] wurden interviewt (9 deutsch- und 3 französischsprachige [2 aus dem konservativen, 3 aus dem klassischen und 4 aus dem charismatischen Submilieu]/Durchschnittsalter 45,4 Jahre [Medianalter 40,5]).

27 Konkret sind 4 der 7 befragten «Kinder von Evangelisch-Freikirchlichen» Kinder von Personen aus der Stichprobe 2003 (bei einem hatte ein Elternteil sich nur an der Umfrage beteiligt, bei zweien hatte ein Elternteil an beiden Erhebungen teilgenommen); die 3 anderen Kinder gehen auf Kontakte der Forschenden selbst zurück.

28 Der Grund dafür ist, dass es sich im Wesentlichen um einen Männerberuf handelt (vgl. Kapitel 8).

(6) Mitglieder von Migrationskirchen

In Anbetracht des zuweilen schwierigen Zugangs zu dieser Gruppe[29] optierten wir für ein nichtprobabilistisches «Schneeball-Sampling». Genauer, wir wandten uns zuerst an die Kirchenverantwortlichen, die uns dann Hinweise auf Mitglieder gaben, die unseren Kriterien entsprachen. Erwähnt sei, dass in zwei Fällen die Pastoren selbst unsere Gesprächspartner waren. Mit Blick auf die Kirchen achteten wir darauf, dass bei deren Auswahl die Vielfalt der Migrationskirchen in der Schweiz bestmöglich berücksichtigt wurde. Konkret finden sich in dieser Stichprobe 1 Argentinier, 1 Portugiese, 1 Kongolese, 1 Eritreer, 1 Brasilianerin, 1 Chinesin und 1 Vietnamesin; 3 leben in der Romandie, 4 in der Deutschschweiz; ihr Altersdurchschnitt liegt bei rund 39,4 Jahren[30]. Mit einer Ausnahme gehören alle Personen Gemeinden des charismatischen Submilieus an.

Gemäss dem bereits in der ersten qualitativen Phase angewandten Umfrageverfahren wurden die Gespräche anhand eines Interview-Leitfadens durchgeführt. Gestützt auf das Modell des ersten Leitfadens wurden Fragen hinzugefügt, die spezifischer auf die Problematiken jeder der einzelnen Gruppen ausgerichtet waren. So drehte sich der Interview-Leitfaden für Personen, die das evangelisch-freikirchliche Milieu verlassen hatten, hauptsächlich um Loslösungsprozesse (wichtige Ereignisse, Gründe, Etappen, Folgen usw.), derjenige für Kinder von Evangelisch-Freikirchlichen wiederum versuchte die dem Milieu eigenen Sozialisierungsmechanismen zu erfassen (Erziehung im Elternhaus, in der Gemeinde, Einschätzung dieser Erziehung usw.). Sämtliche Gespräche wurden aufgenommen und entsprechend der oben präsentierten Technik transkribiert.

29 Eine erste Schwierigkeit hat damit zu tun, dass ein grosser Teil der Kirchen, die unter diese Kategorie fallen, keiner Föderation evangelischer Freikirchen angehört. Während einige von ihnen Räumlichkeiten etablierter Kirchen mieten, versammeln sich andere in Privatwohnungen. Eine weitere Schwierigkeit kann die Sprache sein. Schliesslich kann die Situation dieser Personen in der Schweiz eine Hürde sein. Einige von ihnen sind Asylbewerber oder (legal oder illegal anwesende) Flüchtlinge.

30 Da uns das Geburtsdatum dieser Personen nicht bekannt ist, haben wir ihr Alter geschätzt. Folglich handelt es sich um einen approximativen Durchschnitt.

Schliesslich wurde zur Erfassung der soziodemografischen Daten der Interviewten (Geburtsdatum, Bildungsniveau, Zivilstand, Anzahl Kinder usw.), aber auch zur Durchführung statistischer Analysen zwischen den verschiedenen Populationstypen der bereits in der quantitativen Erhebung eingesetzte Fragebogen nach Abschluss des Interviews jeder Person übergeben.[31]

2010–2011: Beobachtungen

Die qualitative Erhebung endete mit einer Reihe von Beobachtungen evangelisch-freikirchlicher Gottesdienste.[32] Dank dieser letzten Phase konnten wir unsere Resultate zu den Gemeinschaften und Gottesdiensten besser im Terrain «verankern».

Einmal mehr ausgehend von der Datenbasis des NCSS-Projekts wurden wegen ihrer geografischen Nähe hauptsächlich evangelisch-freikirchliche Gemeinden in der Waadt ausgewählt (total 155).[33] Anschliessend wurden sie entsprechend der Typologie der drei Submilieus unterschieden. In jeder Gruppe wurden drei Gemeinden nach dem Zufallsprinzip für die Beobachtung selektioniert. Aufschlussreich ist es, diese Zufallsstichprobe durch die Beobachtung einiger bewusst ausgesuchter Gottesdienste zu ergänzen; dass dies sinnvoll war, ging aus der Analyse der bereits vorhandenen Daten hervor.[34]

31 Antwortanteil in Prozent: 70,4 %. Das hat insbesondere damit zu tun, dass wir die Fragebögen für «Mitglieder von Migrationskirchen» entweder nicht verteilt oder nicht zurückerhalten haben.

32 Die Wahl von Gottesdiensten als Untersuchungsfeld hat damit zu tun, dass es sich um «Idealsituationen» handelt, um die Interaktionen zwischen Individuen, die Herausforderungen auf der Ebene der Autorität, die Normen, die Sozialisierungstechniken usw. zu beobachten, zu reflektieren und zu analysieren. Ausserdem handelt es sich um Momente, denen die Mehrheit der Evangelisch-Freikirchlichen einen hohen Stellenwert zuschreiben.

33 Sogenannte ethnische Kirchen gingen aus dem Losverfahren hervor, wurden aber nicht berücksichtigt (vgl. Fussnote 22).

34 Es wurde beschlossen, einen Gottesdienst der ICF-Gemeinde (wegen ihrer Popularität bei jungen Evangelisch-Freikirchlichen) und einen Gottesdienst der methodistischen Kirche (wegen ihrer Verbindung zu den reformierten Kirchen) zu besuchen.

Als Beobachtungsmodus und -methode wurde die direkte Beobachtung angewandt.[35] Der Gottesdienst in den ausgewählten Kirchen wurde persönlich besucht und dessen gesamter Ablauf beobachtet. Dies umfasste mithin die Beobachtung der «Wirklichkeit» und deren Beschreibung (namentlich anwesende Personen, Inhalt der Botschaften, eingesetzte Mittel, Schlüsselmomente usw.).

4. Validität

Wie bereits erwähnt, wurde unsere Studie auf quantitativen wie auf qualitativen Methoden/Daten aufgebaut (Mixed Methods).[36] Diese Kombination führt u.E. zu einer erhöhten Validität der Ergebnisse in verschiedener Hinsicht:

- ***Repräsentativität und Sampling.*** Die Glaubwürdigkeit der Resultate hängt von den Auswahlkriterien für die Stichproben ab. Auf quantitativer Ebene können wir von Repräsentativität unserer Stichprobe (N= 1100) mit Blick auf die evangelisch-freikirchliche Bevölkerung in der Schweiz ausgehen. Was die qualitativen Stichproben betrifft, so haben wir mangels quantifizierbarer Repräsentativität eine maximale Variation angepeilt und theoretische Sättigung angestrebt. Erwähnt sei, dass dank der qualitativen Stichproben Individuen erfasst werden

35 Vgl. Arborio/Fournier, 1999.

36 Breite wissenstheoretische Debatten haben die Mixed Methods befruchtet (vgl. Creswell/Plano Clark, 2007). Auf der einen Seite argumentieren deren Gegner mit der Inkompatibilität von quantitativen und qualitativen Ansätzen, da diese auf gegensätzlichen ontologischen Grundlagen aufbauten – Konstruktivismus/qualitativ und Positivismus/quantitativ – und auf allzu unterschiedlichen Weltanschauungen beruhten (realistisch oder pluralistisch, Gohier, 2004, S. 2), aufgrund derer weder dieselben Objekte untersucht noch dieselben Ziele erreicht werden könnten (Bryman, 1988). Auf der anderen Seite stehen die Befürworter, die diese Methodik insbesondere unter pragmatischem Aspekt betrachten: Der Entscheid für eine bestimmte Methodik sei eher in Funktion der Forschungsfragen als der epistemologischen Fragen zu fällen. Nach ihnen stellt dieser Methodiktypus eine relevante Strategie dar, um ein und dasselbe Objekt bestmöglich zu verstehen und zu erklären (vgl. Bergman, 2008; Bryman, 1988; Kelle, 2001, 2007; Tashakkori/Teddlie, 1998).

konnten, die Teil einer quantitativen Stichprobe sein konnten (beispielsweise Evangelisten oder Pastoren); zudem konnten dank der quantitativen Stichprobe qualitative Stichproben in einem Ganzen verortet werden. Folglich gewährleisten diese verschiedenen Sampling-Typen und deren Kombination die Vertrauenswürdigkeit unserer Informantinnen und Informanten und damit unserer Daten. Diese liefern auf unsere Kernfrage den möglichst umfassenden Überblick über das evangelisch-freikirchliche Milieu in der Schweiz. Diese Stichproben wie auch die NCSS-Studie haben zudem bestätigt, dass die Typologie der drei Submilieus solide begründet ist.

- ***Theorien und Feld.*** Hinsichtlich der Analysetechniken (Sampling und Codierung) orientierten wir uns an der Grounded Theory, doch stützten wir uns auch auf eine breite Palette theoretischen Wissens. Leitend für unsere Forschung waren mithin grosse Theorielinien (Milieu-, Markt- oder auch Sozialisierungstheorie); dank ihnen ergaben sich Daten, die bereits vorhandenes Wissen bestätigten und ergänzten. Dank dieser Technik konnten auch einige in der Literatur zum evangelisch-freikirchlichen Milieu bisher kaum oder überhaupt nicht ausgelotete Forschungsfelder vertieft werden (Sozialisierung der Kinder, Evangelisch-Freikirchliche in reformierten Kirchgemeinden, Ausgetretene). So sind denn Theorien und Feld Garanten der Validität unserer Resultate.
- ***Instrumente der Datenerfassung.*** Das evangelisch-freikirchliche Milieu ist ein stark normiertes Milieu, was das Risiko in sich birgt, dass die Interviewten nur überkommene Diskurse wiedergeben und Meinungsverschiedenheiten unerwähnt lassen. Möglicherweise fühlt sich der Interviewte durch die Fragen des Forschenden auch bedroht. Auch bei der Beobachtung gilt es vorsichtig ans Werk zu gehen. Um eine solche Verzerrung möglichst auszuräumen, ist die Beherrschung von Gesprächs- und Beobachtungstechnik zentral. Ferner haben wir versucht, mit einer Vielzahl von Beobachtungsperspektiven zu arbeiten. So kommen in der Studie Sozialisierer und Sozialisierte, Leitende und Geleitete, Mitglieder des Milieus und Ausgetretene zu Wort. In unserer eigenen Forschungsgruppe arbeiteten drei Personen, die nicht zum Milieu gehören, mit einer Person aus dem Milieu zusammen. Durch die Vielfalt der Beobachtungsperspektiven wird es wahrscheinlicher, dass

systematische Beobachtungsfehler und -verzerrungen ausgeschieden werden.

- ***Generalisierung***. Auf der Ebene der externen Validität bezieht sich unsere Erhebung auf das evangelisch-freikirchliche Milieu der Schweiz. Es ist aber wahrscheinlich, dass die hier aufgezeigten Interaktionsmechanismen zwischen Milieu und Markt sich in anderen Kontexten, aber auch für andere Typen von religiösen Gruppen als relevant erweisen («Übertragungsmöglichkeit» der Resultate[37]).
- ***Triangulation in der Analyse und im «Writing up»***. Eine wichtige Strategie in der Validierung unserer Daten war schliesslich die Technik der Methoden-Triangulation[38]. Wir haben zwei Untersuchungstypen verknüpft, um eine allgemeine Forschungsfrage zu beantworten: den «Erfolg» des evangelisch-freikirchlichen Milieus in der Schweiz erklären und verstehen – mit dem Ziel, die Resultate bestmöglich zu präzisieren und die umfassendste und möglichst vollständige Erklärung ein und desselben Phänomens zu liefern. Die quantitative Seite brachte zahlreiche Informationen soziodemografischer Ordnung, aber auch in Bezug auf religiöse Praktiken, Glaubensweisen usw. der Evangelisch-Freikirchlichen hervor, ermöglichte es aber auch, die Evangelisch-Freikirchlichen gegenüber der Schweizer Gesellschaft im Allgemeinen zu situieren. Unter einem anderen Aspekt vollzog die qualitative Analyse dieselben Schritte, indem sie eine Verankerung im Feld der individuellen Bedeutungen ermöglichte. Die Kombination beider Methoden eröffnete die Möglichkeit, zu verifizieren, bis zu welchem Punkt die aus der quantitativen Phase gewonnenen Theorien sich auf der Sinn- und Handlungsebene der Individuen bestätigten. Dank dem qualitativen Vorgehen konnten zudem Schlüsselbegriffe wie Bekehrung, Fundamentalismus oder auch charismatisch neu charakterisiert werden – Begriffe, die weiterführende Untersuchungen verdienten.

37 Vgl. Lincoln/Guba, 1985.

38 Vgl. Fortin, 1996; Kelle, 2001.

Tabelle 1: Zusammenfassung aller für das Projekt ausgewählten Personen (quantitative und qualitative Erhebung)

	Quantitative Erhebung		*Qualitative Erhebung (1 und 2)*	
		2003		*2006–2008*
	N[39]	%	N	%
Romandie	205	18,6	44	46,3
Deutschschweiz[40]	788[41]	71,6	51	53,7
Urbane Zone	367	33,4	42	44,2
Ländliche Zone[42]	645[43]	58,6	47[44]	49,5
Männer	484	44	54	56,8
Frauen	613	55,7	41	43,2
15–20 Jahre	29	2,6	–	–
20–30 Jahre	157	14,3	25	26,3
31–40 Jahre	250	22,7	20	21
41–50 Jahre	242	22	19	20
51–60 Jahre	167	15,2	21	22,1
61–70 Jahre	122	11,1	6	6,3
über 70 Jahre	117[45]	10,6	4	4,2
Klassische Evangelisch-Freikirchliche	378	34,4	18	31,0
Charismatische Evangelisch-Freikirchliche	361	32,8	28	48,2
Konservative Evangelisch-Freikirchliche[46]	361	32,8	12[47]	20,7
Spezifische Kategorien EIP II:				
Ausgetretene	–	–	7	7,4[48]
Kinder von Evangelisch-Freikirchlichen	–	–	7	7,4
(20–30 Jahre)				
Pastoren	–	–	7	7,4
Evangelisten	–	–	12	12,6
Evangelisch-Freikirchliche in ref. Kirchen	–	–	13	13,7
Evangelisch-Freikirchliche in Migrationskirchen	–	–	7	7,4
Total	**1100**	**100**	**95**	**100**

39 Für die Daten zur quantitativen Stichprobe wurde die Gewichtung ausgeschaltet.

40 Diese beiden Kategorien berücksichtigen die Sprachregion der/des Antwortenden. In Übereinstimmung mit der quantitativen Erhebung wurde auch in der qualitativen Erhebung die italienischsprachige Schweiz nicht einbezogen. Vgl. «Erster Teil: die quantitative Erhebung».

41 Total fehlende Daten: 107. Wallis und Freiburg werden der französischsprachigen, Bern der deutschsprachigen Region zugeordnet.

42 Die Kriterien zur Festlegung der «urbanen» und der «ländlichen» Zonen sind diejenige des Bundesamtes für Statistik (BFS). Orte mit über 10 000 Einwohnern gelten als Städte. Vgl. *Eidgenössische Volkszählung 2000: Die Raumgliederungen der Schweiz*, 2005.

43 Total fehlende Werte: 90.

44 Total fehlende Werte: 6.

45 Total fehlende Werte: 2.

46 Diese drei Kategorien berücksichtigen die Richtung der zuletzt frequentierten Kirche.

47 Die Ausgetretenen, die Evangelisch-Freikirchlichen in den reformierten Kirchen sowie die Mitglieder von Migrationskirchen werden nicht berücksichtigt, was einem Total von 37 fehlenden Werten entspricht.

48 Prozent für «Spezifische Kategorien EIP II»: Zahlenwert bezogen auf die 95 qualitativen Interviews.

Literatur

ABBOT Andrew (1980): *Religion, Psychiatry, and the Problems of Everyday Life*, in: Sociological Analysis 41, 164–171.

AEBISCHER Verena/OBERLÉ Dominique ([3]2007): *Le groupe en psychologie sociale* (1990), Paris: Dunod.

ALBRECHT Stan L./CORNWALL Marie/CUNNINGHAM Perry H. (1988): *Religious Leave-Taking*. Disengagement and Disaffiliation among Mormons, in: BROMLEY David G. (Hg.): *Falling from the Faith*. Causes and Consequences of Religious Apostasy, Newbury Park: Sage, 62–80.

ALPE Yves/BEITONE Alain/DOLLO Christine/LAMBERT Jean-Renaud/PARAYRE Sandrine (2010): *Lexique de sociologie*, Paris: Dalloz.

AMIOTTE-SUCHET Laurent (2005): *Tous égaux devant Dieu?*. Réflexions sur les logiques d'éligibilité des miraculés», in: Social Compass 52/2, 241–254.

AMIOTTE-SUCHET Laurent (2008): *Les médiations de l'immédiateté*: L'individualisme communautaire des assemblées pentecôtistes, in: Théologiques 16/2, 105–121.

AMIOTTE-SUCHET Laurent (2009): *Le pasteur pentecôtiste*. Un fil conducteur entre le ciel et la terre, in: Théologiques 17/2, 95–115.

AMMERMAN Nancy T. (1982): *Operationalizing Evangelicalism*. An Amendment, in: Sociological Analysis 43, 170–172.

AMMERMAN Nancy T. (1994): *Telling Congregational Stories*, in: Review of Religious Research 36, 289–301.

AMMERMAN Nancy T. (1998): *Bible Believers. Fundamentalists in the Modern World*, New Brunswick (NJ): Rutgers.

AMMERMAN Nancy T. (2001): *Congregation & Community*, New Brunswick (NJ): Rutgers.

AMMERMAN Nancy T. (2004): *Le congrégationalisme*. Repli contre-culturel ou tremplin vers la modernité?, in: FATH Sébastien (Hg.): *Le protestantisme évangélique*. Un christianisme de conversion, Turnhout: Brepols, 215–233.

AMMERMAN Nancy T. (2005): *Pillars of Faith*. American Congregations and their Partners, Berkeley: University of California Press.

ARBORIO Anne-Marie/FOURNIER Pierre (1999): *L'enquête et ses méthodes*. L'observation directe, Paris: Nathan.

ATTIAS-DONFUT Claudine (1988): *Sociologie des générations*. L'empreinte du temps, Paris: PUF.

ATTIAS-DONFUT Claudine (1991): *Générations et âges de la vie*, Paris: PUF.

BAATARD François/CAMPICHE Roland J./VINCENT Gilbert/WILLAIME Jean-Paul (1990): *L'exercice du pouvoir dans le protestantisme*. Les conseillers de paroisse de France et de Suisse romande, Genf: Labor et Fides.

BAHR Howard M./ALBRECHT Stan L. (1989): *Strangers Once More*: Patterns of Disaffiliation from Mormonism, in: Journal for the Scientific Study of Religion 28/2, 180–200.

BAJOIT Guy (2005): *Le changement social*. Approche sociologique des sociétés occidentales contemporaines (2003), Paris: Armand Colin.

Bastian Jean-Pierre (1994): *Le protestantisme en Amérique latine.* Une approche socio-historique, Genf: Labor et Fides.

Bastian Jean-Pierre (Hg.) (2001): *La modernité religieuse en perspective comparée.* Europe latine – Amérique latine, Paris: Karthala.

Bastian Jean-Pierre (Hg.) (2004): *La recomposition des protestantismes en Europe latine*, Genf: Labor et Fides.

Barker Eileen (1984): *The Making of a Moonie: Brainwashing or Choice?*, Oxford: Basil Blackwell.

Bartkowski John P. (1996): *Beyond Biblical Literalism and Inerrancy.* Conservative Protestants and the Hermeneutic Interpretation of Scripture, in: Sociology of Religion 57/3, 259–272.

Bartkowski John P. (2001): *Remaking the Godly Marriage.* Gender Negotiation in Evangelical Families, New Brunswick (NJ): Rutgers.

Baumann-Neuhaus Eva (2008): *Kommunikation und Erfahrung.* Aspekte religiöser Tradierung am Beispiel der evangelikal-charismatischen Initiative «Alphalive», Marburg: diagonal.

Bebbington David W. (1989): *Evangelicalism in Modern Britain.* A History from the 1730s to the 1980s, London: Unwin Hyman.

Becker Howard S. (1985): *Outsiders.* Etudes de sociologie de la déviance (Outsiders: Studies in Sociology of Deviance, 1963), Paris: Métailié.

Ben Barka Mokhtar (2001): *Les nouveaux rédempteurs.* Le fondamentalisme protestant aux Etats-Unis, Paris/Genf: Atelier/Labor et Fides.

Ben Barka Mokhtar (2001): *Les méga-Eglises ou l'adaptation de l'évangélisme américain à la modernité*, in: Etudes théologiques et religieuses 76/1, 31–45.

Béraud Céline (2011): *Les Eglises protestantes des Eglises décentralisées.* Regard d'une spécialiste du catholicisme, in: Fath Sébastien/Willaime Jean-Paul (Hg.): *La nouvelle France protestante.* Essor et recomposition au XXIe siècle, Genf: Labor et Fides, 206–217.

Berger Peter L. (1967): *The Sacred Canopy.* Elements of a Sociological Theory of Religion, Garden City: Doubleday.

Berger Peter L. (1977): *Facing up to Modernity.* Excursions in Society, Politics and Religion, New York, Basic Books, 1977.

Berger Peter L./Luckmann Thomas ([15]2006): *La construction sociale de la réalité* (Die gesellschaftliche Konstruktion der Wirklichkeit: eine Theorie der Wissenssoziologie, 1966) Paris: Armand Colin.

Berger Peter L./Davie Grace/Fokas Effie (2008): *Religious America, Secular Europe?.* A Theme and Variations, Farnham: Ashgate.

Bergman Manfred M. (Hg.) (2008): *Advances in Mixed Methods Research.* Theories and Applications, Los Angeles: Sage.

Bernhardt Reinhold (2009): *Les Eglises réformées en Suisse*, in: Baumann Martin/Stolz Jörg (Hg.): *La nouvelle Suisse religieuse.* Risques et chances de sa diversité, Genf: Labor et Fides, 121–132.

Berrebi-Hoffmann Isabelle (2002): *Nouvelle économie, nouveaux pouvoirs*, in: Sciences Humaines 125, 35–39.

BIBBY Reginald W. (1978): *Why Conservative Churches Really Are Growing.* Kelley Revisited, in: Journal for the Scientific Study of Religion 17/2, 129–137.

BIBBY Reginald W./BRINKERHOFF Merlin B. (1973): *The Circulation of the Saints.* A Study of People Who Join Conservative Churches, in: Journal for the Scientific Study of Religion 12/3, 273–283.

BIBBY Reginald W./BRINKERHOFF Merlin B. (1983): *Circulation of the Saints Revisited.* A Longitudinal Look at Conservative Church Growth, in: Journal for the Scientific Study of Religion 22/3, 253–262.

BLOCH Jon P. (1998): *New Spirituality, Self, and Belonging.* How New Agers and Neo-Pagans Talk about Themselves, Westport: Praeger.

BOCHINGER Christoph/ENGELBRECHT Martin/GEBHARDT Winfried (2009): *Die unsichtbare Religion in der sichtbaren Religion.* Formen spiritueller Orientierung in der religiösen Gegenwartskultur, Stuttgart: Kohlhammer.

BOVAY Claude (2004): *Le paysage religieux en Suisse*, Neuchâtel: Office fédéral de la statistique, online unter: www.bfs.admin.ch/bfs/portal/fr/index/themen/01/22/publ.html?publicationID= 1615).

BOUDON Raymond (1977): *Effets pervers et ordre social*, Paris: PUF.

BOUDON Raymond (1983): *La logique du social*, Paris: Hachette.

BOUDON Raymond (2001): *La rationalité du religieux selon Max Weber*, in: L'Année Sociologique 55/1, 9–50.

BOUDON Raymond/BOURRICAUD François (Hg.) ([4]1994): *Dictionnaire critique de la sociologie* (1982), Paris: PUF.

BOURDIEU Pierre (1980): *Le capital social*, in: Actes de la recherche en sciences sociales 31/1, S. 2–3.

BOURDIEU, Pierre (1987): *La dissolution du religieux*, in: BOURDIEU Pierre (Hg.): *Choses dites*, Paris: Editions de Minuit, 117–123.

BOURDIEU Pierre (1980): *Le sens pratique*, Paris: Editions de Minuit.

BRANDT Pierre-Yves/FOURNIER Claude-Alexandre (Hg.) (2009): *La conversion religieuse.* Analyses psychologiques, anthropologiques et sociologiques, Genf: Labor et Fides.

BRINKERHOFF Merlin B./BURKE Kathryn L. (1980): *Disaffiliation.* Some Notes on «Falling from the Faith», in: Sociological Analysis 41/1, 41–54.

BROMLEY David G. (Hg.) (1988): *Falling from the Faith.* Causes and Consequences of Religious Apostasy, Newbury Park: Sage.

BROWN Rupert (1988): *Group Processes.* Dynamics within and between Groups, Oxford: Backwell.

BRUCE Steve (1990): *A House Divided.* Protestantism, Schism, and Secularization, London: Routledge.

BRUCE Steve (1992): *Religion and Modernization.* Sociologists and Historians Debate the Secularization Thesis, Oxford: Clarendon Press.

BRUCE Steve (2002): *God is Dead.* Secularization in the West, Malden: Blackwell.

BRUCE Steve (2003): *Evangelicalism.* Where the US Goes Will Europe Follow?, in: CAMPICHE Roland J. (Hg.): *Les dynamiques européennes de l'évangélisme*, Lausanne:

UNIL-Observatoire des religions (Cahiers de l'Observatoire des religions 2), 66–73.

Bruce Steve (2011): *Secularization.* In Defence of an Unfashionable Theory, Oxford: Oxford University Press.

Bryman Alan (1988): *Quantitiy and Quality in Social Research*, London: Routledge.

Bultmann Rudolf (1985): *Neues Testament und Mythologie.* Das Problem der Entmythologisierung der neutestamentlichen Verkündigung, München: Kaiser.

Bütler Paul F. (2002): *Das Unbehagen an der Moderne.* Grundzüge katholischer Zeitungslehre der deutschen Schweiz während der Herausforderung des Modernismus um 1900/1914, Basel: Schwabe.

Campiche Roland J./Dubach Alfred u. a. (1992): *Croire en Suisse(s)*, Lausanne: L'Age d'Homme.

Campiche Roland J. (2004): *Les deux visages de la religion.* Fascination et désenchantement, Genf: Labor et Fides.

Campiche Roland J. (2006): *Le feu de la conversion*, in: Favre Olivier: *Les Eglises évangéliques de Suisse.* Origines et identités, Genf: Labor et Fides, 9–11.

Carroll Jackson W./Roozen David A. (1990): *Congregational Identities in the Presbyterian Church*, in: Review of Religious Research 31, 351–369.

Chapman Gary (2003): *Die fünf Sprachen der Liebe.* Wie Kommunikation in der Ehe gelingt, Marburg: Francke.

Chauvel Louis (^{2}2002): *Le destin des générations.* Structure sociale et cohortes en France au XXe siècle (1998), Paris: PUF.

Chaves Mark/Cann David E. (1992): *Regulation, Pluralism, and Religious Market Structure*, in: Rationality and Society 4, 272–290.

Chevalley Robert (1989): *100 Jahre Heilsarmee in der Schweiz 1882–1982.* Siegeszug einer Friedensarmee, Bern: Fischer.

Coenen-Huther Jacques (2005): *Pouvoir, autorité, légitimité.* En marge d'un livre récent d'Alain Renaut, in: Revue européenne des sciences sociales 43, 135–145.

Cornwall Marie (1988): *The Influence of Three Agents of Religious Socialization: Family, Church and Peers*, in: Thomas Darwin L. (Hg.): *The Religion and Family Connection.* Social Science Perspectives, Utah: Religious Studies Center Brigham Young University, 207–231.

Corten André (1995): *Le pentecôtisme au Brésil.* Émotion du pauvre et romantisme théologique, Paris: Karthala.

Creswell John W. (1998): *Qualitative Inquiry and Research Design.* Choosing among Five Traditions, Thousand Oaks: Sage.

Creswell John W./Plano Clark Vicki L. (2007): *Designing and conducting mixed methods research*, Thousand Oaks: Sage.

Deschamps Jean-Claude/Morales Juan-Francisco/Paez Dario/Worchel Stephen (1999): *L'identité sociale.* La construction de l'individu dans les relations entre groupes, Grenoble: Presses universitaires de Grenoble.

Deschamps Jean-Claude/Devos Thierry (1999): *Les relations entre identité individuelle et collective ou comment la similitude et la différence peuvent covarier*, in: Deschamps Jean-Claude/Morales Juan-Francisco/Paez Dario/Worchel Stephen (Hg.):

L'identité sociale. La construction de l'individu dans les relations entre groupes, Grenoble: Presses universitaires de Grenoble, 149–167.

Dixon Robert u. a. (2007): *Catholics who have stopped attending mass*, Fitzroy: Pastoral Projects Office, Australian Catholic Bishops Conference.

Dobbelaere Karel (1981): Secularization. A Multi-Dimensional Concept, in: Current Sociology 29/2, 3.

Doise Willem/Mugny Gabriel (1997): *Psychologie sociale et développement cognitif*, Paris: Armand Colin.

Downtown James V. Jr. (1979): *Sacred Journeys*. The Conversion of Young Americans to Divine Light Mission, New York: Columbia University Press.

Durisch Gauthier Nicole/Stolz Jörg/Rossi Ilario (2007): *Quêtes de santé*. Entre soins médicaux et guérisons spirituelles, Genf: Labor et Fides.

Durkheim Emile (1922): *Education et sociologie*, Paris: PUF.

Ebaugh Helen R. (1993): *The Growth and Decline of Catholic Religious Orders of Women Worldwide*. The Impact of Women's Opportunity Structures, in: Journal for the Scientific Study of Religion 32, 68–75.

Ellingsen Mark (1988): *The Evangelical Movement*. Growth, Impact, Controversy, Dialog, Minneapolis: Augsburg.

Ellison Christopher G. (1995): *Rational Choice Explanations of Individual Religious Behaviour*. Notes on the Problem of Social Embeddedness, in: Journal for the Scientific Study of Religion 34, 89–97.

Erickson Joseph A. (1992): *Adolescent Religious Development and Commitment*. A Structural Equation Model of the Role of Family, Peer Group, and Educational Influences, in: Journal for the Scientific Study of Religion 31/2, 131–152.

Esser Hartmut ([3]1999): *Soziologie*. Allgemeine Grundlagen, Frankfurt a. M.: Campus.

Famos Cla R./Kunz Reto (Hg.) (2006): *Kirche und Marketing*. Beiträge zu einer Verhältnisbestimmung, Zürich: TVZ.

Fath Sébastien (1998): *Dieu XXL*. la révolution des «megachurches», Paris: Autrement.

Fath Sébastien (2001): *L'autorité charismatique au cœur de l'Eglise*. Pentecôtisme et débat sectaire, in: Etudes théologiques et religieuses 76/3, 2001/3, S. 371–390.

Fath Sébastien (2004): *L'historiographie du protestantisme évangélique*. Une mise en perspective, in: Fath Sébastien (Hg.): *Le protestantisme évangélique: un christianisme de conversion*, Turnhout: Brepols, 3–14.

Fath Sébastien (2005a): *Du ghetto au réseau*. Le protestantisme évangélique en France 1800–2005, Genf: Labor et Fides.

Fath Sébastien (2005b): *Les protestants évangéliques français*. La corde raide d'un militantisme sans frontière, in: Etudes 10, 351–361.

Fath Sébastien (Hg.) (2010): *Protestantisme évangélique et valeurs*, Excelsis: Charols.

Fath Sébastien/Willaime Jean-Paul (Hg.) (2011): *La nouvelle France protestante*. Essor et recomposition au XXIe siècle, Genf: Labor et Fides.

Favre Olivier (2006): *Les Eglises évangéliques de Suisse*. Origines et identités, Genf: Labor et Fides.

FAVRE Olivier (2009): *La conversion évangélique ou le choix d'être chrétien*, in: BRANDT Pierre-Yves/FOURNIER Claude-Alexandre (Hg.): *La conversion religieuse.* Analyses psychologiques, anthropologiques et sociologiques, Genf: Labor et Fides, 179–200.

FAVRE Olivier/STOLZ Jörg (2009a): *L'émergence des évangéliques en Suisse.* Implantation, composition socioculturelle et reproduction de l'évangélisme à partir des données du recensement 2000, in: Revue Suisse de Sociologie 35/3, 453–477.

FAVRE Olivier/STOLZ Jörg (2009b): *Les évangéliques: des chrétiens convaincus dans un monde de plus en plus sécularisé*, in: BAUMANN Martin/STOLZ Jörg (Hg.): *La nouvelle Suisse religieuse.* Risques et chances de sa diversité, Genf: Labor et Fides, 134–150.

FER Yannick (2007): *Salut personnel et socialisation religieuse dans les assemblées de Dieu de Polynésie française*, in: Anthropologie et Sociétés 31, 183–199.

FESTINGER Leon/RIECKEN Henry W./SCHACHTER Stanley (2008): *When Prophecy Fails.* A Social and Psychological Study of a Modern Group that Predicted the Destruction of the World (1956), London: Pinter & Martin.

FILLIEULE Olivier (Hg.) (2005): *Le désengagement militant*, Paris: Belin.

FINKE Roger/STARK Rodney (1992): *The Churching of America, 1776-1990.* Winners and Losers in our Religious Economy, New Brunswick (NJ): Rutgers.

FINKE Roger/STARK Rodney (1996): Religion, Science, and Rationality, in: American Economic Review 86/2, 433–437.

FÖLLER Oskar (1994): *Charisma und Unterscheidung.* Systematische und pastorale Aspekte der Einordnung und Beurteilung enthusiastisch-charismatischer Frömmigkeit im katholischen und evangelischen Bereich, Wuppertal: Brockhaus.

FORTIN Marie-Fabienne (1996): *Le processus de la recherche.* De la conception à la réalisation, Montréal: Décarie.

FRANK Katharina (2010): *Schulischer Religionsunterricht.* Eine religionswissenschaftlich-soziologische Untersuchung, Stuttgart: Kohlhammer.

FUCHS Eric (1979): *Le désir et la tendresse*, Genf: Labor et Fides.

FUCHS-EBAUGH Helen Rose (1988): *Leaving Catholic Convents.* Towards a Theory of Disengagement, in: BROMLEY David G. (Hg.): *Falling from the Faith: Causes and Consequences of Religious Apostasy*, Newbury Park: Sage, 100–121.

GACHET Caroline/STOLZ Jörg (2011): Lectures et légitimations. Les évangéliques et le récit biblique de la création, in: BORNET Philippe/CLIVAZ Claire/DURISCH GAUTHIER Nicole/FAWER CAPUTO Christine/VOEGELI François (Hg.): *Et Dieu créa Darwin.* Théorie de l'évolution et créationnisme en Suisse, Genf: Labor et Fides, 2011, S. 109–130.

GALLAND Olivier ([4]2007): *Sociologie de la jeunesse* (1997), Paris: Armand Colin.

GALLAND Olivier/ROUDET, Bernard (Hg.) (2005): *Les jeunes Européens et leurs valeurs.* Europe centrale et orientale, Paris: La Découverte.

GERBER Samuel (1966): *Echos du congrès de Berlin*, in: Le Chrétien évangélique, Dezember 1966.

GILL Anthony/LUNDSGAARDE Erik (2004): *State Welfare Spending and Religiosity*. A Cross-National Analysis, in: Rationality and Society 16/4, 399–436.

GLASER Barney (1978): *Theoretical Sensitivity*. Advances in the Methodology of Grounded Theory, San Francisco: Sociological Press.

GLASER Barney/STRAUSS, Anselm (2006): *The Discovery of Grounded Theory*. Strategies for Qualitative Research (1967), New York: Aldine de Gruyter.

GLENN Norval D. (²2005): *Cohort Analysis* (1977), Thousand Oaks: Sage.

GOHIER Christiane (2004): *De la démarcation entre critères d'ordre scientifique et d'ordre éthique en recherche interprétative*, in: Recherches Qualitatives 24, 2004, S. 3–17.

GONZALEZ Philippe (2009): *Voix des textes, voies des corps*. Une sociologie du protestantisme évangélique (Thèse de sociologie de l'Université de Fribourg et de l'Ecole des hautes études en sciences sociales, Paris), Freiburg i. Ue./Paris (online unter: ethesis.unifr.ch/theses/index.php#SES).

GONZALEZ Philippe/MONNOT Christophe (2008): *Témoigner de son pâtir et de l'agir de Dieu*. Les épreuves d'une communauté charismatique, in: GISEL Pierre (Hg.): *Le corps, lieu de ce qui nous arrive*. Approches anthropologiques, philosophiques, théologiques, Genf: Labor et Fides.

GRABNER Wolf-Jürgen/POLLACK Detlef (1997): *Evangelisation in einer säkularisierten Gesellschaft*, in: *ProChrist '95* – Ergebnisse einer Befragung, 202–222.

GRUBER Jonathan/HUNGERMAN Daniel M. (2008): The Church *vs*. the Mall. What Happens when Religion Faces Increased Secular Competition?, in: Quarterly Journal of Economics 123, 831–862.

GRUNDER Hans-Ulrich (2011): Art. Primarschule, in: *Historisches Lexikon der Schweiz* (online unter: hls-dhs-dss.ch/textes/d/D10402.php).

GÜDEL Alfred (1980): *Fritz Berger und der Evangelische Brüderverein*. Ein Beitrag zur Untersuchung der religiösen Strömungen im Kanton Bern seit dem ausgehenden 19. Jahrhundert (Basler und Berner Studien zur historischen und systematischen Theologie 42), Bern: Lang.

GUILLEMETTE François (2006): L'approche de la *Grounded Theory*; pour innover?, in: Recherches Qualitatives 26/1, 32–50.

GUMBEL Nicky (1999): *Fragen an das Leben*, Asslar: Gerth.

HADAWAY C. Kirk/MARLER Penny L. (1993): *All in the Familiy*. Religious Mobility in America, in: Review of Religious Research 35, 97–116.

HAAG Martine (1996): *Statut des femmes dans les organisations religieuses*. L'exemple de l'accès au pouvoir clérical, in: Archives des sciences sociales des religions 95, 47–67.

HAMILTON Malcolm B. (2001): *The Sociology of Religion*. Theoretical and Comparative Perspectives, London: Routledge.

HAMMERSLEY Martyn (2008): Troubles with Triangulation, in: BERGMAN Manfred M. (Hg.): *Advances in Mixed Methods Research*, Los Angeles: Sage, 22–36.

HAMMOND Philip (1998): *Religion and the Persistence of Identity*, in: Journal for the Scientific Study of Religion 27, 1–11.

HAMMOND Philip/SALINA Luis/SLOANE Douglas (1978): *Types of Clergy Authority*. Their Measurement, Location, and Effects, in: Journal for the Scientific Study of Religion 17/3, 241–253.

HAMMOND Philip/HUNTER James D. (1984): *On Maintaining Plausibility*. The Worldview of Evangelical College Students, in: Journal for the Scientific Study of Religion 23/3, 221–238.

HARDING Susan (1987): *Convicted by the Holy Spirit*. The Rhetoric of Fundamental Baptist Conversion, in: American Ethnologist 14/1, 167–181.

HERO Markus (2010): *Die neuen Formen des religiösen Lebens*. Eine institutionentheoretische Analyse neuer Religiosität, Würzburg: Ergon.

HERVIEU-LÉGER Danièle (1999): *Le pèlerin et le converti*, Paris: Flammarion.

HOGE Dean R./PETRILLO Gregory H. (1978): *Determinants of Church Participation and Attitudes among High School Youth*, in: Journal for the Scientific Study of Religion 17/4, 359–379.

HOGE Dean R./PETRILLO Gregory H./SMITH Ella I. (1982): *Transmission of Religious and Social Values from Parents to Teenage Children*, in: Journal of Marriage and Family 44/3, 569–580.

HOGE Dean R./DINGES William D./JOHNSON Mary/GONZALES Juan L. ([2]2002): *Young Adult Catholics*. Religion in the Culture of Choice, Notre Dame (IN): University of Notre Dame Press.

HOUGLAND James G./WOOD James R. (1982): Participation in Local Churches. An Exploration of its Impact on Satisfaction, Growth and Social Action, in: Journal for the Scientific Study of Religion 21, 338–353.

HUNGERMAN Daniel M. (2010): *Rethinking Religious Competition*, Working Paper.

HUNT Stephen (2003): *The* Alpha *Programme*. Some Tentative Observations of State of the Art Evangelism in the UK, in: Journal of Contemporary Religion 18/1, 77–93.

HUNTER James D. (1983): *American Evangelicalism*. Conservative Religion and the Quandary of Modernity, New Brunswick (NJ): Rutgers.

HUNTER James D. (1987): *Evangelicalism*. The Coming Generation, Chicago: The University of Chicago Press.

IANNACCONE Laurence R. (1994): *Why Strict Churches Are Strong*, in: American Journal of Sociology 99, 1180–1212.

IMHOF Kurt/ETTINGER Patrick (2007): *Religions, médias et espace public*, in: BAUMANN Martin/STOLZ Jörg (Hg.): *La nouvelle Suisse religieuse: risques et chances de sa diversité*, Genf: Labor et Fides, 294–310.

JACKSON Carroll W. (1981): *Some Issues in Clergy Authority*, in: Review of Religious Research 23/2, 99–117.

JICK Todd D. (1979): *Mixing Qualitative and Quantitative Methods*. Triangulation in Action, in: Administrative Science Quarterly 24/4, 602–611.

JUNG Friedhelm (1992): *Die deutsche evangelikale Bewegung*. Grundlinien ihrer Geschichte und Theologie, Frankfurt a. M.: Lang.

KAUFMANN Jean-Claude ([2]1995): *La trame conjugale*. Analyse du couple par son linge (1992), Paris: Nathan.

KAUFMANN Jean-Claude (2004): *L'invention de soi.* Une théorie de l'identité, Paris: Armand Colin.

KELLE Udo (2001): *Sociological Explanations between Micro and Macro and the Integration of Qualitative and Quantitative Methods*, in: Forum Qualitative Sozialforschung/ Forum Qualitative Social Research 2 (online unter: www.qualitative-research.net/index.php/fqs/article/view/966/2108.

KELLE Udo (2007): *Die Integration qualitativer und quantitativer Methoden in der empirischen Sozialforschung.* Theoretische Grundlagen und methodologische Konzepte, Wiesbaden: Verlag für Sozialwissenschaften.

KELLERHALS Jean (2000): *Engagement, authenticité et recherche d'identité*, in: Les cahiers protestants 3, 5–9.

KELLERHALS Jean/WIDMER Eric ([2]2007): *La famille en Suisse.* Les nouveaux liens (2005), Lausanne: Presses polytechniques et universitaires romandes.

KELLERHALS Jean/WIDMER Eric/LÉVY René (2004): *Mesure et démesure du couple.* cohésion, crises et résilience dans la vie des couples, Paris: Payot.

KELLEY Dean M. (1972): *Why Conservative Churches Are Growing.* A Study in Sociology of Religion, Macon (GA): Mercer University Press.

KELLEY Dean M. (1978): Why Conservative Churches Are Still Growing, in: Journal for the Scientific Study of Religion 17, 165–172.

KELLEY Dean M. ([3]1995): *Why Conservative Churches Are Growing* (1986), Macon (GA): Mercer University Press.

KELLEY Jonathan/DE GRAAF Nan Dirk (1997): *National Context, Parental Socialization, and Religious Belief.* Results from 15 Nations, in: American Sociological Review 62/4, 639–659.

KOLPING Adolf (1952): *Der Gesellenverein und seine Aufgabe.* Zusammengestellt und herausgegeben von J. Natterman, Köln.

KÖNEMANN Judith (2002): «Ich wünschte, ich wäre gläubig, glaub' *ich*». Zugänge zu Religion und Religiosität in der Lebensführung der späten Moderne, Opladen: Leske und Budrich.

LAHAYE Tim/LAHAYE Beverly ([1]1979): *Wie schön ist es mit dir.* Erfüllende Sexualität in der Ehe, Wetzlar: Schulte & Gerth.

LAHIRE Bernard (2007): *L'homme pluriel.* Les ressorts de l'action, Paris: Hachette.

LAMBERT Yves (2005): *Un regain religieux chez les jeunes d'Europe de l'Ouest et de l'Est*, in: GALLAND Olivier/ROUDET Bernard (Hg.): *Les jeunes Européens et leurs valeurs.* Europe centrale et orientale, Paris: La Découverte, 65–91.

LAMINE Anne-Sophie (2008): *Croyances et transcendances.* Variations en modes mineurs, in: Social Compass 55/2, 154–167.

LAMINE Anne-Sophie (2010): *Les croyances religieuses.* Entre raison, symbolisation et expérience, in: L'Année sociologique 60/1, 93–114.

LAMPRECHT Markus/STAMM Hanspeter (1994): *Die soziale Ordnung der Freizeit.* Soziale Unterschiede im Freizeitverhalten der Schweizer Wohnbevölkerng, Zürich: Seismo.

LAURENT Pierre-Joseph (1999): L'Eglise des Assemblées de Dieu du Burkina Faso. Histoire, transitions et recompositions identitaires, in: Archives de sciences sociales des religions 105, 71–98.

LE BRETON David (2004): *L'interactionnisme symbolique*, Paris: PUF.

LENOIR Rémi (2003): *Généalogie de la morale familiale*, Paris: Seuil.

LINCOLN Yvonna S./GUBA Egon G. (1985): *Naturalistic Inquiry*, Beverly Hills: Sage.

LOFLAND John/STARK Rodney (1965): *Becoming A World Saver.* A Theory of Conversion to a Deviant Perspective, in: American Sociological Review 30, 862–874.

LUHMANN Niklas (1982): *Funktion der Religion*, Frankfurt a. M.: Suhrkamp.

LÜTHI Marc (1994): *Les assemblées évangéliques de Suisse romande sous la loupe.* Les membres, les anciens, les pasteurs, Genf: Je sème.

LÜTHI Marc (2003): *Aux sources historiques des Eglises évangéliques.* L'évolution en Suisse romande de leurs ministères et de leurs ecclésiologies, Genf: Je sème.

MAXWELL Joseph A. (2005): *Qualitative Research Design.* An Interactive Approach, Thousand Oaks: Sage.

McGAVRAN Donald A. (1990): *Gemeindewachstum verstehen.* Eine grundlegende Einführung in die Theologie des Gemeindeaufbaus, Lörrach: Simson.

McGUIRE Meredith B. (1977): *The Social Context of Prophecy.* «Word-Gifts» of the Spirit among Catholic Pentecostals, in: Review of Religious Research 18/2, 134–147.

McGUIRE Meredith B. (1983): *Discovering Religious Power*, in: Sociological Analysis 44/1, 1–9.

MEAD George H. (1974): *Mind, Self, and Society.* From the Standpoint of a Social Behaviorist (1934), Chicago: University of Chicago Press.

MILES Matthew B./HUBERMAN A. Michael (1994): *Qualitative Data Analysis.* An Expanded Sourcebook, Thousand Oaks: Sage.

MÖDINGER Winfried (2001): *Kirchenmarketing.* strategisches Marketing für kirchliche Angebote, Stuttgart: Lucius & Lucius.

MONNOT Christophe (2009): *De l'affliction à la prédication.* Quand les souffrants parlent à la communauté, Social Compass 56/2, 214–225.

MONNOT Christophe/GONZALEZ Philippe (2011): *Témoigner avant et après la guérison.* Ce que le témoignage fait à la communauté, in: Ethnologies 33/1, 95–116.

MOSCOVICI Serge (1996): *Psychologie des minorités actives*, Paris: PUF.

NORMAN Donald/SHALLICE Tim (1980): *Attention to Action.* Willed and Automatic Control of Behavior, in: DAVIDSON Richard J./SCHWARTZ Gary E./SHAPIRO David (Hg.): *Consciousness and Self-Regulation* Bd. 4, New York: Plenum, 1–18.

NOVAES Regina R. (1999): *Pentecôtisme à la brésilienne.* Des controverses en cours, in: Archives de sciences sociales des religions 105, 125–144.

NIEDERHAUSER Andrea (2008): *«Qu'ils soient éduqués dans l'amour et la vérité».* Une étude qualitative sur la socialisation des enfants au sein du Evangelischer Brüderverein (mémoire de Master), Lausanne: Observatoire des religions en Suisse.

OAKES Len (1997): *Prophetic Charisma.* The Psychology of Revolutionary Religious Personalities, New York: Syracuse University Press.

O'Connor Thoma/Hoge Dean R./Estrelda Alexander (2002): *The Relative Influence of Youth and Adult Experiences on Personal Spirituality and Church Involvement*, in: Journal for the Scientific Study of Religion 41/4, 723–732.

Olson Daniel V. A. (1989): *Church Friendships*. Boon or Barrier to Church Growth?, in: Journal for the Scientific Study of Religion 28, 432– 447

Olson Daniel V. A./Perl Paul (2001): *Variation in Strictness and Religious Commitment within and among Five Denominations*, in: Journal for the Scientific Study of Religion 40/4, 757–765.

Olson Daniel V. A./Perl Paul (2005): *Free and Cheap Riding in Strict, Conservative Churches*, in: Journal for the Scientific Study of Religion 44/2, 123–142.

Osborne Grant R. (1991): *The Hermeneutical Spiral*. A Comprehensive Introduction to Biblical Interpretation, Downers Grove (IL): Intervarsity Press.

Packer James I. (1978): *L'herméneutique et l'autorité de la Bible*, in: Hokhma 8, 2–24.

Perrot Alain (1986): *Le visage humain de Calvin*, Genf: Labor et Fides.

Pinard Renée/Potvin Pierre/Rousseau Romain (2004): *Le choix d'une approche méthodologique mixte de recherche en éducation*, in: Recherches Qualitatives 24, 58–80.

Pollack Detlef (1998): *Evangelisation als religiöse Kommunikation*, in: Tyrell Hartmann/Krech Volkhard/Knoblauch Hubert (Hg.): *Religion als Kommunikation*, Würzburg: Ergon 447–471.

Polo Alain (2010): *Quelles croissances pour les principales Eglises évangéliques de Suisse*. Gagnants et perdants de la période 1970–2008 (mémoire de Master), Lausanne: Institut de sciences sociales des religions contemporaines.

Putnam Robert D./Campbell David E. (2010): *American Grace*. How Religion Divides and Unites Us, New York: Simon & Schuster.

Quebedeaux, Richard (1979): *I found it!*. The Story of Bill Bright and Campus Crusade, London: Hodder + Stoughton.

Rademacher, Stefan (2010): *«Makler»: Akteure der Esoterik-Kultur als Einflussfaktoren auf Neue religiöse Gemeinschaften*, in: Lüddeckens, Dorothea/Walthert, Rafael (Hg.): *Fluide Religion: Neue religiöse Bewegungen im Wandel*. Theoretische und empirische Systematisierungen, Bielefeld: transcript, 119–148.

Reynaud Jean-Daniel (1988): *Les régulations dans les organisations*. Régulation de contrôle et régulation autonome, in: Revue française de sociologie 29/1, 5–18.

Roeland Johan (2008): *Acceptation religieuse du moi*. L'identité chez les jeunes néo-évangélistes, in: Social Compass 55/1, 31–41

Roof Wade C. (1989): *Multiple Religious Switching*. A Research Note, in: Journal for the Scientific Study of Religion 28, 530–535.

Roof Wade C. (1999): *Spiritual Marketplace*. Baby Boomers and the Remaking of American Religion, Princeton: Princeton University Press.

Roozen David A. (1980): *Church Dropouts*: Changing Patterns of Disengagement and Reentry, in: Review of Religious Research 21, 427–50.

Rossi Ilario (2007): *Pluralité religieuse, médecine et santé*. Recoupements et interactions, in: Baumann Martin Stolz Jörg (Hg.): *La nouvelle Suisse religieuse*. Risques et chances de sa diversité, Genf: Labor et Fides, 337–352.

RUBIN Herbert J./RUBIN Irene S. (²2005): *Qualitative Interviewing*. The Art of Hearing Data (1995), Thousand Oaks: Sage.

SAINSAULIEU Ivan/SALZBRUNN Monika/AMIOTTE-SUCHET Laurent (Hg.) (2010): *Faire communauté en société*. La dynamique des appartenances collectives, Rennes: Presses universitaires de Rennes.

SANDOMIRSKY Sharon/WILSON John (1990): *Process of Disaffiliation*. Religious Mobility among Men and Women, in: Social Forces 68, 1212–1229.

SAVOIE-ZAJC Lorraine (2007): *Comment peut-on construire un échantillonnage scientifiquement valide?*, in: Recherches qualitatives, hors-série 5, 99–111.

SAYER Andrew (2000): *Method in Social Science*. A Realist Approach, London: Hutchinson.

SCHAEFER Nancy (1999): «*Some Will See Miracles*». The Reception of Morris Cerullo World Evangelism in Britain, in: Journal of Contemporary Religion 14/1, 111–126.

SCHULZE Gerhard (1990): *Die Transformation sozialer Milieus in der Bundesrepublik Deutschland*, in: BERGER Peter A./HRADIL Stefan (Hg.): *Lebenslagen, Lebensläufe, Lebensstile*, Göttingen: Schwartz.

SCHULZE Gerhard (1995): *Die Erlebnisgesellschaft*. Kultursoziologie der Gegenwart, Frankfurt a. M.: Campus.

SHERKAT Darren E. (1991): *Leaving the Faith*. Testing Theories of Religious Switching Using Survival Models, in: Social Science Research 20, 171–187.

SHERKAT Darren E./WILSON John (1995): *Preferences, Constraints, and Choices in Religious Markets*. An Examination of Religious Switching and Apostasy, in: Journal for the Scientific Study of Religion 79/3, 993–1026.

SIMAY Philippe (2010): *Orthodoxie/hétérodoxie*, in: AZRIA Régine/HERVIEU-LÉGER Danièle (Hg.): *Dictionnaire des faits religieux*, Paris: PUF.

SINGLY François de (2007): *Sociologie de la famille contemporaine*, Paris: A. Colin.

SMITH Christian (1998): *American Evangelicalism*. Embattled and Thriving, Chicago: University of Chicago Press.

SMITH Christian/SIKKINK David (2003): *Social Predictors of Retention in and Switching from the Religious Faith of Family of Origin*. Another Look Using Religious Tradition Self-Identification, in: Review of Religious Research 45/2, 188–206.

SPÄNI Martina (2003): *The Organization of Public Schools along Religious Lines and the End of the Swiss Confessional States*, in: Archives de sciences sociales des religions 121, 101–114.

STAPLES Clifford L./MAUSS Armand L. (1987): *Conversion or Commitment?*. A Reassessment of the Snow and Machalek Approach to the Study of Conversion, in: Journal for Scientific Study of Religion 26, 133–147.

STARK Rodney/BAINBRIDGE William S. (1985): *The Future of Religion*, Berkeley: University of California Press.

STARK Rodney (²1996): *A Theory of Religion* (1987), New Brunswick (NJ): Rutgers.

STARK Rodney/GLOCK Charles Y (1968): *American Piety*. The Nature of Religious Commitment, Berkeley/Los Angeles: University of California Press.

STARK Rodney/FINKE Roger (2000): *Acts of Faith: Explaining the Human Side of Religion*, Berkeley/Los Angeles/London: University of California Press.

STETS Jan E./BURKE Peter J. (2000): *Identity Theory and Social Identity Theory*, in: Social Psychology Quarterly 63/3, 224–237.

STOLZ Jörg (1993): *Evangelikalismus und Bekehrung in der deutschen Schweiz*. Eine theoretische und quantitativ-empirische Untersuchung (Lizentiatsarbeit), Zürich: Universität.

STOLZ Jörg (1999a): *Evangelikalismus als Milieu*, in: *Schweizerische* Zeitschrift für Soziologie 25/1, 89–119.

STOLZ Jörg (1999b): *Rekrutierungsproblem und Rekrutierungsdilemmata des Evangelikalismus*, in: KRÜGGELER Michael/GABRIEL Karl/WINFRIED Gebhardt (Hg.): *Institution – Organisation – Bewegung*. Sozialformen der Religion im Wandel, Opladen: Leske und Budrich 197–218.

STOLZ Jörg (2000): *Die evangelikale Bekehrung aus systemtheoretischer Sicht*, in: Soziale Systeme. Zeitschrift für soziologische Theorie 6/1, 55–84.

STOLZ Jörg (2002): *Evangelicalism and Milieu Theory*, in: CAMPICHE Roland J. (Hg.): *Les dynamiques européennes de l'évangélisme*, Lausanne: UNIL-Observatoire des religions en Suisse (Cahiers de l'Observatoire des Religions 2) 74–96.

STOLZ Jörg (2006): *Kirchen im Wettbewerb*. Religiöse und säkulare Konkurrenz in der modernen Gesellschaft, in: FAMOS Cla Reto/KUNZ Ralph (Hg.): *Kirche und Marketing*. Beiträge zu einer Verhältnisbestimmung, Zürich: TVZ 95–116.

STOLZ Jörg (2007): «Le Seigneur va guérir une multitude d'entre vous ce matin». Une étude de cas d'un atelier de guérison pentecôtiste, in: DURISCH Nicole/ROSSI Ilario/STOLZ Jörg (Hg.): *Quêtes de santé: entre soins médicaux et guérisons spirituelles*, Genf: Labor et Fides 67–86.

STOLZ Jörg (2009a): *A Silent Battle*. Theorizing the Effects of Competition between Churches and Secular Institutions, in: Review of Religious Research 51/3, 253–276.

STOLZ Jörg (2009b): *Explaining Religiosity*. Towards a Unified Theoretical Model, in: British Journal of Sociology 60/2, 345–376.

STOLZ Jörg/BALLIF Edmée (2010): *Die Zukunft der Reformierten*. Gesellschaftliche Megatrends – kirchliche Reaktionen, Zürich: TVZ.

STOLZ Jörg/FAVRE Olivier (2005): *The Evangelical Milieu*. Defining Criteria and Reproduction across the Generations, in: Social Compass 52/2, 530–545.

STOLZ Jörg/CHAVES Mark/MONNOT Christophe/AMIOTTE-SUCHET Laurent (2011): *National Congregations Study in Switzerland (NCSS)*. A Quantitative and Comparative Study, Lausanne: Institut de sciences sociales des religions contemporaines.

STOLZ Jörg/KÖNEMANN Judith/SCHNEUWLY PURDIE Mallory/KRÜGGELER Michael/ENGLBERGER Thomas (2011): *Religiosität in der moderne Welt*. Bedingungen, Konstruktionen und sozialer Wandel, Lausanne: Institut de sciences sociales des religions contemporaines.

STOLZ Jörg/KÖNEMANN Judith/SCHNEUWLY PURDIE Mallory/ENGLBERGER Thomas/KRÜGGELER Michael (2014): *Religion und Spiritualität in der Ich-Gesellschaft*. Vier Gestalten des (Un-)Glaubens, Zürich: Edition NZN bei TVZ.

Strauss Anselm/Corbin Juliet (1988): *Basics of Qualitative Research.* Techniques and Procedures for Developing Grounded Theories, Thousand Oaks: Sage.

Stromberg Peter (1993): *Language and Self-Transformation.* A Study of the Christian Conversion Narrative, Cambridge: Cambridge University Press.

Sullins Paul D. (1993): *Switching Close to Home.* Volatility or Coherence in Protestant Affiliation Patterns?, in: Social Forces 72, 399–419.

Tajfel Henri (1972): *La catégorisation sociale*, in: Moscovici Serge (Hg.): *Introduction à la psychologie sociale*, Paris: Larousse 272–300

Tajfel Henri (1982): *Social Identity and Intergroup Relations*, Cambridge: Cambridge University Press.

Tajfel Henri/Turner John (1979a): *An Integrative Theory of Intergroup Conflict*, in: Worchel Stephen Austin William G. (Hg.): *The Social Psychology of Intergroup Relations*, Monterey (CA): Brooks/Cole 33–47.

Tajfel Henri/Turner John (1979b): *The Social Identity Theory of Intergroup Behavior*, in: Worchel Stephen Austin William G. (Hg.): *Psychology of Intergroup Relations*, Chicago: Nelson-Hall 7–24.

Tashakkori Abbas/Teddlie Charles (1998): *Mixed Methodology.* Combining Qualitative and Quantitative Approaches, Thousand Oaks: Sage.

Te Grotenhuis Manfred/Scheepers Peer (2001): *Churches in Dutch.* Causes of Religious Disaffiliation in the Netherlands 1937–1995, in: Journal for the Scientific Study of Religion 40, 591–606.

The Pew Forum on Religion & Public Life (2011): *Faith in Flux.* Changes in Religious Affiliation in the U. S. (online unter: www.pewforum.org/Faith-in-Flux.aspx).

Tönnies Ferdinand (1963): *Gemeinschaft und Gesellschaft.* Grundbegriffe der reinen Soziologie, Darmstadt: WBG.

Ulmer Bernd (1988): *Konversionserzählungen als rekonstruktive Gattung*, in: Zeitschrift für Soziologie 17/1, 19–33.

Vaus David de/McAllister Ian (1987): *Gender Differences in Religion.* A Test of the Structural Location Theory, in: American Sociological Review 52/4, 472–481.

Voas David (2003): *Intermarriage and the Demography of Secularization*, in: British Journal of Sociology 54/1, 83–108.

Weber Max (1971): *Economie et société* (*Wirtschaft und Gesellschaft*, 1922), Bände 1 und 2, Paris: Plon.

Weber Max (1990): *L'éthique protestante et l'esprit du capitalisme*, suivi de: *Les sectes protestantes et l'esprit du capitalisme* (Die protestantische Ethik und der Geist des Kapitalismus, 1905), Paris: France Loisirs.

Wiesberger Franz (1990): *Bausteine zu einer soziologischen Theorie der Konversion.* Soziokulturelle, interaktive und biographische Determinanten religiöser Konversionsprozesse, Berlin: Duncker & Humblot.

Willaime Jean-Paul (1986): *Profession: pasteur*, Genf: Labor et Fides.

Willaime Jean-Paul (1992): *La précarité protestante.* Sociologie du protestantisme contemporain, Genf: Labor et Fides.

WILLAIME Jean-Paul (1996): *L'accès des femmes au pastorat et la sécularisation du rôle du clerc dans le protestantisme*, in: Archives des sciences sociales des religions 95, 29–45.

WILLAIME Jean-Paul (1999): *Le Pentecôtisme*. Contours et paradoxes d'un protestantisme émotionnel, in: Archives des sciences sociales des religions 105, 5–28.

WILLAIME Jean-Paul (2001a): *L'éclosion d'un christianisme militant d'inspiration protestante*. Le monde évangélique et pentecôtiste, in: Futuribles 230 (Januar-Heft), 73–80.

WILLAIME Jean-Paul (2001b): *Les recompositions internes au monde protestant*. Protestantisme «établi» et protestantisme «évangélique», in: BASTIAN Jean-Pierre/CHAMPION Françoise/ROUSSELET Kathy (Hg.): *La globalisation du religieux*, Paris: L'Harmattan 171–181.

WILLAIME Jean-Paul (2004a): *Le statut et les effets de la conversion dans le protestantisme évangélique*, in: FATH Sébastien (Hg.): *Le protestantisme évangélique*. Un christianisme de conversion, Turnhout: Brepols 167–178.

WILLAIME Jean-Paul (2004b): *Europe et religions*. Les enjeux du XXIe siècle, Paris, Fayard.

WILLAIME Jean-Paul (2005): *Sociologie du protestantisme*, Paris: PUF.

WILLAIME Jean-Paul (2011): *Conclusion*, in: FATH Sébastien/WILLAIME Jean-Paul (Hg.): *La nouvelle France protestante*. Essor et recomposition au XXIe siècle, Genf: Labor et Fides 370–380.

WILSON Bryan R. (1966): *Religion in Secular Society*. A Sociological Comment, London: C. A. Watts & Co., 1966.

WILSON Gerald L./KEYTON Joann/JOHNSON David G./GEIGER Cheryl/CLARK Johanna C. (1993): *Church Growth through Member Identification and Commitment*. A Congregational Case Study, in: Review of Religious Research 34/3, 259–272.

WIMBER John/SPRINGER Kevin (²2001): *Power Evangelism* (1973), London: Hodder & Stoughton.

WRIGHT Stuart A. (1987): *Leaving Cults*. The Dynamics of Defection, Washington: Society for the Scientific Study of Religion.

Weitere lieferbare Bände der Reihe
CULTuREL
Religionswissenschaftliche Forschungen
Recherches en science de religions

Martin Baumann/Frank Neubert (Hg.)
Religionspolitik – Öffentlichkeit – Wissenschaft
Studien zur Neuformierung von Religion in der Gegenwart
CULTuREL 1, 2011, 354 Seiten, ISBN 978-3-290-22007-5

Philippe Bornet/Maya Burger (Hg.)
Religions in Play
Games, Rituals, and Virtual Worlds
CULTuREL 2, 2012, 352 Seiten, ISBN 978-3-290-22010-5

Petra Bleisch Bouzar/Andrea Rota (Hg.)
Frieden als Beruf
Beiträge aus der Religions- und Friedensforschung
Festschrift für Richard Friedli zu seinem 75. Geburtstag
CULTuREL 3, 2012, 260 Seiten, ISBN 978-3-290-22020-4

Dorothea Lüddeckens, Christoph Uehlinger, Rafael Walthert (Hg.)
Die Sichtbarkeit religiöser Identität
Repräsentation – Differenz – Konflikt
CULTuREL 4, 2013, 428 Seiten, ISBN 978-3-290-22022-8